Le premier million de chiffres du nombre d'Euler (e)

édité par

David E. McAdams

Ce livre est uniquement destiné à des fins éducatives et de divertissement. L'éditeur et l'auteur ne le proposent pas à titre de conseil mathématique.

Autres livres de David E. McAdams

Couleurs de Perroquets – Une introduction au concept des couleurs à l'aide d'images de perroquets. Pour les enfants d'âge préscolaire.

Couleurs des fleurs – Une introduction au concept des couleurs à l'aide d'images de fleurs. Pour les enfants d'âge préscolaire.

Couleur du Cosmos – Une introduction au concept de couleurs. Pour les enfants d'âge préscolaire.

Formes – Une introduction aux formes. Pour les enfants d'âge préscolaire.

Nombres – Une introduction au concept de nombres. Pour les niveaux K-2.

Qu'est-ce qui est plus grand que tout ? (L'infini) – Une introduction au concept de l'infini. Pour les niveaux 1-3.

Ensembles de balançoires (Théorie des ensembles) – Une introduction à la théorie des ensembles. Pour les niveaux 2-4.

Un centime, deux – Si le centime de Jerry double chaque jour, combien de temps faudra-t-il avant qu'il puisse acheter une voiture de sport vert foncé ? Pour les niveaux 3 à 6.

Kit d'activités pour apprendre avec de l'argent fictif – Enseignez les grands nombres et le comptage avec plus de 1 000 000 $ d'argent fictif.

Mes fractales préférées (Tomes 1, 2) – Des livres d'images de merveilleuses fractales présentées sous forme d'images haute résolution. Pour tous les âges.

Monstres Créatures des Profondeurs de la Mer – Un merveilleux voyage dans les plus grandes profondeurs des océans du monde.

All Math Words Dictionary (en anglais) – Un dictionnaire mathématique pour les étudiants en pré-algèbre, algèbre, géométrie et pré-calcul.

Le premier million de chiffres de Pi – Le premier million de chiffres de Pi. Pour tous les âges.

Le premier million de chiffres du nombre d'Euler (e) – Le premier million de chiffres de la constante d'Euler e. Pour tous les âges.

La racine carrée de deux à un million de chiffres – Le premier million de chiffres de la racine carrée de 2. Pour tous les âges.

Les cent mille premiers nombres premiers – Les cent mille premiers nombres premiers. Pour tous les âges.

Patrons géométriques – Livre de projets - 80 filets géométriques à copier, découper et coller ensemble en polyèdres tridimensionnels. À partir de 9 ans.

Geometric Nets Mega Project Book – Tabbed (en anglais) - 253 filets géométriques à copier, découper et coller ensemble pour former des polyèdres tridimensionnels. À partir de 9 ans.

Pour une liste à jour, voir https://www.DEMcAdams.com.

$$e = \lim_{n \to \infty} \left(1 + \frac{1}{n}\right)^n$$

e ≈
2.7182818284590452353602874713526624977572470936999595749669676277
2407663035354759457138217852516642742746639193200305992181741359662
9043572900334295260595630738132328627943490763233829880753195251019
0115738341879307021540891499348841675092447614606680822648001684
7741185374234544243710753907774499206955170276183860626133138458300
0752044933826560297606737113200709328709127443747047230696977209310
1416928368190255151086574637721112523897844250569536967707854499699
6794686445490598793163688923009879312773617821542499922957635148220
8269895193668033182528869398496465105820939239829488793320362509443
1173012381970684161403970198376793206832823764648042953118023287825
0981945581530175671736133206981125099618188593041690315198885193458
0727386673858942287922849989208680582574927961048419844436346324496
8487560233624827041978623209002160990235304369941849146314093431738
1436405462531520961836908887070167683964243781405927145635490613031
0720851038375051011574770417189861068739696552126715468895703503540
2123407849819334321068170121005627880235193033224745015853904730419
9577770935036604169973297250886876966403555707162268447162560798826
5178713419512466520103059212366771943252786753985589448969709640975
4591856956380236370162112047742722836489613422516445078182442352948
6363721417402388934412479635743702637552944483379980161254922785092
5778256209262264832627793338656648162772516401910590049164499828931
5056604725802778631864155195653244258698294695930801915298721172556
3475463964479101459040905862984967912874068705048958586717479854667
7575732056812884592054133405392200113786300945560688166740016984205
5804033637953764520304024322566135278369511778838638744396625322495
8065499588623428189970773327617178392803494650143455889707194258639
8772754710962953741521111531683506427526023264847287039207643100595
8411661205452970302364725492966693811513732275364509888903136020572
4817658511806303644281231496550704751025446501172721155519486685080
0368532281831521960037356252794495158284188294787610852639813955990
0673764829224437528718462457803619298197139914756448826260390338144
1823262515097482798777996437308997038886778227138360577297882412561
1907176639465070633045279546618550966661856647097113444740160704626
2156807174818778443714369882185596709591025968620023537185887485696
5220005031173439207321139080329363447972735595527734907178379342163
7012050054513263835440001863239914907054797780566978533580489669062
9511943247309958765523681285904138324116072260299833053537087613893
9639177957454016137223618789365260538155841587186925538606164779834
0254351284396129460352913325942794904337299085731580290958631382683
2914771163963370924003168945863606064584592512699465572483918656420
9752685082307544254599376917041977780085362730941710163434907696423
7222943523661255725088147792231519747780605696725380171807763034624
5927877846585065605078084421152969752189087401966090665180351650179
2504619501366585436632712549639908549144200145747608193022120660243
3009641270489439039717719518069908699860663658323227870937650226014
9291011517177635946023 [possibly truncated - continuing]
0232493002804018677239102889766605651183260043688508817157238669
8422422010249505518816948032210025154264946398128736776589276881635
9831247788652014117410913601164995076629077943646005851941998560162
6479076153210387275571269925182756879893027617611461625493564959037
9804583818232336862016243736569846703785853305275833373793990752166
0692380533698879565137285593883499894707416181550125397064648

```
1719467083481972144888987906765037959036696724949992545279033729636
1626589760394985767413973594410237443297093554779826296145914429 36
4514286171585873397467918975712119561873857836447584484235555810 50
0256114923915188930994634284139360803830916628188115037152849670 59
7416256282360921680751501777253870256425347087908913729172282861 1
5159156837252416307722544063378759310598267609442032619242853170 18
7817729602354130606721360460003896610936470951414171857770141806 06
4436368154644400533160877831431744408119494229755993140118886833 14
8328027065538330046932901157441475631399972217038046170928945790 96
2716622607407187499753592127560844147378233032703301682371936480 02
1732857349359475643341299430248502357322145978432826414216848787 21
6733670106150942434569844018733128101079451272237378861260581656 68
0537143961278887325273738903928905068653241380627960259303877276 97
7837928684093253658807339884572187460210053114833512385004782716 9
3762180049047955979592905916554705057775143081751126989851884087 18
5640260353055837378324229241856256442550226721559802740126179719 28
0471396006891638286652770097527670697770364392602243728418408832 51
8487704726384403795301669054659374616193238403638931313643271376 88
8410268112198912752230562567562547017250863497653672886059667527 40
8686274079128565769963137897530346606166698042182677245605306607 73
8996242183408598820718646826232150802882863597468396543885668550 3
7731312965879758105012149162076567699506597153447634703208532156 03
6748286083786568030730626576334697742956346437167093971930608769 63
4953288468336130388294310408002968738691170666661468000151211434 42
2560238744743252507693870777751932999421372772112588436087158348 35
6269616619805725266122067975406126080649882918454395301529982092
5030054982570433905535701686531205264956148572492573862069174036 95
2135337325316663454665885972866594511364413703313936721185695539 52
1084584072443238355860631068096492485123263269951460359603729725 3
1983684233639046321367101161928217111502828016044880588023820319 81
4930963695967358327420249882456849412738605664913525267060462344 50
5492275811517093149218795927180019409688669868370373022004753143 38
1810927080300172059355305207007060722339994639905713115870996357 77
3590271962850611465148375262095653467132900259943976631145459026 85
8989791158370934193704411551219201171648805669459381311838437656 20
6278463104903462939500294583411648241149697583260118007316994373 93
5069662957124102732391387417549230718624545432220395527352952402 45
9038057445028922468862853365422138157221311632881120521464898051 80
0920247193917105553901139433166815158288436876069611025051710073 92
7623855533862725535388309606716446623709226468096712540618695021 43
1762116681400975952814939072226011126811531083873176173232352636 05
8381731510345957365382235349929358228368510078108846343498983184 04
4517042701893819942434100905753762577675711180900881641833192019 62
6234162881665213747173254777277834887743665188287521566857195063 71
9365653903894493664217640031215278702223664636357555035655769488 86
5495002708539236171055021311474137441061344554419210133617299628 5
6948991933691847294785072915608851039678195942983318648075608367 9
5514966364489655929481878517840387733262470519450504198477420141 83
9477312028158868457072905440575106012852580565947030468363445926 52
5521370080687520095934536073162261187281739280746230946853678231 06
0979215993600199462379934342106878134973469592464697525062469586 16
9091785739765951993929939955675427146549104568607020990126068187 04
9841780791739240719459963230602547079017745275131868099822847308 60
7665368668555164677029113368275631072233467261137054907953658345 38
6371962358563126183871567741187385277229225947433737856955384562 46
8010139057278710165129666376445187246565373040244368414081448873 2
9578473484900030194778802046032466084287535184836495919508288832 3
2065221281041904480472479429134228495197002260131043006241071797 1
```

2   Le premier million de chiffres du nombre d'Euler (e)

```
5027934332634079959605314460532304885289729176598760166781193793237245385720960758227717848336161358261289622611812945592746276713779448758675365754486140761193112595851265575973457301533364263076798544338576171533346232527057200530398828949903425956623297578248873502925916682589445689465599265845476269452878051650172067478541788798227680653665064191097343452887833862172615626958265447820567298775642632532159429441803994321700009054265076309558846589517170914760743713689331946909098190450129030709956622662030318264936573369841955577696378762491885286568660760056602560544571133728684020557441603083705231224258722343885412317948138855007568938112493538631863528708379984569261998179452336408742959118074745341955142035172618420084550917084568236820089773945584267921427347756087964427920270831215015640634134161716644806981548376449157390012121704154787259199894382536495051477137939914720521952907939613762110723849429061635760459623125350606853765142311534966568371511660422079639446662116325515772907097847315627827759878813649195125748332879377157145909106484164267830994972367442017586226940215940792448054125536043131799269673915754241929660731239376354213923061787675395871143610408940996608947141834069836299367536262154524729846421375289107988438130609555262272083751862983706678722443019579379378607210725427728907173285487437435578196651171661833088112912024520404868220007234403502544820283425418788465360259150644527165770004452109773558589762265548494162171498953238342160011406295071849042778925855274303522139683567901807640604213830730877446017084268827226117718084266433365178000217190344923426266292261456004337383868335555343453004264818473989215627086095650629340405264904324426144566592129122564889356965500915430642613425266847259491431423939884543248632746184284665598533231221046625989014171210344608427161661900125719587079321756969854401339762209674945418540711844643394699016269835160784892451405894094639526780735457970030705116368251948770118976400282764841416058720618418529718915401968825328930914966534575357142731848201638464483249903788606900807270932767312758196656394114896171683298045513972950668760474091542042842999354102582911350224169076943166857424252250902693903481485645130306992519959043638402842926741257342244776558417788617173726546208549829449894678735092958165263207225899236876845701782303809656788311228930580914057261086588484587310165815116753332767488701482916741970151255978257270740643180860142814902414678047232759768426963393577354293018673943971638861176420900406866339885684168100387238921448317607011668450388721236436704331409115573328018297798873659091659612402021778558854876176161989370794380056663364884365089144805571039765214696027662583599051987042300179465536788567430285974600143785483237068701190078499404930918919181649327259774030074879681484882349320230121280323274603922196875283405169069741942576146739781107154641862733690915849731850111839604825335187484389231177292613543024932562896371361977285456622924461644972845978677115741256703078718851093363444801496752406185365695320741705334867754827815415561966911055101472799040386897220465508331707823948087859905019475631089841241446728218654599715966390156419417518209359326163168838013275875260146050767609839262572641120135288591317848299475682472564885533357279772205543568126302535748216585414000805314820697137262149755576051890481622376790414926742600071045922695314835188137463887104273544767623577933993706323966049691453032738878745579059349377723201429548033450006952569809352828877837106705855677494813738586303857628230406900566534058488752700530883245918218349431804983419963998145877343586311594057044368351528538360944295596436067609022174189688354813164399743776415836524223464261959739045545068069523285075186871944906476779188672030641863075105351214985105120731
```

Le premier million de chiffres du nombre d'Euler (e)

```
8466487175475183829799901893177515506399810164664145921024068382946032085355540581471592732206775676692136640815059008069525406106285364082932766219319399338616238360691117677854482361293268581999652392754884274354144028845364555951247355461394031549520973970518962401579768326394506332304521926450496517354667756992957189896904709027302885449454166997919929480382549802859460290527631455803165140662291712234293758061439934849143621079935767373179489642524888137204355792875113858569733819760835244232404667780209483999639946684833774706725483618848273000648319163826022110555221246733323184463005504481849916996622087746140216157021029603331858872733329877935257018239386124402686833955587060775816995439846956854067117444493247951957215941964586373612691552645757478698596424217659289686238350637043393981167139754473622862550680368266413554144804899772137317411919997001729390730335086902092251912444739327837615632181084289820770697413870705326611768369864774178718020272941298231088879683188085436732780687977165911165422445380662586171172949803824887998650406156397562993696280935818976149101714534355665954275706419440883381684111116620075978724413708233391788611470822865753107853667469501846214073649391736625493778301407430266842215033511773647185387232404042103790775026602011481493548222891666364078245016681534121350527857853933260611024980227309363674021351538643169301526746053606435173215470109144065087882363676423683118739093746423260902164636562755397683401948293279575062439964527257862440037598342205080893512902312247597064410567836187087717233355546548259890686120141010722246590400855379823525388517162351825651848220312521495070037830041121621212605272605994432044305627452291612889176681416063913123597535039032007752958739241247645185080916391145929607115634420434713354472098117846145107787239914060629022827666430926490059224981029106875943453385833039117874757597706595357097964001222409219903115822925966791315399156143807012926078019702258966292336815431249941225946002339947222817105660393187722680049383314898033854890946868513078929206424281917479586619994441119620873049806438500068526202584328420855823385669366498497208170461353761635840153428406741185875815465145982702286766718553093119233401912861706133648731831975608125694600894029530944291195902959685639230376899763274622839007354571445964141082292859222393328362101928229372435902830038844457013837716320565183519701001157220109569978904849644534346121292249647323561263219511557015658244276615993264631558066720531275969485380573642083849188870951760522878173394627476446568589009362661233111529108160415241002141959373497864316615567327027921095935430555797326605546779635520053783046195406369718429161638572834122217145885870814274090248185446421774876925093328785670674677381226752831653559245204578070541325769032535227389638474956462559403789249250076243868937764753101023374673771474581625530698032499033676455430305274561512961214585944432150749051491453950981001388737926379964873728396416897555132275962011838248650746985492038097691932606437608743209856028156428497565493079097338541855835157894098140076918923890630905425348838968317629041202129491671958119357912031625143409650313283521672802137241594734409549833161383225054867081722214751384251667904454166173032008203390289548880851679725849581340713218053398882813934604985053234047259509721433149258660424851140581957971156419145884283300052568477687430591639049430687134311879618963747550336282093994934369032103197689811205559536946542470417332389539404603532539675835439535051672026164796134779091232799526492904515114830792336938216601070287265193814384484453263951739411013115250275046574943063766541866128915264446926222884366299462732467958736383501937142786471398054038215513463223702071533134887083174146591492406359493020921120526103123906829413456964 Le premier million de chiffres du nombre d'Euler (e)
```

```
7859585183934913823408842743124190991528708043328091329930789368671274139228900330699958759218152976124824091169515877899640903525773459382482320530555672380950222667904396142318529919891810655544124772045085102100715223523427925312669301082706339423217625700763231391593497099469332410139087791616512268044148097656189797350431513960669132583790337486208366954750832803187867077511772526663963479259219733577949555498655214193398917026863998738834150255262052312317215254062571636771270010760912281528326508984359568975961038372157726831170734552250194121701541318793651818502020877326906133592182000762327269503283827391243828198170871168108951187896746707073377869592565542713340052326706040004348843432902760360498027862160749469654989210474443927871934536701798673920803845633723311983855826380085163455971944419943446247611238446176157362420159350785208256006041015568898995017325543372980735616998611019084720966007083202805699170425901038769286583365577287586842504926903709342620280223998618034002113207421986429173836791762328264446457563303365567773748086441099691418277742534170109884358531893391759345115740238472929090154685591637926961968410006765983997449720472878818312002333829803056786540871476464512824264478216442666167320960125647945148271256713266970673671446177956437523917429285039870225837340698523091904649672602434112703456111141498357839017934997137909136967064976371272484666132799082543054492955285949327938183416078270913266808656559211027337467001325834287152408356515221655749984312362782871066494015646701419437138238634547296069786933359731095371264994162826564637084905801515382053383265112895049385664687529211359322202656818564182608275387900024079158926460284908949222999661674377313477761341509652624483327093438984120569261451088578122491396169125342029181398986839013357958576244351940089439551805547465540005176624020282594482883381188638174959428489201352009095100786494186825600927397766758564259837858749777666956335017074857902724870137026420328396575634801081835618237217708223642318659159588366694873224117265044872683923284530109916775183768315998212632371238543573126812024451754018521326637405388029012497281808950215531006735981844304291052884593230647255904423559605519788393259303395729346630551604309237856772292935372084166931345752840118737468546916206489911647269094289829710656068018058078436004618662235628745913851859044162506632222495614487244138138497637971026760208455318241119639279410696194654264800067617276181115630063644321116224837379105623611358836334550102286170517890440570419577859833348463177291904494652923021469259756566389996589374472874517339337710556980245575743619050177246621458759237441865753006499805668837696422982550119506583784312523213530937123524396914966231011032824357006578148767729916094115395406336275242371293554992671348503157323889956754528791557842048310574930060197958207739558522807307048950936235550769837881926357141779338750216344391014187567119389144162771096028594158097199134293132951459243736364564730350373745385034892861131416380947523017450887848856457412700353530341638096560043105860548355773946625033230034341587814634602169235079216111013148948281895391028916816328709309713184139815427678818067628650978085718262117003140003377301581536334149093237034703637513354537634521050370995452942055232078817449370937677056009306353645510913481627378204985657055608784211964039972344556458607689515569686899384896439195225232309703301037272771087056491296612061494072782442033414057441446459968236966118878411656290355117839944070961772567164919790168195234523807446299877664824873533130181427639105192346850819790017965199070504908652374428416527661142535153866516278131609096480280123449337242786693089482791346544393196525415482949457787575859948209918182452244931207776825083076828233500159704041919956050970S
```

3646964731424484538258888112602753909548852639708652339052941829691
8023571205453282318092703564917433719320806287313035896405708737799
9678451747405153174013848780828810060463889367116404777559854811263
9075047472950126094199903737212462016770305177903529527931687663305
0998374418598034988212393409198050551038215398276772913731380006715
3392401269545863764220650978108529076390797278413017645532475270733
7887640693664200121947457023582954813657818098679440202202080822637
9570067553935758080863189320758644442066446916493344467698180811716
5686652133896861735924509208014653125297779661371986959164518698432
3242464044016723819780207283944182645021831314833660193848919723177
8171543721921039466384737156302267018013435159304428538489418256788
8707212385205972638592249347636231221881137063075069182601096890699
2514171425142181534915321290777237485066354891708928507602343517688
2183550088296474106558148820492395337022705367056307503174997881877
0099892510201780156010422778362836443237297799299351609258845157722
0552328969783331264276712910939931037734259105923032776526676418744
8424410765644776709779039232495841634852773517198106467383714274422
9744689992320406932506062834468937543016787815320616009057693404906
1461766070943801109154432619290007452098959592011594123241022748455
4826054043618718363302689928586235821456438796952102352666733724344
4230915771832775658002119282703910423919664269111553335945696857822
8170203254955525288754644660746202947661160044355516047350442921277
9163587484735015902155221203882811680214138658651684645699648100155
6337412550984479730138656275460161279246359783666148016387160279440
4827101962907745436280926125675071817736417497632544367735032635800
0404291990696311739778787508156022736882496707763555986928490162288
7686996280537901818481488108339469000163807910759607455046889126866
7928123911488800367207297308013544313253477130941867171786075229811
3735391267728125939582205242899913716906856504215750567299912741777
1492796088315023586978161908949084877177225038608726183849479397577
4406649127605188781242336831254672783315131867589156683006792102155
9473368585912013953603016781104134444110309033887615204882969091044
6891676715553733466225455759752026247712427962259832784058335858977
6714742057240474397202328959037261486883880031741646902038435903588
5279931238710428459816089961019456916469838377182672646852648691722
9484141530046040042995850351641018990275293668674318349554474581244
1401907546816077709779205793838953781921288474099295370405469622266
5472788072486855080465710431238548733516530705707845842433355509588
2219128627972054554662670991319023703117796908927866231126613376711
1785129430593232816058265356238481641921447325437310020627384668122
3516910163592252588256806438946389808072352844064622081495138622755
2399389387349050826254724177817702582044129853760499827899020083498
3873629924981257423456843902301226173366582054678567114797306507577
0354756205674283001874730191973108811575167770050714320127263546011
9124608004516081086418353966994693694732227167074897285046419539222
9664347252547243576591929699490616701890614336169070561482809803633
2434541282299682759802266940456421813286241754965214722162083982444
5945766133427105649571935644315617745008283769357009954195418390299
1510331879339076142074670288679685949854397894573007689398900700733
9246974618128557646622654129132040522790712128206537750582800408977
1634671637090249067747363091369400261564643215956091085109244516222
4544201414426416601813859900174174082442453786101158433361777292580
6111591920084140918881912088582076270114836717607490469809144430577
2622110458330078933169819160391715062279286827094462759150096833
2263450737254513668581724834984700804016386820972637134520543980222
2778663372932908299140106455897616974559784092114091676840202693700
2292317433344999869018415108889931651250900011637191149948520248211
5863962162949817530946230476048323993793910021425329964762351635699

```
0094450860580912024599046121186233182786144647277955232186359165 51
8830579306577033314985100683571356243418818844 05780028844018129031
37865379486961463046772691455295369015416702583803247784227 2417994
5136535822609716525883567121335195468383353498015032693597 98167463
2318476283063405883247312289512579442676398779467131210427 63380872
6957386093146315391485487925140288850251897880760238389956 15684850
3919958550292560541767676631453540584962967967813494201160 03325874
4314387462483138502149804016819407956872192684626172874034 80967931
9499656042991902818105976032632517464050164546062667655290 10639868
7036682632990505777062663978684535843405767329826816344864 6707439
9909175040188923192675575518354054956017732907127219134577 524905771
5127733584233140083560809269622988941630472877803054743798 498545562
8707299684073829372186238317665247160909671920072376588942 26186550
4875526145578558987730087032347264183848310403948187436162 24455286
1632876285411759464604970277244907992751464457929825498022 58601001
7724378401677231668020041625472441794155478105541780367735 53354467
0303264696194475608128319330956796855827719320312059416166 93902049
6653521896728226719726400294933073847175447537619370178829 76382487
2333618134994145416947365492548406337936743615410815934649 60431603
5443547377288023610477431153307851599029777714996102746277 69759612
4888794486098633494228528476513102779262797439819576175055 91300993
3773682405109025837593451700153405222661440772370508900444 96613295
8595360205560340094928209438629946188347909328941610988565 94954213
1143356088102394237060871080264659132035601218759337916396 66437282
8367523283916888653737513357948598601075693748896456571872 92540448
5086244499478162738425172293439601372124062867836366758453 31904743
9547406640152608719409157439552827739043038687272826206566 3129387
4598753177499737992930432943717638018562800611416195639424 14312254
3970991635651028483157654270379068371757648702300523881974 98746636
8562926550582228877132217814404895380996810721430123946935 30931524
0540812157054022744145218765419014283867442600118890417245 70537470
7555505816328316872471102203537271661123048573404608792725 01694701
0678311789270955272532221252243616733433663847565909497282 21809418
6840742383515678688934211482039058242243242646436302014417 87982022
1162484716574682911463154075637702227401358411090760786464 78000 70182
7663362279781045463311312940448335701348695851652574595151 87680033
3955224105481817678677721527982702501171958165776035497329 23724732
0678536902575362339712168843908788792621882023055299371323 97194333
0835362312488703864161943615065295512673342071985022597714 08638122
0159808943635618085970100800816225574550391013219819790455 20049618
5837777210480466355338066165170235950971332036315789456444 87800945
6203697849734599200460688657270186586775784275853064570661 7127194
9673710839506032675015324359090294915169737381108979347822 97684100
1176579870981857251313722677706609250481876835516003714638 685918
9130117368052187432654260637007105953644250627604582523368 80552521
1815664175534306811815482678441693152844084610875882143176 41649835
6631275187281829486556585242068522218307553061183933269341 64459415
3426517786533979805808281588063007499528975582046866125908 53678738
6033184429055106897786984177356031181116775638725899115168 03236547
0029879896289861810145964713079161443695464909095187885743 98821730
5838849808095230775693588516160277195214889983586323231273 08909861
5607738600698403526782678538721592093625581788981341624748 6456433
2110431948214212997931881046363995414965394415013838687483 84870224
6818293918603195986679623648930928308784071240043102270613 7591368
0565188613134583079907050036075883272488678793240933800718 64152853
3179435350734018911936854673000066045378378447246928883054 6979000
1312489521004469490320588382949236139192843052491678330129 80192255
1570503785218105529616236375236479626857516600665393641422 73063001
```

```
6486526138918422435017974559936167940633035221118290715975388218397775528129815385701687022062027467864791664403072901844549795639984483680785199708820140776919926167499114832982185438271894628216538706485858864622161141034357034287886297908341887160621443001453327502971510467315602100004386951058377377976600346088762486164093864525217793528994757849625524392559862052140905234625084783048704649268831328947055389135729070696759955629858666955972168650605207280134210435576277918402179762665648458026159140717347700903947516801770990012939113788124853425594931286665346503372884639064996846064474190752431332390340908195233043839559060547854954620263256676813262435925020249516275607080900436460421497025691488555265022810327762115842282433269528629137662675481993546118143913367579700141255870143319434764035725376914388996830882628446164255750340014289825576203863643841379065196129177735418369467623298290498126171767619155429257043843223991848226174435047019917125821468768317264607895969056998135326443597396517347331984798758064137926885413552523275720457329477215706850016950046959758389373527538622664943456437071610511521617176237598050900553232154896062817794302268640579555845730600598376482703339859420098582351400179507104569019119135906230410233679808090724019631267526891636213635103264807723291495085915126581214382337107294914808847235528639419599345568415634457795172703337423812990326019816057197118395066275822032183713605971802594087061553471310448227271684839552410591360591981244497845811085451123166817353483825372482534763677758171286720586514828531727356906983993511076343209131978031403165889737962830117840980641017501651107293290783217748756628931065038380609337284139922673338477820330202070051718894170646514623836672063274264433661217401176691491923557090564480301634229430183765526310845017251030754094260440968706628806626590056908245140763259915816449936145517245205702044309372230555021722229970620974926860976278740962644877205604307863480888570914364793241536214303199965695610753570417207285334250171325558181132955040952178013946521643659426296076857058569850715715131726292896007258760156484055608861316541183595862871066549628259953512719324463579104655438916515095418730607101503443060958230225745597494427506763092632252996633821939520292791797324709455969101640298368308042630991048156750362350965492430258957527352141244514954246297225851012070782110188106722347972579330653187713438466713807546383471635428854957610942841898601794658721444495198801550804042506452191484989920400007310672369944655246020908767882300064337725657385010969899058191290957079866699945376508040791785243822204107059927888926774575208428752637798673036056123071072392258150478137917273126123487833403447383357360197323594660427370463520132718259241090604009763858577169584195631095777485295798368447568031218748182028339418870631173161528981175642971133418149721807804046507765720445708285941475114926179367379992201817893994333773114691197037861041963986422166045588965683206701337505745038872111332436739840284188639147633491695114032583475841514170325690161784931455706904169858050217798497637014758914810543205854914100662201721719726878930012101267481270235940855162601689425111458499658315589660460091525797881670384625905383256920520425791378948827579603278877535466861441826827796512589535637614859944850497066384062661219571419110632460617741805772123816598724724322529690985336284407990300759454628154923550608648155792896196961706071520158982529977280352000261088814176506636216905928021516429198484077446143617891415191517976537848282687018750030264867608433204658525470555882410254654806040437372718347690147206642344343742555141291785030324712634180765251878029255347740011048539969605499265080939106913376148418348845963656215266103322394174670643683405047499433398022850
```

8　　Le premier million de chiffres du nombre d'Euler (e)

```
6103130830384845712947673898562939376419144070365075446220611864991272496437998758065378502037531899726180144046677930501403015807092662132292736497186539528665675385721151336061144572228008511837578992195430634136923022931397511437024048302273576290399117944992484809150710024440784828665985794065255391410414973427802035201354199259776281781828253720229201081864494483492554217939827232793570958287485971267807831342861807504971757473730296280477376908932558914598141724852658299510882230055223242218586191394795184220131553319634363922684259164168669438122537135960710031743651959027712571604588486044820674410935215327906816032054215967959066411120187618531256710150212239401285668608469435937408158536481912528004920724042172170913983123118054043277015835629513656274610248827706488865037765175678806872498861657094846665770674577000207144332525555736557083150320019082992096545498737419756608619533492312940263904930982014700371161829485939931199955070455381196711289367735249958182011774799788636393286405807810818657337668157893827656450642917396685579555053188715314552353070355994740186225988149854660737787698781542360397080977412361518245964026869979609564523828584235953564615185448165799966460648261396618720304839119560250381111550938420209894591555760083897989949964566262540514195610780090298667014635238532066032574466820259430618801773091109212741138269148784355679352572808875543164693077235363768226036080174040660997151176880434927489197133087822951123746632635635328517394189466510943745768270782209928468034684157443127739811044186762032954475468077511126663685479944460934809992951875666499902261686019670253749149951226823637895865245462813439289338365156536992413109638102559114643923805213907862893561660998836479175633176725856523591069520326895990054884753424160586689820067483163174286329119633399132709086065074595260357157323069712106423424081597068328707624437165532750228797802598690981111226558888151520837482450034463046505984569690276166958278982913613535306291331427881888249342136442417833519319786543940201465328083410341785272498979050919932369270996567133507711905899945951923990615156165480300145359212550696405345263823452155999210578191371030188979206408883974767667144727314254467923500524618849237455307575734902707342496298879996942094595961038702501329453325358045689285707241207965919809225550600619712835412702020725839941711755209208201510965095266851138975771508108494435082854587499129438575631156683245668279929918615390092558717168404956639919591540342183645372120236786086553647451756548793189256440852744891909181934116675835634397588860463494131118752410384254679379992035469104119354431132191360681296575685836117745646546748610619885914148057993187253675312434703354826375270813531055708180496424985846461479734675993159465147870250652710835087823506565323317977386566618165239001766498848545605496130021577611525581339618402706781490035025287682360782210739710233914687015973586858901529701034778050329215401435959529868340465747175623219664051540147795316746172620872730482063465246910995332737556109057837845945469160223687689641425960164689647106348074109928546482353085401323329486403731800319520231747620653772616371744536054972669060171117676104777497166689015216383897431171418062222345718567941507299526201086205084783127474791909996889937275229053674785020500038630036526218800670926674104806027341997756660029427941090400064654281074454007616429525362460261476180471744322889953285828397762184600967666926758127030280651953545205317353680895458990218078314577589128020397005363319382110009544324124419794919291620523442134639565384076120941621483500115588361842116428399245402759071962153757018706708731012246141362048926555668109467076386536083015847614512581588569610030337081197058344452874666198891534664244887911940711423940115986970795745946
```

Le premier million de chiffres du nombre d'Euler (e)

```
3371702432684848646320189863528270923130470892156847582077530343876
8997870232343858438112501171401326576932055491186015351955165462794
1175593967947958810333935413289702528893533748106257875620364294
2702575121211373302138119513957564191226851559624762032820387263420
6622734786822303652201965572932590506813484929229964724822935978784
2720945578267329975853818536442370617353517653060396801087899490
5066544915445779521660385523980137981043405641824033961624949104547
1210483943920094591464754242478599109690000465413710916300967859515
6394733219093451183866996462278885581735322132687663493850591237612
5120301098386784119572588779920604126004986589502724713314676372220
4388398558347770112599424691208308595666787531942465131444389971
1959681059379575321555242046594100814183511201741968534326723432718
6809962504543247568870205534196919954530095264439844638434659883041
8262932239295612610045884644244285011551557765935780379565026806
13072175867204854179715789640155427688109047589956460548836298914022
6580026134158039480357970190041515476550183917557726778971487934773
7274752574389815870504070196821510121882608804008455133279516284128067
9678965570163917067779841529149397403158167896865448841319046368332
17911505910781389826102627197969682641117991865603899389541892848885
1750122504754778999508544083983800725431468842988412616042682248823097
7885564957654240171145103939279802909976049044288321989767513205351
1523054666471437959319152726802782102415406297958288284663556235809867
2563820056521551995179355106912771053855266192690352608136771766643507
1213453983711357500975854405939558661737828297120544931822604016703085
30911657973113259516101749193468250063285777004686987177255226525708428
74573303985974423063975183720997533905509588362364281449324746052242405
1972825153787541962759327436278819283740253185668545040893929401040561
6668676644028682116072948303052364655609553510799871850413521213215347
1377066768139621144389163240323574157377378790883826761845875636102643
51829518153924552117290229852785180255984784071796079041144720414760917
65804302984501746867981277584971731733287305281134969591668387877072315
96833432250907020401903050359589199466665203753027192376425255291034795
034381635772169811546432924560895115873201267542497571052089436263950
13829621522140336210654228218767395801212864427885474919289769593157
6689198730517638869846150335459498541849550251690616888419122873385522
6999768226096450075045000961168661291710931802823550425536539971660547
5390734891518965002744232898118170924827361086380157600724060164954708
2331349361582435128299050405405333992577071321011503713898695076713447
9407480978454163281104063508048633935552384057355808637187635302618679
17256081553287164361114748751070335129139235954529514074379431449009508
09932871532351959991675029753247593190993801296864037978355359071355708
36994731192353853105173666915408731246723344070252500691802674772507895
89034488566730814872994680778649770936196938929089171822813400284555251391
73559784561503531446603409441211512001738697261466786933733154341007587514
90829582275691935054218410644826495194380424054325534596524837378531065797
9037977505031436474651422484768831323479762673689855474944277949916560
108528257618964374464656819789319422077536824661110427671936481836
3605341087489710686663188050265559295681239596804492951666154098026107
8169168941876435336344948290012592936684059137005952691493442186189174
2142561071896846626335874414976973921566392767687720145153302241853125
30844272724577116150555051907627625001652216627479625742442540546785767
4781905994865005757110162648478337411980416259408133272299058914864221
2796804298472535623720288783005178853973790945526513514407313004986945
34032459842369346270602425794325636604597549471239092372458126154582526
6673047023193598665233788562442291882784364404346280948882887121019686
4273637046163929748510
```

10   Le premier million de chiffres du nombre d'Euler (e)

```
6167800797799596968433677303524830474782406699282771400690316607099514731541919199114531825439062945732986866135248865005747802519776074426607983002915730305231990521857186285436875778609157269252325731716656252742758084606201770464331012124434092813146597602213604162230311677500859601284752892594633483124087667401281705430679852618689498950049182750083049989264720349869653633262109198306214950958772282608155667021556934846340797768795250382044423266974792648298990169385115521246889358732898783362678193617640236817146064951855087805966353546978820509476201635075709002420149840096786784540534130050482404996646978558002628931826518708714613909521454987992300431779500489569529280112698632533646737179519363094399609176354568799002814515169743717518330632232942199132137614506411391269837128970829395360832883050256072727563548374205497856659895469089938558918441085605111510354367477810778500572718180809661542709143010161515013086522842238721618109043183163796046431523184434669799904865336375319295967726080853457652274714047941973192220960296582500937408249714373040087376988068797038047223488625819819025644086847749767508999164153502160223967816357097637814023962825054332801828798160046910336602415904504637333597488119998663995617171089911809851197616486499233594328274275983382931099806461605360243604040848379619072542165869409486682092396143083817303621520642297839982533698027039931804024928814430649614747600087654305571672697259114631990688823893005380061568007730984416061355843701277573463708822073792921409548717956947854414951731561828176343929570234710460088230637509877521391223419548471196982303169544468045517922669260631327498272520906329003279972932906827204647650366969765227673645419031639887433042226322021325368176044169612053532174352764937901877252263626883107879345194133825996368795020985033021472307603375442346871647223795507794130304865403488955400210765171630884759704098331306109510294140865574071074640401937347718815339902047036749084359309086354777210564861918603858715882024476138150390378532660185842568914109194464566162667753712365992832481865739251429498555141512136758288423285957759412684479036912662015308418041737698963759002546999454131659341985624780714434977201991702655380714107259910648709897259362243300706760476097690456341576573395549588448948093604077155688747288451838106069038026528318275560395905381507241627615047252487759578650784894547389096573312763852962664517004459626327934637721151028545472312880039058405918498833810711366073657536918428084655899823492193152052574783638552662054007035613102604051450793259257982274060121992493917351221453367091350060748656165730185404921477162051678486507913573336334257685988361252720250944019430674728667983441293018131344299088234006652915385763779110955708000600143579956351811596764725075668367726052352939773016348235753572874236648294604770421664384035588464223707601117748210796259011802655488689951812394706259542545844913402034001964429653706430886609252688115495962911661686120361953192532626627110814214985613264467211954801142455133946382385908540917878668826947602781853283155445565265933912487885639504644196022475186011405239187543742526581685003052301877096152411653980646785444273124462179491306502631062903402737260479940181929954454297256377507127056592717792855371955474338521823094927032183436782063826553411571627886039901574952080654434094624466346532535815748140224712606189730608605590650821630687096341197519257743186836717221390630930610193031823266664206281551296476853138610186729218893470393420722455567912395782602489783714735568207826754521426873142522526017958897591162387208075805272210313274447540833192151359345269613972205646992477182893105883947691708514206315571927036363450395296043628850885551600087319735263838399678918460032707368208323484710847170516087919522738
```

                Le premier million de chiffres du nombre d'Euler (e)   11

```
2523475063808116060908401242224314761035633289406092824301254620138060326081219428768479071925462463090557492987816612719165482296443172635875245486075630206676569423553427746176355492318174561591856680616864287149641292905601300539134695698294908910039912590882903487919433686969426206629469485149314726889235716150324055422633916735831027285797230619981758687004922274186290770795088093362153463038429675256043696061101938427238831075877716535947786814990309787659008695834800431371768329548717526047141130648472708872466971645852187744421009000909161898194134563050289504845758221618873974439188330855099085660085431027963752474626535303155868451512028339664054749694634398628829195751038478153906834371774071409562833755441356795542466460133566361730581171164606271785407889849533432910031598567393230569342608537623098104717182694093768675430183701555754082237153803783838334270237953593440354945217396032709540771210733293650776646560371236470710927258086789718118249379954047700836934888922096381428156159561093181518370113510479017638359516814462767090345045746099744450016691867566103588931348380051273641115730459920595547112244390319647664276103816428591803748835436066329943689973009092517760116204376141161666881281782923823112217458502380807337272049088800951818895763141031574476843381004573850085236520693407100789559165498130372929444623063712843579848098719641430851468785250331289893195006457225822811754838876710610737178169281242483613796475692482076321356427357261609825142445262515952514875273805633150964052552659776922077806644338105562443538136258941809788015677378951310313157361136026047890761945591802893657701164168817036442426942830574574715674943915735933537631148302446668754427566653059819746822346578699972291792416156043557665183382167059157867799311835820189855730344883681934418305987021880502259192818047775223884407167894780414701414651073580452021499197980812095692195622632313741870979731320870864552236740416185590793816745658234353037283309503729022429802768451559528656923189798000383061378732434546500582722712325031420712488100290697226311129067629080951145758060270806092801504406139446350643069742785469477459876821004441453438033759717384777232052065301037861326418823586036569054773343070911759152582503029410738914441818378779490613137536794654893375260322906277631983337976816641721083140551864133302224787118511817036598365960493964571491686005656771360533192423182621667602220733688448444092344709485680279058941918299694677244562694433082412438461604082840064248670725836610114334042144736834536384965447010678273131695384359191204402839495419568744536764598754887261706871631095913158016097223820497725773074545629791279061775316632528572058587663767542829179233499236782120086019043694289561023017317431503522046656750884915930259266188165810087016584994564955868556282087472483183515163391892926465588805936012751518382354858934261652230866973145114120356599169341030769747744519470438367396000765786282454720646173808046029036391444938590124223801733770381546752976455965184926760393001719430425117940456798621146301384023710993472434557947300489298254026808216215223465602742584865956870745103527942916334059150250759923986112243403120569997805162238787722303963597091328566830486160362127579561601328561866388146004722205800175802822792721678472064996695684090575259077488610549380611695429356907737779282108415973746961314329180851044695397348506759050366239172210873233316990960336377170547472502694173298289040023937287954938654046382859674221631820153013962973439847958862863293474665069028406671901808126553997367591679975901086748392006287788853110278169508754574038460759461691958461065596332728348560957030557250249441633706657315023712684358198415410315440108430806314421837767503498134081693252012408134522859746267151771522230637413592557475135351606691669
```

12   Le premier million de chiffres du nombre d'Euler (e)

```
1083594439996923158981567320330271292842412196519363037344079812046
5679532298635737458903165400701647220498944562905039587378891268056
5516464274460174738175296313458739390484560414203426465560422112239
1346310231612908364469889012472851927785891952287736374404326592646
7223998218645279766482667307016880272205233860037284290315582845459
3854349099449420750911108532138744823216151007808922516285123275724
3551019990381959933500326414460534703572930739125784817579874683534
2962974962545426864234949270336399427519354240001973125098882419600
0957662572176218604745737695776495822017962583923763917178557994689
2249675017925191521821962465357557056422822039954668264832982299616
7217080156801080799771265171562742957636669596619835074356671322183
8335850953666580660559714837677386692255160346364438626997729575065
8468929599809168949981898588529537374489519527097766262684177088590
2843216763521326308881276633536331900413433284434763006798202371693
3653652880580156390360562722752187272454764258840995216482554453662
0838117891177252225682611478014242896970967121967502094421226279437
0733287034106463121005573767274502716389752341114262878287367583588
1905674216306152341678947605687927715478971432622204106958794718643
5439940738639948986836168919377836648327137363654676901173776024664
3082285362494712605173293777247276797635865806019396287718060679122
4268139228721340616948820295068316545897076236683025561675594774987
1518342698920895218264471051491141944119227701097761664585006896384
9426165593473112961064282379048216056210094265076173838082479030510
9987907196118528325567874729429071510414689481049167510352958972423
8180228815127658225719070553765245528551159863642124428417625623013
9538669970308943645907600684938040875210854159851278070333207779865
6359079684621915349445876771700637785731712110365174863716340983856
2654155573292664616402279791195975248525300376741774056125700303625
8117048383853912072731918450647136691225764152137698962609403518041
4743205360036923417903544073570305831474162345284018894080898312519
1307741823338981880316339159565954543405777784331681162551898060409
1830189075121701929836228970995989834054849622842893984698479386686
1429332454398359263703669935518423166161524450598057674576533552338
7156782114666899968452270429545897109221636525739659502896453776603
8988037941519178679106751990099661392062387323187867584205442793963
6675910412682184337501574306904596794704668560235828391975997528586
5384338189120042853787549302768972168199113340697282255353000447439
5883007979973651845913143794649408627214966971910035939997473526276
4126125995350902609540048669398955899487421379590802893196914845826
8731237101802297753011906842804407809381565980816946116793744256632
4465679960636375154630483311272223181233837177980043973108740264753
6582576573517310599783142648318796198437678036852626175183539184492
0488198629786329743136948511780579298636452193232481339393090754566
3680385136306197180339579795225395086974325465026591235850492830288
3293448928459137362162485252887744289185110409374633359066023323971
1922814450735588373324057814862662207486215513375036775585494138678
3529282731090038231168553745209010951011479666300333035253414323002
4288248051396631446632656081582045216883922312025671065388459503224
0023204536338955215399190110352173627209565500864866053589754984789
9587559610316769658716128195191966889332664120378475041708175227373
5270989343717167642329956935697166213782736138899530515711822960896
3940553804319393984539708644186542916558531686975370527607010614880
2570078538715083577948095231315274773571171364335641324297420813726
6896149109564214803567792270566625834289773407718710649866150447478
7261642499766714813830539479849589380642028866679519434827501681920
2359163324709918594252039281808395302043497991936185338020140707248
1627304313418985942503858404365993281651941497377286729589582881
```

Le premier million de chiffres du nombre d'Euler (e)

```
9074900403315934360761896096694948000671943714240581053275177219524
7434498341419197991817990986463158324602151657553175415619894069828
9315745851842783390581029411600498699307751428513021286202539508
73238877935740978128818700082994483147667818364465651002446782744569
5591845768068704978044824105799710771577579093525803824227377612
4369087098751891490499042255680414631313092401010493682414492534279
9220134638053834236964376742886259514014617820181073410056546670823
6854312816339049676558789901487477972479202502227218169405159042
17089210428755218865830860845270842392865259753614629003778016700165
4671681605343292907573031466562485809639550080023347676187068086
5268787227831774202140689807034105062002352736322672919640340935712
25623659496432076928058165514428643204955256838543079254299909353
19932943296601822078793312232322592827655604876339998847842645173
18903658797564982076074782702588614099760507880367067322681924735136
4635675861121295307464477714942334386787670582445229660579700713
4589875941266546091412114475400072117906074583306868662313091557800
0596652273618353634043999144529496072837900733824997602063044880606
45748927405477306939713370079627461355344425147454236546627522526
24869916077111131569725392943756732215758704952417232428206555322
808868670153681482911738542735797154157943689491063759749151524510
096986573825654899585216747260540468342338610760823605782941948009
33437004686656825857982732387515830256672015260468436141265295651989
42911848879868190882773391472820637945122602945157073671056377200
2342781180262150269179400488001809018473117511994254605944167733
1577795173544449096575213102630683604714033144231429807789561705125
6930051804287472368435536402764392777908638966566390166776625678
5753542399474279194425446646433155541382655433884877788599720636796
60692327601733858843763144148113561693030468420017340613952200724
0365881279824914326173161781389497095503836947959461797982925774099
21719227832230063873849961384343984685022347804873378447092870389
05364205574748362846168093636509737909002041185258355252015752392
80826462555785658190226958376345342663420946214426672453987171047
72148212815760727530517333096345590932366452897801917513298774795292
9099598069790148515839540444283988381797511245355548426126784217
79772826989973500795450583427372693728838690212528484337091747960320
7479554080911491866208687184899550445210616155437083299502854903
6596173627265528680813247931066868558574016680224082279924333943609
36223390321499357262507480617409173636062365464458476384647869520
5477195333842034039902447610560106127775464714641774126255485198301
4462740553860185570835998154489128686348072071006178705966936521867
4805943569985859699554089329219507269337550235821561424994538234
7811383165916626831030651947302334193841640768236993576687234622196
41322516076261161976034708840464730831726826112772361338193849060
6534404043904909864126903479263503943531836741051762565704797064
4780046843230694302417490297311819511329357468545508471107874290549
98706003739831137615448081890676207534245269934437557194466654535
2408828726537759197074526286322840219629557247932987132852479994
638938924943286917770190128914220188747760484939855471168524810559
991574441551507431214406120333762869533792439547155394213121021954
43055674837042590755300495066499480261479452473901280284264668922945
566495862130811891350027965491034480615017040726801006794892685536
0944990373928383520627992820181576427054962997401900837493444950
60075436552575890554655240210341286212480900316294197587619594195659
255567328742378561126697417713671044248219166714996117289039443936
65340294226514575682907490402153401026923964977275904729573320027
9828160621305231306587315130769138323171936266446550229073501734765
629303331852094929847522746253456425670225469578648481997751332693
9322157947821249330705110736747491801634566788810782101151826314
```

```
8787551380271013798687512993751333038438856314151759089289861970
5611230253108750571889625357632258342757633484210166681098845141410
4693117193142720280072234499419990039649482454752070492209162061400
2229127953226882390464982390815929611110037569995292512506736882330
8526482138969863840524370494021521875478251633470824303035210369270
8497625173178258608622156145191655734789400195587047847416588473640
8038659951196514095426150266151476512208202458160010801218275982577
4776523938591591650674498461491611651538212667269274612905337531630
0556544407934278765502673012145783248859487368990735121661183978770
3427158728709123113834724851460356613821880148045607160746524411180
8418007340678985871592739824521473283172146219073304920608174409140
1253889180879685389606278601181930994892408117023504135541268238630
7443412092677817297906947147590182648247611124155642393773222453800
6659928615514753427733706833441730731508054401388940840872531975950
5388976139864001656399069346006707805010585671966367961671400970310
5351323869728990017498629488833623898586321271765713301420713301790
9923263819820940429933777903452616658925779313954051453697304294620
0794880331410992499071132416945042413912653972740789849530737303640
1348936880603400096406315407018202892446673150597363213119262311790
1427949448972814772640383210217207180175616010251111790221637034760
2975722334357888635370305350083576791801206530166683167802698738600
7554237482985482463609816089576704219031456849429672866463623051010
7731322685792328321648189217329415531513869887818372322713640117550
8813325242941353486993846581371758576143309521476175517083424324340
1747795792263386435495943873680783959691198705938808550083750707984
0511266589730181493210619507690075875198368615261640872525948201260
9919239167222737184303852631072660004736787247491582860169443992000
0415711027060815072701476196799714901416392742828895784243980014970
9856581303057406200285540973826878198911589554875864866457092317210
8258703429605082034159388060065618457350818040323477500842141005740
5773428029854040495555292159864049332464810407730766116916055868040
8573026064677642585033018361743064133238877079996986413722755263170
6496628824679010945311171202438903234102599375115846519176751380770
5754483079530649250860028356296970450161379356962667597759234361660
3693750353686994545503928744499403283281289055605300914164466086910
2472560214553812482853076135561496184443649230142903892893732153120
8187975411392194156066316227848361521406689726610271237157795030620
1329160019888063691276474165670674854907953427623382539439900224980
9728836602639205187047906015840843029147873022466513711443954182530
4412690033311819142680707351592841804151005551991465649348727969690
3519929631171958212626272364580097080991667528203558186991119483650
8661027583758633229932255414774792104213241668482549531118265273510
0080316595888881480994573729378568141143802152387670645506323306700
2339395519642603974438298748223226620363528613025437966009431045000
1586048540270367897119346955798918911230223338160230223627772608400
8462961895507308506980615002814364253366663114333216452138825573460
3293668709567084322525643338959978124021641899469783483203760116130
9138554999339907866523058603320606419492989310124230811058001697450
9750385168871120377476315773118313600027425027224515709063044963690
2309383823291750764696840035564255037971068919998123196025337336770
4379706877138147475521901429285867817240442480493237503309570029290
1266303169705874092144564720227107964847786573106608321730937680330
8217421564466021903352039815316189357870835616033022551621551071790
4606218926743356419600836634838358967034091155130878201387234947140
3214004505139414289983505760387993433556776280233465658543512193610
8968768314398667357260408695111366498812995780161888283412400412600
1422514751845525025026408968236649464011778037767591571801463865540
7332652785694180055013634339535028708362206051218394185162391537090
```

```
7907680849096741942890611349799610346720773549595938688624279864 11
4379284356205759555001443080512676644321836883214345837085490822 40
0145857482286068595935026574057509392031358817224421649554168897 85
5582651980462455278983432895784169688907562374672810448030185242 17
7061365332360738562281666459765407684471596393078209101709076337 77
9177114852054933679368684308324041267892209299304118905017564849 17
4994523937706745245780191718416795418255543779302992492778924162 77
2577881479747704460054236693461571352084174282118473536523675737 02
3527914598376457122576461226056281278521695809280898394594406165
3405219325148433061053227002311336803784333773897248813078743256 14
9527442435847530111503451037376882238375738042820073585869380443 31
5292531299610250961137616701875685259212089291313544731963084400 66
8351551609139256929121757843791790048088480230293043926309213427 68
6012265586304569131335609781567760987118092384406563531361826769 23
7616133892378029727320736243967239854144480757286813436768000573823
9636107962231404294907280585514447713386823144995479293381312599 71
9968940722338474045425923166397816082093992697446763239213707739 91
8998533014838146223642994939020732850720980409053000591600916417 10
1756054098143019064443799058312778266257622881081044147040977082 48
0779051682258572357326652344149561690079855208488418860273527808 61
2180494180600179411471104106887037386743781471612361419504740565 21
0410022689878585254706890316570946771318221132055050465797018693 37
7692782571452488372133946139878597863200480117928145468590965326 16
6160684031600779015849468402243441639383136187422754177121703365 11
1637823590596851688805613048385420875051269331441717058850571278 127
9175640532829294273579718233608427846762923249803181698286541661 32
8739090741167346123671090592361551138604472463787212446125804069 31
7247691522192174090968802090088015356334717756643921257339931653 30
3244258998525989667247441265036084164841607244821259805507548512 32
3133313006214900427085427359859130413069182792585845094401507192 17
6047942740477402533143054513677103119475445213217322258755504897 99
2674685415295388714436963994063910992670182195398906851867558685 74
4344692137920945906836779295282467954373022634724953594663002359 98
9902482998538261403954108124273935302075751287742739928248669212 85
6372400691848597711264803523760254697143093166365397185146238654 21
6714292361916474021725477872389640431453641905411015143717737977 52
4636327416192699904615958957939406229860414893025356786335035263 82
0698214870035780611015522102244866332471843670355023266727497877 30
4702161650197119374425056296399165593695935576400052363604451411 48
9161551477763018763021360688252962744602380775231896468940430331 82
1486556370146924764273954019094035844472519153521345576106980464 69
7394245117979990487549514220100430902357136368926194937636026736 45
8724929001626755970837979956474873545316865319001764272227510394 46
0996414393226725321086660479125989383519266944975535680969319626 42
0140427883657026103904561051516117920186989006730270823841032802 13
4874567200628397448287132982239575791054208192863081766319870482 87
3886390699224618483239929026853924998123670914216134887815012340 93
3879997760974336157509109925854684759230857253686136053567621469 29
4242643239066267086028461633760515735990508698003142397353689284 35
2949580994346541431618980645148084929269574941290336337341048094 3
5794073212660124507966137894422084858405364460216165178855689693 02
6851889508324767933004048516889344111258343965904222111527362762 78
6723666658457575958540948624826169448020179174822308583500786225 5
2163593251257683829249780904311020487089757150333309636515768045 01
9660252155270803521038481761700444374057213129425282098954545627 6
3443535757416736389801083105799316979179167182711458374352220263 87
7718052502907916454147911736162531558407684955832881902935642012 19
6336848540808659280951315050126029195625760329325128472504698819 08
```

16   Le premier million de chiffres du nombre d'Euler (e)

```
14647532434236386386024794392101519323510139011778999748352718646934602455424702837530003372540391008599765098764283280290844566202167836226727229273778021365240402881721701249097439945443082686177223938525088376074974219594265521730173335585138940745734814416151138084535803974027779507205189348717072295542768355826706766313911972211811528466502223383490906676554168336907959409404576472940901354356409277969379842065738891481990225399022315913388145851487225126560927576795873792070139150292165137208511371925727343654584116220662816602563336320744499185114691744550622971460865783630313585389023662557285424516018080487167823688885575325066254262367702604215835160174851981885460860036597606743233346410471991027562358645341748631726556391320606407754779439671383653877377610828300019937359760370467245737880967939894493795829602910746901609451288456550071458091887879542641820145369659962842686882363495879277007025298960996798975941955735253914237782443302746708282008722602053415292735847582937522487377937899136764642153727843553986244015856488692101644781661602962113570056638347990334049623875941092886778920270077504951511405782565295015024484968204744379710872943108541684540513016310902267112951959140520827546866418137305837933236150599142045255802135584747515162678153094655412405240916638575512988948347974233228545041405273542350703359849645936995349596985542449782495869291791824150680530025533704127787034764462443292059068329018866924002223919187146031753996668774779601217906886233110029086683054317870093550669443891319133358636803744753066450241843713603085228858212172023127416700974035143153213180397803368022815422349018373749411797325447859415796210437878707215481409172516361541516338138891258851792423772722960349730553384094288991891916118624958056007357052722787494032125064542620630446947080427794597381714681039519282155068807913670121010994220737024613687196C31491162370967939354636396448139025711768057799751751298979667073292674886430097398814873780767363792886767781170520534367705731566895899181530825761606591843760505051704242093231358724816618683821C2667997098296643622472364489864897685710017364354733695561934763859818775685591237623258084934157057086345073344397660478038667846171152032511552823716146920063471357038337722987732136502886868685943405120579838693700278331236542745053228346266978644692078094405213852865338462797074801787247798846114601507761716261800781557915472305214759943058006652042710117125674185860274188801377931279938153727692612114066810156521441903567333926116697140453812010040811760123270513163743154485717687615755491623660176288022060106865552414161931431267153558715486674789939868551087357626100692302135958083814529064221779298774878416151634949730970079436830508095562126459279533369063193659441326111794425660243306461931200295312361934803450450300431509679858811896950537335671086336886944665564112662287921812114121425167348136472449021275252555647623248506383913916307609763649902889305880534066313524709969933625681023603922640435887875507233198884175905212113903766092726584090238735534185164264448652478057638261600238582806931489222314577587837915649022275906993464816247343997332060130587960681363781529646159632606987449511053683842031053641836753735941763739559880859118892011487154540924735613515979992999722298041707112256996310945945097765566409972722824015293663094891067963296735505830412258608050740410916678539569261234499102819759563955711753011823480304181029089719655278245770283085321733741593938595853203645590564229716679900322284081259569032886928291260139267587858284765599075828016611120063145411315144108875767081854894287737618991537664505164279985451077400771946398046265077776614053524831904978998595108731126206130187571086437357447083662153774709726601886562106815163280009080861985543035979484798697894
```

Le premier million de chiffres du nombre d'Euler (e)

```
4340270292908991434322239203334871082619686989346111771605619106812260158744108330930703775068769774858403241324746437630878896661519725561803714725900295507184242454051292467290379915325359990055573346001116935570202257224427729502638405383094339993833880188395538215403714473944651525123546035267423822541483282489901340230545508113902367680386497238999242578003158037255554101784618634786906460458658260360723069525761131841342252747864648523633247591026705624663508025530581422015228205098919781842042502825952188009884623182851244839305945516200545590776121981297954040150653985341579053629101777939776957892084510979265382905626736402636703151957650493344879513766262192237185642999150828898080904189181015450813145034385734032579549707819385285699926238835221520814478940626889936085239827537174490903769904145555260249190126341431327373827075950390882531223536876389814182564965563294518709637484074360669912550026080424160562533591856230955376566866124027875883101021495284600804805028045254063691285010599912421270508133194975917146762267305044225075915290251742774636494555052325186322411388406191257012917881384181566918237215400893603475101448554254698937834239606460813666829750019379115061709452680984785152862123171377897417492087541064556959508967969794980679770961683057941674310519254486327358885118436597143583348756027405400165571178309126113117314169066606067613797690123141099672013123730329707678988740099317309687380126740538923612230370779727025191340850390101739924877352408881040807749924412635346413181858792480760553268122881584307471326768283097203149049868884456187976015468233715478415429742230166504759393312132256510189175368566338139736836336126010908419590215582111816677413843969205870515074254852744810154541079359513596653630049188769523677579147319184225806802539818418929888943038224766186405856591859943091324575886587044653095332668532261321209825839180538360814144791320319699276037194760191286674308615217243049852806380129834255379486287824758850820609389214668693729881191560115633701248675404205911464930888219050248857645752083363921499441937170268576222251074166230901665867067714568862793343153513505688216165112807318529333124070912343832502302341169501745502360504758240931756577016048845770177621831846155679784275410884995016109127208179135324067842671617920134289028615832773047948309717055374851093804180914917502454334322174459241330379283816943309750129185445969233887332886161442381001275582862325962857264812153834890069851150348536954446154216128324170053358318052008291572290469636555317815239846872545130635050698498100620551484402076953932415509676268088760357246391395527822224643912259265192128844696110746358614825282001734895753395425501947544264314890323337392676340915527189764298877836173466135353885076563271078143124350189651092384536602369402760606421193842276655521066367187960321752718440465156042728986956020699701290636784716165479306886830584650808288661411197913882289811249826143455940896181350922685761147460940614793724000884215353586205278012501427005527446835915184037330937358049434248394046750570834792794833813327623793784462920932399941759337491789978648495814881886514916930245151283557981811234490082716864454830654663397525607961593583082140002195161134233705835911154521729372166406170813160207821334126035685201316134513687160098037871255676614392314645808565208403974421735274481374121527747520225924456152036560826889019391395799184410997158831278002098275935898106482117936157951837937026741451400902833064466209280549839169261068975151083963132117128513257434964510681479694782619701483204392206140109523453209269311762298139422044308117317394338867965739135764377642819353621467837436136161591167926578700137748127848510041447845416645684966066991395095245279499147694410316125757768637136346444770067871310668324178714340270292908991434322239203334871082619686989346111771605619106812260158744108330930703775068769774858403241324746437630878896661519725561803714725900295507184242454051292467290379915325359990055573346001116935570202257224427729502638405383094339993833880188395538215403714473944651525123546035267423822541483282489901340230545508113902367680386497238999242578003158037255554101784618634786906460458658260360723069525761131841342252747864648523633247591026705624663508025530581422015228205098919781842042502825952188009884623182851244839305945516200545590776121981297954040150653985341579053629101777939776957892084510979265382905626736402636703151957650493
```

18   Le premier million de chiffres du nombre d'Euler (e)

```
5562817791223390778412751841931611881558872296767496057520531925948
4767939748641412887947564713304954355504479027712869009564335791340
5127375570391806822344718167939329121448449553897728696601037841520
3906628907812182401412993685904651465192091986053477885768426965384
5944570016975842253124126803141845626872258113204005643341352430210
2739213788415250475704533878002467378571470021087314693254557923134
7572436405444481320932665829868506591255717455683288314023798049274
1044039217614384057507502880684235369667151916685104280017489717748
1121678416085445440019044924229433366633834768443807262430731901936
3571067447363413698467328522605570126450123348367412135721830146848
0712418566257428522089091045837273862273007815666689142507334563732
5956725335431617158653333984332172368812600380902058571993085557310
0508771533737446465211874481748868710652311198691114058503492239156
7554621424675504986767102649261765101107668765962588100391639483978
1198661558519621648769593639890450038325804105442059548285995523906
7581080179368070808305189964685408364127529051828137448787696395483
0638508975614642187488927129439039802562304681217514550233025408607
6115859321603465240763923593599949180470780496764486889980902123735
7804570403808207703573875885259760424346088510751993344701127417878
7884567465664047190161963354677071409059082695422519640944631954765
8653032104723804625249971910690110456227579220926904132753699634145
7687952422445639730183112914511513227578413203762258624582247846966
9785947914981610522628786944136373683125108310682898766123782697506
3430472632784537190244479709750173968312144933572907916487799150891
6327801885250455848878272237670526381180379247783554001811174529577
4733971401235201145990198475335843486129709292852942413986550752250
7808919352104173963493428604871342370429572757862549365917805401652
5363304106920337045910930975887829382912964478906132000630965607478
8208212214097847230168060083581233695705145465018129269436457835781
5608503303392466039553797630836137289498678842851139853615593352782
1037407330768184330408936244605767060961882945291713629409675925076
3134863660601134611598043414745070551149071664063568873902069027945
3438236930531133440901381392849163507484449076828386687476663619303
4123762483801758404678512106982906051961123571888111507236073031585
0662257456636674072066899906132062779399411280575979833287879214418
8725498543014546662945079670707688135022230580562225942983096887732
8567889714946238882721846476181530458443909672482323482595879636989
0845666479575420019599191924070761582300232897743974811269047654625
6873684352229063217889227643289360535947903046811114130586348244566
4891592113822588678809725643516464043643284160762477661143498801397
9223053788967114805896806159427918964740195498946623962162567264739
0158186929567656014442485018217133005279955131253984991993390708313
8030214072556753022600033565715934283182650908979350869698950542635
8430467651456689976279896062959251197636729077625678627694699472806
0609429031491749359051152323569871539712786671807757867191038036899
1445381484562682604003456798248689847811138328054940490519768008320
2996317570430114850873840485918501572643921874145924646174047352752
5050678399227312160011716033860471071001523563115973471115319819871
0616109850375758965576728904060387168114313084172893710817412764581
2061190541459553788532003666152649236100301570446272317777886498067
0072359888952874748137219017507470005571108178930354895017924552067
3290038188140686862479592722055916279022926005921077105104481033928
7899128682070544897997731969557437452970819546394243166905008398439
8993036790655541596099324867822475424361758944371791403787168166189
0939002438620386100013621936672808724142911080802918960931275262026
6788190208559570811185383616612884872952787514320295639329591050834
9687029060692838441522579419764824996318479414814660982817256904841
84
```

Le premier million de chiffres du nombre d'Euler (e)

```
3260619462542766936889535407323634283021896949477661260783463284 90
3151280615010095391645306145542349233938062140077792563376193730 52
0256993190997894043908474435969720520659990178285376762656835586 25
4526974552609910245766196140375378595945063632270951224892419318 13
7281416684270130960507345786590479042438520865081544913501364916 98
6390481256666108437022947302667214991648496107468032615833525803 52
8582757990385840916676188771995398886804319916508666887781701439 663
1768155922620169913966313537380212941600069069475334316778026322 07
2262658818427572160554614396773362584629973850773077514738333151 01
4683952964113973296724579335403901361073952456862430080967204609 95
5457089748930487538979555444379130379042234603776872923600138656 9
5939523007680913777688477897462996994899490161418661315522008566 73
6957708227203389366595906663505943300403637625911891956915616261 22
7047886965103560627484231006054720914370694716610802773798485765 43
4812498224442358283298135436451240922208966439872019979456190303 97
3272546178231363337592762265630156581354557831973041933926900828 2
9527182521388551265803763047749062599551492594310530747890104300 9
8765808165081448626079751296333266752592723516117918367771289310 53
1444716688351829205143436092924931911802493660517914853304210438 99
7730192676860853477681495022992809380658400073117678954912860981 12
3113070025356003478986006538050845325724315536544220676613523374 08
2113078343603269400159269584595882978456494622713008555942933445 20
2700771820639888740474218669770934964775817368358019316832211136 5
5473922881842713738436905266386076624512842993684350826128813673 58
5362938737923699288370479004847222403709198859125563411308494570 67
5990320027516325139266942494856923209045968977567676268422476812 0
0332795770593946131852523564562918059052959747912661628823814298 24
6226541410672464872161743513173976971222280101006681787867761198 25
9615376436418285734810880899885715702797222747347502484390226078 80
4480757248077016210646701669651002026543712600466419355461658389 45
9501435021608901857035581736618234374916226690773118001211882997 37
3198910060609668411932660751654527418294595411892772641925461082 46
3519316477838370782952183896453762363048580427744179071691463565 46
2012151254186648853961615420551523750004267942534177645908215136 75
2584797744651147504384605963258204688096677957090446458846738474 81
6380456351881832103865947982043763347383890177597142362230577763 95
5410112945234880983414766455593422094020597334523379563094414466 98
2224570263671194932866539849913442255177464027325967229935813331 10
8317118072340443268137372312096690524118567348973922341527507079 54
1374534603865067866933962365355564791025085298429422771059305666 0
6251522909241480570809711597834583511731682041296459670706333035 69
2718214962922720732501269552161726498218957909088650853824908489 04
4217555309468320556363164318939176262699310342894851843925396709 22
4125659330791023654852941621322002511937952724803401331352470141 82
1956184190557610301901995216474597344012116012392356793078231907 70
2884158146056472914817451053880601097875059255371523561122901812 84
7101379172151246674285000618182712761250252418761774859940845214 92
7279025670059258544310277046369110988005543124572296838369804708 64
0417060109669622187706539527578387445422912996662301640805476970 5
8214171286363296501304165012781563977996319574126276340111301350 82
7217722871291640022372302348090314853436770165449593807506342852 93
0531311279659452666519604263504064548625433837722094284825435368 23
1861829827131824898844982602857056906990457909981446491936545632 59
4965700446890110499239392180881556261918344043622649655064498485 21
6124984423759284436426120042566286021578011404678796623392281908 04
5776241090764870874061570704866583981448458580327799732792914319 5
7891103735300198731104868956562819173620367030391797106463099062 85
4837028361184866722194576217750345117701104580012912559254626805 37
```

```
4277273788637267830165683510923322806499084591795203056915668061808265869239205618954216319860047939611339532263959997495267988010745764665383774004374636951336856713625531840546384751916467379487432709166200980577171034755753331027027063173956124484137457827343763301018534384974502362657331917424465677874996650009387064418867334910987792600534086244283345048690733827934825305698737469497333642671919689928495345610457193386652224715366811456665969597350757921884166987673216493139896718297865797461221657392240485690022532416036780532999092543896016990166418903884354837564805601262883040942132130020616454082198613809946272121432723445780681992582320285139823711892654123446072359717477790717204152318157519479352745644429846308888463853810686217152745316123031657058489743162098314013263066998966328885326821452040831107380320527845692799840031378789965256351268853684355596205980572789517544986942193269721332052863745779834873193888995746342520482133375525845710566195869320315632994515025191945596912314375799911383016561171855088166587567511843381457610603651428584278721902325981078345939707382251471118783115408757775600206641245622932391166067333864803670869537492448980680002176666748274269259686864337319165487177501063436083073762816139841073924100371967548338380543698803109839221402605142975912211591485059387706790687013510298622075022877211233455244210247151639412512589543377884928342636112447382281450459682145225355003596832533748918627867835944379790415980439921248898486607950450117011690925193831556094417053979006002913150242538482678232622330415137092950219219658037471469784580555061591453950643731640117331780774149755711673303463200840895406654169466574673578548313377013362894890439767002586300254063526400660163171288392030557635898949241282702248937384890676438533993187860801922310832884745931641770126408907855177783013161616204979277967052184721273032797073822386058198674466861099438304996043740732319578447325485741623973885201620238478425616351259716178310685015629913555987475884815104815490937380933394074455700842090155903853444962128368313687375166780513082594599771257467939781491953642874321122421579851584491669362551569370916855252644720786527971466476603284713329855019456897727589834505860043168226586311766062372017210079222164101882993308084093840142137596971859768970427590415009465952527634876281353671173523649641210588549344966459865182645634382851159137631569519895230262881794959971545221250667461174394884433126594322867109652811095016930283514965240828501201908310786780670618511457409707875631176107464288355939159854216731151530969487583789559795861326495698172052842910381727212131386815655244281098711688627439680218855815153675312183741199729194713254651991441885006720364819759441679508874879344167595983619600109948387447090791040997858269476561124598519721575581346285461897286150207743742953953692965544901295309728896376771335384242971539417954717909558012013421017515093149166469905236635023302408721865472762963906572334145500590391389025369931715591717982306516267974471185795150657386850408822993480445549850597823297898617029498418376255258757455303112991914341109413088238114443068843062655305601658801408561023324210300218460588586954418502977463085858496130037238190325162255707299757107273060660729169229780336470488409587112280451885119087185882995143315341285492971738497685231362760768684947803649482999044757157711410809580581412089560594716686262900361456026253348632849868160394633724366711296446029291574618111778916969583994708095478886350328112962689923111009988931781531394668188202836836337382228141497400691794219288881713911628391029568491823335893081336013148874836646422438177608100773918339374934693364474815056493364932315723530610938579683990215338144912692535076821109873835219750773665347549943174058056309914321821
```

Le premier million de chiffres du nombre d'Euler (e)   21

```
2547336281359488317681489194306530426029773885492974570569448783077945878865062970895499843760181694031056909587141386804846359853684034105948341788438963179956468815791937174656705047441528027712541569401365862097760735632832966564135817028088013546326104892768731829917950379944446328158595181380144716817284996793061814177131912099236282922612543236071226270324572637946863533391587374465520060088199752940175724212997235420696304278579506089111134165348493411491753149533006741974497901723518167156875416348494949128900173937745143192838243118326326507953037117780618585115350880999820048276180830720964963647694306617254918614370097138756794021869671014854030747156109135893316560016725212654250289861225930648410589884712964923094121514456394788999932714587596955573709085515064800232147644303723246614711155257858307102493689881456256878683474551889338518179166757905421042103634931625787047654312679066121664414228501744627847713274059557960064834328882786483704345606696645689974691037398771289159331327126624750558225863492842771835583164159366771221853764237622210477933895637872290250954301418225718033130014811337773694150848886750189315699484983893605266681801278391200580143159644191054666323681014820779935652305649042071136419220017718910793524323432276178771256825112648133297435492656868274871598665494304164846822059392167335948505784962280793242264981270527139840772099570723622700924506766568006914996655573786641187707976775486702878643181794152179617831065503028715727228225081201706071338033964184121125385624892013001078246216513698951106461113356244383818536627356378343692127935470923011965591491580056170725851850316728937041193637478062582429825072646480182152343026808148697816482434935345685584369637838415383805118440604369687166641651403612972999291263084281214915246987742933230521499998182904611947167672750374222136718661465404253446314166064987149900100066004154486843735220848305949595318287228052082867630036109173450863213303364728958417658875534522793848029772448571181557489356131152492677200636219836998066415954938868383641189143044376771549802654495906173826559117854599937851086144601496764555010365397125113858350508511244251777292381439623304372403603260318144299136575024601287514117944901305803452199992701148071712847770301254994886841867529751892142956525124869439837290474103631218991242173395506887786431307500248233618327387296973765988200538959029354860549798023204004722368735574118581327343379789315820394128789897289732988125535145076415353605194621122170006763216111958410292525685365618131387840864771470997245530131707617121631866002914450137858785480209624470377137358772008673805410814004231141852580329326739632456291404483466572204288067928061602988404340053653400970658169463609666091111096878975180132522447824695791325189212265305608586654111537358491279025465436902086941987112558845372906322442322287139122012248769976837147645598526739225904997885514250047585260297929306159913444898341973583316070107516452301310796620382579278533125161760789984630103493496981494261055367836366022561213767081421091373531780682420175737470287189310207606953355721704357535177461573524838432101571399813798596607129664438314791296359275429627129436142685922138993054980645399144588692472767598544271527788443836760149912897358259961869729756588978741082189422337344547375227693199222635973520722998387368484349176841191020246627479579564349615012657433845758638834735832242533281420478269344731299711893463545029946817471281792981674396445249566555323116499206771636645803182058496261322346526061754135324447020076618074189140401581485600010301199941095954923214344060676347697130895133891710505038563365035451664317744896400617388617611936226768905769556939187077039423049400384406226144495725166310170806429233451704224266796070754040285511823983615313837514324922Le premier million de chiffres du nombre d'Euler (e)
```

```
3056398381877995594942545196756559181968690885283434886050828529642437587129294393661773628301365958727230809694683989386763662264567911329774698126752265956210093183220817546947788787553561883350838702482953460785970236098656563767227557044952587398718125934419037852755713334098424501272585966924343176890189661454044536790471362942381561276568242478647361766717706470024311197110900074740659456503153750441779821923063237008720392120854995696810613791890299611789367521460223869056654813828528044953753016092142219594063878707478799119492089837409178853441752306471503027839797986451733662532951177510555901416045987333818688797785881729197660451635335355604764842052088881172283199004450428448685233833453010553392963730803973823060471410452547009489940760121524760281396384634355485293237716141086959195078687327607540008522006503187123927285783580701076254276965535596478945016601381629517790853113981109283158321693156386745974449584385282701658246192092219529134323496779345585613140207765996142546463288677356891785576835169603392864188830094883324700447958316931533832382377876344426323456301679513671047510469669001217777128065522453689371871451567394733443044728045095943309068366711065595333860293800099994901064276985962326040186373357284667953122968315635814542089054065122641916201550450043056213699185094103460960103054381669479596458580442519490511073338767994673447171861564772381173703565491762870758945600355191960396230115786632375023472505446107397940247518441555817808796282223197269298451668330691950507999335725916567555729458596218205265047335371235162366277047933328932213614185878597277168568272530373483689191184719713375308844677794327485714882782160884476570004140349992137679420962756088308150943803070566602276467811753336102818780071021979442877731314638785781720566140902304149992324826898247722210985218975814087976348614676360636867461196662034730460891727724004595305137693837538154348698110199065170696177405221824742265765213815274061269901270688087538640866990146174089054098187767188007612415196706415211765308432554426101753634828119683749339582574254124463424723358636077798096019974518775884545964589595677955886909840476825925347784993045788312854174709597959094316277223278445789186942149294515401742146232403008419097529678244596918350947420212361794030904863496053405493129991949608795795258697717023668003386250576493808874099400958994810939798323110883876923649022149911112087063920289249069843533315272799133098633545432497144137805913224081496015648567984396646478028040905758088919025423660677450041341579431211250127523225014806723297965223048849375116608497611641277739531130204156684826553141134899324374789026893517390404329485161065978583225316820420283499364159598019734388988302099415215228861117512668617305195624936718005384563785512917184841784159479743558061785668075849108018580569556799018519839766069335822477913650456270576673517096155049333839045261240439551744913688511598745434093204010221898270753921240324104242445157005296837881574946844150801113861256116410247719090305004024066227894560706151210826614609866204042501058397809819201972675901074992488496613944118415973461038240117855673908056648321039073867083298691078093495828888707110651559651222542929154212923108071159723275797510859911398076844732639426419452063138217862260999160086752446265457028969067192282283045169111363652774517975842147102219099062573738347272649867824440104899850763163066805026711594463629352512026942481085453060281062726423653825077334057547570170436703959647715959261029438313074897245505729085688496091346232165819468660587092144653716755655531962091865952628448253731353698162517351930115341581171353292035873164168839107994000677266031617527582917398395826064541133189855057478471210535057956490959316721675656248187820027699637341558800008678525674224654900959316721675656248187820027699637341558800008678525674224640
```

```
1511406015760115910256449002264980039498403358091309140197877843650
1679601674653702874660625843463297083037259804946535893189121639760
1319307947697205803471055311111721585921906623102809921208406928
3091906017370764654655683413207556315315006453462321007133584907633
0483281534586984973325998011847966427314027938128996172052454067
4695271948079930396730194274036466594154400092799908634806622334906
6952240446521589928642034350988584226920193405754968409048129555226
5475465071353284254349661608495478809072764993025270281506786281
0825243222979985391759845188868870044771018667721594397085146646128
7114874953186218094171967684314466643517583768843678608144631964
1912566574047718699160915550910878919431253671945651261878486910876
7299105655951551597396590343836281246291181177609494118801059463366
7103904977731200424357811579042982304507203832278124641367129795
9415082918378213212876890545963586369344879749784841123274921331663
1628124563882382887156484478831424176501479801878582157687930630
01153788998014623690135803753306246148576074932567807682651045738059
0188312376172718899337904871133955884852342402550023522006135749143
1825914247982936777549049639935075583966896757836431661836930762
5603528602940662803255416535431518013714821941772672244005268401996
5333341840043455252965929185029401316006511243952978743642228069772
0437363717873457948420238745151249157913139411148608416429347958793
6818686096896846408583341310178581427109554162933759151783923413031
1054332870352659999390496682211276815831651124686645116735137821434
5336650598323843354362903123936720845931643494918811386079746701347
0964037853490714908984231789173978365065475198288336739571436000003439
8633632120917189548990557486933977002456324759545044114225824107838
6683765546740013732432280911369267068280539754911161617110239743774
94793351740361350053975814755208342857728009861894019843754464350
81498218360112577632447389452051636938585136484259964518361856989088
7217897646947212468079003309250834966458416565542612941951088471972
09106605105540933731954888406444080280579549008076040034154662137669
60644429377498589735362559195961855244818794031737450825607289512094
545656215954040542581488692984278658235767319579928529312086627592236
61151374457679160636216752674404512210510520908347074439861378290823
52772895849625656881972792768694795806100573787084121444815034797422
31210329535929782237713407754954547779181382354260718461708389097825
9644061705435469685670307454116342441344863086763279491776829230931
822134145548259136720282328439654900180565320396079551707449603900669
6990334199278212696767771835209083959545318466777944872740383733381
985235884202840150981579946858745379895032573628098375922162292585
98599123843993575573285028613155970362934249814178056461615863415338
635077223269996508860870999964899373049307170967888740149746147542880
38742125068921215587669224238743470112099085908216407357638081738695
97551760838776002775172530371334456548526356617201975630015800497902
2341958673806144240150243628895750320653369082575678550702055510557
238187857465037108630815818586281588305456466229769480397061826549138
51813267374852271882679179190913544078526854762541266833982405340224
699899666525731556376458622518628230920854244128059976285054889130983
31761884983352975136073772030571342739638126588567405013841074788943
39399660359185393419841632261765485737667194313284005062629514035787
72646806495493557463264081869797186302187600258139957199236013453742
29758918285167511358171472625828596940798518571870075823122317068134
867930884899275181661399609753105297735846185258652118933393757718599
16335112163441037910451845019023066893064178977808158101360449495406
65363660370075881004450265734935127707426742578608784898185628869980
85166571332083584261338114262385542031577424661310887310631811198988
0289722849790551075148403702290580483052731884959994156602
```

24   Le premier million de chiffres du nombre d'Euler (e)

```
6537314021296702220821915862905952604040620011815269664910068587592655660567562963361434230232810747488395040380985498186005616464609981925761623547871091383296756376150673255086066834337204387481867916689757465634560200025628896011911009804533504238420638240394341635029776888027798350874811782983494172116749194256016086853324353859511520618090312416981820793146150620738260971804582656870436239357574957373327815789043860113780785081102730494466118219574501701060593843365194586283606821085851304998204205784585717593384901556444730583451529141256167997056965742613990168193205624192797728202671429725870019323433787315393940311541118410141429274170353754200369876060876550010934529900703403240133480638851409576955714719036415202772112707018742154812393195322099750655302264684422770020589045922742423904937051507367764629844971682121994198274794049092601715727439368569721862936007387077810797440975556627807371228030350048829843919546433753355787895064018998685060281902452191177018634505171087023903398550540704454189088472042376497490350385189495058979712866316446994074909594734115819346183366921695736050815850808379520363356199476919379650650168087102507350708252600468212428204343672458244788592565554878616144787175810685723568951507076022174335116273317094727659324132491327024255193915090836013462396123350010866146238506331270729877456189843842887640998361649647757146385732473332266538945235883659729551599051874117792886087602393061600161684340706116634492483951563191528827288228317584574857858283697915769836826983069669122013095481593545075492355416776687645521254568124293642747415381569221950333156015161449224751248895753483592622626354540670476703386641002527727680088638326662948858274036965532936223609057247979473443407770428431850790197346907114123036411117292249293077319393097954528774124511839534803822103764446970469670493042810911797232448615413264031578430955396671061468083815548947146733652483679138566431084747848676243012018489329109615281108087617422779131629345494425395422727309645057976122885347393189600810965202090151104579377602529543130188938184010247010134929317443562883578609861545691161669857388024973756940558138630581099823372565164920155443216861690537054630176154809626620800633059320775897175589925862195462096455464624399535391743228225433267174308492508396461328929584567927365409119947616225155964704061297047759818551878441419948614013153859322060745185909608884280218943358691959604936409651570327527570641500776261323783648149005245481413195892963984413717814027641220876449896886297989108701642701690140078257483115989763306129511956804274853178863330411697671750638221352138397791384433256442884908729190670098024962815606262586436923684808035057282983101266919109637258378149363774960594515216932644945188292639525772348420077356021656909077092649856428317786947778049643439917625492165006086262853294710556026704133845005078273906402875298641612874964737082351889218961264127955353644228695543055130870000987855753422310054715341281095702487081265431912326195646214937652752635640212738876510388325500736489993716718328002839882319373301564123277185395654932422977953016534830128490677845037490891749347389015649588574802194996722621185874361039774946338633057887487405540005440439344888192044102134790034598411927024921557026873700970995205391930979319495883265922171508324621942300185974396706491149559411733728199869021311629886680267446443489233020607003821262841723679627307191405008084085703978151998148822390059948911946474438682533745889962375133378280532928272016815977970066488394482446332210928320504045983008943565954267256879714918703447338237767914829203283196838105907715727191903042365315650957464549643425328069510396558733549803850995143463506175361480050195045201350200180281506933241918267855737764410970809457456248548677049046836871759091805726979
```

```
4010465019484853146726642978667687697789291431128505043098192949773
6165944259471754765135205245072597538577958372797702972231435199995
8499522344049394502115428867244188717409524554771867484911475031800
1773304689909317974472957035192387686405544278134169807249382219744
9124257510162187439772902147704638010731470653154201300583810458900
5006764557332998149945854655105526374914354195867992595981412218733
5238407957416123372264063860431988936249867649693592569959212849590
6254446474331759999685163660305216426770428154681777589339252115533
8590526823311608302751194384823861552852465010329467297198112105311
4125898165100120742688143577590825227466863206188376830450921784588
2526239594189673003640808624233657620979111641766331328852352062488
7922978959456450333773313942238477858271719541234786043437616524156
8717943562570215636666680088531006728947033079540804583324192188488
8870712275670333173939262509073556164513677064199539111948881240655
9821685787131385056850623094155206877987539740658484250135205615100
3489821873770245063583314243624807432542464195984647411575625441010
0389671576677263196442524931941806472423789334668561083789808830311
3571333157729435664956078125304917594015895146954965223118559669044
8559467607968190167266634650186182955669893965019614544401768162811
0604465068448139561667220729261210164692339016793399632833013163855
0830967942792934551268435760356901970523138364640961311774904600777
2840862214774547653221505518116489888787908778091800905070604006122
0010051271575991225725282523378026809030528461581739558198122397011
0092017202251606352922464781615533532275453264543087093320924631855
5976580561717446840450048285353396546862678852330049677955807616660
1801833668792312510460809773895565488962815089519622093675058841600
9752282328250433712970186608193748968699961301486924694482420723633
2912367052542145464162968910442981633732668716759467153926119506444
9224725627254543274193495995569590243279097174392258098103601486366
4409101491734183079646345064833034047657118270402768682714180845777
4998493392039317445402616663746466687543850939671299180674719098888
5312710726724428584870694307099756567949198418996425748884764622033
0325637751112534600879369045657792720352059213459242729652066833333
8510673615276261016026647772485083344719891986802656197236420847500
4962661607797092906844757798251795569758235084371746103310387911788
9239441630112634077535773520558040066982523191225570519133631407211
1349732226549151062961739050617857127509403623146700931176133132011
8631158730886798239298009805089491510788371194099750375473674305744
5187265414016446924576792185753680363289139664115534206670562327293
6001177781498886100830877849571709880586670231040432425267859555566
2077310543072298032125941107957349146684680220501816192150766649100
6862033378713826058987655210423668198670177861672671972374156917888
0001690656659046965316154923604061891820982414006103779407166342000
2735828911994182647812782659666207030384795881442790246669264032799
9404016800137293477301530941805070587421153284642203006550763966755
6168318897005152026656649929417382840327305940740147117478464839244
1225676523593418554066440983706083636457657081801664285044258224555
1650808864421212113914352453935225522162483791737303298123495289888
4098613273709957407786789349311975204237925022851375880436791854544
7836416773151821457226504640801042010041076602780772915255550321118
1823872217081127662086653176519264584524952696853763144379983403333
6947124447247796973890514941120010934140073794061894471655166126777
4930799374705772930521750426383798367668159183589049652163726492966
0837147204067428996276720315410211504333742057182854090136325721433
7592054640471894328548696883599785122262130812989581571391597464533
4806099601555877223193450760315411663112963843719400333736013305522
6352571490454327925190794007111504785378036370897340146753465517477
0747096935814912797188187854376797751675927822300312945518595042888
```

```
3902735494672667647506072643698761394806879080593531793001711000 21
4417701504495496412454361656210150919997862972495905809191825255 48
6358703529320142005857057855419217730505342687533799076038746689 68
4283402648733290888881745453047194740939258407362058242849349024 75
6883352446212456101562729065130618520732925434179252299417447855 18
9995098959999877410951464170076989305620163502192692653166599093 23
8118295411937545448509428621839424186218067457128099385258842631 93
0670182098008050900019819621758458932516877698594110522845458356 7
9362969619219808975368132104845187845162306239118780246040508249 0
9336069998094776253792973597037759066145994638573378211017122446 35
5845171941670344732162722443265914858595797823752976323442911242 31
1368603724514438765801271594060878788638511089680883165505046309 00
6148832545452819908256238805872042843941834687863142541377686054 29
1079721004271658157783089229889242670530096399035822360745688719 20
0271705056263437927609199541896027393286309659213286086611351667 77
3267886393638131673397225952827993034420048044304726790831478172 61
3277980860941688196618039180121689715972001475041154724951514105 03
6579001468219815314336911718396923680162737850557346578941452639 68
4520801770293479685390015730150919242725109875728959618125815431 33
8482479478427571789900690048286092469752011266333145826124938927 32
4618880699867340597569278516925370781044591986477115620076623383 63
7368881256224835704771938190298092350280009161763064653976903746 12
0776177531042436237332722253985877792090234884391640559585998315 59
5721311357220153680301225557683379774858681533088159764555964630 73
4898617044407196563172237511931896355853383142667278838334503929 5
0293775440401283958440716449774746707057377328163528489266788893 27
5384180943222174087709628317155373730873890116352696373676470260 41
1655427126774430017044077459641503515446684698988308147171167359 19
7749340411086668671088725062630547887396096180807356262336886699 38
2204414429106327747280812518385540296543359795892041895295216780 03
3035863591706074491789990166701050711028796996254453016381785342 24
3382693419858593206287896605674805132805240981414765484284880144 72
4083720347955154096552973618058052664140416908140565006530666352 78
3052031017646501963552163139656989573276328361663315833464178666 23
5449881207501670716914921533104700667393515002305273097302507657 58
0386799605381757672825720431891792528369854145369568669250324792 93
5719450806796104072595771723325753368857119622048874700066176790 51
1601056454908189107616335099142066263368723941891148961177947900 81
3483266650724950596485138969206995012395946741683662092311970164 58
7624090688376558793852000697909553840610377208739213605909688361 17
8199255939276122013717316698092843293358478913898096804893717881 41
3147888387096020934079824203629566756422511402560638969684345937 058
3370963638082165794650319520545416999398261097559387098847034753 74
4876510033193809438842735416519480521582839097061468315056133311 1
6037431432542781608242807964891486795412587347858029042739645368 07
5518442899756461622567940131769629690339018440242562501323123820 13
0038177945119204152861905004808681591949181885979792998737761904 5
5310026700166850604059761765968689281537032500658527591101134567 
1700061559899090549115348840343256109336212962800372800161673490 89
7785170081871387843344314187457963318790580559519176516890063683 27
6719906534719646761957914252576700095560543611621847586129002754 569
1958401076676193341549546875928707714947174782675774482094158914 71
5251306746722141804911790415101616247490427954512307985557221384 37
2812506268294939047883755712251673326204179705329444189250012547 75
5292613133887109028821776339509325555384067477611692192119288505 47
8580841712229540486365055216851344031436618735034813737185534790 24
6457444599976241001476255234071064479861106653830498391433232558 552
2071277017208599353764879617700497099575134985728212881586709065 28
```

```
9379791658225227087603710406129982627999643357823515717966366403518262501896701372213885069655968928810345127352758307864903033439668259797673682600422167597624194292919115420165897395305151862418869445050358376910986729584484305015937455685374611045069497653043115674264812804526999064388076661574438502396781141370055566045134560649400773650518849004330297368291161994536994296255596326923942747458758295097555591208191129337714226234274058699003894827189381543990245333109240396499190551773079682183742848533132956526542258962465893682327804333629879364554438669359141191325091563026003117519365752980519900483255615493741202180024074457036001375153473513043249141314044980863133669654504913955928611585785821263309922576162798275448052250899027954387683964282929168350390017892226075735213073167988025995485009314288598877403381856390162972654783314697040553401085775570227111661164998035086578781582171894113224759760775640671497517875124249935221088437088119307342632070504695498620551341862206540059306415424255264917154496453746948498610752722205069026523281271233221348163634422029644054859998178217973763917067646995007287720338795015316115588147937383883970018194683644191509366368859867748010164389061770577870775068310772709251173458822995825598575866740918352564787948371924967112627941928887042573918755539912612024961437272889384685286068468662394966533688165316237411111532961676740298072331599386547453150802859378249787279606708475663640986784032382365040406661237941762435774995240818249421875288354481916915330364215170099300800465233290553360919288974315083957041575312461744520577743168770224294103241021105752258665733673055572119740568698949732494440575529551392708557339666369309178972919161668311588165159364832955699230720056065132751588821620793595721294679883955101583365112940035810393705104958820071527374047199348271438826812271516405052637196865710565736982657763252356177592071582715451977267951001585145736216492730531970976497752863537015507435491947389811071950980563640108425245977523961317546939669366891809068890649702144324749256593298999338480102819954584318272187928835686473692417480094805332720218037592094671745464433679263187289570840036472226255644053536066129922256868195685065564854453445185906848756905586930311192444560090227124362351084330243756408834738667729540074435565810641346686042484694397703929617107851846778959568116253133570127453025748670978499377430521209948564101216319577316844903890519027471952207197212047931241106646034554513246458694979765339232344965868185451560919077572143897332311807146071400265892253368171017772502082527324272534142353693198204714148864086198417091078215883056626827410432949100275073657373332334587782941890133308610102836698599648041123991960043566794058868214426046145025952217045128120050461942832163777569371715568728814436149859050985557824120793683640624523194535177701810804820864582055339070249790905213429612020960172538718836180919608305137003939117066404887198370902036407215674455922066247448445518172891762530879522025330631090482841234627220349041343852695731033587714684907347971597198216708378903613581351723573206700941124556474957041407967399496845340385141375943886777783546309734525579781261004059773953291761071626993351622801264248965242182599102866001347518413366050163283769307785007240731149946152099245744132532498499693281312033485126417107173353191210961763956556637096181406400383871146453751191092367778740315442865794444815963900152934613559776111968375213683320294191798909563644992913021742333863273435368828577280348852262024018499522416677029509975826871944999139242999307289149963642117014643901092567660988725436946776876275459081569192365500234174703415705559619878144557528478160186571342677532079277373684122219396032342604082885471064072584166175692131082652569516518505438075576289000
```

28   Le premier million de chiffres du nombre d'Euler (e)

```
4625811364702960472995554964651347285479774662044494460743108961778
5231316027138364943166356880968411378414334969207850829127709975
2201393989706244961162572210203995003431558682774649843870172263
4490622621596077018371757518734264661378785192521702694206695082
5493172934477680902864228438908518765570229140835384749927059792
7957211257340972611580785214705603503404485203668039554507896341
3829361527610039502980101848577915343626649638990045812842148602
4723111531341032436454649501158514914584965065181124591622012028
0589032135003917906844742895008581143233834278232207512569175468
6969929267218738702696600505802560038801287774241508353237269280
5325332944404150931910101045607436147415257589261941014362120027
6190327931327856256099370616379462099625162592846087608745973209
7131756771490067118354845722855268275516720187427058536750410664
2391970945109014179624036117558829200243934186743730126013644336
0253882532552255123158058699745765337755261195614416637384299161
5519844374979872442430738691616238228428778890624606550583525895
8943395025595559263626667431581708579370475376773186058831438865
9554762973557400006250587131357805115866148135723998420579619256
3268796544824265150909574181524100515939096513383558128173192914
8221195960084196069627850065506822687234762971438467609843415022
7978288628101295242583872035193557864793478343777170297081314032
7409790814796595242156440423932943146611525204974292375196242443
6645210734440716822107095651479357051258614770485230309765452753
0490135910287476420696602451483732519825115581414512751370534359
2850170035263458223391427374881902048338535230983741658890284501
4699301984229559744217251031014786893889640178843574613269262909
7585360876096316659760139768530415491586380264843818668988976746
2132578184845313713938886508039599152410615811423152990242326495
5964743231955251645194546882788248918557595197395339473382040638
0714446148815646096095948644731950966085787844754365546329456002
6006014035269297039107661350499616561809980440497685635336634806
0304898412670818095372086444853780753554140777975302231643557483
9084558658076226778051680323897452891493318386545812947091726781
0995787972627651840161846218826151737032123687547328874010551193
7482992616500258094748146013567248646366927958547613741339138036
5287122495525161287119032666293093807076433413147320185361782612
5935906424846843612142385752444917550804302953987892694271154404
6407839707559858721371117078178840627922731697832355867458555663
1023036654723921637141228470736269615327810195815612687218389614
2776538136819279140718606319285333696333642908809364177238277026
3271275411422144559375296714367878566083123998329893176931815396
1728050199921668510995528336158195894417776290508985318439064558
7789909518268834112862700709399815862222798700632671251671553156
4341900307563159612211664437372272291025147839968813746832435986
3933547696790558557151928711062588362329337063885484098145012382
9519215342305297114938655515135741817479071006192611536795591774
8030299125212353167476609775815542523953903694937730096879338182
6453301231900870431328193571893797457449537444919223476442776812
5496533655391878984435986903716703535929672293222340626646914832
8965740114230898678873948102595872992664670517778023554671431399
7383475493395060660341628269416839267482555713967875348656956840
0505538932432423731770843360790770361046531048992494931600935676
8123493368030179364169421275587079009619902026929545936001562550
3649731031734174475666504056209156968404563308671943929994558746
4610116194687133331941611111633071494104378625488438522205991670
4055860745500240276142493161470189287816294592587118438542492680
9862318404583674171762957073310519201120807577399824212137251721
6108157196779678516063004381452627370102350271386770844168079938
```

```
2447780166007888114182436657965538903342939270474269204287594059 11
2100981782874833987803510228017180387506497624004261560260293465 78
0881961909546867418412217220141119700365400944884248528380599038 81
0062291363980806928581541545273337958237118253683388977156103781 63
4710580759675381248361225918334008477946844297907020076016822283 24
0837851964963023947600773832455944953201470621514855475425132598 20
3797335566325073234223566501576555916393692097810262363754542325 18
8541532364868372267047231091905382112277808934067587169725099279 34
2783254765798870139741553367456645620955183039691469564900066975 28
1332991050139542223108718987897178141046991222684332212425522409 92
0075224650118518771424712009650506578223894856614372477335421607 08
3445132771801143400538207903892859721928795065272189363047361362 38
1480404755262484218365563489198432786139157224194381624450361973 09
0404387697439250674223497007187735768344306602727194222384118661 65
9033947655077642636005178320998877907127513403682287996751004584 62
1908334268734417115340777779654277019411237975325101775118696060 69
2020564859923440055748318451025751717371542437060496202341867758 60
4419531541092669154461216481873575295931658675374385534442958290 74
5303045123913666192912256477227977709315939134439976288794316924 20
2083470541406929340319765404849754556245239080526384668547351323 82
6296261434023182410737909141865080307105660919265689858769502293 78
4819268671010920892262774031729439459087381803811673411729393065 90
0836067630252228751031528223627638947994062218503574418652490593 894
8997248100203719212526576333316331957193842003417004081947407607 28
6997585832829642063051471880543188734796639073673297466127385094 11
4686951572147078237096462104569638713171457202201624613311170482 86
7057565080393370015750085687231642981847719050327758907710566311 27
2970900644291733863382895897324611891997349376642542523941821501 3
3646102914329693097786308114086949665940485452800636490974183241 12
9644404297141015114287594031423507639340410646072510287881733276 06
5853131366578814704162948422562151584605515382898343957046413118 26
2100039603813684045129234958720958680386613808395112433146621366 60
0563868726456244747680654536754101841772541497402937355022075477 20
7517129014868209628067297919550630282120181443571965340752859641 9
5336322651231034619346193807918783448622948533854941927460242703 99
0946793464838117039311692461352548697504643510589445865095141049 6
6260480848092322549671759317986901197677391212407271074903234717 67
7064235163732431114715723104726186936347819623408043358312863499 60
4524293811655063560106250008095060175346995125450460550747629464 43
4184508116440288889699140209385223951056010346733913015222368180 50
8601296565843648933437675039144895822551452477329736840950015855 99
9266125576672642468132845503728275026636757393834217148037379160 35
0759633288788356737975224623160539026152511043702307495447103981 99
4206750701212140415708600554686540155986886128227862329572118840 8
7892924620951071191131709694086460352958282474140513661040640628
8005708293978009538846290595337832484715323595494390095313670159 77
3019211837572254887222779322608639426727821328645937497350888114 3
8753122335111171036213690651405477029258419489639189150419523437 56
6573213648265273960460896535908208112012659897220683838469308377
8963745217430494808697531994217409585650671662931972358222932509 27
9670077950568365989801718391312217090139455720088601884320169574 49
7632230598862452042691257009024685410031297091065345234315444598 96
8320417238553577978990711586594120496787881095824756044403486393 3
9735105209089641849178311115771170719708864466893725288652273501 77
7455410375615093659549717526144512582267028272296452996906045916 98
7531033864431615960689670381230614108628010859128161508762578519 85
7610359933353121535363921301055828346813566968392231968628556923 56
8184157001716775417889879682184078763517433210918581094328312206 29

30          Le premier million de chiffres du nombre d'Euler (e)
```

```
2379733236945559199084558427073940153366308959346674812010839942680
4727230849279978165503078970717424981016428849110638466128457325644
1315052587392480109885084285884003495158754752555174386691891419122
5433581646416489980764106986874603995598853948571231116640524874313
7957153650656477960911438913798211889824255411712704894027458315615
9451614648507498172932603792667077755329512824699042743818533056697
4512886913304746874501934261707205681412514208035979346154239829487
9814812267684127767725252112170226603667011416868956213661007080677
2558386805604326902863853674994480446064349640810700115337325824220
5251564685722262875964776020633897525385418923231611592334384547151
6653611844154690016847207225242563160609674795027809788381849776926
8597558008243994901895539913159841562388117299082584680018182532324
6203498615060708070929603006054053396868813447524948583010039169701
3078174300719988980468609619355477719206174223160458803937515756983
0702549477953727100748462788928312879714868130625924576491633261281
5725496752790680159962807767202451149433408030999829519793911576504
5749597577842379297011896086701608211404288619379589685930692899462
8950693669854717491394918706731098233567781493878652307469512219159
5711343295085446544754976556005956069476723791449545018710436084595
7231324515055949164394227508590795776655197663113010207825977029155
1848528319794435918391415267453695684041916897536215171638203212091
6694835615054069238920025873228515887410948122466709699209702824355
2323373216161429391039129392454698181247039123824791721110065680720
7480510672519096116437395427213730289730340470767856574341463152425
8764271137666013155141832092872463809604276556713628852842494231560
1152812928630529125987107269783256112259045953306567894832781094106
6761665001051229760179782661781063457033216687090755324621944920173
7608151650652605599031232414366559454940399058512219351909386263161
6559166874605626011159737325199312840829109745869823827655111247857
4916953811466817237259024682416472404834902937574632176783882475237
6750126903009174173401173240234663891206001509549588344099874110709
8567080216353913808144103877033021274639993561200659378536372212644
0386855127396429720494649186609674837183482187911469942675089214741
3478258580382867228386642725780838346065664951624962283201708902316
4904326866328101543983988468886440710724474280486201509091856987268
5774998889665196911075908839177693121613721684248566990430848630775
1658242012221929845485600724210597028685630517903535931843281026864
9736540682330777513282371843877274730053105784734689502320429700192
2475682947190617041955852342995567086561191065919053917113291894149
3095570130703187714463195134883438825562628290095760503414641300733
0312473450462050770891752910560421108615640544751009944073338042964
3808771299201485940552018859556808521441109515566841864208716684710
5053928828298338590509343602636712122196953283858079809706329651525
2691556292182690387333527430093167910578467328290951748761518437454
6760862551094301805319077912630605106092967822218831463577585963018
0665608270286784655944164993601108962023324841423295865577230564803
8991964212779327355104893740997114118054547679432602606693299307969
4845635987531674086992364849167466701904346938031168594055391435951
8816336693750157301709724832873781646288223697825298732165808466262
9908965629397615419643920810755883012724137792569183742878048619427
4930688481589207918330453574476330754832214358935415445523251204249
7724475111438782299893140892948043372890441900579201655678299844092
0508084403300019494928859968021738124079402971031109511729856348356
9190271563144718104920117064696391495634774008658402484688597368726
3421246230924510719034552970535982684851049175883874089584858411869
1707497367370333614204320120913098588357978907829039407615720 53
```

Le premier million de chiffres du nombre d'Euler (e)

```
5218000113184154122560782003666473572637533944693584123734045192496929228158942581683961423938551324662343313180366517426827741001015864923501519610892288633311331903836040400712929160187236663957114243201228831130717712800139873422757958638280675129588653002912800580286123711228294440981404620339307641669915492823666610200010110600080310763410725325434164943177072936891919745516835592122567573111416831270390633486034242616397010904513396440465698991292527821224432083937399208282542831803357827635837157528081782612070108029767483477741645359797594670928095940838600945047890494070415819691654634728037219433583363149130447732239486383857454954844417715112407777596888653915255884802874578364693449451788780703221184601372122082955021238412847719461264955446431484598466739232067714199774241242840753102961891240116123590847932023917374002344578343769546802688442676928619101578377598702937655948197758081316867176140623650680264709016563363307512555258326128234242613421014817100124882379404226285294766637365905992317711856806667628922752492649677802643086274944049718762208972095774048387490057001417952689238607741180486077780314603958192243500135908369950644527587205935636056173038752456163841276577906665179644769689812457206922701835324331302919221309349671614646069722048895472345598934855837858745684517446699430798078597801929666856517466499840135733746596086966716736420136500443331307768947339773654455410365745363516076941997657760758500427772232228522418719637633485677907004593752640744502632709599649767716760239792391724926793066998331797674725862042199575762210255387674092000602024489147123378007545410553946067102109854899814036883776479047868795095364725680526594663654998414073760869167888753027633957147445925330997695918737337201001007410943411210653535200309360537933056798329040670437584800800373684788159042603969987532702962185566295640583784277436467813515616463930988229869036662335183730132210586343125870381466225241575740983743773106208028961700754161721152312789143407503970312472367168327906419473211921015733350773769894377442203793393769134692975214404878149877313144525722482189459109541415344466546553070070483157866540189564177757128391878889245976307479490198053100200209280891963261452060858488779096066604396705285334303111178475834078688462067369535244321838545478570264579493788752065218864548331594966574629825911092888190385564234241618885866376475117702271593506672990904810768098237018600055261681855327782800722884236241205154138764110351404247071767981719127063334610780897984679896522495807773699372574075413995941365552329829309703929823286725429717089703081139515338080105802615953721471775800778184250115943153499950657517043482305564923459928823827544835561633505847002979357746326075104684471184194884820687813341953622010370224326032002661492636800109652366649885073857350790380206560617043582602581734812150721873556419977209539886299359855735707010175649779327148747464167271028775896641354243878822459537142731478642241563455269448236458364129186615426561823241050546757523845164090914547354612070285216030543258152718626045104882204792421194847072823318867217324501648852417941725989999388441783690147673763523118988985457831799915184627932387759714106718011128107340151472343264979842063335776699903484731484091244393430826449043866202485031384017180116247856746016790312479704894760736178939873107750664241489237808745848517094502413395888105002149874545270352583743461487286313479507013022322001297470094215223007424576823957914456261281137895380310520969930899494749586896334260276597245238769510425517863066623263434233214890737958493741344827159650986788374077841400514689723158862161633240723306180274620564642664821064219886266118183648572769916207881801459135686952883993436500366035403192369130053528092516006331930133650178387702205515878
```

```
6231281209588495372374875597998873042415613356291891895991378906 78
3545061133817925765766533062525622073646033947246506565547255551 2
0362720644036434542833186446966826925760479498930150431492698141 68
0856843904930897409718239228235051954909562905122146024172305768 5
1819390486881032893268431440753082760472059589991917592033792003 973
1983301201480336193703476225957251372636883917399534873458214485 28
8842695981849252807617705490394922383233707100445127355026405147 652
9902303166993515071577628167599082874074019489130938850171628420 59
0640196987131809810404501983838099415237876262974620870809351498 38
9459316838600622515297771437179323639295276305978642984648031484 66
8162893814674457242717995855569796832920942685267739020377316457 13
3594866012939940632657340825446182446317829174969642908671578904 67
2429011959585875896822366288966377932505827552533965682099906129 89
4834667102696430611073881338441826528380103658708479905237969531 40
0674636176379866100485812099636932635381580803952771099486205780 00
7939614044699926816983633028925541992400747382024309477923109747 35
6895028709421788866537445085479432044093293125575237685364388822 5
3883749142378344828758256453526896352054872924757582652127539856 08
2982093226674592369123765997408115802827790444860476111155645212 36
1253243082332293380481919375577315204398650685646691741229556145 23
1565304546367843975855395242622731362049575453674520125716420688 66
0162759445258270930584280398146379275824912258894317575657593911 577
7198218910203056020183475978195862442525990498517820900705009156 10
5006729908760041626024779151340888733715265925672763410229736185 4
6797061182682320079511955501452229570578824119898862926777923408 18
2917001956468450945667173528526962457477946207250287811085356924 18
4026177712114461759833266651938395116742965440884746188419297117 21
2958338407734527872146471938032813484294530514709195206421764909 02
3612045497344056752644079992097437741132943246533325046230745327 79
9706406080860592938732057874265248370162579440616474483647483962 40
0501273143988176192458066320184879153710313261177037368528113093 0
7551478098179796030785748629864941084997506874830834334143352185 0
9855332675278170087988140482173418378164273958080600011585533259 15
3393300236200469970956095713148270926890913448901731254885184776 30
0914835670228972995401120963988155417396934387469066428070233189 22
1001782066401422820213386623442986534123037107036560244021295618 84
3845615423867889485642924094785489992877550718049141284435675880 4
7198703429473611770846678335224404032864229980111215779622090031 37
7950011979279498839220490879006299042141051004946152977650830430 72
9841253872300509586948960205360046898236737968247252413197975512 91
4699098119315172344683757485350280928119673548909819724009787172 20
4475144963720020485538807797617907870018089637342634130849637455 80
8667171245280075937522078282172250452422306877336978639976804407
7260330328524622556100883753183648773579884682308712895501293864 12
1252552244572101432704705461847713674245999788733399008386376543 5
3379186135695043438463338188214751370349754144124866187795979291 21
0752525194238781584393668436784177447529219147896822342499519532 66
4810830108282552058643993432634799545291797752599042788495902724 8
8351875330211088507179521995364986269681375785644859919317710439 26
3073610134145119611419799391806726393353773542933281176391140420 3
7265553639665370748413130137420474097073895804557805626058581803 12
3710078804891643234184696305016303502676241840938524848729358709 02
1949494466375840185750134733596934046647493876230552383927639223 4
0067013803172544865023682310864346812833033027702661292064903355 87
9168139605531350041261358337846941797664719119011448463913791958 82
0678401284232831260216825194871697521434745361996749254102368778 31
8214642011514176100979584111246350012811233200288519566351756089 24
9217774272563579988566710808622564025399745246728700413118052948 31
```

Le premier million de chiffres du nombre d'Euler (e)

```
0215792768787772666501244426302335482262490006290347443886823168491
1080141559453966853675049422165235689706110670508836147949109671531
1833459000175466341389124939297974084154900473527811914721749172311
1103369915187767150510815496192948919406163755807206671547209452151
6326415130714462545212277997730510938866531295722295134806067597341
0319444491268474855654989597892250189476296149845898588430685315411
5913643231866532286363717294553202947738176126531002471040353807571
4810001345967302893717490803342335016678226336366753896877069833551
3555737830821278996276261627116438319408485131297616494911166177951
3791095898984367685067422853139131132694236070693729055868869493031
9013373200641046667500454881069159758686575633591332395066352027371
8832608631246540106171071396485537081149632622381254769566343022501
1966922736539842911135759302417953794023528515541613279341994934851
8289457308463622407817697515114168841840466283772228487014068535821
9663542544165925312615493789465368958870166051170427862534613490261
1058603807396572389825734243154632245222510580833903471918604257239
0756220887804755139350545670358847834828020371417031829315490395731
3177499547491139091984277713556309945666750573985927676354365285361
8440525962958669607368415593510088175147846881259416173497959869041
6326157603933779046484064511679228499998983643607654975381224949731
5223863207263319157502713166234386671793477863901071996086909087741
0554706598504744454287611188461022343073837278601510958414984347561
7685631390630607874833220765346461276268580208250568104495429298311
4716775863379474368057001681565848235010761099190434849600158768971
2199537323429346149359252482879295415404109914943788567995930658841
9807643945848478652239987806246142352995926316285332105316759167361
8508736679466116512860311255935953387443073941640343725652010213681
5375735367579219932693984127381416363586959480393783643817224789611
0963748697035086821739360384680401334904178760285867855110015128081
7650302643644037629559884811152097696262148395261699051443229553221
1145948888953775507224799982253353821919833514733179768141977429781
5436910342696265763123597605410216560843465292187351879381619789111
7315158287767206428014517402965677184221852257213299664002647599671
3908187646490320215822804773413362649575865065218203026251160666641
1677596962048780576576529900603079323476420074141365157017370103241
2477065020459262593923912675661476882703588712940336474128772835491
0203318445003582340807572208456507969826834688991849276453468964741
9325640486379990705537773498412189689136728851325630718986023876881
3580688187374521824181714951865238611688675502012072107532805390731
8556670753766793133904449093701081041329985598914317189548513791481
6884635607436103488804393061237883623045535187941430046773505108011
5110031737838328330664680238213161695805115833163589798655371001251
2368464052186763018347541140640575012498443840014897292735962324591
6246945054146757008702553453687728558402838174670899224970111040551
7754724306631109005839966095451565307343612153254801920464847704101
9631782995550269712489513482310561907913561561863346814063086564391
7144730543444530449613126274299334237557592053146482731537902806194
1848929760219963227973790233530905260077408976882051377761664661
3523765612085377724720346237288408114442352683465006026561137079091
9101899112640708918971456626282817211213392079179295529881131114111
8193403310110404905901480590614175738379437552273936517773202885981
2332835962862128213242607956571503127512165798583280568039565727441
5635406113530927505920611028760346586878840942602203507562748754211
8254818275035272908352575382125837740333105254454494787980097807041
7193142120189974545330529739057387217832846075735971268221390940511
6323070970106789112678403048385356536605009665129443085744059284111
9201823641443405158140135530088725470680326321003228313891426044441
8378165419805393351850574974278152216590811724165549035348870511851
```

```
6905376762329599592280046386217478425825727788503380569618909588735
2718346885634044703852249007867701734071201924018999905091165286
2993512642758366398284655089519431884341315309224357110899663340955
9218641221867900812195599193859097065113887030022072014188783699884
2059689799922357851989271797720755215417251803857862878188078616882
3664714625713388097539090458776533407267824197379787167524666987
3095367865316065454121439013613018580292562572662770949619746608775
45808524439622371175406766481434946676413862277418844356874511575866
033925617416594189508720035564428372095385498781127183554068131588
02303209982473299948266755710046567242252222326447857711865222417783
9389756031584303279375730179023917078897642557497743981730355273183
634879051827061005586812566303311725645402996617347713480625877455
018725359096043440980656523698728037344940036647945186903774186522
78665785458987464409901441547569797027334639173819283034012181779436
622663350389775924361527325035862126273420958308026132500101322068
929071146028906507845544302175533990713198134012916102300765480577
3848993756764093226446876251668708848469667675336540246437969120111
6244755467596911182552916126354515933886024052241829156098603094911
176729196865128628096278734825643460131344769470448537365115918975
9159694179404360703595373718934936742248401201059998078290132791336
903119470961514453750866006688167228793806320816941008745811524332
4846100858685900106503461961661953014964798743235630302436687418111
7754603817665126622702509883355457901484587333585485527560627661792
6422120763984160717671024778147394229181782725430843163239635426981
752951128967501074086706363678466323053644340540843167245309659595
6505458175860811789604184066247961742002240422873088750383048290663
6303945777379353250093142216027267969249434458173856859936779226066
6967679735499183483041602708476913734417115036486966136190148378514
4248903182978031412900070768879365234748829524886768735800750630737
5693029763707430435537163305856289783402203952077535327042462602636
6764800416993984906866133560757194305387447457974268340608148415788
9234024520970097096130249786150593090213879451048578765314485752055
51996642430051054244843014291912103131993525788971305676932706151
2352671854124472321366901964855931147694851197777502501141401150355
371330484792350898530382206173405967019928374027797690039756067022
037491338574437928550832575320544125996008361620941673763538170459
9523588187398152170790435059321223222313629248734132310153480589488
9883779236007622735800057997228198173592256433041306931340462482533
9182192205140468612252548111353530446324397131877172914825851430022
9435899943348729027962916646752194320980808677310833010922510379233
35433848881732259187142966376481129125974323343507770724714415455
1198867081133779822462638040108164844872607571437944637254782452995
5615673036351666494382661193684854645865448030628264079443714369405
9270413121766332960073523310472734407974431857158449182567631885288
8011206569806247014776736053930254639833775394201431975366687836885
5524354152605421780231199983604835961226631535524655463553950723
23148862144863706580778811911289313354735382583913418206608989578447
8023623994418105352367436960569136080342595280747549477179958914333
67822483417406997168740263157275248100258229410676430417178135899
631853718508371090849904162566175570531823281975702052987085727288
520525463770157477900914158264650822169099089163107945466423983024
7799590683477470276750587874079257845211611650677363741986236762555
7012382308306345567531249776361644510174826084325619040605190994755
04378527063480374968391904569667145158250044060331082671784945121441
18145420725267435791362985756316491229535652575246255027416934392555
676920275382184547411856996684144155972968265711838508986193836822
9700970850907252207613046988068506606275261164452971754490906679388
1804474443662611071223376848758395156104996843745603522668012540055
```

```
9455686117143122540384425844157150119876393685945229344006956643761
1236642943578443660707800870358703383312565341028345614540868088858
8086570144518890560863173566257032901401846905926888495310042331971
1629625546453066825640124800779227154194388344009764006674351459571
5717844312975972603585460698699690019339361533656060528550401706261
0202211749103491063212128734466198995144195725921148386437639143141
7569064963735792774815208541095401297938621895194550125847653257801
8226653951211727894456247919016951407432103455211405061319760252251
9737990132147935373983134897775922979504105942774918289050246731861
8783701885133881466262901195476222648407312992794474026994458536131
4737340949582148402553637169332171042364674647133277958057231671381
7700659282332319265041837100545962133368244398184028154136366174971
9979881837459965711946768634899439130859368269617857851457222824251
5033923251117339670723654677647066987796655952395922427359217531541
5860114119567757579249769242344621487313434332174075870027287662701
4320619958313214350322829929449850216756868656308940862872286771891
0762804566335038436946694478168093037540702537617429626452483685791
1827631861385020598412293511286213696834914156752707998605009753461
1958426624880286980622004737936351741053295192712766662273690713891
0537784220941206075047876038028925769105153846833504467596784504651
2249062711997731654308592151466518632464875499420812532639494906021
3755526407585910158061269987297582258361533369824888187584593915791
5881932212192814964419934760321754339912249417731443331596518526791
9859460251401299712307229441030258399194134096858589893689990331701
1218864817511703586075229032541291583345460989590017899153499041871
1173292021763047350626279300874953600277149408794940723331527355021
3377669505726620383744223556670559286008410420792681362290018325621
1539119599592166508934576933649202681384993334705764387248809611011
0330042627745970567674238310003147036003762830326316154778307230201
0946571284582054743085564890935647765326803412188604266277361759801
0457434002700740562248166079659559588024506454377473033287445508601
0956260874358359711528403141859287562160338635695149364997997728251
0722465539476170464224276996667832352685567221463030272841478425141
0121381114045001619188927427196574720243254475113687814921593442381
0514631807250576289762112360951666162165443972319311073492085903351
0984225759386714910941945828167241566743432874114432107342372075571
0608023016884033279481011832791172608486801321512281316270664397031
1168085571893296331253662802853005631883946480093499071735072546981
2478563505757147505556872931891836090561068057868300207048834894961
7332521851956761438874188522732217391507103716795218259211477848251
0582552671326862555181455722615462854121096474421060310876777458311
2256874859059592217282982354525625798658263356756408179547801868961
0479848615384920600421681089123288660298575705244670458364132101101
0805397360029433256008961086314614711109313788357001493883762247671
0785603677928046043711650630858669104846485978574259913943000874111
0956631473036296850999305972984952583491642454646419024346787593611
0472549233669111417007825068474248206924495264895827866841662385941
0749218640434007470257123706279780524909998541617306581940571488771
0206341439633264873386781490369236089382674950858924940007891094110
1192613457706150335566651376233397270668670098729824610278464410611
1347912420085145056782333943627584438759786571873997468909739416351
0074469149413765813298608181070995202084668528706868084217620602512
1496367717980078299860483187790815373200411534929026080279623768480
1472022675572178175391148559701914706611875594395215045916363366550
1688896520166305571231142458812935150603088989063809656204143363291
1636747480863112499427280654662688074756961896392094824021241494241
1257290428631191912456090359453772179941527950136547328839380153841
1026340741470532486736044683883682033995084606921657897728913760561
```

36   Le premier million de chiffres du nombre d'Euler (e)

```
0625895785516762062028460713642169191819839986313796493922708404246841398904784078758735385884742498707152484079903116069624123974678623329457990339421327206203408234704567443113021524202646357626838971937613904846157723334029893672879504253039795691465026150462335535862320917673079136189060547971013812915149057535762680058636828419926914312814478284519352805572740399033524984235406002643719725230739996489566148534765084412120887282901186054332229714154674318014583494298896133442252815519753083479045351C9477867551726264531214509838051904427676490580110271276888057705475962695120241309449233966090478499102253785307056954157114099646808694596831567231236584177247908712799954548417627881807662488340€09710939025807670145124113706767684490168644732709543954769317699980490880165517714282584849554298861309774492644293863235018607462393924996721084533421137871534522751316821303530122092378187119274871659887684008632823861972831642144402061905864003188388510446324953601065140562679548593301208418747987538601274593268779911769287296673489679255383747644793598152133345635547714470192009318978486763516437767966818533046691488435197592021032894999078091834638767261054828230196496105144033192055942181891295143365983977056080270011902593335602239706156950076891215854527809076974281786365912755466706968405400573815088590355488776038423580524296884918066465514150751802674308908353730448278152852980547108797894990661673724454929498927872059320087543216750378953579121344315856037017266100744297606906991132447347846023724306961045095891827054223104955013364398689635908818607915998531010589151409661529860268776935553016373250722708777507583200972261200677880064466475607796252978718710082269891726831498544729861908964623072346489578355050968872509864629667356061072662198594343419604190967137436673765368600928298963564717073473251470496950673967995971396584134596274473540549944152882171829907950647117075207546324433404549354352801063185363730816393718897675542044157564444765527976284446852160111302442860124239677518621830724955437928550365242849673468271350463715215623205964656727505591488384139625082487048739948418335468831747618753971032372342941839899079094298685278477849694580845073683487722544689834909884901936925065151824506809649824540756220117368254666131869209071151343050374344443558682457355128233602650647554538485767826351262511583972043617632041630729545488012678236780693513519482868366532331014265162789736326886966439703412392738719879049401819561420018976291920058488605646804966627181087320957917911503958201039413731663554155202166979801390863625426822526905334407770746425534736075927076805049033015097511937470214309010302346769883644648740738920229178401952391046622190660303123768296930228980007246477342071139071292296560136276750319105894410489611219970138899972709618729927347340093956545786195970693261646065132073929950588810116186856037983074409740333571093216634528509887879928210844471036928166885229108059505055946890260665989431413973181138879470784542353375132089350019441742258120580977453949406577587070185167165801378888385650110284381999472478526291252178758807856939322591211567453447189174981115471452927616717185670487997847343233017227641547109151630776491771683742988090278788632927311503155824120901795600802730786756020827948432779300633030711661131308119989557622989200833512527779003793788693812183291382601833460913526102515780501579696308521109233329609609957629546804734382586250698378119649095662479550237169710089922918771101227503589913905405562282291499128533456202883094847501740162480817747627122247409899385761188269260354778246536332999185785053906557132200479168428950440724292666419995110726834440824637005542681665923981802017453498488156386104828699403720749758031516354147991908522276546218035422141316581261660690161892541451192431847567
```

Le premier million de chiffres du nombre d'Euler (e)   37

```
1464129361018191771096973743766977901930305531091403753559654583 14
7490454557573058940881073864182679758559139017838962024120788771 79
3501193112069232243747432254825953363291718705029636338636718912 14
5575397689669525658667306918808415564134245237988905434311928279 83
6639129115171935782466300750797793575139800844581298793030297661 90
2400295194561183459760004286520314961005362536814763676150848726 21
1815184574170954523041161267130801142345082644489983279297080882 92
2255702327805334695159912993984833760814392519906749538217952217
4509988711359550024142725291940817185900538287627654722058597496 28
5731070315279447727796232224654728361711236099016766558212869019 41
8576088712807799075360579761818196372646395179023814718806174073 24
2738821178288643533964900624835168178691096694220294088930426025 2
2386581303160344144405404239707367867581557003934713935338759105 10
0658646500791132233995308370005133299274583476501672990165167416 6
1835749950321848578822276242965575330195892925720425859834792005 16
6108463243981243956784017856391142839034870711191440044061737725 68
8199681536723140920984852566667983693712222106216749313857287992 66
5641503587797707185571435354161665609575272863836378342905591846 45
1614816298572856557088020256180935339188959682937747236930827878 44
4039858855011632755639718701384981529450853186711027689504207877 72
5743577149774807269366650768438253904638627517891611263019263759 64
4308251967215565708090110513365734528159880925052608022662073226 49
8133766478298209845093003518976894402315572420788986872209612565 41
0625461517369722075637291476350603049816231800505843457808009913 06
5100340349584425449688519184573127415641094904502920637223165591 40
9996383726547159816076438579267821401617033930118933823314957953 27
6035791396882985357045269745273489009220329254911231831362505002 41
6342413486368937899517389406983642252339859716494043372352912084 51
0035811717343116244472762013777182087403651768076245191131996915 27
9147298817522542223424311362364209396933754647516012891582050428 90
5246665523761398640817576470306861425062951680285088904490543729 66
3779166688424594952179684755476782011212821908170573173374143937 6
0969283820259270175587383138951947724623821113866482235770863745 66
5072101408264057436626349667838363779485690677207016108834343761 13
1659780519983502209475506134209739457730719937551805415681841516 92
8984759525920463835861881415631687637544414585107197654307685383 7
8554495283747796732795846064866537007344585945382946238208933454 26
3646930795600055622087292855407615962923659976125650462687374086 52
9848152915286499352660989316846882413976403703739795312464399619 5
8367696114190402722067530729018182156829738794441193813422297298 00
6042704760096243200267855836819807227202782880806497024711358176 6
5423015293457975553119269188312809696843896942977688867236326318 09
2487361512434746930381585156226409197063653697139258175145400927 65
3872994343587327846224132094499652787365686001539965404795404862 34
6300093371016163745887838646828708415724185224486760933750893901 91
3487864917194259952873273378466433033415894061122614552010600772 56
7336716370517273700263603682403429540486330349911525102233065524 24
0494232349495843674404159827083771368624948599966783518688346366 37
9951372680523375565814005647790815602985584986054069807657453593 00
2550288331444149899589203535095531090126533284567775429482835424 30
1237967809525565735900631292062202562643533644070782448790323582 59
1316337714002075352194952443725501139739729946985236371666287419 25
6206815592521333015782794001550035389146722311341743419331734797 6
8256709903471268980723442549325559857368185853851873450008524336 8
6651891846469000142407210590980451179679938463852855588812700296 1
9123488745322286656514940172982303474431951577550476852891547641 0
8631053391200735351494111902052851454422360539744226475385657804 13
7526897425564867399625031349700509642516257371958058890471815295 56
```

```
0966423635971445320421590139987471577876601530254624603223701492908012437916070715626410646303071570105082963496295512613458459124729597817735722344198372661919501117065828590016072632943770351864485983658689390931666807537806165458378486954993044161050046439884940994653753992571335289521140755442601442019738176675953225460087230060365247033926950214338690682845102783613673333686045220889288077855305444871333526983683072497136389246903014808148872142055986685589120474510929486874184310295320582677346984207469161513424548396124910750715001042948465157390001789827748209379690683343809272488951449491112832577273743061819384224733950238902918862816254127760931668845105979267853481099166484563914887025400477075120610077470581269574363579038431730095575388022127422200860990130525026216424159386633693196706258928068620728684593384156007311561951585362065030430624741291874651369872248443403498214988188246055576266177060104468207846130921515643044752711078772360439387867146697797377478166507368156692501506575878545449424951053037816229031528478352406659101621631676171801660035138362108044178513400715700852877005249993541817815819699088892298994617985004040734812610846064471364014374282093944160722199733021063222534995531946696076317584500135336115278600324480755139078528233526504562050159065403840623338307168804404123731810197514661519183748142067724635374692269762347923967419785373738046893004026674098250698276013207462975865637308294355051065456533291563396009299972318787512850337364708730554674459871726553468907285354496874464270850038205442461797596619033450272302689595567813261206781520602215274755071526C214484490193457385059734828600061299901782291241095673788226961486231737361572633294059078521354931212448873091923766956860160861591034648365681342297428455151281123955584351909784971725943199563985316064625858912441216838387924020600408775827840322379714433886941021989045261685884768747851403622671714088271542597945258641013250602264981653129669348107943044779858488041658902235426970307542211828252842261503111206541578700787372651750699538263817782867E26363338843124952780860042119396839793101538427910539239911465330C473848299792199457380937205656333848423677143710987088431652620543856207300862755502245699654370598998232811241723159869391195236519375188100457339178961867724593623153737513856189928494398848126684109481580566781212661315422472170164879548012091512107648233264714358079807113901313083489818988096617715720130642685816322818262992226985923769391856367769538506960443297493001241894677178866628918878478542946940206830990864865081430263257040852336009281788273518937021970985049933161397700997443918311781302737292611384556814979133925196023047451283315033923046952422338325310236242338492186597389334728749720574621728645285753905252412571039765096243023516597583820184753661114491585991793687572789159230878112969318377843745959467421941295946152764621893494882137429102215649451398770910605739701835929728012768802362420934766617606444875903152060929710695026236702164582824088420420873352854387739288542037346990509607767728311684402937129040933021704382771370195548171580441104072763234247828869651747327882898805481767825818416422936486702870384787179286656553502650656896394860361465250581758128934948557503659307086529133186943268272008651580878195584277868618023081119949784570726316059388317772968904423128127054466976615672393701448744826483874980763289924693320032151758114185871817883544261535579708232936725401801084671968996506054681065439809441057313611423428687319756586985713712210455682135618403447164478927129963237281451258005257597347060215224666651026126474928805127960660110675154889686203493075609199307004235862218963624449837586982383940207066815116771005578449609339411193198168242157183703337272466347658632073535984707125559299334278552
```

```
2480427458628962683935621026401466788020992546883690963003009876060163083504224475437752501582972390316169985526876562426608602975566755584333791357655929250801920457370610176053735136120345748798072938221158512933188094709652791013183504565583064814582625788496167578231923279796174838173074986584894820718979806801591305583773665192665995004420978293374689527849622148175389856770501652375385746204681934808665267478143669329865036847168367277511263852412133233016393890887844442420111313424262755071806349980846925013194731577585832429824030379295414024063708470055469856115551125859409529293336995297537689850801994057179854846453247425366874621729064515822824246586796815445270193484263755406084871836846915308048350708626857452276025592207691226627609742455271530743119909935406845297300297922596103369951133423014688037543218265961460714611717431891120957055038984478629598560755854473638924814923792431832029099816146025693852457910066153872005456007461249653707508246499276217039310946377839417850984226965475404564651042665991589130556722480279686308818315042917298053044887262320414268614645049185491822372466493637382276136059033023547775416675066553520073166437566741449675993362420790975940664276586735575607893006349445555221772308517479587323824196492021627713886215162437238410368257631047277110510290526645391506518382218726886887058640267328232719693057987192998147374683050993492218012746535810033653247899809544857648146708597620843741028192042340457259091371215599862678194635346436581830190778514073880611076664294536304164670686211734549095812650059412191504222889147134876213468816366382666821503545944874573202795167923233768172996633009354285985415140044882344770760126177097713800317932168584852849007391665527461176796800906222049346078652402508230691089605733426049531467629791919667513237853620880214356031881939818815787478325696512552111344157062265207919686909441569190002015329352751173065054273187564853307191872953611128666141685094449479156789926803798045228302948705462741096631301277675329071990211387608116155278114027433622279594096206469434926312475384234155757436109833448903486733740357620981623451390006131529256259066427883740345708878773719277069002883272091481928260050236187776555076944041591069183088922245107113878625034257880144022977729282714283455853104361910007991550776349714108859341121700670822929246348624656130366685148620184115397254970369506296414025866503032822308984788713865976550699741079176114103764358119082450923259668910259570544084591010861195230273613634042824938193146164487088219535312743730560788685841091795245865608759540529345606936391040261278649983053312874808269806153666324053898243341454574937160667815002795024652918506825572335964601557910031051293453158323988576557964086187846657586065232924425526492491897591109741735461141692831120490026422995343015005597351494479170619901573329763293710808686618461113894047114775056154509551673090843693894089094036119082376200688866218163662455895440796362655430699074886137687012846081245552387460117051269749475814434919492107179058912672436988489091446422269687895096401617350661878779231637919854930966440001514210843330004688709018995774323794815600079200019654755615570224271519290242416799261646521493661104463592026026470924654893164525024910294951081016930152842073222268062813553198020096793430976730465373355019860477902487037525002375291902389251730365900010439201000481172943202101165232392181202442885370603642265124876397074775053771671735576905658723212969789545053489530388186472249745591938763738031363733595370948464937856411017778560763980381465317003112315152457396431218692322295218613252196436866442389924975880062123426082772409212540592362978436096755785708256806587380021018368768125056080424837202644607599345940137408412162725552814046479789331675651378073573166 8494
```

40   Le premier million de chiffres du nombre d'Euler (e)

```
2229393286618788699042398012987805710823200895004300492335443500 60
9762727325218494711310636140331885505670342241990509841045877461 86
2436452888595836497801238950420269430005092309706682623786839266 57
0364926778355928097192033253640624500094784458481541023110352716 36
2995354281955841710690480726375140785538472303766926746267000673 94
0612809082615159976006450102500784750249406224308887818003789784 27
0542623784755136646841663552834726377589288518698657031720539896 51
4600275002650870830640282215438415692938775837499440046434743043 72
3941544930658789543702594594496569728578581094281582071987243237 66
1299617569147952860234616788779036106554596099901086032132292660 77
5565425455859883890223174107701580647678314692582797752969054857 70
0480298789816511358067476847171169506098903401235697591604702566 51
5602055205521966633608934584463644881324700031816074703056650983 80
9377771437734808163315940888187291040874389911593266646180360144 41
9779332391049783004577812338342592440414678415973786953241512393 29
3863877924664472983351050021072354435333717025771996913611277464 05
9799596725094927148069297617254874796041467492281155871540494253 46
2322270378706454804328443625106128298473496636741507493705072131 32
4524482148481146344213489330155775493753082015475796382377649105 98
7715143272118998072295102283012251313790454733336158083272764318 66
4880200195646567372490832135301008748432429452970920909242989445 3
3566933330529841644535824644373411232714656167107350957860915006 67
1922686838497704151233133060677872990532073884575247088895549528 72
67918861375575463930572711666757041968546546277478029018712162731 8
169424108224996410931914014106252657611437330116343302894118857 982
04790830479509190870033525354360685926176795821394111062434344 4934
6089634274608065645295501047182235803648317437318368864400019 36907
3268826931362501939846148003938805301764460947561682549655848 65372
1938505090446900992622968083285843536720223836960659409921917 70844
6511859255568883923000983681592766905928660504481988416945447 53929
0402193516782943069234381899344408316797035879681343710515555 83161
1449830341283653023040064444665171093886301073461889427483627 37166
4223220831423275527385640738714755696065234952870471386374056 54818
8333335469178726355809531863449046227500717082224461845490380 75734
9287505225967207410560535260291157172201626159918726029898326 78171
0425800397170520511097097717419482617917148645518018310214601 72050
9662949389719007199733578484766123262448537109244335436087716 30926
8094606443567143255244361624070749520446447368834207478603145 53795
1155863370110478490626757836004111003427031823453384407254786 23800
1165890227358213933791037834492294513713653068538307543648867 19029
4822827042023596078713010637824030607864812022452329161742883 79160
2860067257406916828223295343307490025022341873915997626686943 68898
6326803215480563367983462554685278835298388622649291598257998 9036
4318898226084216658859977427374200281472178586206729257737025 27447
6139226443152340303110908240876931033289641196189766150196190 99519
5166873322611586890529132894132565000830277907014375251310059 56914
8976120765969569758019926954120038854204175962945260948540690 84610
2936489974282367544827228371692603234992811580297430270066217 58622
8440594371757251343369529653065734765346780120899754098374519 23400
5518828261058412467303911168373205393597741204995511508793702 36848
1549529577807529298269932610111951210485209225855408119306554 59850
8813974673882286879667625474875254897689203886642703177607862 73
8905652871458259609317940619802965604680543102647838363286383 5440
2780853109761398372075362629225315286988195010712803183355107 99130
6382965779136631902843190772251036432186289011487807906005747 00532
2059550745927724145166573167196860096369366523342825232955343 49237
6326420555065710977135289771542383488821879717140709147560223 85004
518585548167592150614554489885222195632880808930302326988798052 497
```

Le premier million de chiffres du nombre d'Euler (e)

```
9182027564402931514747512834064014227893905097823251013516180245052545168383432060896826662259259458821153684656463512363129026833333746421367361543111544035389674730451906956090561375078359520832835998293391554117894393657253468343509345227749631571430981729755972206670245272858030184064268608760135296764142523801863030755932098496769638878477215499160861237735031111295408969437033198350064892679175962674310633000741331227916321701250890631862214308334933917832030908768525070634953477292932905579965528753740404836180479677827947522830243331858459500451066861110315355253749283700271138085925440923015766118931466597661467849947196678039889662161678143329472540433667074561184254623239201456615307120532531064409458533526251150892855684518841274041542683427990663031497521656191790533359247600921191135439770721131326809372575019303308222678337089630707745112109553353386917995950753769392335777768851527166216854180900423249412673317017837135266392357152000667544056333784156383279245146542504002368359743499398370351241800504623044637856142796930664583333590495245215243453650733113302032182239523496317788129804340291706820128359452662670649415481578276145609203307065271791863265318821231799857642771371699985487766911410830811017010356925063180326376215969101477359821130091008274046529888366020577428211586429244204875783198086075451258361599024064434465429198865157602685264828082944732246547031790751766081013955575249045446675864301908816675835689123440996364990999795664078080363099196443206565726313786259668425744655560007335348180345026511386871350422684555871124740278892818216398111909307001665906921914615471381518571199482141925954353684356315469110859550202318534588251141515713489737577425098102314341045611808316769276838884266940183482046548072441277093027464870244088465904975586092888672960097614113866583555048357595084962950422651271179206766732644457531621629804385738551891713283803858284660045650093340058334164797086202903955850061733427277748599249093941641896418649136102909301278809831004003627199430270811590497471888440317699749545204539373022751597391909815204049356991892849714186963493968729183889577617080032913029338233499233642390957491643641893562066457337805455897762002622628714684588653451400894271794588221428379829906245039168637571736733977009153122121203812978355075631460910626027855181113436240398696011155102703217757573688311361002807862740803344592481502043579586973763246939697455858231328082583372619720563662300222461926996388614908128615826609875795479090304829141609975305147173500397293919589215520270643264395437605826543613682244924169888803325822716759038940805411256684871422504783035400315649794993655999092300417722938702351818631353499777750348719976178375227270510578482930630555735262685134995035102260443043541520767655290708602257812727887139855727487307964914751908120921558083062426509576579394323796233375977620423878835284166512070605841452642595754848398931954549904059547954050487776879690259601899365637533059918477294072137949761346206077258851193414404938091663076656273999748985354319920626772428350983259831292503284034242981447987289682444264975015383523931361170610046718055573279389447186040643416036125789609272233951756035734380903474901937138997936217564820783081678154109352952781969265373888283144965584646251141686075260411065999264872167310186001807709402966279578395989343538180073141852914939743376158568026158729063764821855375927643497669433128770322404249214856355548917014278284809491998238691513330273938966418167617279921885123315579925787376822062511221983435431122661132495450115905940578739509219608337078713724590020496503582543942623593811415084519708552300821859140942351542473921950816877089692567700306944157845351708318274374642746458937541893777242470962796650202437004863697521359142392205578123677454319844069055
```

42   Le premier million de chiffres du nombre d'Euler (e)

```
6363070812200612790951058874188415839633183935003140667905334767661088065416544286897054118797052200450204944570155948149027411730227379013718765495469836337598030391863238552171923365531724619080919797924576527738219158486741244000683139543346113342038698613697460517454097436519413726875961695871484767466908708046750310825689370467343049287705562946047919244498260276025688589925844031672387459637613408120116058704314235792009575364612177520879441630191416576697174231139741066535502157336851268787921586C290824353076759190031366274794797065407137454844721303435698102983359106933714103826267242697972798538779208308267997672424345631644308646987627730248723586490488302099628594260929304487463710308492812286520664841333779046059895140860855504272951922037863785462274822498202700741957509355652123638503183041767155442911123170036064739219739125338645255894907199158437727424779847466305931961209866489963317182737137130163459972120141725157254939862618613875182852387569931809473567146223941619614147610365528432509066407185586145608907856838631109411698531853407414963791790262023866736194059869416828895141108698214647158175103946251534088401442752796245167590109862529958716462062745109449973038789240805126348999525395386902822413510771238214969028925715136994181372544547487373284069385828442264082770628337343465756105437577507683945805416017273847486323111370059700863542668813967168642279900051351666541630064550421825506958281268186707405730189570695790117965362255194197133187852733520574480928476695381114238793010258983495969687146330004063642146727410740939257243937972959783969868421384228452618749006204383761627953411339958149300842174075493416333825327950346891847675004837788519275663022460595168936231339246246873096613169433733957600594095972045676981355220338148427053218906728080981496361223992470453937519848958805233254615910791846504420244877513783295453853004104206838051789030794945448449669513302486332092786557634628509354346914571722636936033395104648564158842428056314076717557615160025174919691409231950009095389843368226670996787397568932270950590991424445609159198130620648331042537690712559288186317037324757059428220937244313811845893577533581194835592017516907635786932392864720029405566786423681321758145777756129239745458963876362743584319459854191850097500637129139935240599434330831902816309498577662582905613185862954852372272621605618051434284743978985520725809549535825695847555884020254742694153183340323257049869024307410654978567740622959046181303767191020138428630902102957909309491292823093882888121825768428532597766112184278280970729452169370102386652480074074077117406964325389719634811172409180272463374429539689844979887452120707941285942623550953451331832310407165366558343760231272792526929961129487338938238797475366083611845243656136825404071276893428530871066306120522108670633072036324817646326298344292012146545404071623229033561155081085780858520936456295790279969682725175739343263085112924537835050316762147970094085226459961162882377493358254378714191861044243902258136538189044668414744329332821201611107189002424835208596125946706845620879754661968530160606981368318691501728384938829683693648843417362336453397659374926841476916044800391839882150150810909164858982879868712663114398096873248167937111737499361332702758445049399829503922598300614548270451874642680622196478601395987563765697510652363331962253310592375982047676182736566147979124578682443796917394380200941072121905592180781057385043573484565020680076854171549566151122661589257467059976826393908697228483420338850695397833369769759724549562781698755812301778958839613183982980960785265725024521401881961692422448899378561505959884932790004275780985783757643878738191096854033884129666769497347873952055104661157438502976299898171249072062287923880806839550297209349135954552006
```

Le premier million de chiffres du nombre d'Euler (e)

```
8518875883535734196446815388087484644682381513989943010375739933309
6638534615508117303415354709296236941164922197474313263465357706197
9759410599389040462518372342307671881143331736649673333545863392226
9089197503435037404771235282010971873083114953574094266633825700412
8779700053126120208348051634344450055850598923983645168729744933313
7078817660252603849610641414125206913030110410793716727798837255542
7720017064311366735661272278063867544309150152564075015175504583177
7694945364716362265136031325606351313279989324937749565148110297511
8014459910328573893758860163398540624959203144239950501408728410002
5425364064727472731035443669725870413346619043214535102620917571110
4540198312553580564583832927201640306943312378908237492983639718060
6770389453030717349045771060438837558733150642159971145634236956300
3651041587711358811515281246831556068443384269394694075454939646040
1087621847193252132977059233684258049604269838799624927151060347200
7519177560904753942721099013981003160947507333689469833938795544540
2509316885494169222095805483781460398125388780752857598505338997100
8690258662692553086243867488190082647150280248530926776581402660020
2843955792563893714185198578660846202630395741354734595159237685100
4187531980728521034961991739361118657603307766747189225128936362580
1918532144748965172102350330569217261768474671601812545725065500500
8898408285875189114712446456329950310514510445258532408791472128540
9580632967252571761065764174305825506449580630746230750343730543370
3698421495866435129598353141139390518877135005443919082018008372920
0427598154203951595501186652747629784801997640543455024026316878220
7940295987332760133281907385038904883896477621856053631518899700830
2716356631391902574561253747504980649600544316890983746411229310
3404456762182857594150013097562733422456048211747192197045115491330
8328567339454298093546084232062302498470437032250912912152111539570
7732129080510534672716419441100955991074046911625508418797500759000
9897317157900860782625902080983384377210117978348113398007126625360
8397939715439616968666556739853153644719949995646274578402119849780
7944604208616473821434484534260615932252473148589283824124465776730
7641933737572558179010295524916609138515347885197943412790248180650
9045396056623130179760556678738123455058894710592659518671825939370
7380652270840192205091210247859890393347630904355224486771497364360
7369134819843829050306235325969570680666112469503406268808049178900
0910957605059869000741604642730900077608323314040713621218825348880
4990958368884862777278817434661264697270802251548051188644453047000
9722800803640976784115841923698749868875866939346707943091065479125
3359364200569587630231223132008405765552441547244300186053126324130
6303990041728855858989768376206745224257490042794858585261207495300
14141982214515530434807719469099463060352942629768605832413963403973
6286122267539835904294858402482454086064507401421291964710242329730
9011552278014431636676863835666522415456067102569368405092633833520
2899117497494834758417321911219131870763367624993918201281332159140
8083749571118998290455132500294879076060904786165554717284056275250
6385990667694285707494674059120140280929443890524828265988415270910
4285497072574933067166543898910699811692902711325374676556677940450
0887884236639404026364467539390644541134143788051375797641393077920
432767057668305186956196633990926551788998224124970393957432427021
6721300403447752077467478041364331487882797685786728274920202746240
0220870562574650918525788544409732319624612492841067409171580688250
2857993657603717734050497863443874449986046814158786212650600502360
7756181616016231354170995706110615114217992700132318339652822698880
5210472865877213474548153287309150879936534441755859470576731274200
2563034681049011448231370354972613371734824268839777367458523013570
1481745346310742140546542471596532841685321172175067007591171073410
1746690972290107692177877639802231107811005257168650409856367832460
```

44   Le premier million de chiffres du nombre d'Euler (e)

```
5450243657278073267085168923934501570200157517298244779345637527265703168427472765060646667186001370704927405001121239592265485172912147784052315380158356525473067609608615040744547919378561640070638139389360114673054706727596822068552741623929378518038323760585472832516564922068169034179879543706191959564584781683172988914610526671997481102891149853087572565158268287022313035220392854198676595825273063378022954946064495226598958454108586840334394693907024604502246583130828810070153574473755435542519557181842983216936671965214776920678198616821771432953320666578134949373015206170361835153126070353332526513015158430548265508080571941C895946526759037203096846464657703287370232617916695725703051521911C569479121163942045968117098929095068850811264695494903891425307866351506469166843320071216666464179723678198130812325776181476861181736442192824034807554259529326423909401867967572306464196400083625622369254265848994342584511332979360744988050089997414685600728448806195889280202887326958592651221679169686702583068694377293307631177169138121649222209875052225185288620331921692072051159852358800580050825017151088617142941133585524406380601740519374351446630551770394754042156404251905820439361127996993854529601123428223241438948010554715798053289328841405878762887885247363850843157829205210661294404387118365794061445741204136095859606204569205489373532543430611104286574663560405134797302455597213263324645559554522546003268642425474608012577247316654503003415488222287940888983361652486537481514614850962016097589805654406880744637238857648880353090650391913003514381114232630255040687214651548961857533940786516856919150345921912216327399963981826840393556271082046430815565003950792801336478943116900784468004397198555614311970189260169206958164689410858809184032408157367657151686813726775289080131275370195768591594607372480215043484193964587174438033099183840202407615600153318650490931930931654154781686309918390985320143246567083119182459891353840239147933818428241438391119561762450781108916309118765055257970984509906749144207644060756737818720000704008508276443578895863860927910686497458443158338344845292080807114243305322791977321346057911817428976654397472152257342854886449333959502660702153811777022725865462712216232653855606452995621215502460138414540327608252390062341321105717998726487650283519018749682229346991589833173998404985633426047105784207879036996736773834769700054860357374205251358054849103668870756449753015255649014005636833852166748539508001787597034508320549362095398808305726278123660462411024126297387942065491170596702501856817184384604517485395126195141282707823830225974513865460990488473340321394556230319970314197349116706250465791552302813760239729495113657239225843767997030203043309387674998860559781378208795316281307277906213857588917538055478813378590982557273826061968894404656024713815172446723664641903881593023132806546983145526848268569932067546222028381866080900367981404553880932008763671307131017845675542157730114560100374213760834094501980489583644845394873098624779606247431289177773680676385486043012541859392429900736323141307467428792575507688735557980584242043071815384463699217891038436925708299972304563937535315684692014550221976573819645995290220427853113891742232645308866884187151379013141043631215857966445262684281201360963435008752691185987304308961425494244142251308082149601744828761835719088404478593821153058937118914674572423985698462818003121547389076210811364428571560861136371315452430657604757271344532452652997720761797593110455336764082942509991697886206416004370659782343393448872370626303443552708812742979643251983642321142461748637651790156856887274136546571307422082382619530555103379710581227234056922972506369424340239757565590115541220520446894
```

Le premier million de chiffres du nombre d'Euler (e)

```
285804879649630543436109198988385783615895912051056972430438536365
46834573837640866229520371170367215474817912764722423021544496986
58998745338876223798948307864861161501894047953140264829812505311 7
06005077456336995332843636542800134477884936940477798913943052361 6
71214190052901000231049131657682124174920434692516012957926533506 6
00505590483393171061876001652932017035709093981241592652983615924 7
28836602635443503533400349171238924732325192217113824259521256001 2
01469331140982115598277577121105673366908793312276604242688739558 8
60785992714355794434469332910395546965897254170119979209462338174 3
31205249751164814969496948624431572178852148530460325868140217500 5
25042426124820977832273712542264508260079165108722905546406226012 7
64293713264708709974758343923768873159726235168286577059485753694 0
24921174873460195257918253931699577055591402718319994099831935719 8
85501350255268404543860316606808143961679690605678377218607335323 2
50207324256125993110014612129041303750523909051706417098415487412 0
39902880879805011830809241513208924019253580745916352713417509589 9
54939767278172571930619779880051369011078073301306302190325199798 2
48509481800495300114550217157685290400250877246674892589145552269 3
85078727305700201434265283665379179353259384408370998121784994136 0
89623444141320966453436719992867978831632691774974532232210832201 1 6
19234045740443874712577024360290894549184232852846343216450258159 2
06634340861541827877292113774389263300357069181708785546460034050 9
82687337924249225936374010150631141528537532566119892712878177772 6
93500220340936518952586892983139508414972893288772059853655564553
20121536874673992454082169741198445242126751072212146949944009225 8
23985972284106767975714844371073654411965063999364986664626125959 5
23859872611906800582555828028904480832065424257766646019881542874
19564742229370600977905951940937528239044782749647510931036033451 6
41378099818775586558540472150006930620873228978353943176406556648 0
27496524525720740025664141185802752718162106002873025654809954740 5
68229644966932111463711886148347023052008172870466737478995211688 7
54596337529947836944560956329175146223660982438859617256692264164 6
83191319379574194119917353104233620938305898199643798330803661482 3
18497076527264932492056308623825716518519307336450093129664643614 3
76517302020234038345001885789667754949595057873166503353799412825 3 5
21063328523908505401324660976979229953209394206611869264664302722 4
18605033342586684975197015777861738177164709907400964088684136090
26002145609021842359517695188422045600272914388067884216986383830 7
47027936386214364646727612011375827565778948094389961134666627023 4890
91529806838409654031991398339199320495683705977407452198437199091 4
87976591280067591712150524263298847035377325950640422199400761415 3
19168158614980071183315121797877883715741816164334622491402155520 1
97976436977512030972810920593676882579543554915963068287662571101 8
28090281507382737558213273997611367598183053479380956690546945915 0
00549446755341158428339237790317223273266853043013765603821675643 6
95045561131158015001960568714270294857678213254035982224369837762 7
38122611074242716694029902699747666766969160770258133866140769945 6
25177884913611201813114024861486461996505398242508607069976369134 3
96531536270255809886570496121533622006764938766250791419199308403 8
11218693539176370411206998043035449104437621827830068844402761646 7
42473245372725709477776496241332759857501281762893296336488523719 1
16298406211553393057233540125328334955064012611097361443422171177 7
67242717393660236752341342526530445033112342008426513215602259693 4
83712206085263142643483641942080895843345704241901486441256398182 5
29187140857723810769948483070632694646749422010141223581669946574 9
51072303413062195709790021692086056094095809861208505433290546 2 7
97366455250740987124549099687309269118024124472937983054832943459 0
40280622105312481880816571237072938153796379502481787783808934400 2
```

```
5215939176678727196230141943911814096488726198686730538308618541954184289405503844524065567801026147979403961809686459284094526190040488065991381884355224386794030392769227234891823030005979451840388370259255058117713749216675596804332643931214034579861108979432519525109056413221153745969970039731461849890236988909653473898302030668604544250725220417276173839480006010859765545769865168372067590507508011049307146386027985190922408129492622768385263901237822700431385371346449996822721051687093636026252579519395294273478659259166021730714092773001493454750141762602067920214781141819994229277336946477188900073197545840340486007256511816347966586521175290449757804011287462267948694613527167436911860366246698718954972762806491699259927541704793256766118872316364934568922422654669548568288685035152187253058602723996611875784419288945608468017437953935845573195917042604870327420153333804858211484476353227738033764673027653817929233521373390502954723336695298589169906851013433793742414910682937233012987039366641031332505129718416502756057018008341086163809487598110298509288952621634826325084035976699133994355037910434724898433383494807414533331899600391703427612949591291228628645854496369463870886086215987464014592046005797322446705586596317783313650657164099213006846203659503652168181307887272704633698550711734197038740904751460743536267820898861313644516567420503946784900536892683556181750730422201648428740178360829978326068733841043504195148517259791657035846350708983550286139880477041150193585509875811808974869469303301814287679931145673860697482130542260852345328308967017681867683417346916391418659809142287697930759718575630909997363387839111682993430948071609323428499850896482708702087802629127484724761374738321203994360319226606046995356739833718968391168337558449260111833450652770623684821266289844791379001664802598323321827158044148770826758424645133832785630035885094376456620707303554858708626624637244899325529070818885064626463164174701266717830363404414416100914302851896175447025696311345085223823823704466446848020765445249926756617971082942906589821316508021485841695650786599501969914123874972137095263710463434920033772117036946662445331356391285095045266157746349329748173383633900282411119160738160577906257028082048899536682613496304143739042924075154650999614772451914593447788926406585372472737237829928165884775363959620562792904132564186255359916632147749984245128556938978281260622476045813213396122907738852158235211591760131939656738684478805807940657707726979482605045812380287672733256912252458024547598788892143851633834426685966798827628782077164916508150844325826665031484431172947989502417681121526178371564695586328370422383306339098956082646267340556666447672906488060493881503983140143523205400984337772421098523886852460751288727990795394715953344502660419101315844339682894502301836010591490583362950541075222716599328936543969992982873442209449663501267552150255461645734405016388321815487389335450306748707571495987514088296296110562574980568495093257596062474234837546704193810192813993228697790675232747872797953217268410873304912458918208047507620683980499926407043293861219449150791770531029970281243671872249904260668064700912236061109589198428407099611354473932192884506580566230656337217091732153534004262923740700719932386741439881900752746489279221653807262586558870873615072437831773660807025211426011397684044779283530843643496023819534114469818202528888817798627916958176211468665211331077018585295281152135727754835839483688179007165651677027137369677888969870244071239197408165990097891655403056185356715360712112311508783029479827021178877181995179234108894545908807752274295762587805889269304528711084633019172097546783539208878752228430966561863598427456082956756879125556096459474495371947859233129318310452773968251650835323237574033401290
```

Le premier million de chiffres du nombre d'Euler (e)   47

```
5846155527916917101763412293074559494309689994141841743090853193111
1634583146071713996044036781734998012377207719379817635265673456022
0106842619335832133878382475256334660140491937085594194441829236177
4258906154444228487647081615232079294231323704164218133271445536311
0079078288484590813713104585703608439595682098185545546376342139066
2100872017363363408992214203523795207033238731527744620797156707222
5830631616995977153289637956218333521389097449182320640339166838387 6
7380235865093779523896379562183335213890974491823206403391668383876
2517791863327891456831163993616827787308607631595862401163518269255
6852226816033642639900299764524572750317713897507549283889639875556
9784748862683577180383410063918587131680031787369782285061588355855
4831530575000222188215181033667116276141203730552779399375432240122
1292942108254028097577643560284297704678421570272192751399160064 9
7657494868571435647211150290703208310352292827665717010735675053399
6725969634637378555423537442396263273632011090397722613870923384394 4
3014039225537945217556515425581093348111205244456055898646606754233
9528611555630219367301817494312861561416899927224468181543943038155
3847616324095840962917454612723524787300824989984617944385706482 5
3351742224796476960804159192468296919402958044955341941505310229944
5493790481116084184813757356638499457264429927516443974090561287 7
4467493020050769295330154212051404419892391458778987809702040720 8 0
6484213074014902074369381625032890643456414027164364122968049083 89
1804976441403304106986209371368748710682487861572313939900198208 89
8678071109520478687687894221002722545742986719971830286518666 5 25
6524941940724465815287612629778080948111862383592637464391224 4 76 85
9837561244537718495374589410376131420487782945007483001251527361 2 6
6795810740704643126289256351322253309594570751088717790476998337 8
9585088334312590284614915794384242338846050206177039583425146809 36
9255061336761558880624542999213953533509289839046826906581261908 1
0108420496118665439685707999364119561899063049737923082592945335 22
326758465519146224178101423164491781711516502302862173505678885 1 68
4918224452438693360547356166783201719941552641044590493506643625 23
3874011461006280912372274063302092540140500163439723965178622214 7 3
5230002965434976825692441389142554619690295421733111923619826100 7 7
7020308503783752870043974165932993236636960542422751061198753864 33
9787386746139756637929254264317675248218115791864892464224547928 43
9758957151047764562302683061908520747514137236896177418132843624 2
0039353917338825328910035854921412956770604037384789040416036832 35
5328432773918931563788220102920893802942005337819610729155065536 02
7327340135187710202443257177391769916741264077335986771471673173 9354
5327526425973204319266091455998190993211047298794552879875311809 74
9494314465064077776044565350335403332233643658410008334017655913 53
4628596019005541877852332244402764685377006965462235922577808447 02
9457099850546612436638064067438652291103082066192525791005392364 87
6494857344882247729493869006705315932373663474844467743205636310 24
9096994723871236428294468177305441678576184770481181100262959004 6
3813671891583339567133738630027401973205339735250687785211961874 00
1130096167048304748765702198667591191576775514728015292437191718 40
6959192450648009736251748559931968903056539502112755997546304234 28
7630673722623600746106946010688386900673284605921661380762919654 82
8198922724822465907256769538261178299072895851466149721324053844 57
3739566488493104922438666774630849577320536917619768866096860402 84
1473800849743753619230260827695971459641239881438458529898235435 49
8064498022210662863223706293448590088751623747327570429881611968 4
1201868706082936682811615721857839899409901539619248903410979986 3
6906156973911542215066429360971052186310055666858689353122719450 50
2164125148083828439558244824055487605153369847460065987559022547 69
3130427860219310394413303478568864109375024836920800516926189826 78
```

48   Le premier million de chiffres du nombre d'Euler (e)

```
4040223187814475707780427898804242938332152505561915368804106l1689
2257681956487194708228268283202895140047004967191833628964056728̄40
5731813160716518972685785848209860517313696785581832830751646501̄33
4399023485293031317846106415708940425315151061225500256976277910̄00
7975761845668448763762279905907985028570493942745213779234662966̄36
3279917587153191135929020027882438176753876046631633743236210866̄070
4607161024038071028217964253948220808960357530341̄27842220583494980
2363385668401693266517015174027020304109520424912191594208180073̄89
78549026023401874222123457928416387083356450634349873043636131483
71910182821443204196527437238699785532142047128358535123607587̄78
35381871131539071231237234964536051493618968568395998370184097̄9641
46109551344803104062877899480812256020330977941935431718546205̄978
70350889938003044034259395810341509493916405566704969247399267̄1122
56781745610667161117819407879670772577475391735395102052496748̄114
34111652531550311101508075043547803035404650885309l513343758110484
98679160513820960990194801990036857943402188518657036491196535̄3479
10236317599206018387008340091464029495835046281l066837192824725̄905
75802454599822645244493490149666412753633036715506037727131369̄3576
32081682329612383039467348485054690411555434958859426023453025̄6179
343400340421193944019623917937897128711445633926̄084124078832060̄011
53363176228955607026262156595676518046301103822327068704834804̄0428
90317138588233487447989839449678176543052611743140451860586608̄9079
68249603436987782884752438484221368647950509088147892411278860̄136
483687817899202381579551314468510223668174130541796235785281815̄029
89928412137718849616501851907896987493169644649529872249965052̄6107
21023225639407299887060748114298748290251851644650274525300934̄80948
19857012386981381247194870727864563614699315462209236766948958429
56729749846461603729033526400026540737079132087632714650816776̄0318
05817236622895777641788817720874632187718746807167508240886874̄891
90665450853739556640696236067397610036274753635779733301224894̄9694
24579705851837138497063957444222261209776367975111608191615948̄291
13969535616881339562632511286024115735687622158328184870152711̄4599
49908720783002311688786196679271632149519100549637622012522665̄4453
376339173247699919558632370828758068796977321038219793582141249̄112
46293663406818033760715027995071356562202058111264086761520614̄0784
579880980627882801998690430323941240182989057060532072050425733̄444
6803075627572948985101460596128347824128892719461660740173803̄43746
23789516724989557624044766470102629191961158005376218152698643̄1982
81695923812526275218215197854081230134707116629470244961034906̄044
08145333922746475554296108708134155850969291762791589151619747̄9096
863250704839731714703627751043815592477743622085341516287925̄3542
08280598951639160600452385382605451301874214354338491559614498̄4523
31301235340689375978219161791475200451781776445256385062780287̄1152
07556040748637508723722574011914361565110610761595550315003101̄0123
57717143656248950997748460624330096697031774612686993777315545̄2685
92890983061313881454389520667389992014222924419628944415894020̄5557
62827686746819322605067000366011976893555835006285009419519444̄6268
70474132134793279937764137395173655845686260895083185890369046̄4821
00248415142789173325372936925319969839530737916433336285199524̄9532
18562995932373513679057551611669556322278545031̄0777721316845280̄518
874206635434083689297731395244205019525180673207874850646505908̄049
76250274373303660620441564556701643159000008290190203396918691̄5698
71151273800857514252440095581566508227240637742723375396604969̄174
30228438159857961061164904233075226114575696767298572632947263̄812
14068104034780316179073580248519072659405243466338464322938064̄4290
33319698728661361617579756034904947416952699738636656617391524̄5319
07942908159577800859880414829616541166368759371865759907670491̄8388
4271504646581449233145501321907207627103429373323826973465127915̄82
```

```
6390361214606472754108761525043296009855694096624757351730225667 79
2604533296116274236773964161921243284559861278119381683182662323 29
1887316244149643512729532508126135896316029541701389666724113214 44
5920211905556259912898711055355403624203327675611338963476217187 2
1601799725580836242254563557830142141367002186669820902011111062 63
3949399274077546395476278648568193000341536591863880516112436694 32
8698733337324488765828578618179502325606870174498488276717543679
1735114974297293702489257049254774575335239354013657138979568548 92
3887021952128906981776155748518221172107552751736135727366152125 52
6541361573403750700490639412074026766745792757147076027380380316 4
6193498155689604439533437795613164677271172580557893984239168817 32
7214029867345621518199131304654503471641703188370885853389009757 86
8758483349671930650172171354100435522515571824404615825833655769 81
2510808686557634398921272503708561671821261235136259711906792820 98
8915184082375634960202645970199451592425401328682155560279830808 18
1620342551857010700513398144904701723460569577883616069630153438 89
0883920131126565262534382035280731212800676978951509553123759397 62
2258247808934827399554925761730299100538583324885947736751729172 09
1668256689039774293598975854414276721383540753442876315736888694 43
4695083779536989656097840621263758822520078632398233275000026471 57
5688682348299296568373014438267035832380214085149702709832567095 39
6127245045103448152778329313682506651508839581261510246103141014 256
4269178499872495911017059933063073807575890482565779635966167431 18
3210875597661845056094538723113794149558670132622457293230089139 03
0454832566737990184357955625468550088741987314504663120142248397 2
4875408373431526397628986000935159475992077468721207473029090016 26
1620668010992734545807636037829849078588726902682402116651187720 22
9991213402287079894386673095742409523548756949498318062833286046 28
1996773277669226313323741481919296738270886199799361275911067863 70
3466815973431216195075803948305290096273983276321023255101099518 43
5772604575014656202819393667591313222564837712067635602637580108 58
7851851215081047488194740034555430448762686446088145548019789829 47
5832540460042861380670014570310234355524193538505810423793769291 72
7138929855866017044464500755709536763665190521900088489633934572 4
3976056415804791572365313532766048412015718585911156004300551041 54
0303977424261756689883179509949026446671081850793506724342537135 42
0137060527777861227298879440510686553114373744434469474905539379 01
0572262286825475692405683846967985230640254868418382146012182133 18
8454938887023738520817451393696409934412892674562628878456141821 12
4601131168980096250287287147596426228123462991723858855749242828 29
9444072912128434262318564691860209317808272811417163182309757074 94
2998229165779482085994068687059610847579757191052388904239120700 9
8879935813620363611088214575935843071085296900270000360809762579 5
8844829057028700870775245651299424339081359486459124628475123606 79
7844875848920113587518049668774063898771892230953297326539364276 26
1618235377316778902746014978996551448954937894457542683627552407 54
4885517422490731748866310889202529839999358823998627195786535655 93
6572205279494449546091123006052899407757898858264531519175469584 9
3282548250820790415058615239346548503507906931748662004360354873 36
6040275906949745266675337415215547885183599498157667941397412658 35
5358397856690141654753408058184395097377546759292601550036102869 71
2228189212887190095122330561149254196852640584833402250885759980 11
5785972275007091480609146223729529737700327421536960819771479844 00
7512100193044328280307766896135279136565050866627766765321286555 13
9675379355634853839770677964451695487986284654557430313013882113 47
3645491526132174458372054583885771141494423556514299300944926133 99
2639348024409427680858771087725818907740295136359039803964151994 83
1882950587044461773823047916266879130425530749941602537419229498 41
```

```
89895169855757349606327981093003275175062018170181679402680817488596922993195671886106542295474332992098085488132577766022685133559307606902602547426346267530166604458416693827374806408412166290585133057073463895451783767634021459006018191948351039953221707969768206871830690082942637304869391043441043736807499109727316542219335447772586076958100062279598721521847212603517706644119514459531480668158534761763429611175974896966907570696158240667094987516833874228102987579049538267913449014092249886357037480362962677961485629395337721971265079769436512302038301512739896751011836038673904190537829349345338962546435821310758778058791126834266027436007558663525988116489676636925058681730817546598940209515637174322324604907314685023643452377035373838832538671571929555420010458398598283978295772822588568452776046732838996979257306563938108276241638784355040568209158141134346618008544912856740793690238577541108003269313225479010817352813277970938518893523814323699144688612459663125076039955480352002569850648722259151815907278247646673257749426638085748787123905916491298265536117628796015117882014621427797571823899223050610603076649544691586771393746795490509266206966323297286930595769421044272964141193213426535450979921831015688622520828623376473906681742711545663645477586904816421636640881716049809271186841351496513899728190788352209829736495176602001309449247235507700848099284543436972280731146684757424947430018886884652141120668328117504080331064153190855470138151078665359593502570742649789560997738862753062145511228388807083024648877877590115703967046549249873156109401829887238656680593251871572865745340381795790984318263428821063803693130149991766859300757025395603804190079907585410115478657596555974414477280963611929773313179421247650065538374747186907720863888586032162233537523013809497184906478048739549339195324998779517170591749992411424189803648368115556696937686533349926202134183929117533028410654359781211350644595029923267966014679430524255769330975785623295207354358122460998346592373359253397280557751561651580751232009257692318571059408490419046758354767590392500460134208201099866070964957727407501321025498853983184377303775512181984305490103585715992692062171911242116638583996964635954908517099282436257058500220077036449119947880774496975060686156257305774699091712163834759586287446054047449000535733796877033855469796897006621916125106196880280878736886903744539123632727560891179261914488234211650406195712876283834129749204465103732661254326904332924668009293275789904785126794471525251720818420360395522691538532238111173660878431976895166248707729496234322632045084358048152120016201979295759166666359814907228458326566597747860588993591444742879046543373981236127854149477943506334920731567030575278714964025315503993658444294437391411731771102506051762452887033602705310349114606357029047376858265891829306891606352953738116686877907761003825593816626174130647208737336971480291745534698252226519349722178456517493449581433460190247840213220837950316500577091939832956727151489105253458498175455482501200256201998369501739640334944932782669756404047545084935736454923120158813723281707921502147934039174017610766767796868224665602475316095624953628066978390953614174439356726020034226374944910791830146621160069279148773265416026834812355336214661425103123558697683656342641434377299851047276594362640278231130563907824223882615731838514286098522744513672614446619719708575844393063125345377848271263917816711616474883432759632179282338984776201799828070446800761580851444891070084686213484637522063729255806833525957858742086780999854896796882604840757229437421430157391569536382727138027881283584914011734195098495399351593658269039396011378561511148844134039173185199217069841885149206157410461106112927483821866556513391124614418959896468950556754853859915822791290
```

```
5312714226291903580878008659632822295664272755820408883561490851839831392658249897226641967153209082770669819153160050182621295358250403981163197108935202032039133547841899084318477008371461682386028723837009607533524998580427987961568800478435632958210533702480263206549204140029254419524869509018889470320336426754781298862686858505491691337185510968482951689149521611583491575377641868225053752871456906962087019832511273634691104574092507395255600855978644592687672517787668428728549550957556455284315349951864101559733932233667277825136185266780964762559634742121814782193289685450723507921833805482631274436817066508349992092271886318068639875964481795356110485736387425550154179670329078642013404060054613600064488721241011980849592932448210209864147977368210492627813147290438378020816015891799586560087069893705903673673018612703131325609156094651338013441180738276707585573404495278727675313984941034092087264453379836741103618034641298593998897855356561927523273306291485629641000508373691170697173946148959625122514645926124866121600901733895059383439159396576028085705942019780057405456260304985789137434332988391947395061953880220817532419139648077868052015688776280703146861958676328093145395497218142114779758644779346990912108405979053225187739046539867261549986274425100704760061482766249667921835680829996660852639281305258387617374863838837532224011689958422556997885642863958303721197945490377030072036797281259714298663463336840630432657084069077911016762751649631895537278508908944641329025210629558521761774706442926877098875096998295346719291704217025021997782595093290141941363030648876491745627454824307049126030504970125629500050941151811449424722906877296194224094236410892627160686983038946270640122550358520200781106641175329648838720988479321045569162634469461194761656330241763661620621682990086672273092141026790001696332332725971341901990300905166690051053192938148820181356381980090025181245282353400872953881831281357164146950922141774336299251425875592287935983958861614012785669488349202501926570500802090244742457760492077113192723646246944001537765193872729285941872354061732669407648027204833469515815524506272030452855624589769874905588630313804880153933861489556737110262056955212919135997452371456992659231216914235051218847010032612159323248197651128098511346063288982165910681851090644652994136471787387071875275812621288624064010506976572520604330602976524817866867207854326609142861979048931193537987862986814882893959847752500743941772556829601986942566983497210240425654956656181110653152726620788062858090893605020698189271203266622397852131792769484707356341945016272630210063292431737292726731971809779119889152899649704459040542004572433051994679930430344139741131132637235908231803389348196608270698626679270217821320815768863415886832280779331932598942620457351942477455645990919158698301180659659583810463347258796801767902964983568362279734793086352465807325885113055358523841637928015816827639514608600895917997227210834587944736663516559130078399342627296182102062088862279546824346813178101428057661011829281496078180979003053205042196996155057900220994657607524874587607661836492138195935274803319727863942097171343858221767187426400156441383527783725559223712840450870725116186700426291688811524506864310159241490807155723791406863917134046281596498782934474665726882788364171627600654910647129303149311047068726282855152028149570623667061968217241341110733994102600235826710187161363107773384214151125928167169715898737562013566894222976374623798058408461094758283439264916166073520355547810171751974551732932365975571244788344934283262078775496866871431317729181905276555079213415693662702844008564765907058475174910802798537702201785361055433884620092044794019774843780027792875940870033507705353312663789756506433103649211170258475013326731938401483950988381
```

```
9965898184544129661623058974417694927411782852011162331212265970940
2623439369827930105836574122888446385817215496812148806662285823994
7532055929359753795132471772468044114674336137C994096703053144237
03779883428327866887410195553602458872956605756965630141224560951
46740188183385593283963459237463793276617697151647629172331682744
9519848036294195152921306503488811809419286772341319078551920705676
381024844141111599927085470228132588944178903406368582848321010665
2580916850163965011986282226159037144401394503921764725599106575853
757400300858460391724637142677221584465197509383503766083659786603
9916735568031937378765128506270873146798131638651496530949116567
6097305144950504350178107588370558512651726581754961375691214949063
9140785713112465741426283179825194006882964526705735067654127579703
81974811277831390005196009023091397974241625902967018216994566972
26481109818629505875086894393179703092167902224796795030484386251
15185684594961475508137750458737164772648836260957577085262039760
8229474535196467820284623982926539488856759830760989331067581897608
02478932266938089407665664350416472052915429277617134989976369711
800220517267649431346082124942623307059128699449514181530535466034
9019129133850031525845782654349805921310154003813585004994257388079
5623171876196970031434910390508548698730103391242252456266873049
1538166455719803897692549548079640181027572995957366307663921845777
65500280473800688035029378045512685772024947532307393147690382431
40887596867108383688603659648130327158005693938246272115358373391
607221773820834827368737286806019829503245757161913293928512262915
5092177439484417815786492892517165468492751843501338216442895938517
22714332551028851257479713583734546732370263820313042775039475272
479631318081762144842290574774291927996594807295050179651880381621
7691708652602759630385084774904357719861985160291656690277225815910
9616681049008486383389733092927076272798888166004710172244729249
83915203509796711138623203531056595044577199832909494688623890253
569882673034781098596463917784554214790908395198815098645421683044
46011533264016255019585581351520330034569461673387628863220272484
80164230587091946861825517635853559386564859788465508415264084512
4678342149157330407306219346618005882179472054364148927910660608757
87484577292195479382447253437329724425982051173784450122053116060
931292251397897254192410197951789640738869243387309991253430464354
78763720189264658355275776820695454887060300981045294340146681489
80159751876033820802752231072737218761461170126139214292551555265
0293487574691780418756859692412756979338125904181375641077572866490
92204206944365168715700827762235847230759677332637637910676727451
1311829392914032539625638940944655255504293146357637936718984212
07600982063214112523429453792150402213528981930652166856334380853
071868298947921682749307243982034307075276864274394030635546808939
2294014942006277678073488624890365267127526804476941954591679840761
1489210128391141377220690310631880486314477577062108928593066993
625662943523583354040994003238704480322053677303875231542102764409
01260996895430538378975623201291873925118143742674866829294245034
0024556251050910320101714529899444622999332075464373885496229768410
66680300715771176506006595466483973190110443858281491270059782918
570514422577883613456650265111048792096127253210586062838021848519
965022588514771157674419473893486073010789806788321134138743001117
06164876906752717586639732456288315724737174597939405036415587216
45187502182675423759156068091614707188854213045376818795926060078
43600575291401990403169812351483544832761366571949788953240060513
14419374403265189708344356075865390019208787861154769829030628489
7818690889501525906963207486013575754649974800246194562505224522983
8727924736076039343895610250398248685711288277503298091949857514
97037090928533539960054575959405939062006751908328240322020600194 3
```

Le premier million de chiffres du nombre d'Euler (e)

```
27351404553666470172774249610372671229803664445627702728320020432117669438180245584454662934642371936244167019123342661881281543410571381297074190093625004892591400413908198501408200138822117963751096321716659797392544774162111670541743515783754651080165636349784729813371735065074210762500263107073177909548872223262894524106602309051706108570907426125427420222547737892343851588508157832923175320729656434516489983284913053328028157996424242933693051137339019717902928621396108757133076422811433995529602185730386342562997297928280947530243166805792016459019620398309744118893268743561246117951626981740391455182414010977468956056337458332007986602574882235497305659958680043201200878975041698739811560875318708333012968427493406795756999933480934661516394575405458136222930428044251546972002691295700650830192468272148859908002484509585565106025942312081867181240646285689289050869876959332328172024681738932352822419964373747063608767813624210351268370604175641313450320641677516892905105176445999936312142089455775733602655500763002103145847439454329457542937031550355093959740302313796168637676829151879632566149146548297512452656592219063965397805304934750445579173879167264132986970163014225789646763597709074821986416519012862860796717824530856733227678036310463430550436510213912816729766946295551572384012013001537845884294821724598713599885863978886846059473022310974637243844112632899611006505073182933877635065703349514408652339261856630681903782344161016804840065407447046396204564637056681371002199515483025074538340115792627453171271893761243230948225132098216022675637562635061443400816691430758711012440884755780226226236238172655874613511029854759555187166652500940143837402418377503276671739602184144774009839363904413150836022171056063364936357264412283699485474631129744857027310844594897611885847722703708635873482028180289948574509416847240583167013217654705337010253693401357176859826972759106387348987002158790230175236034339944310286340371627728087979007267383385058420962866041032772580494260835029259183560890436791647091415894012611037991677503524839483577885480146219288965814927046333306335301080013359323375759536541181092888197537751353649798842375250830710636391335501416670909269242033560746835539848278062391096633794939864093915411935607339758817695474772923596983573431485401214837785432587557844899043096473373073056575686770348910643588158515401824310651108164925054414616734272656375190193318317945703111330344263994666976878475298509977111699397521793467227151274892145717835961128513864503655355665639823383315114079344530475109308082387180857005829460119008065502339749470835741797087046002617507890625261933814984158178865509982191154603968779800833780030747041557907273521074893547663151353111384174681488995197104399078329412028555975334626838399335815350239643383015423677539559972838366467792666272231626132705616907197367040919797033373789136543158854283319943958038878541149625726646824180287514995466087922898828088096785535254761608765624103996156324980436264440125788069079355262116681572535658180564986514799010440918573539299952847664334979177250581895678543738495800341039487956144531498535916411481710947353541164074865108398796336699364841812419397321017856386824410704245560952597500997042873405127856179852435579171712192665441649256305743861259767165010625087787594175978014541651527017884392182924147099355605716718612530735108032227573547195770624444032741846659279428772602143812165807939145521619014548080302091731898876986771842909979353744294068292832887313336478733307688870343803052526442447993398315951836702563327642850539368044674344918417048453586550509017813924043684637545318753325098195689777177949671457850012147669656448229625199074064076778549298190759608488701815573173860334970140854138542504037565084734353542384766360419918415857010
```

```
1427161706588169379946058919982844677896330560401163094497504959348
0446998454721021137288677080254942504164198428963656665003926892
1057740257795163688583242515869854539390670576002094621306113423385
7726358659831978590116642919182086883027214332107545608111145051088
1687667548765230572394811148133521440508884979211585984446630719
279887547431721641660744442621193679423010661494790051133400201583
353756567260645981162882794053463023359531932769486452733404763574
585526833231336426264523430228123457434271069228959814214877521839
411902942202257025923047280503530657648851792991723367452588347949
9791988957173983593897261746445121740458178446297847902345960564715
99988522973340517919126572216945558679388488720506401849083852658
845906108956060092666160664334913090933805030049482379392232042490
1108574287364759522517258340242504950652525411716126638350548016708
74681611793319020671147349137322394481799337028419059388727601913
0772061320637980370438585749161096885022010702017547543859164404021
908072214166737940478906425289456005483490488236335455325084369675
896842593634886314226280263201922604823571773367212195368766934169
283539333387238013948393941564802071019193675525840065383685819436
570892273365686063155547683026077450411946140682049251955462374922
312725403618431013884173201904357908883908493840808824324635111714
130282402085674991554477568319593254428490599650060064694816960854
657882488055180259228945451166842095814262918142570675660002808116
324649230074336124834100633370412442982917680290445953200377189313
230364828291950892018213639905894568559839969224780530477875003673
6297044860942759802411514643534302920419342735243598051622028101359
922901558593450766635425213007505021463043202343702815108434549002
259232130707559872708292816947239686629387914862670517858330925503
76858181771033645230448905089361979908744511800593293394201761795
790636101585350482726788267440922670307818025191994006027721428873
654305080455126834203787396577193329879528572395940693258601341807
767484126334117132917492073272009750690314229915494051324313333660
2021454914796846117037506222376066284032462084029979866672872532
46409358380404867821746708030519672978963893069339216742842614321556
8028567078964701571954573765792262949756193928022843577735497199
580069579155113267506318037988071324222009397618375184861556693861
204773261322851732700508750300811727721321618777156966628712390778
890963222665531041872419530242457851530730730138796123156890477433
5932094104622097102930988853782365966806008259666943312147946867101
591510311386243442701405970461747302074241212770927543465010806610
947530204708291814403979579991894643342612865495363468201289392686
561041464400054318025769819649025628117395703496298358718538926400
6251986657606474462512357788145849021128903621458925229242084410351
33327133829723678592372521892231118050304653423213627120249359309
9512302074071968155878633687677968598549579171717568414970199786
3252428709656832933065975861889521161758774360463896436298728049
7699005900765381760895728673187589589690729329435271501704206501360
15422036301463234937450965567312716265264767173065631563320418173
545468362024061929873507515357972918094859242633771081214569951395
006236564419197718226503443789843342673376641156986828623623164575
2828908682396098581431598802630755121826812589245113484564727059
978393669176563177927815067699835135691275035068572670170586930180
873245199551817845985168781366804910629839801683321034018502696375
299885013956224405547606602834081652730508552155690238307532266791
8291975383564228861280952538015243607669942894468988775926938173
0715879450221509824746659634884049375575344759042475806135107592606
9123872911426112364353827725147208127986907006930221980511335536
691796224747041649771375100233695053712405377862011968254542617641
507909434924508805555991800083058517443102681007429105859845836592
```

```
8497132180644842134799534345161164018561094849651202925234153644438
8873980425744452211957475175666712708428411832484137523380953424315
2072282913978715924197764465722318527332569798277097217762559723
6533328918529182135559783558535255281681158191721822289826931291312
8723274123863637538667172566065844889047528641656484715942396641
6434389233966555555577505623941919386322247792525405039371606304906
9930761687065083529101758357935028299671253460734031877085537483111
1413330889150878195974676967815239261824179834051442506094933576211
7838571401702810450419546741443736088294918854108799578907832090
4444103913521356325614423066886263711876528466004235429187351177894
1136195722537674629733609787702683332364027224551063722392883318049
4774037166672331341415592504003443864851730958168363281184446
3125757145597317000305508898269907753889479090427468572793992144762
9257215510778797632223031705452772220391895436907079915612293610
7154413193133429493781284346735062346125673695409177640011845026550
8992696471946089840265708040723127834324088608022241721396440060330
3859955655688644213098831700528579098647977434087547626287616158537
2681875497545328914004189373163974568210254278653921982754741845568
717539303423155420488662443442952285634223356091244787971165693487
7872012375717515143422409630607585634301116552513354549870469393774
37701243627485141491125870762001931740717436820203861270132139758
99688228407512227059994213429913207267333097712360897894644938981
4396597359616656589938528166708626003051733334820301562796699696115
6968178432649273285734161000739531555475306675620099607590535712
58963642358621386526808056494782651293590560810954346438467371360
4499040135718864031978546303925795186502552188165735815622576359864
3102776028296775234823526024702706491216530421643897608002955298311
0062433781355964981738360479792090908257566643326666806712275118
76843528125122066343745310780109637865531448546222189852599617704
865369479586845109653026014013882035705125097918406176896091785775
9564734380419615831947669781139524786742394774607340924316779829775
5059729700767184529038661793874812581676128701839917437357115690974
0650823875731909968849759329074436416010239009062840305485392770043
1360384552424484230005316190784488674791398134898966395829189195057
1875763453201967071694199497137672478174877139557046673027712747983
0530134240278916480680476203928606960919248302648680729583632671166
2677967606836340750767263763490452258968158147401802558001971760024
1398639993492159001530411339629494191731716458887142873788787328881
8130481261994871991634276699695943971059419852235193550936140850161
6263175484624791971026824615645806024564475639509012331590914096651
7984707330290356117755235625598864360119488938893671413111859880703
2378677445581428892217103406789744586486447456112767575195274080088
6864438021286663656722405731738725003582194256988756330846778983126
4393605749102121366933901818953546225488974154060056777788383312620
6905884472877304057286508573191191574999883368737494686935934555103
6937831044302524139269268171487654717074759084953628704824411699609
8433553202578653400324262446890254474473833912716553478447439842526
1220698635637846388972891364128077085535372084319489665275134260967
42709229740278802339778964577921244483551078442570651693811114421192
1575480837312712674174288549055177845320131746047600130810219497073
4491440525081278375417302661796929064227766671037152456854439861066
2812844027177916571222078254105813915538800166782872530418455734798
4143255663858212788155688674415170239884908113560974671420339883653
7056120963709935333132310857783774277954488898584648812197073626525
1601556337501058044637876328150007418448384138048784903985710253842
8867525102731097694380500816423251631709067985432903735140801396567
6506408078627871504356000267155378839014265625054269206135989357848
85304973060317873364705008428369490112
```

```
6054495148424226076718758014880747913906686456710090324223689602366806057460252127359630371166917642300812953513752714238917363991093113731467220893640801959423281796280290825550198035965655984042540830577626666824279335685501269967216033542132409701259837233767996561134868875398256542110702540047281896434453019602254047293584164673424049742106201239723204537448224231369958241241571351165831855761659245800263670398273313872524143394078108035871393037384494379879036016334789192804262725407421426707522815154509913050010351684624524971711666951221306654650556497756411038510626654364520028704496753624107970958815232971070630316056693807477558031953756286478272334104950892759114200669071737909731890203224561501394540243829809972676992042476527231992473737015573143472065919502071967858422776561409842940009437686575237635985146839006165492802990900296236951173825598269601362021000335386817943435593785837900470885849291142614494324234416569531932228399237085826701305002848616939537893245799985360592022907962134953170046221778820998832159413498033961191373295658183913078632728532606318270652744149333900386487318218286220312292449967494108830082205851842561666318271872299216409147810320035265242650414087460275808200691391427363737121163847496157070877733695884928906291404703514698842061476620215232634526157774812477080159970614665600896820980686258346739673322592322120724296309646731266109096636861283412026274913387343848161458019140027776292429624607495194280454975685645418617505849546999633775796237544797870517459832913974674208473686301938477187729923796643522371804804411536266862619747731644317493549506841656974081285024157012613157472079069439414636381338206448094542922426418299397466169364828540041097582467354812163921462435533302286440748409914572644768742885776016992776405591486738372626102491961055220477563574400827032002175353398482532817033817370543869969799938126763264261104927359812102326989506260177614740941030741313819844531110345629659558736764498896681064521242649779181702159430735459303524136621277492872333895655970410106834362038275038336527859153019558137441667889685132753624312906878145629643662719027327533256034113302753850936700191269147981170339426787491419792129170708594557827881106040255763820288104256838268562683201215331510688601742035384043627410732528340332981235020934032820416893105376869526526405091350628335658961983039642908952044620024923493311552898104493811412235209128631902496807875611238411025079315693182040949998114457200868175386211301052455516281761601293522920555666024774787087641728456505715746261163779106400440793487469342813193027993459628742486395689441899805333279556268175098824093145769438883475623673609995966576071669905919603349093981181715230488195921064116285226690926166718617618961247190577133129700425814328178797195019006824291559550950264282861238974327655283091002591245433740437846693100112062476436319305454256285060344186991942902729841927091097925369718742458463445141502673965834932717938637106387028430374290575691997613663198743356609612623376520636157227943291604462440651522731164454985220582521296583147727047571430398913435734897113686184636927178793605204443079113401219521475940121698213546064410778334298945412469896532708057318388033767087580903683930229065129353069042076498505466648412589052943453748270355224609145466727537649376679333347284358229162282031959366970359666285546511346660999496178025772235590297682846894310119150869348430451775931952555566013569203185507585729259358014664116739978475413770917696988801604261337073838314748182916256282428305730006603872330270922325859338381596764243799238464046044947096686654220473244696901209180978313520498045715571169836053031464086252914495985537274687027460585179223758644343959119234049180914406789558683532854955644960020843536673750419865211388
```

```
3968423567586572568044803200470047074846633772561749120371573696
4095800171663329350784054924994690548910580351592358799962063492
3645304337445233479050254988766792209660975203419724151944402327
9455378786284513869046440898249305953165527625377926533309533187
9800322140418390896766538657931878861971783403873756014209048723
5389715572342580697839785993703731942953750727243630049427871067
7878101167654743165362640480058256709042309432531823037137973484
9228328385164658381594028185866391977008558490473586993732086569
5328676442615025084735044213734591251702111656292751758137455993
8204177395456735958539434669387956090574876942091900586485376030
3008072864854720611571245539992415280714726159427306192355530451
6672189635795845372684828287929402840227398662851876464606978604
2749687943260230538049456737826373734111486032430403728215646101
0605994292283108003766070539039349396336335418107128310213222819
3430313510658509929011414433436144905679700233439645813668586804
8470601217352398639692466022540571949411305460253415743042620223
7066969880917234719381193066964587716620129609067944803439739480
0302095524419570239581382508584674429874026951903159603892132499
5985601650955647636333940744821989456881270519283254954069169130
7089478286921261494370210235702615165007214441762529335765767306
6695322684868387342020447612152800025823603795362148783640508985
7848762409487591568179686805686824865838578824042021498899028910
7345313216450064814414227828298778846707074297294195617753754477
1379149561139742949518135050926127875644605863300767748734535922
2457276475879263457768228419966768883668091273699642242951860320
4505475243471362204298839768164908522944916865569594899825680614
2980030681436083858113114797500791122284877105130065091376257137
0694313499515352423132652102192142970052901646834873379281382170
5428714348783855817567329762702321654980375430985970897113283288
4433287644671408371054401077372750652848317788523863175541306956
2733554016591814960234115589341644228817511240174430099280995436
9829183130473733540334426683325893922213976161636010048437841861
3904479483020983327802611767087715445864506161120041416132203519
7393246633900546897941552140985089496507848716449506891821008814
8136066421564600243012943543456114383628658522074790628685277175
4596568434319847282556725374684639462791762628094205633874349949
3240894363822427338299945097311763526345634916882570500131069075
1733287744909852321137461701176930590906350548665829360330917780
3962459583565404384393373623139860863054272873587848680715576238
3490010743106932869384601494661324906309952274140757137275103737
5216324318959205495341939773275269049441162985967659098323064887
1212442687806583768247814926213586088780879092140249776985948101
2762049633185804530258640573450268330377701359309942529190525194
2683466078739080800580641192151577983937350654401715993235790169
1144800050809095458762355982502464958005401566378766136092150142
0046928240960627437786121912692149038779764771864188190242733089
3306112236811746415059140408948284153855835405808740468655497641
0558782572369953221011451291344326447440342179600421483197761208
7523640507689415236041101370463033975464717017246408832295590234
7636279412310893742424522089730565587802769683234103326542137520
8128533351397100778109895013173034657857914184337770177603504069
8960726681809021869235516486849124677186104016589023550647717755
4827791066302367894384306670657163892011399008662604678383417488
5867312948413954719153939434461741576055886400591593440488190495
4201694351436000844068654690495039180620338398738265263334432746
6661198185065972021278792899630649503705925482589517315586350567
9848029137075329918689245462104728609284427663847595618890225238
3577556321212933516908406474653440872686554484243280256823726635
```

58 Le premier million de chiffres du nombre d'Euler (e)

```
8751828466183064834315351325703854649600853665617965246617511912O1
9291240338875411606543327325743465651437971214963210158136677S404
42452193216503953582020158448104111005716913729479998796479787700
65239046941499376117111302928720547030294321890403046188396426277A
44679714692275384053682656674759652755701382005360847408110896373A
2056979052465629411944617123829656597640386864787149861931977735E9
75703244954910993526666226409091153149913054732196955459414687E527
7848707695394546243456577875481554528277152475776690930418717945
7370528077547916344808296389282851009822360063010051654701114951G
80747338184498067691050005832120841656292291829600368140707855585S
43714856427353693365523418695733922042983821657545829973414787620  7
9689479881223559496028372696474522289084161973861113168649150699O
5090210773255830471218587137865855941636671191414765235052251757O4
1966869045920994180894392088061860600731399315259424406707420723A0
498716985297157771425388684669492703151234926588216524450607907034S
5255196696432555225796065870752707432177655260409532218335620099EE
76235249734914028234468929079506585737450694413969105660626928015S
00108318900645238205250324915625715745114446717379838942025781764A
99384070087541383404430716672586170838530777603156213145389007161G
1202697264735681481630980669803238506501094377144092563262141427S
9705622360288224258030087474573131279090113097755584353816453384G4
80909859365383443856827679427870467243262017378159606439041891462 3
37685777828965166124598874360759912841989276386036706690247631254Q5
8342120194655119501923179283230663045139300219629840710845506964
65894958843586735568630180865288773579766727963459538191657508199
472574135152882381887468184377429319269968513010931606988896790889
98005912044331717517877113844459917982910555076085267096174919399E
91433372790156559465662852586082790438574460397929649055630860283E
46856311221336224040545304508657782356237584376422384796010954180E
28075138517086614424818429120623212071767202197221103698380223050O
069349575108503000546247697802357081636435877795733116636134456513
960617982860764604351247694695503837380293697302150520261776291308
26373851963415605119020603525940369936508495399C6434037212169205Z9
120978823342362169997854826013683776829168126498141957360516745117
41643203283765499141191022808691895984868470656S11263509985110626Z
41047136498397445770040583858414430780641706662551444714059595295G
54087040880240504124158262670961975464964241261397860212491054287S
0235514846658881209057991130132822103669795354785060406257934250 91
63802450893328028000421033153039178895910040470073493633443203024 10
834997216637880073733819526523815631392350387370084262620757904871
75021080124302849000662645790658322485701044860693346039870106728Z
2472183461221247803297257097707173709247274668999143097971497838AA
7873703753922614033637422583780219603284270279688511958326979940G7
88310910718164297666997036117587451155401072207819653611307058614
173856897231598280355989083484422508081108321154949249239813064602
7909585801610176564183299645536580156179020481509020638379551814 76
638188357725659930660318711819734102742589563783416397715695472307
32204642512143617497394454037831949985231936245330238395642734A8
2510139314575700204742383646779137169313032267532167463089839194 56
8090809126748139403848448878772362185432371776380386107871309107 2
1656507531368162995994039169544950495572605199248861879215271999E3
2672145865284363847544114178392466922081489147610097415105157689 1
4312413733354697074266924476491758415994678924367281056947537650 99
3564712872978776027802907819763497245404914593410231810256508584025
2262124862007959188247741379424421473578436319133895714889981995E
360236169383674772187649332618707749169767220042564956613659352657
2773574502645609300827311196842549771556347992588948178920462165ZZ
0583855541813278819549058126799257510625868898330431202798496992S7
```

Le premier million de chiffres du nombre d'Euler (e)

```
8179024719833810331873591814197464239974039975584858036676410795669684899765965773778696925867820023229153730592765537727396576488633811983424316815297585660113365269358801668957762898556640975810633606953495253988574513697909251742223564184780083184599349322618078905762889867252609275723705161378523386068678587327239793159568906244655654890729011961233395877787995360376553123290407574000279886006870544731009134015863908294300098559579796634324186061166509283526597262015719952601881301785661596359051204205277793662505650920806247138413645949831250432471069145675500706298615175947082334695737327646889092758364499237838400544070496302018692255355479370430215751307885830913882157351246660179985021537189858884807613379978447661682907842310202609975458787294909702965115052233556684313745274756486836359113415192811494048839782279345120868363103962333382607998845590041873424496719824892264398085921527371908974273329551708423598774709873091680404693817898745468909490675963778627952639329248745704082010222116592889993755516831159136255070851240101675423048115584678528546654282644591560913181714447402601359708485273163354586397746686109950381355882732169544820365252824835477005282044073714515807351281409455418328510533942656546287205362792860838431218850562577208971097786985324206197523326741372148225232359882795907304366142076512209151072012897612548462910819649779307897896507212473333450744418556424481403973737550896823724233516505874491168920237472181306126406260969485887190763791661428045487786753274528508930017329839327417743625543367965958139697427823403450545535029524509661453590732714083186685357713535597610028008144730376189821118892207795909705220725088345361329638274919624872409794644630972983876372536966095002236853896843877619586174020185901918068794515689758222665181292208303240483586103583224456679517868919798644354646433894914185094976779336927960500729117057367164646681724299712528606688988619141207234739735418484323311610025673986218538831068127332370439788388767447863898781294994175360040548748128475629160162655770935758240601462783212085933544176066166126429653308801027690407963574240713289083836589336864051979828270837680614112991729100647246005903703342041646147645922153418244290262506512270549836666248072743931496835132847446116105032559537842540793296358610634899015000487483068351048712529070392036881793448206581938349266583218899894287099442221495994764913793891130675516023445237149791980783249988810823631535629421281452911245855486601211884832506175439573230681008548802094570457349073396546705982967315144464859396925761257842021643634986899983396428879583975882970232662715243802072400505646649047038470904603502106286951639497932815547633491160551746979915525036618656556580901174984596005216585493742117291083466039402362763769981411608084615753999748922328853516596115366723588117112940135392007841532211619990683477729375360261961482296591067278111703832924311171132893403556401204225963201472547396037833462109945499317791072310344391888029556114467957717371820627316559490972802739450519364810211788192290356520017857117295893651192800364392295250435144949834043295244641109447219302212587457986195940647346418714535679090754641692279741331236356151236030011965785419775770974987493485377671950328716344019891041695226603019189324035024017204067048636467949939139822797930814165954420434792426945287557584423632501734909198117434588819372706602684880120383355564373703081072260018623727839429149206935294025080542792851856047578049330990898918964703114683868934838347739527803876851484621396185943294581305613163779695601516774581868051751845303237712879608834667713686609791282228642711464811683796232967859101512186986700575456085262295641621520793241720200599423352562328492545328954734117606423806255649811483349494918053696024829571289179092601250948
```

60 Le premier million de chiffres du nombre d'Euler (e)

```
6553213494724099116596226547040062446710694114764426040561613870556
9564065569069354436432550540824731663754788404565481780534447452560
8538463740355279028847209335732887416687843700134925683955380996721
5003937461695277219149880582870556442715591735568682463030345203
3210095252460382980722978692504664000172854066326375496302949556051
5490284171963785040285801345225274781180714823979041479593464970265
4758668990720384236226815975666884920163429733001877076550991538109
5384982996039702573066256787202226874614749670303099396859507028001
2819715770318425034930610867154152001759541397454758755198628302976
2911532284101150539791886643193960349833687919318651950275234032747
5639545868676882737503613304442186500612307199683939959518983540871
2765732547645252521603055714752969746700094988520162982281822500932
1138597335949834881599765744138081151843377233825971824507793646105
3963238661815648096212203857763721560718565569879356729687167629302
6573228475216569463333160502045272940247058105200756301957254721741
9423363007973768169894298832150432015050907726513317243551423839527
3127529156101349274466969719056403282160046447363511225688921669823
9417294473738607508878164316337588357959277238592939561811448990501
5085598839442870349039545338826785722639716455944894751511377337485
1699325652594004558349257061346370469957918379264286907561374947691
9993504973325308405743394773051364222294169563270410907740358856185
6286928658484630797336489949608026027488886110194022332100487482601
5090988446008955491985175019312174135886294785534428200149400741782
8174241176883582795675867978421860529811384059587696274325085962224
6418910383533935448154970997426896541032464489369885461783747775158
2133366957324827966528103921327656845700793830468907409654035812907
5260192129432416436625329498914805636946013270565324080368944838589
9208011426208105537362250813995265875633279826302216875995086329264
2137011295229577548604080632536733539552443475313717153975378927571
5365535570126104744163194596455821984651533055329902346785540629973
0688489979626779000500277567078948709230183217435101902377630560005
5363189642530835795464288424913354014616097705073715467667395101106
3983672048184051225284417371062653991043392938048902956912158159803
7775144864504038248026087757667572124576120076886819085176213604649
4635548290366873469146071824219614122890989221820951226522341732244
6564366837635708883817514475384652065617413257363254193166769298056
6513073976297262962727861693142757972388140629836543815817802178979
1494331382928131985200236825506912101495634011775128222708393029192
7782580624449017367779989313897007569177611942630906857598000407289
3179204966201456556024883387642208163168406795244942937171451967932
5068245113041578934466132337063004295480366680215411339157522267600
5303915049896167814978329197267927530102673711622847783797036997733
0253626431049229435274161602774585322682496249218501479707332869693
6901601016968838041469773534614665490140824513542336085527393469016
0932696430681248551408239472417843213479843432739106046123447978207
8884206697937266136840354117873812694144560198473095035835028337631
1144873763483398875498423824422379810230580877872857781406397605342
4708380437591758199941419035894519226747804723180563597593832212245
3150888983975518917719565109310035255373319865396702742977209951521
8036696636181021007517469365439716001709413264367474124118324590335
5084862970188267331577935690840771311487176319412691554793532938320
2568218714280364407225010601562528972987314112962863582776033831479
6337565803744691664734721428960820012485784049109436733606656996855
3659532745514586708823382251470733434957768124680976090459169159389
4834466525761903330103430173603484119875129479769209259635363969773
9598177622179991907225712975750768551260290548071861050881860889202
4405138186502415006284364719268812837041332535006439217448188023997 8
```

Le premier million de chiffres du nombre d'Euler (e)

```
5798393202844392722793057289586156058981362506152291326210980823 81
4501474869473436512186750721425855108940706143171858493162759500 84
8064795367505671421424306513505583375014719567483607974002761848 19
2827536316389431997383969104734148423790181349752561687326536116 18
7057165504554838580258442669511700680501649881883142707127250335 04
7114263927330335082484662984017450755882858633982434136925237058 12
9853367823995799766778978990814602854486742106222525508362310865 922
1993492257227422075456357404051825349925330415231134993336909485 29
1117341774564276270297773407535126739380930486161681619950530955 02
4742923338157691511745916305084351357259307491787448483526433209 71
6177661134925111860271260517602407514018886443106966749569541022 9
4966162772522566890253209678404648340200068680599487473846820568 78
4948471328817091911729314914851803019525150613791194710762006281 41
6375648983005520148150280732751451702492518990395033779543865481 14
9639502333515270535507351597433517379799699091109411982654854949 97
3026573578823044961363982097407623368413291288395583176197067909 63
4272548680153220279124986715906358512520720453458874712033949180 78
2613391795621586084740297063730409761516387027216939468490954730 18
0997286516732835602921708253631984654113209127334554674512392970 69
5823527901743696263364534419771279439340838780475073850053164963 75
9296759210285556808030810624337113611714909840635396995499201392 048
4920721416897182215106270295841432964647014943388172948960733082 19
7032707634826387771298525648961397122464814359932528954380427653 1
1622761557127474324182762639381271895342031437001970350428197073 08
6326014663568086593646951416459101573845251234320371355129514831 48
4553814491585388839483325657257351616732438502403736726587574074 2
7287792943147299710731359725586056841317317447944731328496141931 06
3710779830107870532969355048271033952246261661672116728959534485 02
0228360573589106176159226194845099742452288440544715699278557160 63
4841006933403544623375567359340042502871373576732637108753901975 0
1939330295683181858805611896655258188841830461335901511993423233 20
0746850430390032976806004458411937170355237788342371889469700521 04
8196494098754817944565037796590463571482356403702165564682544097 42
1632139870808041732376540785671695894215430397455207183327764168 24
5058233818306140660591864746399698987296423948233450268260875149 38
8444432226719771838220263914114425158324246892803512040990072517 187
2573807378954270838091098180944885412629393231737601621791752297 3
5842419432722688067293213063681060420077883107970739643982674590 79
1146567696015453146991467410071923087186183870593525856962588143 57
3125640576540506608281261163388320008935945162740412430617513084 4
7616237174986059199971217986406566484283076955984563985097266865 3
4116815150251186176493737385226139954713832772270785100738239865 29
8651265165485334571603564101042954396937039639486646546743598902 51
4142821062493120113405310150318817883967128512621058705346373167 30
6068816863315674632501193881072531095893171843737231870699983340 49
0138849404327133231720869785786897960082491777760080723361398695 06
9241082318232586060821238170220599381390835543868328388691301314 0
2741006521593253394942534927174551360620415918336569479667008336 87
1225781378805846723069252380106172657385355605831826970001199120 04
7995084022895345017653131184182032915469859348373619727350325413 60
4159085200412214863838269394937803392611320860567739777741012647 30
9840688927617240509745035570764536566643367544151076584686351212 85
4628702341054737282782754452137158072569133763529731874966391548 2
8210780232688506543183862875312587501242230194085594868527477605 8
8800081867308420620890637789949318108208768339256520020735536944 33
5374420832768851764288979448990664613916612365345689265888717962 8
5410133248668823435197319084115781670876094956836424005221770877 18
2535203709153744086687876147787205519256776982229976444315892750 64
```

```
5594282437240251591708882617304396067579852337543812829902303728008066530421624455192156371884582667017768671149800022215754123971605319163559439842649502510719986794885345634778879618719827470175986724415539821821777312974217803638303555378153053642382289164468911611582614126880948783852013515632042791308952480178447160635916863094332063863871798578535040148766942674123150612681384328804125523497618275140997804597697339468773005346088955359023768595343483335630777340065446960921078921839751396707147794749124586872200310646584047918155928432560120082492394979054813172083193862188317751201198983556944054664353012103951032897365485475766782352769312736071866136808531181259805899784515165363985211226689984209357004144173576614404351577361462149211915530051838189542865816583176668531281118619509746919628665235438312114020432097795871150056636454428607135497500131927502402122238039446890028299273366043644538436632150125022311259947980234566019376785318134616783564420983579473638710882147997595998288410867316494499263717366066802721580278757722859801864677492148080014211657757155011153696709871364190059862296844482486997504851769847886322191437800657439892978254792748642822802659751435296695545589813028222050984527255176190980811829798003221996314958102926295441884143974237029818000585423668936518370846308291811074481126475931954697809263700854571712249953591244714426305194537671612474708424930968395056210204152598423657059150246411481401414396948756165920725249321185886785836213848128505175196995244018357843962656358847242030295417433837636154422946306525097557709513582702666484526399000132232261725720793382478144240986738712938882244391592664718746236985090274394887361907201377904316879785274790871731926556211340681218304129890645729822511103783307104405370692575989992837547107589696215782759283837927761713676411727706310671574635108765899413500595799989090942306752973719218945375931328850474543793116673657705186290621461941323763214935606217772798326485681068491584204398906407065046538270228220390564126039536691714365002317697781635977127679581535061267633699906579739315657204256619171515640744770934873357059661515971280210793858214084699664809827439822085528942318024387541471900087275466558285591654350357133191120555605557040573856341502062852073158740065017440641639279834749933748671292965872902297754274079196401914886867738827051757925772464208876344131507119539997854981282575389685902092495167926306319641006514283657029581328439201790749946669965629245503081640014790328562087796117040819799899404279107984209296323546608361464725914774127928144493915817132447697162754714241255923865729344557586910002349369662657641743150598350077486775309696317804200899618813670261253698930293560131947972275922570607073972496908394226582146709371495387037248661703853972368689468195715893677413415388762941918651467258868211265337813447805725408816737193513527855414549070782197165849156609106667472980130501702854986690191683677521043323427148051810539409824103813971584313239855383395557734887624229436111863688352130794834879887905169424541834229097215942880936817376033779991183949210578172245478968456592155020802062840153065636581878955564312496970716708891753788615466259616345766249523561181934044885912023504099944975417514641815749980885851383578419390650410408428346270619948649966045866297470297558238761156009011989699549858110791302039135397490247021250628455660743986433086216753671136917228028056471549469539611563429738412673902581382776842608943574707346996415961404575103645776453421705386997787033984925414606853985927458832127893742822481487052543222158807327229036736334654489713141321994198916009024152973800952406753856798159244152895251327890455846190865725513809908439706206790559752633342198328178430251514551588731014298083645166254655364692178992629790
```

```
2474124350073044987670083101086273364183252048382902075336202835187787978944224259241398364253195482388718641061873194104653840859056466103620476172204347384846812560065093902744366901726012463307841473547217978005224019995499696109053447750483551786449706883197627192725774951278421709800453250661930574665378923578669378248917877273645437895527732712070557313675490711017386633783488561273470725029350769131309222265726774521822467439303096250151041672427331806384513009103839029294374619547571099306995680501359928522146325529266668826632070297610800584863401895227503551884273128225184486875770152572234238029671957345228700177841832820287096397318324944685215144132108096226113960256522377488745259456003338192531632713799651001996229521296611701192308131630769783988472924064628122745594132256917519836072701293727315861995507296876372700471007173585559122955621903152511535704861942564574847620465223635355471566282959458269071535336134954878600798637498145692544410493950485734021342822844625590948434577311579822118699082473204734110760249907128700921730951809606867530765764130547126208275709792454077745344342138330630906186830746232780990423530971897277600998754716015689219218094483066347621864127686536224329094295413021897047219538841012887899974286332764930813025617498070250230766839894432166182516080926477751569632961691359869267554783212711516046934471888614045352677907497270261030206465730582821088764440926403888484291266172832793100715057675263133264779649819586419522386899538489912149111816213595339658784700488219544768522340499501766285306596104397829267431144081756842978602461017821409053809901352534383880666505004409197758152935760384526055746758281114054153094394087742450516453496616512360119736164907330247422514804471869307010332418874852558446508882152672868977664973125025890647450902467313261530592035206001834030849562330753062333306790462140835076420154818882507322705408452148195293243351953632876671191625853906776976810555409267875691516409756158376483791312163972931202606183934082132563900105419795515279781706278682780880431139834140047320145982404904203792854802412947727567133778482427886081109854371477729495803112124064878543004752169514946179182234951403110636474824090810382645530899865430097036118114185279282194470856630879866819727806656408464305533163611141137828975404391538131605945460050758354727999066677238573956092992053018361260484959847455203066321733946671692244081508707398169299639025493480413304467946296867906292197024268796814072585326855600645230793230756810258693610184801134849902968943317304514564292579429410614059613436315534244519280779047000829801796860529678777329346924315914132633837098817000268054419545193339569613904736763930739075043538269495371464403966307975469803250974181288128983863713177192417475370601498442424778996431527687225020274456076665213962546516140427332894878205499158773985601144439056211531260579864064575188807398724049332187666578913761049390881476372624304233758433977445568893625368794308364164948791025233693376959475159699203942555647367986837762445076741996789476367873886419298319546845206056062437617508121668761553736891158819485902557339059197926443944180984575547256184869328939250694869780428601839051458540047756956897853433299942760476851182075563402254941525996393131454048287254843854097096035959324660642330479705204300598010730873949447345004444852844540043056077658644342904132523744015063970909935658680689775410742489281137612416032848656813109036243882961317912706496825358843267446833903132741199597568726858128016071794260101172304862956679712644271681747739830575074812875307053449871817259886617985926836356764133853940497678747581353122705050349858704828533271978665235897884461024519128973063623323355598058696916602727807815771029859466411865598563085011671218786896432276329316666401768699966
```

64   Le premier million de chiffres du nombre d'Euler (e)

```
9095101339582438142191679127645906245727842045241054280476267715793395989421166151969684435325444768441793349071576598028865807323513454048863056248719818284080401611323145542390180568093410321342033235574092094137711947863973136860640469700559542542641296590525869884944458993884040879601237463523201547910899316638250871146382841378588022457430739657931969662326758785629944456664974966827661379580139646247218480709125190900936337467025438106427830385133250977544891462936056587477474829834978012962678881996077621913935590468818900167293570608130782733063962480212329597380110061696704965211055405926312030502375356072787485115961029560369232557329306799779191360946236231572756658234109813667149923143655838476506549467438756386632391304873686169986400371457252982428306782582070093748067299425305123680437067183731944093855989836526409878404041145893514021940705158248924239681748305974385933611835150399686074497761443137170906902774869021296839909429071834853051698857836743566397085850115665995343725990855787912936719425141756967635711835033172789738277566877465249908547008012123346259616887085541788860652953768656639699078899298423141431134809605508912036926612266830600706295776531238052726701142314640966147481379099340303347213190172059213491028369884056161938603501462721401783393476163687121513163553927745692972207908751997294050418741505976253605347979690750711017575335567511665358301036872779442830155129869603117876725965305194247092233909627477074752756284316250466232281592484526405234271539440275748866650391074373907289454572335798799337092448814908618903626371068176068573139958571023186359549689095986604825088052672764459149547695839427263361468611523185625989690908353903604081127852533287975128355804394217230991522016509537950936475771399491580492148255175522353935357780034744451615031470437531136200446283968711986425045041890089824541280883339816897923077111730824597164567303633760028668954680758581620067815627776181236541950766880183881159947482681729972699084059656506539596215720461585919952688807166260157793884763123514495830268296431550042278028799406295486321698400794682215806333172090280168807552998464051296034189253961723192059669919289944256813354889074567156329791314692583140182089442889438284440335931129367623484462221809188759548507642193474351869767649332734178867172837554189334266056835151982796276863288104770156442114886131421199129154035837490436991364116461504895696389819457557874178829702648672291714949157291647404214261623811747850793853272764323039550557440386431395592296702641449928853023962196868047404378636256238527451236191434352670101222816016352005794410488890544572067066348701140532969291643060405388118621966586843142968222792878990879809285345625487075336646439367683663004393859238637854541806205873633128576452367852437583720524051330087539627601945289825692488703196874957810220669527315268791215940540903627495836784563181492398435063754028158039937692782731182486388149312616690517336423566564695660835852775985867324140857718526068067218864788969876111994406492852790550459630086894174616337602124326827585286526185774530792067383439555521224522619408487045545089714552873123313250433423058113735585604674523428331955876983627602230986558149973152658665546429077352318511179905557035050812042694273520057486018428476980781264155277021314407296316290335110173341618826106299275403021684748586367986263606063199158651845908611830487696786252656747247242570653904334694789136037077087064009124248402432919872806024194993586532654989112047988070722308940938016468105343104051849288690714931182286092836797804180333881537071233519040597617345854115123278145281788562855121114204732824949774155291981397455946772505788944346436774525698484844140522262508513431696442402059527943443434034013916078439864694622004958449263126186676608976133381840
```

```
5603258909966852959770971080131337727426598486094200941191582808069301144519575771491664391029777933970476475178682197708525265512506644595177658574193672996503119774867916525745383689174966638164468538394687642146256593138421410828130688297115144863770524558140666343879646224816824733697392797341810802561967115043043407423027687062788131402741185438878392738804438292645671749648724789058333162090933237355279208286864245260778590308182472738465426079979036457154325934591452818114112034151558286369706641954804865254993585307848702444926833454357091165956817684655991795087423215062067987879148568731616900902080217175533847369641321489143467843073726262801227088991256597512200764969170735338163095630378755754397870649852681390316420290274778770512076045189344104274151935216656406518861196169938820891151057833235096137937146098219043077749028841522959861361306307591491856986609306731757311934373789567918378477972474819146815503462135927089565587060751553677896284436593302429852211850268745959329450032687487145153179910289816624180680445962707852822417977648006853930111885183292589906338825052597524037190474619052930842420886952564889081837616636979185977520349307095302993104359991252586775590223254281289558173085337637018916264015945278272572458625313569017000370807367587250725024698627842397393314826634808243289470718517955087774064872118717467670361277008587461165334690217923544954670519407469684594013935398769604051053426787764516462347159226036377864146158064198299044978842644299501060670711737685461783448515620265879514825083711081877834115982875065863132352724607232266607059935737034491560786786274758349825148007354283710521198036566433256751193291526072936975097729561383129959168158945499657419922564161328156615736215850153848372934295742367917393927297603578527080621806497079055254796259341613417993129348996037063024233247607956756524659409613675938718147090383839704034925872447591964651294881497037095039020425632396000495304552096544222120445260930127487268518656244913476663126943573665795332163149605047190348790119182689146570468823295068543719521327118214336758561942260875722824808462224285886993393680529249615274098151946949304006094251444636014193939317869291192172428460306354530076933558371942329668562492292807315052632827830843733235758263544207942341654450342376257608400838554125537130565177777693548959624114276049301337120511936468469284697462312847257340263783364557075801976138017677796027407554903626800296902709238723349870158670216473911871770018710842632698579512740911682473353966013319439757699258939428053838591823710020683388424875212667598315722967780405033297013142518583397685213790927898171148803130421328555333160239972947546543207753977341753384499844047858281694940726523388983585521867925370965932539296426363636459998375654934014682025668650135022044254865980486545319671282649090382823047887240228699425122731503087266777747751424737931179179699445271763269147072354320502206757906516365690496988409582368597609218400320934511905707312722785395890689268870620124645552735885456114930737821911398300014991181851866344322412153411175004647235575260535790609301374582728710124129392521751416371856717012787261732209974142550677390460254107182126341620491556692346321206514558501180406425158773376116928016561553696583538310953419669368684393392268570713628410075083811019595022671733163340032148822543355662686615403417273502729730045027190202806209224131197880910426029731831064557153227857836486364571509148727689791716288247593580191725301812103601417362978214292484159120284354186335438606031385657068315077609349656194400336235380103023312973602765720276637042514201261393092703448381578099518993668847485329436602532173049199087942512330782287948980891494543725603323715474233640653550497691390021631645122822008751029842471488334781506800390437214
```

```
8792423549272379249793539858813442677919609222260332534990479591763083982972063678283042561270212909272134265094215870641460005061723531217012908137381479094960180780686881975788565313023116747533267248164645618129693166976722727182850611590697892499159292192142274968831155229264321510366216629306635483299111904558254809707833246193941146533139389260386507511052824749658635572542831954636533534885779150048681772051038475630152022702010715972311218608953719248809975594617869774095008277654803500765646673470387665260881741793596978875530196622340292455824456300070319096252679055343474874206741366435918738095491371971903266022229806811324689957209883582822372095561207168758362947448669107789348644011396472539466114076939250873904920310155854250461902791811184477560382454875263992141843787396265193560334443991365230322932184475595436125254653222174987468187807461781702587499061072422571436051879689945233680528332554723818664431886998286398812532808778374592439299500177062673003675695027657298262716671510571989298098603983204303003703696749302790371292477600514002068864391087047079023667215430546476102500587328574631499694006434632412746894705081666258238520046875166185206871309662879740472615810774410441179691323139430147637486316612605226715766205367714067141891345131878595860356686928280387487660560512343743838937361444677712335037130177039550477046231015752074344760769941711726557839629458532879340391959394290611937951102369257318483972517415517711095702222005518686500528214256864010286055562610215037388794233517973177634985993176081229554737212319426108439735514231402289136167270842456507268517421369565870432142764609719388011681062030879977821234440240662714673716165346157252972367799786891740783262312886663770815494336909406663310279778002273014166269098834860248186595521578109022538207935470838111119798139312852409502824273032161561858085007092776044447506497262270205075772975930618925446877223862885236505190351591119069192144646342804535549691136735241115278236895653200865036317548574573184676706140210572422396506605586766970785865734598131894287897717737494123545905300671891266599565443381120513748259049599882402151409780396406790128079621215866398497262266085424900278703229929038763876432091695754907247390382472234751258927024540235862167321636737747572359478990105320474824306538707018609112117646433186302297408783255482520097693228489409084233141844875531067520346992593424565416359811918356397310950618325167766158901276229815806301644237615630920040724195301989440581699800454985316854468461948748995669859127537784036877096939849699525571776268427979788745387096545267303599598014654067449388096798514980698024610132940886828115216706537813006734716892538369338877838013256032569492846084262779291962157384568505419413900422439946365906039978980810015744504584006857835750486436437305428143689301488486239994905492464664988209681080586992474758655242272984509583114509261319819259052025663334705150722916008373136281641452496141029180993364621892669138869524431902225928072779740745467900893167243230465190059112137777582267960496276514634795211406054782650470272221409028196519918081713976208809778282571785243454343365089860602603313031029866770140790593672620991987950136298082954001627752881280159171930404013406904350534258063343133911950258287216466024878039030491239469853915276433531027389931891753841404735861126859312245695658153421746126151869153332767447667785166980717193439322203109510045351137771249375670732059161715724795197912975124936842335605825120109378934111722117631137731497223426588471929435407218173114204647690902404655330781402312927330650220764487499192614210286007797734937096026022970796589776456118799120907022034947449681852153684050733185367442795302364069705542268823742939736899285920229432195897309499442354414895771883784569603207
```

Le premier million de chiffres du nombre d'Euler (e)   67

```
7586513518755082354966504718443007680618995567487308946671959970639508969153339776294214885709941368416199618403415404082417845744373735952461157875944839607941212623759749390824745865486081459911784341640014728225122888230271690470513749817832475315159676726606923168355210490870965605403833040387593806461443099402244057943120798708597776229138236877230697996443524460301437575235346805885316415942120482517235783840336177188118414295377423836925810263806425238119007236498399914446005433212221613470817941890084605758348419486550818647867762476320799360050558941566960973764211619759122899333144240227413801318080923796784227058435276250410514039887266900169378353174118369900310482654953928884502366545851167323211333222730868552159735883885867866312331945027602715408958509288591130671744344458056774587346085491165274986636259172750171520945942596507712580737376177671932672470633909499830967816759270093290376631907599733459228054467666703142079043227451691157080376320537379297535517097573222660993194953176572417654676322772640770516525766835733103464369148183440024517432105167425020048069832902300157419024525339843244400654905806305303754620794486258390271962638251688655507582704557813550439005583434590152018254872795694254608340357384361561630479244672714522217482040688073357553405763596814938445330113754098379867908965229842295381619136093587047354517455677644003584677461900842320414303536651104853579754237170888700555461015014360283515393846321772264885139236954128356375243014743417067571494411862984966820493161885155900044120825571674202765139770757126926715935527401530655444865541283157408992795711056355271238193624857497926726883125671452788493154196565352230873583655777945098808980785429766806524689674890957019569278764943279542598915958300667829716724209864572156060772367752961944238903279166564489917993794843595372301574445954763651228223637396608181194989426224229601075646294562163250103586756438362851162329972869445931227322431791079538061930315781071016801740202201956789615531645344793666240008290183731890583419953796392779965237198460995208987688488543491936449995204403319153173841896317403570427547329190868487820380318863884090716838801532903257708554876470098523234870175489081046127405695303738908926644864674048862072794839575596793113351841733483453895397852334796536628989984681993393420924432918566208499074905042104384392317909247450251724238793267892578703604885994179419822794327486336908199478671598013747322406821973716607004814407867370062666547736006858079653709296236647948790007549099637301746181561138217793122709810806080651856725975598159489708899456963458421741525758901489540388893768187051885696793010972855026482642344910501992294709331045729895767349748585221969162662997501119126489499770659312657125732610679920325558716398419455703707948499510885917805717100782217061633458154832433979330963026969091150830679725265880545861737187806058149586588531691295518005285131875220330633473956967211206667386334395986894107714027667144485816492158637400303868092375225593440941366482059999818931195613455266159591879470486558061286160704053938800107206204216442475385692456022738101918030429369333818445538267314466779283294801526902635271295040951760354007799527771554888123468756481790008805538822475200171238826378966240161149521693768678201468521913597972189162360906145674830236466268935110865144163736648914063469162098431595531619050477259938390140650797416815396439333901686589877575245744130703874551554653880842190609192871649390190584814465502121125822907269689284480358178971997589662167341822636549609000136226009964755488043686879939464748752444012866202980329336230425278947081919263725719199634865456102904490572331347201426867107719505346445232734779327661018026924835905327795203509521442448256589447448039517024457788793911491810871055125
```

68   Le premier million de chiffres du nombre d'Euler (e)

```
5400728563509609345490342922098795490879853366046884246844239414060
1572677155613600744643009068832817041759141882012217818307155770306
2237050956526518340036094981702678690193511568704042171697101850508
8919850367505041839313420035998673548181854775040607225409023603066
8842267004006039097467840862456534502071105767393804241852925864945
2125555277683623126003418867289010383808075859219960734407737737010
5025288243197916711347343527571090995309237839484026005174840307176
4309890459677958775785179953311752855994674956875544907055655372727
2833514806197012086477665931014764148642770317424842838897093692066
3067599516096401363292664928928892337048781301619516006353368604254
1441293097006711858301168047813118259247883517346883955820738365429
2922646572469723035501261740317224472763364842964401695828571778482
2769109114779225385482854482222902506576051053768048738948713127549
9490627933718075936254563147699910670025411938034628101448432399938
7568894951438769234950108346187926462994375454254873260949466031582
0339781546710330517756585173872905359510508754436445142601522999357
1133276459657795502189846053455759543043645051099934501642914143075
1166597261883563464476205773520971044152312807325903693832877107491
0401783956802389513027045638078491791611105230476521526899922409080
7415911051071669969141680993254648635444441827040039692452951135830
5220470145301444097872151948103489108988506647831481517080958033918
1864501439869046518880736318272247080332230350183871920639690703551
4192115319927614138703073429970389797319028958382258010303903504405
7521374763783447010601389075153977130748236025685843445392399581124
5490158432136112364163515054727198473197621881407043506208404853099
0323776092717334734957247729910427357027217088147749793626188988733
2511199568433571872426741031864607066330190626977954597323960483943
0116346704428127619852256711929538102829868867713440839211626209504
5996562935339355691025895119151889809463271057851653314447345091401
0897147188490085814930929129737704324781722901212946591387156538239
0028120842287675447506107458097754325937761412275014548837194484976
5712584911477909239746649279942986835034858525942654923968740199506
1684278957611160218439127510037083920104817407962138225859501498256
3479628789688631798924140719481450261896258002668198746537443085073
3075852269395699742413932280859142490346224414333127984119820679503
5466139851589776735852194701657797797121223667231408022889102802097
0165015069622559182490154605243627342192572383315793081796907120574
6669984501528030229096378275361319167887787338402449647237365634097
7062990952891126716891922618713094726807924480844429251805183599337
8560533346700312502660115552313366995096088148952917946931583218761
9143005025376993136353811134683978705661747302351847615232176525033
1680924202627398707045566071422013384511608534323165279484347083404
4484308470038928071893374274356708859561981711740556430907802318132
7383805937067233041103023246765673006384703787926308034311478881827
4154322363519063057920800430327870033776477102228880417887314075714
1077336580063155675787243690697475152053903208753704196854317140437
8432051914364740258236534625367538959438426962409160426320703047904
6520295371911263376100909798554979937498844259438406244958480906947
9273959703564184216339132400167554096866498257547587487036515498044
0196101627511056539591484180730988266260656879855608088281700789901
0989926909302979874361262615934656220326064571419052605307161946749
5031399345394288141164913358402697862406110023355719209262241869897
1590695889256379088411356131810489739722434882403917897068692173916
3727543233781980450353303971624068113753706570459797979217180662274
9775349236962659210177060955292786159494539621987099301680539051975
3334996715086476134829886174475295327611597836350869628341174756190
1309041674070412551612310301968154832578261727902798360042218862019
59873855456
```

```
11027600807425900473918413798597010177082429477853254485395 1811705
93096752853223544584299637563051509379889688115762070672354 8663013
30608485421880197933153676860256502956123235978862451976978 7928732
61118344810177712475484171731941788389361129878707000405957 9784721
95400436245265950004143794099165064591287469939933941429667 0037852
83682746053643939898950345513077013214509624721623641460907 4580141
12073195026596736664671550578939506943562204662168344265094 9676682
37488759246259288739767936337844196180021613588477819920390 2772329
94062928519081095385003029702066997912566470300177442001860 2720877
63709549820404238427187490502596221152905872536016282352160 7230148
69123882557004292398892173730017008591599263676281515072185 1051119
46162102805894835624168261936798882162441312260087148503066 4220317
5204031635152693764495585178636446944924987038357121245336512 93774
22097144384759239347398163509290386348210445516711868976983 4248924
59773428437373981323052394728232665965781614728734602778609 3283215
74901602694140583429624676224441577395075329924521951035646 3404241
24998945553767658206782106612522220779408814918067718986254 5985911
65038912376611213603188290950417846809877374582071156404783 3995467
31228871781957669423746719532733868833020091057170962182601 0935608
55623038332601087827146135808761768314181319684737688628232 1977145
43286022811255145573768381774006559852702497665117777055508 0219830
65455461586295645790530988078410246347111331806478393273120 2126615
36115921468664729074309853936550045131678378412388002801350 4371078
70041261907471228165648472611371376156206849008350445146711 7781175
76906886724092111069989671152591858628600765556404649094518 3913210
69477084807876681135460472782487262916024625894810136184933 6071405
53246422319125948764788117516613590588107283074228098268038 9566863
61325161752410862298681910335610223543254298129475622852527 5168996
35489354291269277062017142314713268619110578845631959159962 6212516
90182436533419941896360182345386991285055396566407096453856 9520341
84651213226496087727968714784995494681941807906598758234621 8392296
73851936947390161584962125218270013853604509931846810485927 1407011
74372863044970241308124981687717319112939893159564444877541 0080686
51906378662973378433336527769539354643426156580622412309365 4231924 8
34296097734912268540863227630186033610827616239879873015344 5627 60
04948649732344094032518358083967528021781255902821542258689 5205968
56345112357270887492432490195619870015097796367351954277922 4039095
15074772760331433564943757851750011619353734972292931102860 0636523
25075629303751119785573382072997059967727192579820939906562 2815501
90592574563672309791949967541500026867259618538860445977149 1873321
88981507616777787744230868737477745135225379860296876567540 1726908
87231374606920753901346140582205696949652314619521404056094 7876640
47029388832252200650706134841431491447388593643849214043168 8445017
39317853425262755183549092705342915674000810625700639426155 4544011
32437248560534502349211943488615123912627598925803551239670 5846423
19532740672411338326872268802488643990483905851008628802873 2735379
77757747127877575638646817795535113348877521314118188001793 6104137
29390726204895937046786302118623732050747843295780087402919 3193840
58184332499038138747063974461864251829304200285449161941852 9131541
68916804070435069540173935202793958744550086263181499413308 6235539
05359118944663105983291136060227176352181182088698670538991 3892934
62640916596218377881171150349320871108109347479555378724694 6347297
22353872063405569961368649638280269210171735848014811141301 0428814
10380684212059957746440646199233523562331758847818589053300 8025067
70495622966503285411244584358854713949916958435247285552399 7208893
07805486535026431972166477472507013002671189997329694607461 925442
00341091917248131960203563748257099163600737451077397863344 0809706
57151862917547868531610606562347148232317959196788671048367 0385990
```

70   Le premier million de chiffres du nombre d'Euler (e)

```
7484595084014142701106560603855023418376193620166989774109891478083228382603288464190442970213914076742524123534393553986568393142411072268700684191149406185066631695993245029527126248090959773588549235706154467480959887482187886717214065219780366857129968699256903090780590282778015524515880299907830036919935231563975891059142555335098551891768185477914126448834936026511448464652107277564705075988805260464552600203363195505526235021989508826503870557625742942682191682560539806861694337906167456747957497488609174944761517005832078000101400223937087276454839787227422069991646560147136599112905588408095036241980371337684467079410009338973848268445043129354379662793701172501195514161790729339571876330136175505373040124125836044343788384396532481539873960165046961009903290684204328279596081945893479796328851653041100882584066251171918136185363662229534393465937555538192338032820609774690880478781483673273848301722769150625040026160451554998513281426173124862071786154665757721885744633785453621445264462412919386743379337570375333480876874141432356778732798457146779019731661598352611070273763110735176128520315703254124870661758658675726918766111491977359423349668229808376384007810042778804901704730929561925969929046023331344532022369691719684509603732318045430251025093513880817632829833186597789100478225497451615474293943509748485613645501110669498195490550216093296042898120283916511456182020087256861044380441196432760197026726533340960135451778618550516446073530201115976766915106841391964589655233880593102845243646174991089447833035935206475698578599335449070011963264695713308827493254196277082725401686351399084518693442952074647250614816289083605340335804817800971637039369364297080378982143168563954049603024476169212755415919806359535365900825378770939195101211992907472867957489960977883704011615602848446553172130419617691802137120409264956511683752097076899800330087632179124241572290749181224710995417199287577006520361850814476252368690615318065745878444717793524230004108603295644227084920640495202087012054857400378917236152561335785515225921722782089832606388296414480426135353525253311791969998423013378762129372944808842708046414365167852168193710108427502166846033159359741335583846500093281116125339529550063906075855846979780421879944801381159282822185115099812174385391791010754667355720150830611675848933686479344324516705851383706272238468314411398697223201946766828639843224876561560302024755317763711714861456808583165249806329691142434183804171171380804396015804330356500901318144856430351250227656590372595305579983604972076755702799560583792726977517419701508881519060501701928060198027596402763599923668698653197786909571078146223058372144086744593173694189156768423394168077086189504169330851778722330640955856857155696585908125614080628838434218413043460986706564351712086076905035128286329561147063381680132839378986018369907066992166129067831556532310588340216081618823933528790562403525409950355227410417358261027192722301563269188424002683330185665071127654844619669986931735984838263251761132330961285716718609421356151212338869147907439357628400774273209781282359106126195549776144655317379342885810840602293782178294189607267782817561798165488511307499020696082780049591805851808274072107358222913979902994121899273004253695378767953672628279275462711572301440026481149924420795509320318655577498787074193337908039866118069727757500585300059026226277328559658334403753918134078762911503590974226896351182598363697C3828868878607349961078957150075482182163591128831750724312178956288232357066841417021095882209227810368665710636088211645789797880309146388492996499396328396570396484705307283926759664712239925670944888301779818538222279785387391210885297081460265181521476225048525766707937084044783047231522552268305529415695591447216746511900418932568067066114
```

```
3365294188475888216696732483430834122099032953874893665814690334671708563878265585704366922972126193387049092956968278179486903054023749866287993568816889151862947819378801114693600329930050432014863314424776010497657145322664287197034275814143348633612431883942014008738404261063412308598090179487765788485019234947548686733125976347097457675231340158435538187689724741137742383436569585753353099157095614782327705524851274887440889379503616481797273121297575172610722495502407879789251512618902612229223172144717380774161231063044833948252308536358065558981340996333418152503113277325283339848353689552634974195804544689242101627144719026250807716477256302004305371807975579239229945282175112594482650749781692851043663295769343702189367919855322815969206646501828025886637184281952768724994800456950502225422272928068301477747151688542132904301695583481165833642157858185863748648094990231533243179054047063656197491931807879502320656079863534415373550038860189502742191712790375863369932078263775010920879264224333781368660300808433630939658169263471863533536716584757277664033992166128393004135837634554486075300470185099050781390056524592650711653899424320325102257501991321720028483219132575850143617798195666976867233819638448316109856027348433841143499664634244327956181650255118518718570164819025233706117421785950269460122323153058198202471654320016158005671279619091009241001441890470083865087825662708066819011510897486926834316605102231249549875953529783892630509702581743790423473031557666008670670078091903634352599709183004120913069485417603697756010776553539597355285486397171497544587878317289145033684760552780158870100340335878236279737003641902306893033063830754016890048458169417741063253762886554325114323058005072050440416476271532278714505820024597077334446290648653577465106857874837357496621436439335466201479577665372749096168869954837012207009772320423330228129491042179019846042105112733390124519991391683820939321059926449208855098131066103553876971925856836969966305903537563702709490421889675444737027979438986551851504261945223369465282740709032509659386165576176539840360144408388250323837969427747056294433116308731719701175393744928939923452714347613185360649690063146433459461931836403007046617393510599936916012881789292299487195943772600239029734420362326779465129365656872300953220317707850589371212261344903333688626873017519553046156687575381746325058107560214200188577636635696051625575732936707149828722583782373292168236049737873001837279347254680951664409122120159789396585290542909243135205028914878043843589369312410039940629701385940644761615998782786147577656609148651053278016253473273029789172264034880450220325534847856651451471523260009309062180323074850593650493103591775891193636505093868041375220595828344817552688364289646141410236358844917356064309274249364692257306625803465393191081833404715396358614812703856391327731388093488907261395233705337519248616190722690769283914202093360971328986760337137589161618193513761305162648297488257580961988041014740725604460138591369010956622381671613267773693403534940808090049494440882496812750151467356966770207246722469168607542570358161420588209043620106981018731913376768328823506228259637411261734453952618239101344829912371227051521472146409205856316833382974619685331994943210114756501138340413175918485007690464270656822368753064112852728722288589968636170577435471653464212560970677304627985146315417948927317371663966369440664769678402029590736981870374951498069467043884527894431002079725937093095715692072305391942124779692855826530033568687171535695221023417772479456686290968129388337494129579270736468926679092477914752870378058395216616215318954348563292751497817846166261619187266106876358932562621840347981459174043874115013953450546808201352219401888512065517627221368707360839108940237587408425007
```

```
9436313425788214929508353608515328901992341196331976979468194522743
0901660381191902854830590030612082615504834429604245115053307184240
3772909568287685502244608153069693688747518415304877653154035592268
9470446982252412847643095313838434476716724176939343472341983072020
1229155715753435965932012145988885218548352099560904047760657988064
2317046834737856801583218229750282444876718265294601561590631091235
1326038042048025122122914477918097820902688616373321249853880843390
0189195181017098570518460114460978494540104316592034068415725905114
6503775765125609365944112541226273607061198262015518724221116228653
3287647057729985502959735658641116592732133953050022999318882631586
5281953051121720757439648524922063071033211830883535434570000568944
4551730162112531037015032445226328205307053467859571128458270676122
3582857069400888789151098792271775752600008121543210240683350256722
5381759496928583370241888117393389373037628816632895826191403651529
2686637128523712088529196024021656363519444521983427103380979432404
0759786501254952905375594637299055839890004648935822885718549740589
6185513230705126568729447894801400673237003953242690178082105783798
9411719012074864202139175850940557259629166172780132246546321932657
7329205659737238048635025883594460568350672057338205978175377872047
2930299325858325185482870074010929376837453842619603769295482749819
6296367651933788011477079290776336844812920603840180341089986733660
5709924342722205091602041208050568572681976502972738078557768500239
5098979621940324592465578836981444044656036768129606432932748707363
7600989338308304786210774485237900343811826748107926181572613893064
7759423016842873895€552012508233581600817348001850142098949172593997
6492500065428077107879001883730195037802278886623791762636695497520
4483033722054582С572967089184886996425891688758406672255622777854038
9816704457490366533132943293535852355133418389858197733729950749015
9300746222916172080674734955963876619418843803249704894585270493571
9197018745838262010096295999629286111328791296673452684634164805731
3554072467560854801832436263042303649869903701630331438131580119262
0050999006674788910890695347976679849069723750573849220982519255507
5599072182490561759835768259837491948521042243615059955140701132777
8876617585180324370108457282989242143402004891734035552709186404644
9437955607968525875489725695669350424665728155215291889133632807890
6113633474552948924869656892781956450424722901986218442355670330696
6207364748565189358202493908335821120859462376381166818295072094325
5907717970684762164336849654036216536888836347995132438908939235875
8862787041122742695133761095196631834249329588553558865504096787693
9040597716774077093979076773385224474649736594432766926363023918701
7907422777783670963304375037980452460255896975816197718423957840990
0002987461039958875570816898364394187375378078926088659240703653059
5170223935300478202357689431262750049886833006093468581718886964449
5129003635592860088318146807155995117695523007453584306594737145367
4528966713960558999306878982939324384435370980616564326278239227651
9697970954455224396503095905686103445702613327114353709104466224376
1200599259595903117077156060672341723329777300390304070884592941446
6007843696426755566259739255038039167909948176975474498353838912540
5152767265684092999413390269230378578215827842469955786755291459028
0586090149716349434683614003614605320781578009367313023491244558579
2459004116904014942792642569122078106363210485544270304754622904477
3113882819744426442161828256171027412448873782234121293589707215966
4130761640582702308771713898155270009760484699916463987847686728533
3697939880523372677841106136070985216573484578511343475678920025079
7106364449690860329475731847250587733472472557284982529641015712387
8809199323877672381786072595000595943744104301044176760989071244893
5528922861413282039204291939174309652343171882058665889146529036678
```

Le premier million de chiffres du nombre d'Euler (e)

```
9862366268643623298937449351342957737871020341990407838921305589 93
1699390930900468826171757070637525246996126668259085624126358623 38
5571454133129714027264606888218490676921513410036637803148848333 90
5078796425865809928118986953525480674337393070365331341645665624 98
9041742670965642017069977891645996577368075027692966647479398670 82
1971728396743930063376115765699662510969177807849483621266185292 06
7273812429699827015980880337996373273583746451611583966425258284 977
7714194933149285560456703265708671842172106959667596774406273964 28
0233731837089716153885627049753569228689091411494516963407472598
9812240392011978569099330719103945367818569606156753811556899276 56
3073407242687695638136952120738810027595629473915474743678453263 20
3292141513760915882990657882685254926892422450161783599406710900 86
7028528702113221573639858021924451042793154951121008002468411633 89
7081321166954359781615618715101432963639179489164258944301804652 6
6943027466001622509753267366093979480914296592607391397631470790 47
7209228594858438703936926608102512417351485434892070414223889758 32
8906982908871146834923510058223284790438639273195610480272741231 48
4759648223606657040120667335852017975000383341558341269729881471 23
5789365525645895448266362491316266045325108348468850976389965657 99
8630846553095376321566645223033115754188815052858396699427114828 24
1924859420618734583985896615085089839356123329495839431514882318 24
5635266396851121038772958896319334890632463525568491378256182449 64
5702031432012161455982097930936279732987760263253385544215990886 34
6008931301130367675683910410655906934886904052888443707714828237 03
8832505028793501981124970480315145626858004868889003643186247284 64
8558230785424695109404448478477634517782821898612325995479297062 1
5880529450690580669234528616109708152776200719571609233885160225 62
4106113754542929112994824577637081839673866525488983253908269787 22
8944658888696613302084617393894978071144288968266521584851267366 6
0537838118767793743968320247178849869816515304080927737701300654 19
6386507210843842487052954917937930218916993531056402698211350106 95
7477818883867946800237822775862894541106054660507978262642623580 018
6622551396320277779105875466729958766075683356396969708571022907 23
2807305589230662685283532038098866012949784096358006368535169563 88
9873136994684691758677513643758304203813503213763256033480973529 21
6783938389980629774673405051013826350663630667030307468899304097 06
7994589874379884852548532208928781322423100230526818777888779413 77
4334029590212993103501770426188249861427728335008027132347648539 63
2781199551511030166788584582623707580252664367085488128956153586 53
1409297349641371546142205531768289406199593845853158459836286307 72
4325713070157666407364097275875338174125968352511774553090639117 07
2393324238085227678069163899361994364900774873835294789669095066 78
8976501255109308476791411977161100297697588161408225211457540587 23
7577726691194224794851855668328866378460397457073407707795599901 05
0652738530726971987602840024110182139341709005739673883662723490 53
2522224445362787929558574825876945544670080572464508562425042930 5
0555898250687557050403459747289292980081676409884846121345212406 322
0814337696650145353519478530267026482147018092869573685327734191
1751836084463067232082985287930585928994860236544222849952149948 93
2062588172634677189453133994111105503657578149566630582078776740 18
3297542991170062718671729560177087834626377038970246265245163097 57
1346010247465466968911635725083176880422026997056928944668406916 03
0580907793156303885601907485402883280813706250609239364885069629 87
4839843308861485097508310552777013285153978678804856642100794423 8
7978021490466885606311938848783382837271083827240927777238813851 3
4333029055570860803325449471452638581605127862456990493712865830 09
2552540876078972542648491483885580291548726671864463273042235 98
3948728786370783973394740317240240590316329748682229280034169707 1
```

```
5142783545002667215708703659635670463067941348528290957523019018713280109081571023101098571120555989802560397650013599451302352104675345273093983200944450363476804014242347811856739958385207722529057879169916607763724169938372512659757119301582874108438663525494343160612230419288228090665848280990556738602988238406671753637363090972919700751860868615443794676334960444646963279348936678269396351639601810927710562305215954276000156695925049797538268331425310067981478349750707460316447016115110109062164211682457913751075366858075656575617421444599018781856163866135363420229857059562392698728615682906733207053299464552271287987506823474619169726603732752158278986423899357398713267984106736295202700902508564339359219576569082290836950778930302538147990716448408874518010832996008990395148665347634608590623242728800767589414440542513876989972235031395628505002793986430294174160202528849151240943578165929132200605333770534763339695374700490091036906666378230954200892470792997325595719636946547065986736985818627641608479572862241114393087642083488501588137949689732441556408046554897794851235123242023892172367391129441779610475064257600761832867546604624707571029769970546669348193563663446913107293403027276339424829101401703540555117733011730009449917385819855546802683893497449174384667392625339906290780714783850267022297297116381428358473696813758491061125291104765142909794940209774894500567205640143118979716030412511706450124437980033216730323703485648008309498987726245977962091849496905207402918030646840162330249623449956677767051730008636714773043854313787856121802169624976593802142656828876539970330233703982843489666887467072984356501193929497972157895303493950133755278809708608051123806705713719937146657276659394814572807039412060524231532590507901155723798216065235360385988787552710611544656690541652286493347108630768519158612177452779885828678041112300673675244895523764900058569981198694309153722856372796530538151155743121757095197468543978336928875178830058517500225636002598222807682669659788383371725736948479861562503677814774913992871726845222287271265623323934800591867476045345164632475796862487208164208388448765671946429589507027522360867606417902467278367167019695212866669981299292717653899615416331358530311777024449937941389137743363451280340071627132051497909644156053138865828901479427389707999310803373746689580490227344190980082264639655956385046680222028332042887234513426819615112440387197275750731721463312045593043480602218351441013946878613001755059705677653293866825794750104904001327657905388330638006123050748863851275024542364218973117296701475303562052189298464009154466065517654640016092317667154939269640765762543725570698092592035002402405480969407222786930639606617698403204725803356003227700645794898400080621314329315062382075563696302688483951288618771529842651215185568255400047405936225590644541184263482991500341060196606179475008432114356335223450952360236587262029764834599139749116804392167135245765225073572624979047689432313868690080660177687646832979011662066253117063166057911898872543726543948902788322796811845168965406568900396004394529368005756606431124322588496279862064128325326613426723892977689067771543513325973850589115609567680406977251105787368473031511177932985825885873642838294305414428993436950066412088334707789964180766958860157725547482459210544059757600501573448539578162854852881277307892746479659752572072413414167264429543225460618016276806254906820601844529039577500337651629691637713641847578015357940810274075246533182507816235425057376579660174979664733691570740231920068432649367729604693701230952378559696317541596841778487065028880705398966705237918141664361958054986049340706192227913181779016551176962005212497612145138135147784702159382490219325914013483247683475247275605576401416795661325314195784496077694984521888408
```

Le premier million de chiffres du nombre d'Euler (e)

```
9303300502509511917522204777654647631269783777725933999870830053930
9825700587459121491070955586983101754973111029309208984423333448
5592280825272475808277656594849380541875377792012294788326728732
30825604368461255008456317038440796826013485805744131119048510076
09817911135736212192938054698988256978781611766324081267208379656
1314444780024358590611179168616730234094094966571320671397305010707
2870925628856443994778132889984743372569936012954216280657647318707
4018528890551497837410061356265368836683609799969058468757047713906
39549356388797987518083187188634922301048435582041602503276634302
8862617860167038531111451122886492787794013034231980397276312452734
68764422888316872949820990718104551385217123636486607357764726768
77921493899500680386101914895732401375849281030693088078168815969
59445942758009367770296904062129394246846414081182384722367574308437
8547919400362695378731359879920335223885620060316424382955130697
85406468148327929249356398176926924145470793172369589390277001649154
05715663960753885629787608401258269551420665894959627220271458471
843832903889771042231478935749590250760579811240776765908017960172
84352986133970729848634611479395962020373379775344618646105358021
7271367441813271935555643805400240396270394444938485637574032881337
90829787211786378543223689431643537207575248176319675435042325456603
36788577323077229535735024290723033378245179533229217644248906846
487958260585207291665194325508679034931550074545829114717144136425
056314448446367084548017365113422461225124921067638594348173142393
0190513598714445562144667952734994795826346151162090568497784911748
221775236065328161867970512611584981277131266330174986758029001758
78346464363816898071268096197812191118195639886549830572020758252
97442856249360731934201620453812684724577397849265715904141671776
5764742457659322495889770193453535151882062229297867651305979207
0080802369853227254103584557374353676827277687563881840535227708838
14082755057473894302483734930155815449043997031342675328507628924
6261348342722410022271997008367434048761341135035206246378660613913
13109693193108935303340192580030899282233245659173706062690169943
420265367489907973505192193103386082704436312453456435125985412220
49572759491069429704534696662413177427839471653122470701455185156665
690917843222161886833692122167152184884864319264372982080716841352
58218641432795417903635054895766620295165350834645670557039809361
0580773335784476757311228340793023809462808105123919012402692479540
9531854916633340718025231713440525320450024239282141340139435118179
654588774844397990269591083802234400860047267243565684836404748491
99561345786939503757296437115660835033876920142049935650284317625963
43313916488048741846593594676743903887069090134127975155835580739057
58104840663315705032628034400446086586171469655443412574850212372310
795415915140810332616220514585849173689302310234438874509130178929034
329644173127188227231095282563429291122236274013225882582931084122735
166420591671587051534400272086342189111794117555602767284857914041561
89340459828740965319248792724152763033036330567946827963620974711146518
676285769261938337993271687939139961218176851050957595799348991706624
87280525233263922907642200470500011157015225812231353344867322152128215
653645330982081738455363318637611496324302247863254159510413698993788538
46925074120978734467708595171067907953033577792698933565240124540329506196
823124252529057437440010922352229785505632958384057865183657979856914
0752980299675264167570735503262400083591495798837602963495008944226583
63455546458305716983224472232662909529829624280678178333904605520631981
061050109915451912964311737962033466958747417455733415884430061575894
46019521807679820456074960193101136150797967003017616474578432826315
218355737754137719356840204041003355656910539514168936509710194359
43009999685856661380716024575546609208832202132934637536371
```

```
8704484242042758932375611046375343105641698139541481497109487227760
8749415260908803010361770122943668363906957948608078660367774832800
0950350480395510691756187397749670885446710799282456190060025697761
1617756009681803951917629579363846620428263799877378470795750268311
5446527378533702053838658679337308825027934766493185610368267890688
3825101841817366840615733604141606163848580058953713308800887404711
5703566604282355730115686880667883300912759514714107605792801959171
7914144272211324632011685911293649553472512723804401106628800523611
4006152046991683261377711216902457816367849163176211698289528080466
7716328521556402069756131364864780197094976456734477719569079190399
0585979233428228491077577497516631012654014976837394606891652752899
1734483232298378072070143847595322703391963002256463625458083221222
2578032933442413892794760691267497779740255708075187721964049812688
3795053284302915383630028435904870371348066224610254450365086938933
6865206741990305768306267953707739715707483814471528215736801484933
6306587396433399340457577805270684979362704951863630040312865264844
9071111385922341922394785898388640127243234882113255222310372199144
8165365671362877515302777952064581583201217552222522649043830437488
1795405080271421044900919893092813574362992764233755580696696827000
7424555264308213231860392440066972923211489001940954901015657358677
2300570800099859077880723502396530965523419563274343989721374657166
3160490920097583637283807894977190827541949371284819348833102400522
3834092653916173248749629617435795109046948076330474205494494000555
7502582400681950166700424564601731142395116202263642669311319119800
8959428369904929627226535087091415175407239648664065038441761014777
4117203094809538407870916828246380137301424648729753821240489152827
9759870166528280596872179420351913053985356012164229440026576371488
5936175924013727783739465325203088193127723412185033358504025905233
3688691187855234187984614114181636985586778940295356469420961414144
9438992767891392507772689243771259577412203447462068222030671076311
5999112092039652192593796735072585606147415351934988925182151603977
4189187027967542892248188108393541362202145615065184339440984308555
3935472745749767125164679555179927780175074628076441987100564059100
1953788728547713297909136063924904935161063818296527798008898472888
6751337875769363671334816611311668925523243948712430847893781039276
4958089595770752693198968850351940619747660814031377420698948799911
6857614041877847924138846232026106897449957103349952030102746672999
9928491316384139593409571911247290658058757952149131038429941276100
3340289362180761548819288028895951228746091775126298167325788858900
0695627708429985708592921646869117121197261836333233773087143880601
1422774012592414060236850976487005220948792375317356090092409077
1652143421885375768213074726508385146574303083005097280551542142311
2573769800382842257692232610399150891092127740459707719633542864822
5640011016907898747362265971916595863450458804654374485841724981555
1749068597943157501797688783235201441116015969624396016171759054244
1714220919323921768948651296236430320431327770973229340683848296733
9828759728725510747414947567782694087791483257004796743687631544999
7489182322652910632628097145834093476295984704258561094519190686777
8484222914688540105486681696339548236034203975802684468087506680244
4591225429157330678035159102286452204303493093772535514455227228222
0435629169769898066471443971724558343533634366326112327480043735622
6294191235152792519887786182463621424403223790343311002757594470133
5834162987892774363761929236693115437826836596301038408024040966044
1476149080501055972508906297461302134270908773181607082902594381755
7764264127630921367837264191079729090899489718066458754011318121600
3521491168445519470464703954264472685706909664629863371139052843955
5094875069493672920743794609825333222671150658516572674075075097266
1114005445495457355386048363742713868146434583664249021791677041133
```

```
8734530857339574862162151620063602379169679850045127207642316985703150870805060069455667102798910826564480620200087917607239983836607382551617276409574702809215347913286213710166830798800503261933073311689756367225268064338564000635699052496344721996047965850191631358123104926678776019752904575414751197273841218587908671740152214376519669565270288351557019753247631397462034006168471348965406678518668906716118876379188530670240835088238830590346317833378610667099263675097290606832197779970607057850264840115377928323135082478368170385536840765776409348555577060787720808292581713047485373033160119394394661349885924863343766276969260053577417364061383113244826511499705260646628309591851703606068155640757476084618316858392324152216864322140084487735638911508664206120226601797320936290727690524121275154828854662365065805424477877373061245052416862373214565542493902484825243886179074252520323262850954443846764788410960824592295500572332637479481238105863101711037010511682549845836927150741797069805382261503759104562359744348095184881637479486542616523490400362076781796533837886951517493963820060942721911893901016960264369187173426582660340908746320275007469612446064637575977910626911728467883607942280910459573212275166339899880926403270794110087922813933794478904334157086544158496852424465006101125326240900928703018199386403608244940370380359988693638394113032388861328467149933191694861493230426818732193962096382693488225517868800658040678380915619926191078281310036112213940264046438364349657619595792273321561145966901938266951304833185728788039353140951796961704548967090590982050740220567894040711860060068690968032746825754542254293146368998817204453177428937567745313834140786684947139113841978664355959838859602785572127360477455977591112318228210352982762567436513524542325247738581218387441306579080634523270446782573853100849633253751458006290704318679642432437481597885843173228835741356788371230273578110243598433553900390386383539578572879318237472818499716698969833941615959864341541961550497087608750673922384300170499720587655371906670298579084796749789269103851214824191906089786391088740312099758655542404871704291536483557371109919115621556666349444095921499295370856503846163339568098331822371223378493894759023249725637407571175737186834434045582502259376543197481873285278416302914156326966759524231343520509265652449600723989504454639027190278127206553619205784025546757301205992446739906269452333976468068727845648739239973076409380467389746040791864234528191873353999980386274945540921485256905040581699611035104434200474997494956748176751711870534541625542415610213389835588922391219733558007105152568837936332399087178953546898173887254608047017435681199915475522131536492257959368059008189474065922650077248753534712128388627100742155334020379854497749828244664872295273279039013446905091875483886916572486595482788904363339068035311097471379598127670719396703786337072132739476793753670177913309468803206406737270068117812383036248933214726429617179025746152299808346556043971838973301288486113130362814243426291663520739005215679721135115929040585683507445217414721930677549204707760396026068945023509405298945241299939532549101041064835913161959854555298855569697658858658951589752493966484494947052617678653484067018031168172421575186328625199408672792164749771619558300778578031076313022632792363084134723202667964896600344107367993177275876830506372892504341955500630030772471059050422337547213213940063644871185072212864419552227094515265540555746182200058783732343815750465241029009091512279276209388376176111936155972297170105204526065013533756552934974229006197426494884197164951663591160417268967356836099462451378481990382711583676456163791881054929338046714320525475454017065627770701945093356067547191941294571930226727827926478059130484291442733046951
```

```
7840287741580104412204429052256841219707647593219358366108974467721769734250569210046618419934337872792801555852425258043795592190730008789542161102306470869316246247243063356147988531893838587575459588475586767444604000635297277855508703380286435820969873654255272593723915298801852759975937627006689398417476025456212748799703040345027289548068847505004433386116032366711187310497461625199469418159360323198744844617541823683981875001784104857123486917830866771432749009594855468289641644805369676752654920950220646945632231917138925728668118168431715217013236563698285829475111847557733382224289491827004335370549422954158627832229727393859915251666858041894868784492022427256465104599369056663978100372336121082017346779418215112888995074848336273098963803846301949596475834386592639044940554961203477861248727798888111620764556843270657695976920197680191993285891699453457299692218895142660954246727623046766092550930735866015483631762749988282605677680135371851036560465287988547750602433687172791522029860026683517669955524284392989658533438080261610331347894475045915820655354601310034340782309762224866424015645119291217121814742054789275941958932345634174382411247080795430813787359958137324218732716564053413388453447370094674399642702286952646130547950886959796520896482116243658812456169803186874945676905933362612311230510582357524431100463460260732354558188164018576682593095118502504443181542029660403381839878782798364439322949623443583593030679730684546550573691496169087137020415651400261635288524460086619728104507967169749184423268060437139E140545689715697867796701466491771015183247639750286784284483299705419440153108792948784376595626535282969289616116285236776378025305423455798779719983771761324070618069849497486907869680925310876290306777209529683933216559095868745505327510444608117886903519385611550510680041884549708422931318634049409149648358037679188396360725301231543682924615143234026416108204623669596528563226735840330309325919818734947546587279780030430560641217536054358484415992663760475542098199332317116267928043684722285064658957284092566252326026992624464018455964042300712436174681621367449302953405320212802782526753754315542666611306734390051575419519394828563827665414061163072201051824353507099694838817659312891603170144241725449520592632381571951835179259364602850862770522561386424770163110373183390330286472523550412557413995063203478450737820007650283521870324820435117362823705806649955951666731023112712468734556823516683636615469523878851423502981168322727438113539869802288951768799891742727779048997512317692610736983388512440113827044703066481389071664792804795904262424827451300392332455441897444364994641800339219247866847689785778030779608089604028986579288148618557178359328229452064237005766610554480195168744536306584915702688559437422110705351090612875427250544323301541230518848504729857366667503723652493329063511333029093261401246149030614371012321758806155336179876296070318489511339404319609426778501516510369133219906426811638753699989516723967930021871923834891287176350404030375589754121263785416766318478699498860055952541316476383676672333729382200732374644242292C8065388482463222413315844458646123337482571948207834662170279599655762937009353525228423125498416026894563973352437414523174389979133958233778033913239699671268305045559221913721038780226072668651799329952271424337023769946095861793729715098951731664568951093736683285612771481449521426150503304601081046756253582897779097878120173639180676307787538113840969238665146008069751269748091514100163240704922810668487949770631070217663796141925427595235448567098230672163348474946257898137083289183592404504219598538548930808530290988760538500124076157358439952263978446195718497969589400478066582821199033961555431314562973747743657413501955556639834496577204688145916627378315-456
```

Le premier million de chiffres du nombre d'Euler (e)   79

```
9238714645917197013138667119434025641183319683003782355828673745205332687755568867051233533258382116342336828451047438311177855342467691353038208033602830321669494796887988156795216511658480967885116120391413760738089457982011991124062181141835562359892761125105970745283814079934033442252439318508347944021852820570398105264729484943498254102977606121954818278622893275338205760440733501468020176653923599181113025894215070574316315679728470318125569315198847058907045518995690232480534565281688701425405408882782149994413433460029773243359772276883514401192169792989765159785717377716908215852995545127673589442702589190544645713598572755327153321065665617958270208086927758858745261293799687448197793120916118439291909849499134875431995085451034270184040018143575268218627906857456409586134457391694438250600932295237828665002560200921858103045285764934147544883977757998835715399758953827514747763275420651470367439848874574827393393893238624960894623042018476603599129173143544421801254265693951543032532773344468449734546825684954893417781143265635252586652875488011733553225990435863417131863669301170490655555041599328401673691526864381347131194905761594863087178640982276085086199342048584072860037766922518566044206044379701671742995524083684399110164029026620617653196661070218900551235425617510296584107917254727139795089505269792987978193943163991225810033726409912558304446133422597766088623395285647031685277326707315574605369491005610931255492831813362691393455115566031394878031097429543799888552102128604680298960456657345766173842786059797078180223315656371992331022169159193867575601173713020675272205977039503135446549048025665334912329712410223544096394166948490926123698066019676176490257581877517489903927889880123999261447185308473214596423829469305209836344599235270515198589693695460742987212519675825898929555780992408420154180694206255247925086374037148362183525873478868018825644555184755073273146605624472795662946503597008877877212836199312577678422553814490193754974407064004835148929441013318670557823618277301263806528331223569557457240678824331826868060770221376806263710429044692981169293204459178623454635664602845818460253300498945343778132182457570363670858826140584522099249304013094613903501674987082893018077570801434861475407601627369325157518134030811782468568069750528776664069083569681019733435480478154412613039222157086529342937591174345692776797901864180612429029440948344723508494637607068242943274532753084210190063982525901409690078714943912457609351072614749924191456945084939062050321798980688302524120759691832055608503664028799694979091992835198923178275528687712008463935358562908477161719156816720443940488118376606035836611105283310556813206208915409286994971088609106090208232372977442849462247433298317171287145488942839427613021819654130911570786475527038927788480582703469842260851688402102970682155651677402778689055113935236157145114230422867329184837191349688094977646525726435225378997762657864968466846085122732388893541139684058911652478911715992678151896748253270404546283477781107807130233391752018566366506618006263852408263603399837102078478376615312062627768266545478408538672047247526984876619031172248680234945476613792033634316262190902790651780472369015442602130852439039196826412104155810304578563588507002578132309242415746402492277410217555673365852800943274561975902398179813242919397187914360250326189684827788873153455810560181988214776604862398576981057894788087654053589195382226163527431505900850627213954264863909373856154339741187417744387323367829528937764131935836862216222317414516929616504710572498496343453926265324222524189341747839900362457314585336920176144188761532259339557170259387737337155308473260719347628634168278531048842365618543535189887526033305996784609647500300454055362960899741778730299057098404053085117
```

Le premier million de chiffres du nombre d'Euler (e)

```
9919404249415577166546079647110947249842612900543155097170821787056
6689355692056540262316263684419705003394156795602416566553737773880
9992501900861538868245822670617059012418907153778896993596315730366
1046125950169128430640728648653463072344393475210377731292966829270
0683835326222840092247883280277809449562239510608867619241036320388
1957083238131147727074615774588013905807990877119564364983162418373
8566207330438504839540891904288035727636422336109706823118717853960
3609700428678956182003457965719841920905132279673870325676582848956
6037374066028107091912091429345339029181981767671541845026833379881
4661986317806448122117814922486757835147013732856123880669006561193
0988720725163026172000390610852218962547111279244056523005425427360
1486759939493479967874076638691641137002050011845039661922060816616
1399897664671736694921076396523038015401553834313622141072253041830
2888377201921656463343902385088339439039670678983366381470219735533
6879002695395677473128792051669220770057784394479240333156518921226
5600616375573973145503180013681925623891830331566513857778309194818
4752308744097022434924409300835696912712256098446946395050075651377
9070651972631624017838505457400790656763213901158903348134942319740
2849560105792647598693029895358660622103530793261185986347354651913
2623566874079372837512651659960973877076090837833290737973509212576
5293594993362804067629294476380407939866780815721531774701346513170
2698697476854915795821793230353334869048526352849025361171079141733
8114225908606907898022637332972539829099216951419591486969874202515
2734125287626130524448241007430963341658568364444710089958559826668
6604398577099684479224310526410036254133226697845340694075762131811
0421855926728563398405309203328343144886354694165372511807280481083
2484933864893115475565691551508105306128894971022631689725466828705
2459091300984748498970830158229426367656807833180556703618131453310
6789037474839091613633960505981434002153742692910235157112377192250
0463026471413080315968166590420328157086179805159034456734730066957
9345578385097418017468636876922402807054261969558825753725789783251
7843768957611708693718757171647493859745186504528329783763148478045
9968167955323536521325932602906332417013841773975315620786602090263
3867709274027718866562698930832780556092015831865529660692467114870
3789108341974840162672569134204146069428334283882419263409288028352
7105463709768756711288164355583955596898460307317620361508020849022
6565705305634215919884231832131469094271016024177310021542271831654
9627491313157338292424761582171573412546362750620221193601966508602
4031031873932271024765761246153480614129024555826826839189376676673
5001879566575458327715452047465160328470209032035020603738577879683
7912833601114847462024291263671680399418556594220352333281632389101
3384623079501817673858044612960795987724265302669146433384395478001
2573116206349905058847958513791826836866391406537477112526965760812
0984234873845349946587413742907964379664268211426594954590022389945
0331613797080005998047679437613890075579167972998761328166134978580
7215057333162259016738052412664556695121707138094879622718569430170
1684641057660766677825438185666109806881741939101001376365642376047
6799781587773813472552586250016454171316031023847548883798563507763
9857109048643346754856250132100189837676021907332930674268888949030
3930806160547959642493322857538006586354627871217156409128967497621
7014736695139946487773980833865692864022140277411104296438955579549
1073508937415858964180403804175504912438555047856639228428937329012
4002325667625385484171447236603477399871430958700612440851822628968
1725841244699268578949491242029754502869712993581840751834013461690
3851988459140729141088880118918016863023317493180316910826776982925
3158840852618612383456308654045653285533276221965406692245182379709
3136349004524656539345410601968134922356522987962152558948482938626
072
```

```
0759775366723331384394077011210804286015867342782670258253230221 09
2518853048158137588913082646488032612112098540824979012071346749 37
4407198815866835736905386646527380710837035205921173286211195444 20
2734174041841866065696243271406339056764821957236144333858001143 55
9632789729218191534988190364517736856886734164444176405980416506 46
1654079068122584685268715370415244844203587763686431313664232399 61
6069278378170058494825062326324795019995590525837866147804808677 09
6989175291631729770829728679914601675742063161905683890789827759 44
3443667132778634957127512752820851074137099493733479226321405400 96
5343697592216838178153182902455944505830494476187716204464901829 92
5003079185924634731222109429108498373358271924216253655054057110 87
5880694552562865350069775984679459384006434104844673435951553694 0
9487963996289616662287919092496584200330153112548064254319945502 88
6071378448222668269320809795916632955769775995517753620408021243 93
7312824185150104310352736783431312136418455364025533173772138448 35
5636531501549908986724787465081903573135364580473310506358888368 58
5986867926370194813431276368815813663156636871438023405241738036 42
8514243197521537511682993669185479470217882148614749529338341012 95
8036710066567594290313450181184899452288384618919934728725371592 26
6915870197094251293090065250130062368559781715019347101233029185 70
4254461773351327738713281223583336231846951525865536563877439491 63
1188073409194557971103712495140083752086163103392845072924962533 55
1657407122910726409525664891772220876907143564028204516071917548 29
0666551244812468396128487215736990359588246421114048314571545108 13
1218535451221153476002754371571820213622775138808441121188869454 38
9621511053484961808204940966448075809672342561930482287067623892 12
6115309151368886257844011731988610515031311113940934269185674560 23
9767279042219093332997735070579008538416312718276569945665611904 89
2746272227176039075967485104987045558678323976751016924094803799 60
3318931731633547187068087283002465777590519652672754339692282355 85
4928340296583640897909566910223306226618870431918461607112640303 13
8399252861427709712434896376945103234800943358745502741194084381 87
1346259785920269432544544156900037125205079480678691993571842890 42
3853360643081356953463586849401314195827010581770703237912916442 47
8958268838051044469622921840564371070169593993554063384210616311 08
0697032036285539864396347164330491310575592585499395104469728197 8
5333525724585597284278580142147542701147154458573429818341818206 68
2307473318190720301359358334953382744129881249807723387266639533 2
0867774897761707491021717023292135608081788118830374285293233031 67
4007895634958173257968374928593051389154599177990517097620175221 24 1
2862370616781518817348511385274640125924869192930521632036983235 72
5399643070774663285844096976046822873016012891894801990981040839 08
1037507890826504007302285398183516119508022370130711210272187251 29
6803755885269032281823134918528806202089826849995196036884163845 40
3814836587041833266887261460145779775880590008138189985351931965 4
2224648699605954581757606049067258526929507743644259005584272648 71
7220947405757481355935579864350142478131651456243565580655703549 24
4866391268384000431300078805747549756071158652981472411432202254 06
9880673046512978450141523875877896261183252121322318436095252806 54
0408952212506182564994007277340843459379413097307105859610730507 55
6802199477465137460076955594481064799800847511364186885857159634 15
2074000162283499528940823732576747317271533088419526236103464025 79
6613491252807201540419066944898729353968677190961888263392777396 24
9665057110274547206995586407971700782465661305548461464919132624 0
0396610209915300750348809422804825746973927413369495383738610033 9
9806276063989820381249696373019184317752304999391593684761500281 42
7368134128669274750934251567597314645737159002682475742393651962 6
0188578874106399069269979995370010886827604533952041234812786937 46
```

```
9871844186747522045683993177022544287117084951310832099348266349660
3509518978135948283534564589184804676912150994261761378059659196524
9283571204002838843255181929801750005053340547420860277913750023
7245512822022494554081132834055313068523524749174234931438365271575
9395539339641722611061468004364766598845969690671440502155051737362
3304062158166020915245906422050022128513217571307847157646907524005
0318827380463544843808606586392671800516814133017037375732343
7384894198878094563077223491402089253342481252845969531193438545529
8958834503014288267551576438569477063227440153361235104804475836631
0189197176252755048272873621007204117012302666474631780081748913
9796690622634060748815509603959284886792128038758596355798048062771
3716356605317946947168674621582840377187227172036782942706673567460
658571127060114682024133411038785823547070906915255232406174751095
8012228573786104231215209244337625021732002283477138892694176463912
2567736963519470401602970733023615767920797254203587019579847772419
4558937496298407977653991665725161633569614002249677480702804744
8258948161121803411714012565119653282157417512787339974917035459727
7181104879008432211167670291730489308805865783566775980786496796699
2575794196341983174821643386571784472557644659555227612618860343370
12417715228298798244297841430345424325707774414415436792057130567
7044716355672238813161106336495524335404866864247807807947066702734
4505320377948774655984878337651937846563916151678194745676359866043
3267311307206221770961087549958573276076381649078707845816362454714
0052037146265354169606248421187694903235881646741509883878459529437
15584075022673065969675335077243314583791780575470235034273700430628
42647078187798442242638771504109010108038581563963286234900989138593
07553807141416040552370803619714022426586443285844495409655403976889
49779203397063112517797271524050845248007729498250791904012791273457
3060833703389960181445722898037376315591517756598543672834792343685
147728367445428825495093733051252098960749894296435054551956555772
0244742228544737247534491414489600170114707671252095001176131709336
4303589582748375516780766214497666557998656623870484441039742440184
2564571956593205845763337127712693271724937700558088275597075682235
50353085699686916461991711851580325645261306455752367232706723593234
018636991969156021481335351614986339637522691826771448458516234210
4858917735251344916574498844752871413937345081700633849239011243429
78096117266868764177095556212898827616997863245311950390123851929816
92562730978027429894076533590985053008141846588565375540864231900436
79327726661187387718807067786534662255936411046896641369180310440116
14883262427130739458698901997705379679007142443181264368910160039799
7700426977934977370517706316428681434440383678882351480002161649081
10344498065410013747222661172412637652302366221860453598733007311633
5745933160550988070127196929464516194720502214950984584531713879235
574763561623192616294827806622009620182716169110793947880754393789140
39862551618395820051404753392044961396565935052752732848454082473987
7171664758276313278937064353645180180781238107652245185995849937996
458454765955494462010190889823344904530262165629578334983722115796729
099240497677944744729434652613128824413859433751317452197176533429
16587325841163006891791550125798827945432289298750849882688116617900
0647640197617620714923722970484867767442111670419114610571665879530
953634446192527913694288775678355406402154162839181046750546103981001
2128053470593348050026247756775794298814181253541764796442390337164
22722226808622362027548173430290777932103748008578527234206179392797
24577159461078879152005120138755010964717658290045566643126954918114
43141485792142847759489964386698097831979837617798973638614244331
44542048951094120947441045083442639918706181683577297685492514150660
4038408442513584515572485213670320409256855485664721287400860824
```

```
9934662513352790105741333674196823274711770059982010257893648499 66
9947139046419316610685090617740881079332102768146292206523015163 84
3307282298024915574997313452791429818011163476095015201747763323 04
2251906111299648358141717736885610300076057967340270007401880341 98
1543318071606016298797434394407007059149718455611520554536035381 67
6448033845080844010395734638866838850347176032177392483113003224 38
9607149884969090045041331218453078822895592730702683443495668292 40
4377086749890658746778647954633025279400875947974870807810360935 59
8367351159147220399272534196805169549217357698578441593939406890 92
9799936262233868948408410563935378227133919668476476486150425507 43
6935687686091438758281898020524163948257606024481882467827564353 68
0593640356993613081939468055237976915839064693483125429979780324 60
4423357324056368844545175111789471596319851643842895373556560276 51
1027390851291524393042422390753026517526012946611816023578835347 07
8363807535022964240320427137655947112509458451739481882961575878 89
6786111373813492627395460930259976493899062908946073265256653602 44
8348354220490944922810593322518055124478200036358288756934446590 5
6426491512880775848306376707297203875121061443722578823504228439 97
6049523414253445827440263263880528633679014700448931439459117631 6
4513487936278688385640086174126714791253915330649618024520188547 61
5507364849407196760597689189937693390880280406246396773313900717 83
5839249703661110234379096461681899716370666222161272327302610361 59
9769441915162382240850324059997882886343822537679624211279000917 46
3072532567117458016928762683471001580829239389606799842854559924 94
4894944703184746084487645986950318900169076677922784151638673740 80
0049904902682329095274026239970402522918682346169205731324431436 27
3457095643542358320673376270000576641099047436623030684175820889 47
0567200822888578100741101386882077784247179010677397769829523280 55
0151849768398026388945305043283822622038623579152729339392592643 33
4928446196973079463486038831991332628811326938312596822772389402 59
6499349557667116370168586639377995417410458190705299037593138122 52
6279744931187294705575523067767940685878517970570630343128676920 53
2680437660115763935802597436704228911507517394102516808793820048 81
5176721346837581541926272858679433846576667332432619564242871482 38
8521655300971153783043747331280798159278370693233005788937951218 15
3713327603872128108470609632880164714348904553646386636747498237 6
2898232325356966706522964098527483105457663966483578691111434517 0
8848099961119510317485583269345518175309349267952670335436660032542
2777339258126353404348965122202070787946889596853703920814051163 84
2247675195292240672562248727560338696028164859176620277936993924 68
2357719084628656092782352231747349608107189637030761263794837697 80
5164462258407832295064315463908227520769045382764673805036764940 83
0907688444650723098695961373630031923213265300986444549747251203 54
9427463723506023289433736459485166997381487901430865516623466970 21
2623765646123533749184497104091984409189179380753663805192415916 9
6818359468040486300380690409273483991675310089360972303840574406 34
4622977351229607884023101571490569308464556727920766228280848309 13
9745062020016798876052731330669417673825752803757172782257857675 59
2041976397549268740926206703909743964284803678426482843568726152 63
0285817768597867577247554727688077921487173143806960256239027174 2
4149214879865100265338044002053656951453519521044910428374089865 89
9919146813045449334980407528593403227332445449024681133925120911
7925322866388461971639921055380702465469489697615183326781811356 38
3373742998056676294172078321435870294361489573194600644532303974 81
7240761170535537411984947826154460105022440175738207465319474068 50
5638898487886444654912857922861891681860338912200493549788627364 33
7643888379188145614391541022922547529870766814530622478226632223 41
3638315497364844219140948101758462277074812286215932826542276580 14
```

```
9355449314832147493264663040936552784745426074934187840127479389411
8087912006335707579323466264260823916159033496540678510478735894661
7223061015781905794909272782098608087553160551304997317565308221521
4542720548168126692928434057195595621822092118631635245365621254733
2281390227059715213422217014035840496921626885799406443940871203891
9525112859070013865006076742154810840016828005795143776685897896731
8700250573870548814928951638557912443253478198103974035686683605101
5624311257698949121318709887389984836235779154555675916185725086701
8582707092404497661401030254303375842907554663095871370739067282771
7645511731832204943371781261049737059036499686702231103487676157441
1391278094660808430308399504667455100391581287625624016639835756171
0495416778671525648246593753968490767792067922153253283532232650481
2012450380546336246828528420093415381120711257323204180767287866451
0962783130325929496113113600132273466561352181243246154316585449671
6066369936577071980159772265607360313740415609610559584425069111471
1509185985529114124307222040632247414099246073400583311346639335591
7710882056429588088304065134956332857521344899458489221928122519081
2002241605942334446171017504837025259955621006210673762224612921
5909485108164837611453928156072911700608038440564253249556420928071
9598911087447545972614142086512376963390942514059025682271019267801
9817981050411289346998361223514164683533322362927493276041870785821
0594183329517157140881775768870308700702805505675550028422103896571
5944346215723714692142264956281881325141018047029203648878243115493
9120625555562311254818700549523372805238785214101976141805929623381
7509217546551718077576602526509971322349690834764615178281198649041
7403413839604495437716697899447398397540444207890821210357334655621
2104252157408059561356275869588297969765659845014833655512652828861
6089465771483997024665040149157793490935897833723590532191529016891
2259771224404519032244563011819679012039500993334722618198054654671
8664369479500185402961193484853953051467294402296415527022183618141
0254855601317098264871000329838993057200653097614961481240120249481
4860403247153925919398747119438428961000975798685480702575230287441
8549918228333208036284325885994643803189263460603228129090384425341
6630184451273807574611859791698673324021201887459933946449946815961
3920013652943913778428770171101713181750392724754591526614258543811
0515605058468417630238876116331983442780726057913411287442005251881
3421234279251699194005693172306214124325120689911322328796231898111
1671899239611062814182071222601895155181009233478358651408662094431
2255158852216756941464737374198352364666826834538430597290863468041
1534425618159408041981689202528889930910364871516517377749947349621
9267925765349510334469851512081407582045048101792682738483524872571
8483084962530950358354441221149364287075810408947387275706126034311
0385822017499775070827005064278280812324611374502844322605653979011
7137154842274467258934613419640104259801455403616434049189845254321
2163852934409028874052151004022456259264878296723845820509263717011
6028509849950795598989587101633852278828798940354401523039524233851
2769007853619635149476830923762103178597730143281092662046800863591
7683782049962319632860447452126890461319292297376379909436182988231
7582499654037847945866717025304383402875588893677586053507983482511
4879418917997489610958190292393031044960674486643240900609094349741
7856753371216328232277429832104427711678277667030630467327024416301
7019815820796187212457638721465176868822844826054194591885995838991
9420320062723952971634166693371609633699427592602098476806021757081
7973324217410389742542581212365182652268602898765097020867149125611
4463488982070420047420299621720567332554279944719363490954337151101
1795781345638560467713070247519585754557174353003155391158719379941
8832704594877055745389206916148304760405789362676850258924768379901
8682260708865624912086168675080911464621570272490233673305630108681
```

Le premier million de chiffres du nombre d'Euler (e)

```
9534368655717510076262841820842095039954327638660017331560969484830
5620185105828636301873189139168495761615042825645450018563481208002
1046026304961237789556618627674299981245785933025253173300746907725
8074660676629412081653406977115407460555557817448462733188977170129
1865216725136523543915253754008006475097078812245364780487849263156
4675963960560522663218350350661331926715854020725707319012536248690
2895073786671669183166199209258875063585454539800632330620469823720
4930914674647218751673081702618503415143105072385565331703702125089
6901893671982039645847117024397737957637651142637193753131798517336
4170709312688336684471203175007925523358785485499612702428088847222
3188941701569471502979521899546674932431402851427863431716589481842
2709798950856170436133856025183696907575221505245504462256121986412
0015009568242540600951249616722483835421666417776584305911141421921
5814161288855047938517982885662725595574282072533514737983735879133
8506933097580156548356019121870645983890008942900453759326790911857
2113230619343771909463341159622202296824223941275669118619982382101
8290838489047507919332484068491798073775149195359239536820348642842
5908414188230425640207993054459525560619285827057698897258830748929
0553310381044863419749025495479844377535514373950399955250934871383
8059001101635874041774498679583039422696810788814058493825871763494
7373753790778411043022432140730034482579489423040374890629496776454
0973589925898509424150623124346523772837892794288371067314061707173
4536263068032292090651120383944513848123311778822470034847222278641
1790741250807131483123146649330743996497564573427043760538508257326
3210085028300876018915601726361262996722992210550083402082456304591
6873719428851752798721903668335162430137540345839919110609904499713
4916304426782256486749763328762982502493450160259005105045221366238
9418679380663750785718240521620478165523775066621016274154809875666
7361477264605589597037269344986313877207294392229188279317847486237
5323967417795711997536949215255099712417362000894550058261900632151
2463755324966216782758123839113987573579361783691314965453160191147
6068637639449324561814739398840569126403087548893423595752868652867
3122430980584496751777535622596310143638922240490706544007598037025
4834182993704024157536890803790139626026164418504124614334088509356
7319708109974959662848598033648682485717899891564014106347923335165
5382342128452938380314600615957133626433698392917533559465080287239
4221364851151210575067269583659647164106892759852702260964071940094
6523608328385235744301132423707257206758961124857206839219036178910
8368522418097942498635191594842964388767559137178729712670733816030
2607269341384280795149000231758468021298109341966010691934723530815
8563215268656953632139555236821864008431060468755809170103675906237
1160566621208769590406186464762695782548741899676634037984135492754
5396116623030962131910237203154428576197887315787165510097974805214
0743715982048316359575246507307237852382286398233626638557533189711
7795093187340121769221407648774954085327965372606843600692418214484
3887147279156454947873265652657338487361855217871858591604665458746
6757576195500949079958149790382608481332645212941082924754025832144
2879493122943982446430763510314766127555274508994601472623515495200
2579200909632210510224648077253483660918912654418165487058572497717
7390605429985119137719576437701627696341658758759317588065221024108
3501267977653893352003397092975699626390593782127881097728211730072
3984323575594628970790791855069937037578345934398391807327721499291
4961550582752843954484083680034757920048503382665192655250954931956
8412217589179401284576587757015212218981160597965838440235332216310
1620750019405610145280593599922051616029720437250777995797150664750
4185354846932424799578948107530353590492947789472161296687911983273
5446887740462236620093822319293520516273072973555012857276009075543
4745265
```

86   Le premier million de chiffres du nombre d'Euler (e)

```
8678000138970715442922781324781466079670972829377823213774438947605252501455973921907745353499148375308429086848148176478839593902980613424201466440569255053239498185822926467387225771895540052277233353831972428409953892077854054084181582975560409832326682215716574750448371589114925293921386311547759922192483236983515676484479505772904555873832983783137744966635960640360834439456962325302962699873820096875184160146579960733423836655634900782560081158133092376841133750980389978472653365691966412429496115165594327108442864200417322985124742296664126485534334259857931607006382646905399015888201044678521978136152854739449377923784792992140952111101553207883275562534918539319409510980480042638703777200153230774129840957455449413734389931393633990292008765698535865256021844408358304577109779663369911176698929770758047885278005636376750101724053612494288938220520946131636215199238180465968969683437309854697017960063988605417672485784100992225219696569873323898667570916267203829908812831929952602215574367672721279599535951514277465902249932870647597012409909484675255232630877230341975782049145972619982998166967985469315476876784529267834839930009240403126852369674453632059428888068876001306238842711488468822480651792569379262718720147255426912388055461427962550853211867416637717217874247623447289484941777209161458816675765390939790611679065338463748546910783907032917450412142416739291227376907433744736104124175926887909040981790571644485225932871428333674878454138089196611625257363342882596634805787143942735415672081212725248191766778030326448995939884031046818192785682044820527174702777348738786839978770365779311094293891178492257359242594243887399208177803932925687704335911030038672814855597921505347066326347296446670126095574054535406192900430790837251604770515288372315151427710361218195781806302868272592851821287455918615653106536630606528156903945793244309393542870318982374916679587910853533146384783045700173184232286391647479544749012947828790199425025613069260859612119574992291315508022266937707796849877242643881565058983414690683354835981713845400380805856826898085264051289525267834037039815972924311709685744378139249169863486106071845061286916508595949134939661445905045663382660694241061470382879587580931422376097023442898504631138615810336704390847111315787435980289136222815217092722923550454045818631395884781844799123330918234117180910327279319786001116439682839427021684590872417392239482769379453538956859271200435656174475984227477026540813333678092770942804478691408318882995803291409646209080761032279569060846919628420896409362447347761952839222282826028314859393523733358375837365106692359411526186478593784341782256825003270262814650638266726705849444282181705633646353957869339532664703045826322825798150161033229852721849799922400953741463717727791311434917477259929255253357816153196899645882375373963656201593443951312378594142033309183385736462951423590687612764156350466731506542589411785967557850513731278941556379316472451077345848439342770214413236591519878498482370787965865360557581510797535721768927986170893429905375495683173948352060952685383433902705583766695333574043580560843312741754731872654418239485225931481545990290639172354269804741871542143835487206373859573578058422385120550300889476148981264048762551577404853819805868448087615275168833056392691684364500810243681028512709804812881216355201833051287052716108134942790592624947412030162149982770468235854155748171502962714339793311553179200632507204816319922532206693176472220917264530717159550885464814126019724704224375414479057878907764311275525963897218657361478347485060624713511393347240237121125427852688955994529018584759736114146536480412957808925615501869598608401943031451193332173712409362446039151162249575372029880713997589127349247616701290426280185804176070763747067022252
```

Le premier million de chiffres du nombre d'Euler (e)

```
2343851984787239260049726531225408524436636892513589407987310731074
4551356288713052351446863297161831117207638628174253732143178627404
9785894463395245678598631323952594238181263297500334579375786679511
4819321742984132264484778394905678913395808363628006559542046767988
6444509140328674972970514828912046051466752659376039084979898892699
0756037167416206881347492232127660021040923306727911237753996094121
4925128592695624815083615159264332527325197712904590201296636965411
2071033604787479470142473469946291046819414235064589789113539526933
8487880864384253971315747036876336886546459819231884410108855295655
8169100493925598885041982005213984750902140147354848785275170777333
5887641171978120775109168145920880815906829762521213822622012146522
5303713498173979470048923093514730002351215887195410845956065904555
6013921522705596792414253680982444147556957863546137027976165873177
4564337305450931816537806207247887853794759566140675261081102738166
2296673658344873695599160770377141864472131926503532416485720158533
2170994491932296613629507858007974737475579328724793356723074917344
5343796065249202641018892249103223035532949225837519450601743938444
3108199372100222920380601240520953519745308971923601747332489562455
8584218358048738859263528768534684279298861863389795657950766995755
5021415903462656752391130779259046925063533222456426769649318758744
1145560210252379004666117825528145303912886606905096792468081112999
0648484394834728873289353222347132522865175561476622155753973292277
4173076390103684512538444563701990029572363339632567922006199657990
3898876039022313932509639635758155927873539879532736696516176055
8936615008641928983329582717976748928162216709962290554473321144
7896107874520599157956167121386839707134866875906149266704170356262
5360700549211319177484491880326847606125066530755718839738198570
3481069759795519115379553633016635394190360680246747487061218402
3934361575160088563290322654615903358214078174302820876714691841
1116038463015723082888659578378751686446469048182936555900338354
8645116833116233912027015409879142409398829413835062084446119133
8713187155313108803876512870945099113076740336774569693851978386
2576783775218739687813718939977896811085069555078862301852777455
1753168376497223601391403271884637528215262086229911448877115812
6910169163195452236097054509128118061354790411908174067813366226
9806778051723409267321815692612924894340120620975761193080334453
031997348444138071950679005555145866927873810133263490021251629
425114121708740857687172096363566790605306289788515243281258929
9234680244239468183998920702490187246397880070204652223045094432
2921297482443548657386440842198214851621014966962072118336998382
9335873813911879714681062812858293460106137280344166035938416164
9226685564028738064506555345344531698908250914934816333745245
867211102249400431386097843026964295198205166792732052846890199
8142566210312742553832036188231658549208927419987348021148100683
3830172655415737849595356635931240031027961195089603770763090919
1201517744587565739041264526224871456875117445252909104866361872
7462022212928840940422370085938959498919405973690874454479489045
1285402385015776580774181687255952408118814378123133810595732580
6514928001681274754933748207892338997591577170224704113674034274
5190152281694275755141058878076234733901802913981790532992798286
0638439481010782837203593409660937220128893909106383866620232900
4332550548511169938715085034277568424649023929145590818503877259
9332817467384522552645948225885729939040644581751920220364328356
1895828148841083609043121682963776211181003225025817018877434632
9674273735766522472687048935479201679570166080595970963602790118
7515340412978362650418049994631221257280523878566812162438247634
0487830174592568238088797026289065577896912710980215545425309835
5957300229104170685747568925497429492111172160450732331404803722
```

```
6320477336612582355270871202364945998335126133056645593006699685424
3954164691084599023361368011529929519779897223118521312586804766859
6190825088344806478189148930225361404274700483626418888022818836483
3536745469522586787404455274662913561646291565701595583478734989285
4339545936252232400724612935124085977169187109752499733412590849778
5655940427829615451540103448956593017579992267969243553730852381433
0206473604728121794506113953579784328595475459415078249108176886112
9217110804715235435705684051669987295646147789087410967933731120771
1860657570715357098377172034606849732264026152007455245436083123462
3375238227994519720541738085166152928067959463336464812990280992417
6874065832151699338750717081134149393500201021406591297085301624241
4576911695053999977719697617650858678209188906126715015712666604679
9643841792632476830710402252313685492147687573762285114447630980521
7120924442296831821115533313580996674574820065172742997987672987901
0911349357438804803044395054931506024841728653138452560314151925404
7532505419321121168977327984237528926097891863598745307765021171902
4095390348781596286418836889303500061733802962423052488461615282990
9567788442350361176270715686217728985036627907000652413292112419140
1031472472069222909759621163510922084196023199298997015777202110283
9478319174300460472389516208698592528918014218964059971628485380377
0965783303718970041230351417567294753251416492154774501235024859400
1469359052486403324278795206741133756174583071888598417336410896211
6528697922601606521979484048292312120834530044523057002072622370640
6397827793251943784331042705694301352946870696115225481117702348245
8206366181718658161209279707555008206989103156227572221043000638573
6895895752594782112289888658515903155295057267493300411467383337073
5045645087777221933116803381840602964221456343335492301690995670193
4886303671944071879384719526866922374504343412496224221653907466304
2944229777438841743680066172240707706696069961604733311452408331701
2537582750783149112482809187411450138447050361135536723979469487743
7084550783221351200665273367493198370585087390068276867472292733648
8607458157877911402802204270102614137349550017909833237759627352346
2148104035350851288270337206282135770543999830903392634363920461461
6285245345403886548921190188704611828633410496047027380845720684608
6688995821336876726832249915378082920129047879427474000033655331526
0222241089967445621914424694742442289518559216771472043645424095367
6607085494551826014227661651155514258338850199232480901598382258612
5119559852857577953676767970454944159051616644314917899259043417224
1159253612537980385094000684982303852253798378349861159085279286309
8996162615640556938187296251701636177886386312729935237368748560589
3543703607186093106806742259682908352235806656512029769554532670387
0716276294037577316270442160938933749113910160155048171622995777065
5346458377171145373512168658837191529709538738076570192948485007224
5397466127463250616787547637047350674068521926199244158170004735236
4073441259184926343653175257146989449875583689502766074633115731912
9239343970422819207237151536144453633556906888668932716160872735371
5014495563051569298812104880151853279160961261784726425388349502783
0091836213926504511417050563819385890915848553817700032804621898356
4303304151485119703356041542949383310131515054190012364321580107344
1372098440105267862064631332800766519466698557762547209882856073752
6352511218990908220418315085825362349296919440660252069049861192226
2598329080202612318696321549818518021530997668638069314398872396629
3320730334556763043001066110567242875564469413274046551341771671660
3527847192053480875666575221857668410869325887341380732366975750081
1390206401094572287886009820042295088620665740406379194147411299740
8599913980794547408175419143599275934491483735551512341158319152816
7942271491662339862963510941472703642467449063973420539929876625001
466525
```

```
8128882831220965122702735758775369061878890090877276150031985658031354772951151622933045908152996164815888902432756978917769358875627993855423033402159938715619219483859323226252600581535717705156973803100867744833213472870649822607605933199243349302996231184535089679706810909252455736635693866649360838576911727907635340616755862855310366494988908054229169426871936737729081030998461781011855343283464518847639200956875512050725365907570234988144185808353536643501997344219616535923062328511602984764549160205295598987916776611863350993548954201477134010176161985759077311851304733656728859902028920374122937161388984920466587758804340643662018181856768854409882932868026871864370523152365862666845983484638248494937656656970825450181201247823509807613325245436646138220675069549288395666639558087108164962564940906462066401912511032382674031136790885655991433182775861293698447691299129723366209306056888889309117228595919197287946061379265118638390327187503293810457898072490664043361888600618023046372884002818955487999576734185484713655517391805483853830002730602098255973975648517566455345769427836558095651384265670552469382044463878549993525612867124141413796269983545491412404671846655385966983726345335514684251817967596786123148208453480853353757573787615043835807824011209461105070736599228058552548445456325446090201898039596174433779430310751023504637984828808240124620463863450234145704042271891710127920201429064012509838598320073155912826145124414309072315563056872435171859291611869273930302004328709492896955410601609599773491517410480834584336869860334542172399413971792660804420756359696030024139041108548499116203983337955662622830346891533304139717514803731175127156543191781708216691399313201932857099639928594104438213275163126649964297093019917117806590432489124599680823955196078942962318682230775307764765158572847681485148152274251397703925704855572350794795721856547570265866959186343388785792194038054429196199094022278405466518386376490033705808081750093209611594079008450099181710637462633017615967952898534757741509987952684493487842726369764993311279269304189960117925703974436619466908161902805928620319104909624576406647951407791141670517591603156045486245293567055895681451757640787693008454663480488123931659239488034165845452940994881441940599765707641163905798075988678582069342011772592646808054125868468255487696780270068568666753938992024549387195483888127417942821752316507940977823744976726932384614321081994762952359238964306747882863840191971852893029117325352020888709209593622400866999291468947603733501961431447399078564504416931677984912454931352822440580545437205641471343437669663326002136107165462370817215116953013274952767787257067729817374002180313733128508900651519163172731551558273580763474951589737584657172182030771383919916125864965658914989136858756075727394649990935347324899301764978754654817295840582638294305872905998543177169430866087978754999531087796549370127428652226423929491364776742904989413635155971762607690228649155934146026570552724165462589781367380866069931245011067459856094441065996405063341635550095079810486767750362072820971824445681659197612019122174985367736358465676904012152002110338501229758755728331500857897590010782179371001161977852773937116911952882181155812264658190353767522518461769865542616584523186583106563142280685621665892885474065739257249685384670883157176089976766976250115519176712833144797754040291800759289598725597672210194450478329263008901534435645093710019505051175677835307385583131450107646476566468097376454216235650328760376820121636675138683111893745296457521885851471600623012491769632735763911730589557725658482896576102172331623659154463423823066089014397368716360891860554323256828208425394385313122667665227671781882452596849830617979623128062962077832174538077419317466160732749279125461190607 7
```

90 Le premier million de chiffres du nombre d'Euler (e)

```
9582271202888600645354882077759533644093793298435190340884953450 81
4482280208527863357106858264950145836821140179639713534996351948 0
6262798978723698993596964496292772827076946137923433548048248624 98
0361631738394586950067669390773704184576305085725022606449386519 70
3105292827844622415130915545518503224587847361395472312820477294 79
7199473133671176899121276678293254574929414124903188350535830463 40
7136219431825448908670081720219684587800271235835407557646291008 76
6734331458830366316809133955270771330056549720133147870274223003 94
4498205808534757768392719921790493172422744113073831909588313200 97
8393598697892041004645171806713086670389826275549047616660640525 13
3919304501175180541725439299861611629184309098393038995179595727 95
1138203534742048600225855624284608019721059720630114609992226443 39
3170722462698192480796195512481361651114810683296378365256376662 89
1808543319037638981353993769463333952138693591448803626800619063 48
2512405642719362760261341376818721901172313247276019400802194305 82
2891695230492454415467931111620191921469248063411095125267749964 950
5312420795077912627031164881648504636156887970951369905418555627 21
0687361710032584721027893834575982826509643575194111617853759962 79
8581680644305959249736034216319817921882804932847932968679164336 64
9934006729873781231468131852725741044647786841916474267141561033 81
1546414721675424917838670639339664631356901028369105450245721141 41
8326944982827624049352059479627343058721073288312678197360489251 33
7232701228223323583527498687777118845265411232968794857809586938 69
2685305057712732881673622609417044477396459695998486047597966133 32
7357459935225023617700866029561687078677190033285370644316702991 71
0811714835580163459682527869811835905108362047004152950112987135 88
8970933641273801600164067153007700124761328881017797198656160395 17
0396228136490957262395415467148950002295707336759877489523252987 44
9191889154702649530465726046787403435015428147092226724106085522 07
9360619742329633480256646062313442506733204656756305636590482331 4
1123697813165027570473327307204763709669081841381038470573596947 98
7010427668608042657401349834035973173322624519815947502570235718 4
2764580130511322236272517054261528450022749946432949311231799953 72
8230288256885992617311881806524488008168482005637740990130931996 33
5114864787628650740567468324949550068842361786148880744463384527 11
4488965180775223269930871058705334403749479805131309050514227297 88
3119961132123404422873462542497088292669938181860009366804524832 95
1660969435692392580370565943770305796736666948388184160126261242 5
2332756721975375948097594458148029045374299261751818025524332592 58
9550300671007878642733331258072856001919585133957755793844169183 57
1062341422571596256919900185772631048387920830791173333172416218
7930182851047533685444914902783493205266505219848645290864978509 4
0177640972344698593578858005387710119021259952296861576625230802 26
7500538844514971883479547070761873981436817612823022124183429140 27
3712221467385240919584299995411159863528766178185797116611102297
6971193451576743445680466085338034157044940515972042022363422790 37
6031483932476463983620488680282926855313167779842806398195384461 6
3721736956115366939807970344745720679036644695492931565347006424 33
8203796733807370156883637491603256334305651563288552089028922182 31
0066244378454048559466564900409146525639755906086528131222916040 67
3814405419502492549500602495412106968260510347570707246455277460 67
9357875333287327632588600694034734973126173489984956978787371177 50
3711472724007421058061585896373460853329145358033115173485837325 55
3880896945405118549551765521787149303763836810865472526160344250 06
2625132065109363084664874076040460899324162612157110533595369572 27
8536653697261315526786634651954100671096926239090717615480725202 8
8487584764790760842146259332675109499239779942160330996430680882 13
5279117858263102610971836282160774781732825839430302067962097709 737
```

Le premier million de chiffres du nombre d'Euler (e)

```
8407658936877659439376333971593973014006162582571367419353268024 87
3322395662315781446051667242153301097629783236601043319258419931 3
1993297622171691684981087021384127663444928697151624137310404051 57
5760657401776609454901598083195599093647185412113056210162808457 69
6631928341671038412162411337706945680181162688529634855167976098 55
5753204258875070940628209268333497245859279851271428304309805306 0
2563487181263843907399190592949794684026307184806765942609689720 77
5744115571770452318282352694959363815254682257881033180136239596 23
1132396332076679099938628268437635956241632568717574260257112027 552
9817120833785406532174987912523723556505331803158337425971537253 29
5549018114017665720065005397364055293754447269649701532502635427 94
8850510942921684048901129902449957177216800935939516297771830653 75
2045959738205493374061605690998296230668907074035327564857847672 6
0213193890340371689054957483646322791351637335675703734008138993 
3401498098989535266410444707039829426871369584300109743853336713 72
6758233218273730939271593622165439164906326544403977658047172324 43
9875257763882157920854873440748928249224159788803862072062889426 43
6445543271942830292944550647610264350140005703974322869721583812 29
2911727538830328499018276420463682098708973027339312821886712676 92
1819803179170854067591243208871934154129014184696028194360452067 08
5215169798885180693203930684977131059232597907062973525365271201 
7106954033333919172859001774143477480749049392531824385805857715 92
0622553974622903430416708514539809239636298761241158521912221564 90
9529823271546065248842134806607995701290270981822354488724395628 92
8489864167210066196892303064692476242646644132626047555974439963 1230
3222765044053044579284567172355157325577496346476060110369858757 68
2804116194748001585810099623430994109144401565853098181462370889 09
1696695737722177473822450089682020802546525556807776590103539599 40
0459020483478566279961333304520270464661128416610637644648223735 4
1859234281973959745972874781937451516799086200973054952742588050 46
1441207386106554249046016049081841944120995878750012562075995600 84
7798541428999592742036133337568663658841092650133998739967581004 47
3470121787129699126602312624670315697360146995908325727260175090 63
6915448631267437011628866315805811481323514679524197954631464516 1
4788751912488238305505616688018514511079555096382605980369627327 60
6275114110859133978447978314905999720386697309618790931236977401 1
0922187854739625518863912584656126051022192528357795373406578261 2
6094459263599905178117418901686654579036872912642373053884823541 71
2501289940162981466800139776158004516166659236593051284542455725 7
8574746123310907734453093299858290731886192045129697291451145241 37
5719254130296618428190141734418598996486397515980161710405190981 1
1815321466271798305740019142866491499426147735136645924255993471 7
8671937541736666144042217589964572890077633574537586779716466251 1
2892385738934303206661672111484950943028044928758983933543899934 77
4630319951589314950805401818783890082376984820136896254505743110 93
1606051685512138496699919868084350954587537892416879925117912953 6
4105586503308962580942562834108845142053657609611496205517274071 49
8942996123896704607723506649437370439052904106013773398402885455 4
4846306566251322506388314028388286747821958843560375187088634843 09
3931140839969368593103433412712025108663618772124187391934917006 05
4528952974808459519020295075231040217200213906418032675969793562 26
1741524707100329793874352722354197742632172910992026858663603148 41
3737880302385282629824335615725892834151601748801895767039908052 18
0863687730067757155614399456441665050380986716110962473286924391 05
9655072241528701341640564244590582233266044424977291703879274113 8
3147165985281553435026554283769260159972458567959632800601046687 3
7903733218704969434812978564398569094840193196438645447267906595 66
3385396636814118342382885161163575575090969119458544161531156118 64
```

92   Le premier million de chiffres du nombre d'Euler (e)

```
9027765545046248362122570364637819114773939855240440135345852137498249889329585276599896225377914504512312162102454280254393937289137546988111201080931522903133654957798393813691711862834823588219339723751914296942197976983387369721394837906364840251432282830120560011515384579182903232050975633905863361772632635427584770567465208720731061885328366088034384827602120394980655091343664018383369038787490483406394642819303959610291059692746956781152512004814799770405871989828290018810628483297176353567672461208045690840963661728053462845639953764675839635270694458946230643709324140996954962091222532694496942547113936907348715738551334916157819021130028312122910302235018472198007135817591558879500683287269674798925323786234542570528728801898039621069186563621055218799305399522653918211371393635122958794728186919610187985227493987620030032680326743917048560694584893172231793894357394409785259725021657726154025099240895685949562527603590725583831948216382354624627279504184861177990137498242480792271137724981912634397660143009837747846368933446712901364928061369821482792361716707609794015813552447291222614954235254540332926445669145215012791205369591208110767249981760193282378704393037452774124735688252763635425463611367558554302984816242463303914886202035129995494288982116964759483859629994657041194310321303558902473186003626308522934105279457162008706419089380224537087134517082562225757288785330789052270808717162065992019665621984330892893540123884065569859674703191340763732592690787244343561226418696652315556587876168892366359005345558119244908048653916587637032828023296008706499747690592106237072395120013181560967579579645771971294300072051048199447141749289712982692663065914683591145450075012343866020431776455313069364637214572753256120307222211068119740937399202598013357263506102369363626400560998568953503647345085257652099972453068419443212154399595960379225229179114087127479094137187286692354496549472419849740861161352396230756811758670743394881925771268389441042777118472833852835066829080095474748369361171354849097434041907737723204194765588714486150195280893508710940826501742148035250449227765985515425461535340385756123139551116007011273538443054681167178617160680847750762157753445148638614977528958993733759201081778810492493918977159207813912989644279996878520259724344753878812980909513611476312203158588251909312398178779875540718897712197335804306214244834554160184706282555442480125315821722298505250736658354122343149205646687163109118207383947973657247756018244461229400243518398472811373036021467927205044530251811003498892544779221306582406891594707587637058382812630527394449276522172318826493306197424085162715217417169646124135414746157379029857944069114030926277736794965679137490639570533131857754060097446058865010022420297478014738873250756536719762494743513743482412028727001970116502538831402164872215429975259746977584107982609295685377311864854781170184909423927800665038844966905960337055484081286285793245015471101428729557750460662029596677884159510842939922701496768608743258771462007880052260669087620253503644114218499967013593856337540863755245587567251357766791727987825012527395459466415558493120960280223676046222430467867969644591478815083960619102006751929716436876422098403699906272570030798361895599213108668064514292172051384741260895161422877414979216277420683443083955456307225145208738707656675483660701373410447631190585737878075224402396603832857191100633963123804110371111785216068840914099480893348112219325615539607967635678998945105319038002889581238573166699121852335806827312049504145649607166160231004613986360522352251540405428860620323001505827954239941322262959679939884952374427047453337328850871436401067619351882264718310140570995905232546207472069473004823770523502925886851513412374857425648757125901277122724454872245842
```

Le premier million de chiffres du nombre d'Euler (e)   93

```
1753875919269966452695693582375534247614618807671901197030479246906966109377490598741259145490548020883659230014416521241255096615427651211706768397360272304631203507846275504990885222920507984148422292163962678527080262360226069053080066737202260821370137560247225141479584687250425677737720661837467874064297416674838558098715235699045257511332336605477134548356730193826337792908165174636544834721759175560118802955680952299658385728682140045137423910773828258926933166648838587603199913801965668747438552077150688278088172410036807936349567977073742007547245493077145153983088223470156649706345324654559262442016840641891178605279281164925573071114301388551818872610535516995512795515083298782445839972988355949606879037775020370283675501245802927927558263333724446794415167813618644558006958614985041778475389848612583243803116454515380548275598736307207158435762359471380387990593041534402862492440002210894870371898493231729683442436774848766843606216528847970403911206105377727067442664318580641222288849853467621513766562837760462391352020888023063303745400828620726878434889395556535517509988633374575107764696103202218551115022736250870035298469146087358484191177129733950773277751550214864970116559134271438045310204074336356855124268715486876704311133532474402064794403363382146183023017827990463378537394713035054690039877748201090352433849803924250917144059116393551951224383718995231852120104642860667291370329931669870615590112362614130333557603340324096711731446200953692656910960110919079666519995101213951581184218392701085172568590995452972160747281070076065126468732556932844629966142027829764541105842681932621874669685240036005022105144680273278184002492617822731889902450243151626152628194747685353066930536130691061391121677756757805495888783632687145945212947718262968970042962553068147238858757791069134545952824578643057767200475439788825822848258174251120417823590906630157548852039768239802964573542388104939191810234925036179884770686168785270600642254698402521987482075070222663720080742973726310407999698025692587117981044107793807440082080735340173698221810725256257525415317721136186494238176835974507940673905837289319935357672454764928469075836378833452944454922458324051022400012950632370967152531021657724076303937072736975730612954610731663156504666854801319595069533166844475836094849717669409597359448559791983494391685447454742686076315325533288419934997098660596617644008498942985504144474650955450243442873422499043113092192560369021986733087627764338360998541293111143181497743632866374957853593238369356374966177733870800088524654160901165081395669546844046851804815631800993391640310688522268886247325828504423547791601905580966266718284381107201299342155114915636144718673039882066638860746902750309205631040687733256516945898054550272660257692387112128238849097572196776932854707273226904938852013817219407279158436697030620402038271684028178475750199401291329141395927028216721901064966827334946927472418162299698270680411388188038453559258089332836116122671714669343036162127209323529147347203812583845951028729424022426212324838203482277805947781608332970422468906932454425221539409190247207573092155217512582194539186663155485695033878464885947674209954696025266301966463123467914074651210785892295213609004741155855486184342925543075164750761415057372888578579286765535163811522294799499435352949224262818211152376546328659388525788955923382438486818806888667383583774517870924490015104626709240298754735917274242436293545910639499230200813529541441425939843945136449135012812139468250837392219283007567849568403710356609489718969898240691719081142729939569538772635986749510721306419420982884377105691733703682695152300488579037219366700885374326095336563527712179311233376798061164546641631794938235831381540786602817461216584994785277167745576122335037325070171894
```

Le premier million de chiffres du nombre d'Euler (e)

```
0870827530133275442537597993265215544443991736773302093506515483450328623151370271587545135762811664318527973837412348134160498800667920017607528419677469010914597350755926594785393315816119646030056828482895097079069639810734876543787694270357071836126454070368959010923609730439562626723915077528528525059126055333218639812472738036110813402105191845085950834213969180869205953916128698468256602797621778639341773450462640528607405887356339191382087553633951431321688187681061323146795323689071547068297493336588000917804778899010893447921483391669563575256034098074766802372020117803193199309086767921216158767352481562224152880062985138423620765575963247907911300169265102055362734934670057053067786477479293625441523172016161193309948589788016480724882256177593990108542631663998258850824878923600423344460595125078489795218435946449402726055595202396273640139913144270679386138339821949101091414521747617030347138528573397883888554904765064756474210472927466941367670481467612714234128890214473501444672003017670636831324372279536269456021672204606390281993315456953092482571293261594915122837941958535590497978001322601254268425839247222817684512541779710131581182859371749174130320233871601303274346233147832007917087366677085613812220206837809954958575038982160881868600735195401260557915481843621054905544064814126739590822836769810923423439401140506090737043876411576995172594764057112104658504624176326998804006544021603809712887857484645787444150536639794501945631753081106313316894154872739421061791567209983129904989852608030260387782190465247325727446090910825519684769977016037643824169688834596940554889084937640130503002761722487011464562923137023344907581537231810524401348450438981823714208723496025063682904759156087050121091186289448909044957142543626790906876937297166255174455061673854129849163783072646947273232309256299892263290184421213225724012535255035797879338584151231853221187736874329210689502565841491464083841320444853737101718534670311786894482402414836528021576247341165604971366541861820433144085519412517338587020461024813919991035247326934355014729728096868909487462247110803069701477188296394130830252131779700880496601681226549566306962370123033781768156781285504836409994708953411447409113256917883135117837153711627531220591333411714428746948798800653724455108385207871745186981774301842124874649021344911395826687738313325195611205582093252289012565629302267614699272035665178150253542876088372895869529276763532994277205976879846457276971612724675462847884423684912928442258864397507086499023877822910870876652973436164426792018545130701622772403828786841857025299564743952587876371725982279611055284870008909118046462712854491329183029464510142268287602070369338284250108888032486859689406400971326649294133722947959070754839904718151764087587047816628928889497227560624280023938511400718135408390817648211178710192808002886459701358242842231170085146643223263619523269206830557921568833606499058241822684856708228101682078875666684813413739538673914222398014594945564885819308780038353226715179573731967433250478216208125514721105440775374593891753958156430244510563700102752829555269395912565759587768557085992941155214431857751842639425440925664863600127097627779831952339601591163947132039989518728585273009292122821728116596887090443808432767592558078062077193688650363481478464171006198940636062264309507956641305031390268794552011045467827227321658151478436755531809091392496504767820029628653638230568176578232897880718665454473999956111247460166976758749707127223905608195635224473260645852623886087000684544195499560448273354245960741326850019312508471480004030101827419771623489429432449130048368411625818791783139853825176305456312041293069140275421752463514709432637543955590029717154687816725069076625486088258819501970911175184797399960369276427717326982845
```

Le premier million de chiffres du nombre d'Euler (e)

```
1342610845209864552373648370607619401090998189776327311120768380 07
9227924925826390015101723852074999157456555673748547841726512424 83
2142780801503203885121997967421263376300995115368663380981636738 81
1932133969852120606131874430577014198145850397236853472186995772 57
1846207033882956822463824928057453144020593435870415915362356306 58
9282044927914022024927486531143665588733746352096163455773232832 22
5381391510654679765291830988593652176282965018191637704923197934 19
6057154103918773309369134085572409983136807897683231773732321242 61
3204253368289697612292113122782197106053767913408557023543299056 70
2209945140065287016236477211903270118931726634951114312158444365 93
8774526277548871285693283824031843799213772568707292286607266895 73
4943083733666675086866635325475166195761088276661601867015343852 21
5068783521118709838853354877296911690935259344563066530660334624 73
7148135976442660085883091991603116179403861086397748336072136165 09
1328124202375942259820965806138854691835789472486837666155195683 42
6975863315591085424141446200710793264678023399105197840634167485 81
2140355590032608303386642443041617628744070256253408417926742430 83
2164076516547014754838298158439349265674950760938203406722731576 65
8713873916007604647559647135402952170538222380540867075155053585 7
7806576286916254160152372934219216884986742698057308388280454989 76
4721138122720577833661950176585235615651553226833918605229087491 03
1532760167430591197713481728662950193660891866889529888078601965 01
4507605452041729644532098633786568954100707685368978550438347083 90
9568221994424405352539940260966562156188163992799841073682163088 15
8456092427104438812239213460578699034976004281139452151703325213 2
3903538722506469988061276772556924849545869642561231240126331217 05
1058366708737482059736411054774873934132002555333749230809453089 80
6117968485901984086948868785404458459384670408564548472955835718 01
7293466249159368356481992636514936597382560762345045167954286388 01
0347998608935396159148326442744992320520309233183720920008609194 11
1213789667053005898434685790134284427644730176165464553124273427 49
7564737311329397816544434986449815514790646174576335376536234253 50
8180887872290051578274167942213738858691329919969754297933330324 67
0558352357455356048470314023365760240483823885060499130278286518 53
6710221257969110578869864072567091367114572786011863815583303216 94
6661076448629884430602387587636282251831060760534393259736897202 46
4494481573337705614002320271356302171764278681913828696508664005 80
9260897621402128425874925880987653304645233292008566003188294183 29
3496443697996684028688939194093313947815003734093174366104642664 68
2381790521118974127124719927065385790215237081780603191989742643 27
8452366725460563693408504733578490544398926771911480369561371001 16
5851969671008323052811328002933070192920381984730564334241724414 92
0497272200067934336258046604562216231385770289132243506613014353 3
5069292453543163767929394353394632403577878857301120219334745051 23
9275132172545597805174809165432406797913022055510343639145591128 96
7055584261277610634472041174842702583981910981933123992996622528 51
4901579265547421744162857509165987293497429104687731751236339289 99
5016542596921422338760115803730572767628264005191378546577304349 02
6848429198236652740640055343858983038870501128024423115752944353 66
6596437594010712576335891284580487944089849295600904998598167545 41
0759971093577697740575434829642188109351827109371918360488918671 64
0993578194319865445039241480456821533809684590529311031772742408 
3029058852552724496690019566630695621010774651259247361244470963 02
8959200573012393901090833575275922252314553341235270425385976684 61
5511084604524925129077380329442656637975476495416166935639402564 10
3535104335364799707914364720224594563419156122958944550757750598 73
8265848525888895250313843179094247093626396217739981769764987489 16
5074541683918105842112081286280502316770991657209981438444624080 82
```

```
3264741743194209740350317485756837345441296691066958919722853450094
3951515838010332744503365227486914725975362676940820574641100251344
2107464140027253530756231628868132177425760432680731897935808452922
0514846463533291983174232572243312018280358939110871847751810544611
9553503355249779445714190971623928014064158438944895482151469713000
0755086654506202051870993003974996583258926950051464263696728032999
8447183194228460179061006418157113545947473976189225159743194804855
5468489190992638918626976331277823716312228998545956385287351921555
5173276672877680096934397502000041388997928775763122854644009406955
9841176009914035102169833363193478446918249879814087050954595198122
1449059989091779419117078065974750713375143903306512697371898935344
0768436475462803549787483182117532687872119261834148913079820617866
7475025202526529122997417598351749710091462207609463816038798801888
9222552917427167320165785876205208419946278637216097050769943469988
3271617206467544950894288695918152820795743166043145650309825179311
6484431852503802985038724079449299709449742220822930869714431325744
9266220436201060237027497898145290763853628124594694868322758220144
2272916838541099816766602073604211514114567350186675813421256135188
3274100924121856901348636671355375661203745377658229014488641668377
6094301956727642479960045661165358235494009230915487236479253812788
5126563157537691484892960621826513803710616016310872533217969311500
7723748980152244277488728467599350589639539492207907394809331356966
4592195101317477131387787967802937564370414388486845844000505701433
7491566846239766097239463284005882934957781138585941613698571752788
9205304865526491172343528270639314076776286502549748637085678979666
6690250574427147301850383840729037627384193850108217056317368511033
5708949724658214921393444330123298268002934873550266861205183723999
7496066122495409379475476654228669578114134837923055224152563428133
1345604752885343173218623234807816215327483445076660517322549932222
6769464604522498497056799045976601789519428040494860155302832640255
5153405559170447290415356911799278110827928394550454938398492003844
6947014420749203525046388656549931911712759507939933298100859123200
7033094118374066027593722418931786118914204339015967091674432854488
1283255974271414623912603077109555545571035682970845936078660428744
6659038437296552993194123374437704245119023012031568515262126507922
8110198030800231671814987869201786291510019988552025314504297421333
0711375544623930266676286844429166329863895167067554577114434928
1942378899354806275671684962786916768363585793360555124482703590033
7001636458615343350672558171763745169753524892228354194981466553344
0885343535377936858294005264701515771435731534901895453875697802923366
8865735178987048409463259172883475968405561351260466434173589782933
2818110210053409423090776720173514010536313179928084968891193430000
8137888736689468362865847763446703871726020288056408403734392874888
1595288837118119974002639166746687396646857586382336858664406258900
4824240483999566711428173440214307328594227355573023898851741678300
8920993418895485918234827130480693585014894508664320536231587376222
0643789600317838906706189993108407264159713606085943068639584551444
3713112750785489185200237622703315926953684244964263268787645491000
1116614689951408198530230740544323052550698232387013546377887234233
3284272063148898645777422442002272290938761234544460030410087108022
0382541202344516515826825944227947201533053325336931008752150010266
3203142829519120790148374291421587041121392227643250188995835302911
2587497658160054253937660622764930651949519053141152328319006958266
1432569128163912472851077793408007286420366966629693435676047905977
1898020528896946070111085427919852972258361502048669243588694039022
1056541358182799716288216311529531606310481140534016646290447585888
5092648444376491776901552823945855684763124437909648136319127438244
4157814039409645161396332369152675130703269986_057132488847754471555
```

Le premier million de chiffres du nombre d'Euler (e) 97

```
3597833225939979577855549849019483035107078284514725562522183635576
7263012905223327179640506437894207162168973244765875358900520840620
9561696170044877554503057468799196284056130821237912926660081391830
1970368665479478954641823651278749768006349564383053399187886988
9906597861817609788867432441648914662682511097671596978249500006372
8451384291088489990419834559459502304526554760458871909811019836146
2785036435682152445673350060388324313606349582474124539912243538
1819511213063285764803789709262896279129078931184286848797501641435
79669366364211433246286518858260615656937991364017617956982404940
452266042119414655934192420294466836779340698116810278320223552412
826851580110767654311698787209520883837144899371846762806061075433
680246521146632802179810022855690269955359914980712134247610690024
458786188028278392628086551906915052026234478701860510504120419771
239728878603374710901076239886135980376139709290729427261672876461
535866386375215446696655167963468078136267144582138970411055443754
294346727881984405079092000950442564668800047244630414336643876119
961562156780716574210556974526025335747896199284365592713185575473
785095318780277255894242021372206912673097218449908097298776845889
89494310108987951543297058405629920108473124721970391217715469706
7718725543525416577818681387969242531669232447202511201375544231717
1264233985133755933030448468494958749933295712648829450601239584746
582653614889955125372415553375218749675557924644295548068112337425
632095980495232675690680249035125696714068984881094206367399618573
7821142768056011198856168502238918890376563318662604119140097325
8862982242407104508358478939301324784458336311760487068376016247008
2871382226826281653268057883242773440776071983255691512685029126200
0875052439577594863241547739885410409270374953337749269674840481747
5972771296564029978338419256796650779565510585013852907899711317397
3974746881124842678241538253186982207739802255470814805701079056745
9498461846704269028878317795963495956198710391356752140455743239773
2506744300505018039531625381004755165959611124927150828706779179465
6366357163648962323127511379975085262869973782058260297296925752700
2234122480078526363281377303078016452664702337237634051033028584255
61440325762216432417137985671258222520869316965559595134361095526185
29316972726765347761865917567574497406442260929291121591849051534698
78314431099250750458658182737160121936767119626458373609383793904354
86477031939707841517146313353445160128937116905935836150088799272864
12133353598193342231702684971355839310425965829704521611998197044095
8244833425441037428508650983540228877917553133385310168595277334980410
5616727980472056165886284753685106907683311739506612091477532911159373
3710072110459409888189105543662576084234365347778179834603651137616148
17218967154116244046457890322995740366823295452120307471979278655730474
0428829566229290290104620415812308251270644545723136533162994984120402
37264991825414313154128572859474132100842052188301324357275100117379636
16680930925420027696163309862164039330250072820593041089236679455716369
29185516437496666282607797326467657165802149799570189266516257472470932
0312554096513811297349422638632853213041433967972653016001312416236510
4904276520445647024147288314054505625106113626161592901211305415368800
3369734288203772487898542352349417808917725003503757695049359912733329
44876808477179536668096232775860049218174390092071472143359505318482516
6358266894164996176166409402822192667152483975559871439927647474989406
7492224963335403314880422910094263008599737030527604001994257588385538
7846109135079664594124435165641798793198406924576523087488907586408003
4294862330260985254614490018986428951252976810311116601649957919027912
5706508916892498700104223711738060707277811843657987002916449990953352
9675047010462637730886571999238130419654372422906373284815309649465811
90247591539614924203114415323962940
```

98 Le premier million de chiffres du nombre d'Euler (e)

```
2467621171196585082238575940113144645873618555165696433969198082894238330946416568243176796819822916582524513904305423904492759902158056965753030160191671873979703029796728163628463319143515815087221152756455319722566767918421783007672211076274603860849998938972975548031853106505307580137969802672532035401725519100612688220698870887629654255255122575556103318041400163866436435599572380066374785831665869897060844736295241215897363621056712392143746280664827678386902844701576566592331024134822866571108873439506525498080453027475296749928405586079066166950434577295003890823572052340681975848220254086840385345099637654000763154209839718496380963333119533927451773486540669958539198371288441675353829365498708604750370420475749864886668386034024995934760906841869974999479503466306484964134840681076750339097693143771610746400932469974329965850312485372356466545533243154947468366645320579080980844139633618470829257157203257816875970511213949303410812404206607704624839093832370150160361522950758620635683585464795735222863285744208481199783647225731210635899506493689824815099438562401263919347868428267706819120906525672468575075566671496569105905699344783004016207814043327333267413928719434576365390519445367159960673127405470435622129597069585812110735676779969706560838575359580509001208034433000110865874170064076362601172601557031916635419013468355180180345625506207574407994050574636184101049844268087908490027528303739464513427204340081396765342408018320849450809910021996278400529338621532127725176658491377634477545535825850577145390234571681437643908539751860702259207376464031041401047550353103115125366239492847873794570738580186739537544644394067637828051087921247164234967374621516284949304974870697454745791500828820610248908425459516869919369161402272780710460328009748763927341279146892491816883583335598605818601392094332907281528380519356244588065658611413112119849979936226945918637238605878601245928111228707647416777974294838656186506074152052295754251145467010544354222358734823238351153599087005467190389261645438057707739536377540590506326491181953541975033099635616061482675454278371523776203523049673194817240519284715232081541885049092910671855043988839168573667067294226766811279488112350066007945875424424077353255384891170989395403129279257388719961874954612302628977182270477700674447148218240516661234893373704601548690998747544167473080825112604167850176180424180747991574286895345786509211845912153792493866720991204053709513488950713585701533137929340202924397722423271136677446447020730295331820999432832197313643346253726620894569931113585042770549490474601429445346341199504961356949901756354360565097997964822587712154254055486560439500411769136004281718386986812022610549720135127494475892018200242575981836045411465227580614989991033800287260134533801798789179116471274580000132812015878560749351395296003283974247385367937642516391888848275378707309269439316020226946721178148615871675036048300950250308744139702722082103070619485599057058944520541354014348573769974507334589524532276763947146780080162310012666574628913525838491199264498973471290298271509199927350844460361659470657486312769175177010067692314421050835005959291684416766266679711405566684543403629851417272286155765551289151258313842801319318021188045130599755084642026746403893354855134763092797839494769856576491297236434607068503496945500829874095337278823955892808180565676297758155003266967793620078389173397363119825790869574625494476299079551194120807213987411176053317119752730609304200953968999435012774153229787614893022040190204679097286739594330056588464975738342769849339402731083772151598248544460562438556347800185305783196460178466016118445201451064174215635016361593137805332416519324638282306395463330493983924215656275682625504491994675806949814204414571030213456351702955479522799
```

```
7931163964795105581608927219645818710032683416592665688793409106460
2088844634969769047556897683533228858388479467324300572890846280
8991200341697074392367655163388376608006056057939144440068230981440
5150012054702934005599392364732655196762979431024099268775427853000
8974367956696697925306642049856094563662672660449983530413628282800
9553758177699073856420715005947463745138787392553131579663374674580
7231037636248694699191742779153647513085005977435155686331605828311
6295632904062749866667714814540802551378275978712060012658348194090
9322854484293926834410551975660359196057277046162895399873802463080
5706803522843254343792273682738580226793045223005170633732829686280
0089675750115262065090156278060904423082303455225609497152965804370
9144800994008394020172092810978230918984923054581501960404409932270
8575148372336424391304329867378856575585730434769152550643860946120
7098310092020890042742032182106231469950347905746452345235478806530
1276169381607205927083499303608182846872584505856415807281360834660
0505720326487875258020411920850875190171697056835225489565282183900
8639952784724192290703330287453087658953224241451009489766124035970
7045424446389086657179048144184585352215665011655826777967012981200
8508131399385297447260323846331152873167739075035632832955914256450
2600883015274984547437956266071100865068767887570135405512694759660
2669491386879466300866664871713792885535762991143957524318136435500
9487078928607592444703108729732968517102497046095721236283339511500
4262777767026049187018510592240418697199673237507542673392184075130
2471187086788327896739083064208669840108074066705809357786308530000
9884399561803410270072023975568838719509228217496669709889501354620
1182668985244129870470630301351441323920996407117896205313013153470
6494939502700922940159108970658251268760568488551752396322109376120
9447502867802300511135501373205591986544378847299431122595585137880
7912703476833445554103762541561843448648776232942201326664898423800
7068034619428364399292990055615906406050425339801003578029751590870
2230990166304654567047207045681438807234593046999712536897418195360
9153139317029017732226923195438659713513321521008634573250038304580
7445582099608510795740556100397570407322578188773151260411107474420
4103099496540517465116323674233896271930404357862702465125630943250
2748027277412074105685767216376832694502127745339133422312606503580
6158343176131658226664915392528669374637568666333017139751676462930
3519364834915869670180526009674649892936040945936229127507873669050
9199319510529061733219600014493942639172370245534761802885537436030
9092388663041301382976851222611736382268674943592254572718414857030
3104083067411969335977876788556256606725619538199541252468479839140
9235409111839898982383016270076377932400102101997521240846820124500
4365754025786407241742479156953990097425254788468188621433420774640
0580708170593145900323432861043653563426545386690201809399463839480
3282738734955056160974974885128208658924172218477673607513907447900
5663397036975611512903926000770792115518826910801716989663944727930
7531919878409471470470473890385738786217721261544020985062942814450
6492258548073067731357096191798942881731707979430491261339439117610
3541400793713802813563857869190853141607689955866344916708490336430
7038395756367574425270072283748832613921430643787570785084221731810
5205819958872938372555955815656002017394734141801417687146375805720
6022305039513396162133674583359480923419510132651606806337288363600
2557600460668785895033405417343197624934069384431946835026916639500
5125716172046561358022949636928056205751530897791585875650037342670
3937745141193325583404426864110356337980384520607476376177818618180
7339548093821696669357060425612054391618599955929149385792630626100
2642530162095663431993686766329028931957221693597111837180719267220
1890303360531023509057577196029802186435208756972972432798423530320
0750860830203824155867381665099368851220342629713378786796862572690
```

100   Le premier million de chiffres du nombre d'Euler (e)

```
8868634889551634924283519515999454151903351694270840061746591537353680095818072323722174144930909934906590686126804189156469508000189008313558904892716086611907470124994546674945379004076999663587118937064183024516715626131885522875396041967028601929205059232080102805403725553719542635206594323782953172677221865481366448717370465031673909546618279812151709004004899021271794038244361566539099229541081336540774225483930538021782295663641746431359570234829336290386463429651578142353663007739952999696607887824406160590435685642381603615222926855926025304333125979392485502164096179495953447936137396111928150884853594895420817125559720254154440476855599398841509600722036920926837449547134162655448690430561827327882192893267399747750356728931888088893513412315633991293858304358234986157400754226091414044973533680165591154009859093613878955409214154053616095477598563996636696545553598347514770968333137082567255631341601468114257993803613794328051419254653637364774164850280260600752153601694465911095950203257541866390090834616811162895879998206412195023117970494584998129467830547570473846493764787712394087669258583190845653981637868379653205301463201309869588992776817426577529149745158080087372320192105173734937147642088503386894063814599460016642138905037707505478099326103372359902000994189169956220335593719398428183867697814922602240781210738894662910243288966475593118813326071425365726601582444804561517120168222674090869240933683631645045496524411360519004533859599188150846170904544973455643947017673803170884979805450842099863053070301017775521191534955375000664693566041001650653626995554949920285212281431853529615692495878464573934313159208769865067072445782576876506493459878416153058643912183249874869825066143969330589412755873127534291431523063823064487563161436366523279795330355199845390909994502746362107708572698555335914631247763329654516737211507096837689019734508468618678482122883288900575826890895828999999951748586339827633108980378518588505851838300607407634767505774145907510187699224287298643703990954131453444705850392246861400109011639757783993953111326142275191885899249837209389973711716483297139716236695560726229866278079850173676936812793085522234900050932709242170577308225643071978148483666415836578204766094480675723599484677825591806687185510229300958496383643113563610742863593755724030804425461400563370360025058145208657317678486193086283880133826269739065288654681171188014909161166103586112668116397281370823947347458443824640514060074356570651810066207852042128067778504290763714364646014333756096999293834071671228807061949996242879424036415563858245608376914209454266281514726430538791604632465134134244341691814879637420060224476451190468373701657419805468625393381485975806777120153838469000480241726174683255196092761795754608153606344991767090799596252100817168653495295605824096562652389296291299549171833463822079894052521704393743288937738755514488603533263857408863172076018843887793266241738913026065601864411976362050455603710189883154254495107262731448212618194634191575227510342110458785275370821548190286706362421021812147796149549474710858634839220675516978507766422144783023155420664883223533287349314628862164423321293120477639791866156410876620806745209939867368268551060697921465082630144980558616118472369337109079488226733209316074111921352907127948532974293067223374825055252954550298630551037555804382877075912594966103021877053942247591553832496057284740599656277439875028111669997555513178170772680208689634422971958309099966273223297152274086628181817309771458404827242951457789934945546925359565924917978540628964344161110231368249243634115662082119227604157419609699672197750140695446016512187707289721803126672884886959444075161789187264693006251455387255793443459838855070842999686457635151009476459245150245312419039837329
```

```
4599265632703631847859050943393063447969191344145822053695999297840
4397098951519973180231270436449758824468564977274352318498863594904
1375437976432493712897673655258546161949865036445652431847084842
9513971965032873416053293899905317730367157089187148232677383454337
0763675648639549867880776437217443936752088309235118300031356617513
3574399227128416525269581177122433753142699794624320761060725029
883427369998104077158422309805046447516932191835244770342572426141
0721548175534855752384994597343927069767003463209363035212434012645
2238703279142280576114509881188967049008121320403005051527453907615
6706156009822417008799497378157151842767251921738292627371221825
2386004161912804366375782346386941208314730513388182133241667104359
79924450944382540043927489849851530299858530090338134098723054516
77445255174594859372782389743247494656351457847294703379786778823
92183763142133704422654037402376718375009053522400126029778511098
275127675639608498696597869693946617102672335043753613332720390922
4917456887686373843168148504384976585351777520151248335636232524239
153541690341855343743826899611970469357224898910265973028783508975
465049683604754794401066973076957346770288691291949481670277151051
452777514897476149479292336973484741060715541389686227149150313624
36467498987680056698717717713097492795066112863909486805449024524
3313653428034243561443137392787511742846999477624636151777181201345
6335406246368967750932692171281228870538909052670368084513391240795
770662992503356034021024316682379141157524525827124011046629765826
99181978904277910112885519674192072189859633561235069972435183725
41478326917568934320812167332128080729274863434922125266885845622
1128080211894053591218607657755203001276042065883777719813691032428
239610758135095548750223700747853900595314105524028970553818397212
43358625730029328476083984186675407016872878571458592846977545165
41389154413001762449957035975098153775495998921010059941692401023734
5769540447322996969320729601753749297080191090211453186617353998
87936899627038417275292713499386749970041063275313950247535625938381
61328054303892340379590108284863079322862157098165662256660013038
46015958366560814463022059680554312226510447251229546753284354790
084703721991131692004368690739110539400335292168907277203793732358
78820088152691793614291248089895496310649897916896323102535137375788
4855365194098619483416763876659511143360629124779694081087412186
017016108627950970208190177400120358321552465390847591300222093358
105084719181093414749621447993439221725022074505605691667118404631
4718830017782869652127272747432528571174270453119157775315347152302
59585360243580809465017306549120019578288269087547546924956648067
38190836216599488254289716574148888427633496421698695306986918318
424892153301164593880284394518132744988963231482548904555174327192
50850845853415161319312558124827070602709421501641821363614846114356
99785626822101740707355914066137663981673227343726439435277975700
8855405760144131506752272522818557495125968992111151916787381009345
49278078071275882602936699138517431839473927617385458566920888241
06035581585874434053090625227645821094549033565104522907314309198
02305412790417762922830578834164046675814725153958324422208431114
23446197499698747010352440131255325425003486947260602717681227741
88066636341477672600919566217916279699201306457809930607056609210
6164026507269329654032036695538838228546907184087241718576780819522
547493845771706570183389640955709999433210740767652517456175262914
168628832546278498481458443335535099822812762592117771162536774760
09937380100643004212522781699283405689916180319487893932660990015
11954128789226054254600331277233606526779773567985371119463638494
42645640280671129836151041181475712179797255649404211763872494594141
0836949649919999531552744817364169645405289409351911646900690566141
41739601282745347954504153227566664184766873222255478978315443835
```

102   Le premier million de chiffres du nombre d'Euler (e)

```
8042584412633028877031195788372632462074780424542636772652985382l6
5008467736831248548267332818576575636376490374022534459411828l5l49
4902805671054518860245940920589918073665543499658355937709254334l6
9531304196236796137699720192541708387506764823510315249033476275b8
6320133960470125957303739795961947345032998587066872705873664ll69
5492408416519654529748760553730907720432351978184098787328328785 2
2710512715650223940789085001239105266524505493015727281234555l46l
2350181492796146064389660947138275520457108118819800240905525008b8
8487050213006698652206696083149914788498878145487042821989956934b5
1705305200511449922008937060004845500502586939771802230674004438b2
0711188732903580251318748721078971653436391847130965600486283239bl
4112275873058044945277321397130484577317226264792173633288278237 2
3940354324112327713583196147021113069322188551028811446800841238 38
4379535455083394900425727934144508154982407866C6525911797641885 44
1890150872861519490048150734850554561928824l86950ll53298478385 2866
4247861714247270026869518247264377696245343003938468094249014 3970
9617216588812471056566027679061210780569674989286l399266258279502b9
8998428623644276591895908505760998718269997479698185207573751024b4
312222143411099581943410742564802130924548895572773774116633673448
6029574945362047971671929553308994939577051962291711478536243488a5
809987532431610307418389787621317133064588960351821983916156990220
4894566116486532396910221685834151849009891334040740763651059751 38
5793413512538298435462860386325111383511743066591333404045597681b9
8734960047796641276937252165646836319711022349867599199765247426b9
99385733193809861599017351196773540988284504086359929719355042l597
1458119623036785152534487871740367745668525440151609561303757l9586
90667516923508908490194401152195739832903590950415359175149691968b
7214714674306879281127477039333798913827694263368109875857351412 24
29369549525521502460221425909353483241021110964402113550145238073b
94083949230430175304925585182592371569827517905243892864472747946
27390529718789795711670107565284002382278866960980007147274496391 5
2577705802767190672846578853247950681462215505775534096030626352 77
877304883086413870279338160703709590031720690435347647424231721 3 37
3027759877375408122821016591698429333575955238576129877160770743b2
26996406306381434005974100247433261943637517719396376172732463691 7
83217593991180577781523990471393117637503813959773919744753393l342
3300547961929584025101244665020676615342948902671396934242957 2l829
7799287918821383372992130490432442798144816898090872407416801l5347
00037934228252253290845237086610070872441309747991529704415249063 2
8573181383638721841363670636730643397001822598567046065921774845b6
21488663856538982642545072106494877728529784073936644691003000l8bl9
0025943590263118652050561429246349998881217981607902784925666024b0
9176830113466245467590031282279067778696944603865544205979536953 46
3513997603347280948564382067812076936566585836644293723142675070 58
3490458272501038483414679474017989321637710631379185357508604622 85
9525829191525003118464519482036128310377490287380600081525579034 71
5228968411640723235628888594424452563904283866894817705654249533 76
0002981205452393822605023053322744452907907928107l7l9376665571l4
73751389001938295881507020181520891209351467188510995077955410l4 62
2663843101206764289009071236351782799552100797212963095084l564558l
0981223067555021287485507028541011418505331176204383282229732l6460
2703721015970491387581592511081045356379320053855075843257670824 75
9639827868278428168133826433691673350421451201E6469075803302937l56
7327008375335357927479269210942473843789196233733185491826920740 2 2
225738742174936576568119649834409190148762897465985453877974853824
9365853813636482898681453293924153175926764553l2767500757400944699
83448471283877302562520173542036314308025357365632929014795715926
0206253772336617519384972461635869443155649080212773574245712906 78
```

```
8199988342538324060573254640553801487032873826327506787549429649902260689362824780526531274566680433166715274607162696697550006760883413042767103470418432866287788372744524404303569894680394985971553991165523204032825032840579722226095984265939235821457720796722175610224524793357457332045401189565388593272003059347076122181528601459673679218307373213714484442544107969535154405487884095350330321557526482676181061923236247188328608350290990168207187802978689850917098179330287460058558228275507546264589895380589334815590715515960892625117844031819949886669973077341088257881099910426990190809754503177416235336512927878457359108756211789742814847172323279407915348810123943854473830045968891120532677652684311456403555267878786072023853508153328135076703283563128046978657960758663266236959728919812955477719881853661433491540342227159391761801526797555198573068637399993876712946908493733452458118104344938292107347936287209869424029811963836417145232142589523673080817529427326891845259222487267975473095030424339215257686936071947393937347581155828206399184277939604638221275736949593399735763348232278139153941091330610406445337464089160705116862662487386833947825123420065674439955475142504032629158758903175202085879413617501216624453192717244692775998333468429266387626874875479471333080309159016235726626071225861746237169050096946218081908906434427573272134191020241937893938278263078055686972060209750973575399759246979023637332635021924047861101699528398510046948963737941919347217145624470125095017693587206435421590706235482862629675763067874620915547865239156691411689391362205200236200831746008630656176758521513964745667809498410094891163229034202905727307531441418202116164991061597387542775191215047256214151032054927931901522694220639991126401311592164589680022051692999576120894863345287789566153840580312391982857002450239630439577943501314913945062398019550260107792793721846097922583050947037012817036302968569770904364453979484103205692400053590576770391329528476111724243729724776583826189188230260179665576425285270735259871594595058133054762070635907664626145609700026936067467665449098234972736759358730047640573893100667217613928526566338374777350439284531291857530539139505159392166325438432309541773599399588999644669405548984982141605398065838928422437519808924844373579707770432519882459112541367187662385801477891671333495209263430870449502965133331449645306537956694760073158377349782779241157846186667105102294906533655478091858483332162715338327179301134308404790980976815519120357353308939791735698238546579729140881747111481576715395081259463586071558641503648402717902654472305808639969655887782774810804966784950545506892469909332444530644466111069770271969871285607559028428680395744868972698736855082561577938413229459726076433059287047332200585009371636898959574934595757843567481635842427064807291506511802257304051581166194786910517563901246672836733737582001250871976901253741745130980405219294451480365974906215456011037809806562241286502400546886642842379571843135538277002730739821977905146597245944896748597818994468289319996712564283075713226281516270364980920882933394805854101668184598177029831956726956658746299096857820218965251537117601898081478119692051481905438690960187656882440419080049124195339848070987256987386409362639567074287583832320019322344467326194537078304646680401796585080660260597144525579729436272842195381560190998338126239228838725629153486079109293435008328310059359086424738000636253912151554639195144476891242434806276781019835451285096276951419484205147570765632653779950906812318691861374374388760141939443638792347207162531907422407899726460428070546211342016385817800412548679848743082984535946986112983592015143730806170235913213231958352250971057856818109000681349090880859668639323098190207450154384411703669512933128387389247296452
```

104   Le premier million de chiffres du nombre d'Euler (e)

```
6269869310546082849138767206904647225521819508279459622271378563813290973844138885916261787155094970949972032447660706874162335987862225424826753924501972278924244284663838316194987519383498108102430083790961363753754902484084547404730365163018263357346302876197234104256209028861822625615141016598818955823425554122164978511975229603588508809108601286289553447682175613552362125576102468452167889348145400261609009233034846786279655706353150942770468614391620806620252859856693183642266994679494626948794642020519745563418294691652449941681349548047111881956249346397566812681148058259508497781449660116689505140993601759717912307399180455192234877487589434854006147477134859852413815306733269126088285588209348480730834711010029249111379584971890596740151386445062262265353907509725372696698249272114277133436494923971118025244917588607084118648813811040520353994981310208525282074657065214043248658781956319841566395652621167870610854540852681901369193433301734944880283693456764107565960528423317617587999729977064198723172585995842356841323139616444561421987253247216459913558501401673226377612709773156788146338129289039745894165226018057868372416941851643697598395693063970660521240654903708158606755739797085380028962965681548107328119998240064926647534042856739208923816217451207284072635079370886387764390780448476284230212015729098771751351380782937496942846028005935467328279980918112300852974721186247130396396150125127403236501914014607902026431089353280131476907626687032867540723878726804738276293805208833009460175663163112888558376316455779381048682936517150567165879172050210597147691386410583472221838894084974482788265032484743839344710439889016170206298439594764964007348926852826762682351516344691791919154286460526953835092692566435787219090753889140206057810806569191530142497805874487006544155346264213718404949539595579066507974861103622058067325190594184827643506527948590220934488847902202673118757316375058647294911215062511665317909078411694071854077866657680971748478664277954345219667056697475368142287407537157245969762498213209857307553847952269092534246040125860577795242776364203646904231495733712424694717208402496395301169724241299573786562720740160189259008108762395256090673472664702594155485214889045138629182617236646975508533506048851101224630678114808475420683975476673221985737624819219176141198404833244721249263282887864541581698709096511719802006637303532002162764513296545164143279290900095342321665652849711538363343600012138848537890428436668794422244240848506898405313043903592197277431525599814204096737102655812596479127322996392936050662693889707603080454672870309327298405025947668240601075578016850774741408491249077594604290367047466349704910391865801416540228360350606574883845094326337824325176860274592833877745084996302319088815268845996532661970786727704471809974423934979326481978880035468892552318477896628747258497194585392121161274769008979672882058784864814170767952651776960742739295280670612560457817631977108871540259390202957490510325490025202159309190574505349455727931560906505706402282607505378424990379323088906989901380651446242959151136342766065711627742366464188381091841173362503761265686718356672528291014382575370788248950608254667706295675059099660076422046659942185496798353119800673607600481104658570982661319673005400989220164494324077491323078232355400289729723344545960189272750121402988364153562527293940390103627515815052805071115873392472670786644279343794172612025025062876090695854076532800415520860977875975183772569339863936357613957287571810573495190471087302211836191005424475148489306699531268537193155520111562602061673702688992481452660716553181366705734000978391246967140101619723736443025206447952002424548831912419229057395243808797751223347629160417486719187325451980896340306898934750601132201431098918737280208532235
```

Le premier million de chiffres du nombre d'Euler (e)   105

```
8021889339597056159905180386950310465464834469313003282886652921164030087338695186855628040004877545900358059397720947339148001883250648435329231594961982024379517928161177567794423377565530686166466619838753769511678980128231692676245113169952111371359366673336360786238097179867649503750437443242884321238074701230633758562187999836220530508233422229200145605219072426518878266059075060036218081637110021690316932303858757578898268413781461486141852226878305477181086880897220350742515792568872174374099308446887165886162383824654476705455740469316145796972395509340201974523910103957987526862638469851205731449060108515204387940904784855296774950957801749665894928505684598104141723825905448181789954825127103768259359895976310948550592145709027004831120182603681015679592943387128462198650526649350010894140995188258841791275289750226780511119557769490607645997513087647809003321540411898444718923351641438051707599371042379440622711852517629382411382836813575417813844964599305241511551174972124854977402248081487117320373870913725293024664452881280423269605116396562397644332589679195449128144820778918598832805587851256344589234385348955201506127677853332340322440674296406697938309061331352958646169080738714002560143854380081637577157983084935679256808541534390028625811354407694830449379256549481468157631887967241542274195391563390750942493536351175636325175107242104968536042086012367163783918215881818347597422367883257164308632203004466864469530314613971505317923659398892162616790373759282288451555257358306502983862524031346390088554446571108648344408780160415817709205178544585917639458018483306191995721955547119382457853326968038064020145710413965233052902408680652704002625953664214600404855424007210383174803249238924639844443898757034751451410705071151466306224203811581004762409355632221190924216483977526754746888222900776054347436958856771664882883934882095358283466072838981713351960577766343313807829632293210954636319843043689098101911090646183527935011589335616916172184366765905869265291628591160277989078037560702414317272067795491852019305025775424599208151377050033852531110044157862494288183448776807233211146538511950953410666719666420329834288827352187804215292765394111160029439443127856006954940825744590163461092548033732738750003904458021943935716666216731812541077291470540691859157017931225062352284783501866813376847180627295537278660547075764644418688528508988728436144063807916038387968766256011114728169970816066825210115507704914688747392662121866166119379447514691036243766637370516264577205365378749959976055381484849824095761925620789891760753721855649487375162309641231888992286647660772889027297146840049944729408849501836143118858197615217818487944566901784885192801773847129400076334733936803851981243441941125526733403251715464946974762140071800813603203076327187311360988297168061535926653661522756447347043639986512578039132578903362243512728086543080105909689300209422676072893625637210185872978903546566377430577567023692438291823166653222367534562611102349493888600055406880259589459631604660907439972368511331642730097373313694903734869619175761978198575091734984249132153799504017481507150497325447085577004265629536492798923837511987226412990005179242217730646538554651451744731910158314529614645581944336688351467648028479682921692861093722543230211784554649252807561335071388743439698349065614323896550904789031986736880462216577686559716984134882659862990676252936078907108302961004570747142643809942033019786890443521594848092022237001447086097418307510458156154712595893289188032546016971999005681091407546640814724861678326663483860513612066326303356162296367783749820564642281969556402688704561746230661984429424442397260432891902209233370027646459155282174577354687406545621274024223101827405685453606737031732796696600146757921033090427546977133968635
```

```
6787452400006780416483146776617034963725341538012046848244172051790013889949173900023898458952694864368762514710272461924736709541469696477410575191826175690476601913144500567360203987508419879749220937999109278992837555097724222544139418929668690238758123166197493936527056765975042443772687764019366205378133429241285609476102438572988259098052879216192835206144934448868181646448768018070903616151954619466325076428431103556995485260433417249588778815825758869189310249754733085732610067828921307183933002413517159870730107376104664990648062314785801955415690518412524499005465972876721058133975502047411906726558448365317788365624660388547786962701043016334434185575153833165726133627381453574696847386520744651408915333902681609879439965700448239222930515532937467264873214770273595467683429841007723719262761408481682002356159057317601065361553814902894696284997663799354856231809222100337154736671235089457543628571502140038872486965513194293062576751725298719243665516178464160680185402918592875340981590383046694467920659932465938761982361729962896272257488366846247694346597837296314711469922196047621094499894717735669594339311848106875878433411208132053296015010585386935028430444161138773267774681362982650660773667884879036965863718890418561706389960448307882198409552900357839553746125769751320444855714262864828464280531124412287535094894944000257782437227021546096492124166515185962998219306297880924854476463990618034147469068601048517459037875572870671468335148199184502687531026218835540347470511082439158437807217285176116442091160131804527776393964090245014189759652279756209173882526905996898080695668607153771391551122717419644834208911057378623745445910660038530338903218570286990179143020205792609771750415394108052740018646565561349948359463774534840578264838393265677745489458910269253361261158474335339784916098611537381503485341909047189982523457703049632598432730744030943277272364672568207893010010700725098595368751398330982726464607427558978163560596611400603813065050327416943550376963960934796789144787167498796165634060656812924254965421790853856373903980362586441611509333312834754391143331358191402558570178917483742312184728525939115916821418711075019597150208989794565082780016733826135864622322231934167876818159685792966395819144976889125813755363478500010515999973308438446508397986527711893578924740922852936227954268923638174001806260359440817379793486177842936848774283693910791222902208023405201648445354023300576767003988550838991047353718597944957385886223852278197113352060203930429859321791167918734166564829301791149130562358348571879149353012773942146038351762469941542881580375661752564666743030980931903338547574033653441982131905970866467644167981678249152663077889684906416967942501775757808101204077137361306185551407977372633660086927685244400123689582885757679882700299357508862659984426791482683204214393763826974964531189137352716285900657474179836835619889552009831331438636200840732573764187982818726453289228384383535665401789443137628105157890751792763878879785055596022782577520708523071848402676649003582166802063935552481679713666382788831335015767608413955270872219774113396530811138769285607032029342173307822389041659228546125031198618269382753996237124398502141655248159238133409856363866884404075025295786525530595435060031801503165458309895912043092514443216828531827791146910493980074714970081032080709512317993783480754147987608107459205202365303974994365679834719665274204818796930809358156212895034235461295132160245152138286131785366307181501852560449540986253275258478057537394701457886639612398608681208562441657764345279639833790613532219895152763734130816228387471730588129502853133636471951365475714162585573704068658844170042423779757020853578915225329627763865588806814157762891066950559755698324565788224205351846883485445064505994
```

Le premier million de chiffres du nombre d'Euler (e)   107

```
3880284796130557816898501548022627444084618012957998072701124272956812541803438826361101618425656079231857920864727395665198357918763584276494850684311942745961381631214328865514877445603550062702889146356782150074547882750930527835948383740622284757033575314342261408022713504031712499604643820009221037711586665713702724447287265692321116216111505350214782704275559018909139520873593670625154583348467042939150017820776939277657884020201858245542123790871724522569844756251034104886809671068411068319135492418397539837653050230883819086471307541938044870331407088079391011423648208362209878475400776072532005085813377339264214599695651795868340518511179500835175464161160440995474398291022013461441587735683000662850590131294357541372112186112901814589036881538296289996397238616197431024536046515640694957281024410805159528904214800849257994351167660518769409174822551918890361370767667411889526217860545433579893839399726315761600038559065947771412753108483562636790138586848556029739531690093561352460047668048387182662562045340083167392950570862057919190473924893313441849830317261713515135556316143855238503531483741911628200864806971656734844880061242335097424912181721619669059238948050375203859374531888605146439342467306389379823866719130941201459791706032316209849070553355856431675933636503657761421980625513306157724820186932699756402371414057361067876586695009254171128472441949922413310072185874428780637703643069122146307977015421469765649142264048876329266504043797625468329298598825091317361767259583753515056519175118211589319307734534110137498602790704704980658177942660262478542119852354626305062591591538016752331026865008782168857335238354689338528311515286499405992864379121174855669149617589758173213786462421253847130277422559478238732225503169522837508635237608389236673114438880965839566481790945170959125550536786136139212877732850882430434162827774694306785769032990539119234169814085187180527068516514215075186873926496219640336763189219870221738003755038809244209512089851748255978082063403760769397413020220025685652419317342564645605888696787056466996482195571226638649188328944855808011821763409001374684428615635817030555981038003048316659584830428264957295768624628185379186561933055066437215253753258683892591068000881684517264877261770245113057100824528762990402545261766741517216590980464721758401882179397355182024546267159673393793638016509306424849508717345291202294233113315457248900620715977513331396592724368168935123174788965702386141175602566226780401257389410620727118281724582303598079346668481616007974373874896916337035765779046872778220233611569851185360817343700544026765997732229482559657105755228246998649349754945134858034558543639667142887830283627949216882561667522371132461693290750092065581853203762968150557166758663813041916240788329980452490010021073296693455204394939945772522454348665116424832139678275883443814498344646163574671988929461606440296943705105445425816205617094919030237552314850883040939168014204167876540307147822467792369489046683643026673562087118547004918790213351973767672726858914057230220078462877507692161530780524424549909529657639606805055410818573668294427643865827739637907531025704943405554154705167998782810581423204443859873144128313493139493530047143767944833880427012469123012105823125355088369881531210526818181175857519525501065662989411530964855058328831847050463260957198825454202763497643602516175031824401721459203563524598648010875560941616226177438536414006253132631250261195481846919014482889857324962689198334238728008290761885992216837299253499954872454116939241588652046495223030537883152026750295209334392477673086162739792686886194399006948075189702638260110673213034687358435418256862644587334231725744183533930008138907436549232631915886253037474040480164266960479403936620780088686826634119917314213610173936
```

```
6521946075080711819610097536352651463396555798057224373819784879377269206210836256026689718209903281372908004349773095631125476571543446199138670251962781423095263615458733539174957734684219098531712822658323145337272496121854796040751919325045266120952166460210820312508655246216254323285537039221352157564505621396653192076064586890246155383359893078518753615838027166992088137528079850167840599322476561160326697317436362088602933829123441575514353166845358517084980769353194045826623960977654528802031005167325973906757355551611826322305678596993508711604579105142815655453332588448679078324835685245027269004819310062285522169942925461318023974685435409935807526062009503338726420286450895912561052653869389460428241303486233347801020102866159593269392529028727149032288208654304668266548322374395173845960006494684661173625413175880805099520539344538798527436746974410147102675210466242658230797238077496871980671438096007991475124984498793095067809380341128353121292605296945174774027459572472594151110653889023287342864003351480050727424023994975655281836717188778871817014209735393836309087110391915831482080520444030389715648647172790546655800347878737384217433113818948674294736174776700798746153590633431611385689792950972826776197881771308429523332728612966648096222348232478802209661682879886848513013656475951027316525877705860120008233057069821831529213008704509880010605331010401832935268021007863579844126396645470634552856131535634904762998554609559213914836765667279019944154028575115707606229416160142165195646225737848213456415983514400711969182891347757734970137667113052903881763853084956344347688783941143077387745240872109358089163862782275796353511645776533613527872880378834202596823599534389868682894456511442625162768061625251171918484265310722433071872035311063742900640515656910031190183973557007484095272939000957926899722906016693499629931467470444428317843417135134924420955031869310869219043016023598641608322159134323707215361796410629180210923871901390398242927975444414865264099215291824265594872726985869153939168814314355128124718690353072031314476811585738379204065018296318475846274613287543051643961302297900102845771411634930529605894552206328407916025723661126032453048920482603669053113544911314448436152024873096828473360606557901400190803769215887103143615369836182133517450917455865983216118627551660464001662332515356503125100476815657331326604426772094357368210804399317385259329692158625002686230313913594023785289004770243693676277275367991442186554309065528725508167269748429619757257084109537296752969933424556589838502161360474552228539001607354610537321245708993215735182821683672788620453475006078226580755337486048325906317401500092185299832132702448597472219103772758264607689002965796928794950656179912779722879229643668112953450340916428610433170364514080553010025943726879484570026930048041973422833474148830353589327230921360376218459003676983273881190359730454227958588963911880600766512171600843146833712123860498789862306732604325470164268213237264079340242064928645559128919824170731643175828227448238535235723831170498550995217461705496877600439066992352946847209388590143393421919322458368564068133634007761735514732128603268853033236360682300140593288943674307274300536784087020080666026852116161381766630780094529866147299504285766467076009804757847642571630042962433508631556168956694835507102634807775471116089153052252882912592773630564027351974916601532944644151682736747012881560929899159165147356186229539496209485670896110904904871496325669906184405860450729348781756114095146098624094165292175248417854592330325663508670203317874497100296148946749908119744306060251631594606549258277700939820893554382756616319215411940893689345256862530934125239075258235433291433033662024394471717526560616360535717186348860000008937986518592965433987228802
```

```
7373869930277885692458758645605155205936209381554641110722980023113
1369544394992933345294433224568112740656171264838471792188505388290
4318505609696211313359487007021619723418898684523122914461080462
6019534080482673930410815811684235569634947528476058543775121565571
4380586769969127735066305000622964207123776061116499371490562957229
1878703226430616742364526751547299912548015007053678056764322181298
5708242233621636578693047955849853181710561310533004245465308750499
7589294982218890053201069932622134856519200493002772780655286425991
6934853981595047519775484308259240249900102225462904923292259759030
4782339339259135333248864301706301028523971892141372037146389947269
3751649445406159923039753169181303937621519456706976208122373886377
3799173434116877589660302212721027987920654759692549767363167514376
6906923193924132398166841493886304161180079625867594226260446998433
9551817473600757943721228586635269027138303780095975688558024239260
8756815857186900684224780835792343459913355217942847211682020985205
8873062692455281325951946859345107471936083604085847291682750426745
3547951001981052973113630773844337998945368020208287921435223465173
6223256859694811115985211216041722943110552109493371317837947367305
4967567052114904509179296148690101525193228519326457917290420932881
4399495767838627003140878515207512111201179692297326393128198928832
2477944009018522991522992778217681919013797441301943329544171388027
3469532003530608595051735713797533102224233845118555481426917958016
9988950194548540236000966268441097740020952283031176179758693200067
5656629574249837622168512721544124396132016259804530627713420200059
1930069116493043386037092717414583263275662565440665307445536547337
0050455476824481599009395615524096261186972242306907275286563946516
2153782433468833908724721351830856162427022806572955254125971928746
4079632004929446528422522499493298004883771676082880510102589912806
7474110672162039295222466937796205043624191108392950589990575963916
1844501716376177221992310544931179663321976235335997018164243556529
0651200093480595454754368701827501216924745733765527644418471612356
9374266263912372458708426553430572573673366609269992311275424509980
9414990201583855485557640692709743948826073447744945078604853180075
5062225907360016913179747646364212857916330992422456214599962618889
0252976349890869474630663364722204357590027349680916306417065332698
6675081777502751709957753970401338816263011436239965221739996917464
9793385201418924350948611705209980411713917714950073361383098791491
5024549001518697224060247876009723645901544393893852862579595231644
4959863745073407374873347916101853854635066462110854710521330812978
9964411632298490191319308182616607778389237885885661042535900202207
7963902542323560641634310096376764843945794835721042010502171732304
1902233739018497352904398259273164725759746293055153252789393724227
7321475507690188676464282911475142252456081506015610496347005586136
0611926571193771844855449692575399981276190755658709768516997343899
9713166350925625719197237239366092368263296951673460355233825692238
0744328388505402837854650167467468022403907232076248127628665202091
3943901437997081308938863295719180758791190876486949018177835258006
0978093847242461179647728152100266730174149760219697692129131748352
0951536989502610816187652877539915677903277392670573952589969936667
6971141669859998765033271017195224646752821997751459332683473230269
3977613197904506532439813985263765410978586283896493770874078935360
5555352002425748312330387134202971173885990224982916347927915962131
3759871351184699147929837241884015563005604738044304416834822931081
1764982387234339509913169201288501857119989938476679004510393571991
6379994121908862392584943398556372853127336778645295327092685060507
4749361282371863296052544918455171909431582286597124048962905715445
6491147797133951734114309812332989946317044582337693030080592926888
763505
```

110   Le premier million de chiffres du nombre d'Euler (e)

```
7041730320336536145455168137119136798577953591327324658669765148388567118123456255924912820971891363518465674421600076461758232295467698566046855746144090305751452879341611177503689438264718265878252972341277887458984937585470398961652423964548905198949531840830401619954024228719944944249289851147543083673694287613875783639969833176859909106822635681915689341676904029787922753387624870781657063255865319637952262841578995386895241802950739207434625483260406947889764973147051453941496488930373800847747602674752278033654969912448060327777637516216013354325587592896285256650764023575142156519550769368348637617879091636194792903114471942435567978707931833099771829929344873758927533649564776761403205662834438332216106305261898458877431405030605043587986105019314003852153594492132978287724549661406496848268048171942828957028505353181777401082907583035716401447111942488592492920708018161384657913450636985044305114671394925021835699917506344647074792309556978304807517291535207470793065562218388456119489965202953999385894164671493524702835498613412552335549086260821122215385600098572951784977248272927512317565704421474029775663956549241996630844254031329132994061124375076577102398319638105590089090913161957702615960761704143096066114176294518753822283479863403106109922276399193263872518276072959340692814480742810803266051012158341091619883804909160251739308642494584488614229360851807453244867413905560128650906025608390510286380510368665228990595100644151128583679312079626959743347938135055893979532409724893204790417751983478441752918277907328678587208335507025852338009493790071020305844652659991905809577202787232555816198076324426050811932964026521926790820886772175984453528738678364615844896780113247354385232269833448265169776041758027761954753036621079207395727198903747531230285008252968716425984229891283633677768862031688711050228924818295743479672314099163245846665181192653121645592460375087784374607237806825427555353908099014409857171809583208326962605825083600003370561969493940673663599802967712221328619645675529653608945241827565407125845454389585696937930098527246515451792593713862374858566182373566246448762619631156992777149558354837796841583099668478895192283128375368693852866348214445698289484701709984102393842348998329210956292098184034269791092295246814225853333863371241140265418020162229193364138335898748135381539786570824542033501713668962886247926158845868350890621655223090585494453800138560032987731974809472762481764214774363567683821028111513746882851648710209924027763858193268364175559466478754162333049571807703932805465559337787460527041461420171224386337738004353515572502016280936794586347300615514977230778642881171088452682315250913899695457908293948815714844600873219448352823559517701237702511516438426453278348648867337553180877482051092660234348348439477988108719869146076112862546772466349062480991736539291410712879221371744324502511098382008855772291575582502737943365466755621786773111476124217974997045496056270536666158972358230634808033693217709647552390490318259850576669743953485119927284880275583110639155802978293482111162670650002511948417828598773702462591207654240517166560243401644836491807630176213007300839233621168769993089941453461946864343831384676788003813458333756837696666240019105165397379740386810640874968628778179987724440906833423416682743835247591875949100564656568808093877333299489843809966704789166553324399429378230314446700935066980534845812141371793400803584796270901361655122660852398971369669475909890586055980565809645304482348329921606517204176639538889379720602542027154634575916390614744077750197127906126251666691188677363467998493145605129880571910193739803994111295097163040615426930975538673225516253669382358646600214084212204966875117881261589606793299767874792509557818202524191501240458086991410749519318999425
```

Le premier million de chiffres du nombre d'Euler (e)

```
2830809581569441880179915204617389325723799354811994351209759858496130612313550097499574428151265965218580480358115180050321280990381114504280295247456506475161348986499077959784570339234692747635349964343947402435605935545843508165247785993257483935535602700621307895643650060962986520859475809964337212695214989589602746737837216108988918529091768591344422232688890656330946507808513921494212424239876484596882492059843480289536016861650188246195010092958280396609547883058761814068042803980627956168275989485844433286706404894115547431930348552634457584896612366603659292228052391948943103373513157457142626580026666231801142258252187791935811503262170008735644425390029766835020984823537291068377830424792297897721750451604788867581898179563017046814204985750282084935276703037017932723187695438262173363642062637698446711007281993666900842969256636558974416625619102189983539156718435095887093904479744685699412672163965361420014679656348971946846851486669771564415662580426287722949049180724088366500482862987639082134535168075150786619319387420698588199793361801980993856518558803812928752247800979218591174446177870288335736656324240766011179793226576282452218539813678896211618138138923868244320393416037587815009860347609637299696263575768904458323859413803669034788495187421224727971983382670824511281997746094368541128811981981165300212873461146132393798269382165544995117359140774651242922263469618143409908192629537717374845380240412451032092061703514499627162177606601975817150878044270238236453811493406214442775359974481391755047146906200020347609489891052066693911173976201006917363220328517922114352025638988392098119925424157797544977822184861059804768234891261537815238589632060893335419694872254714584313260206130630479438870620083291581736894745698444622716646533601987691418168483365518263089542840843406050912790489699571692840663760043151645406695496129776682634442397371165280992335674456685903876967731602704141946046348022442174977824209642641226426473271829740612159231574786672369739552930275762839275593562211940895758789208346268086436818138209521905102131682642985221874480585891299873885780708640049038154938592097266767666751533443699179440607880184627592798131344405166265591033961595872353514593662056077577323961533694515374954394178802484251707379285510815234563816140319048046463853968415998009219106352706347303552922177100345889868708231096349088073755787144222327695930672102494055713142042668274165155339390137942993117414449945449709227111973924730491413925185591265360385213551546803470360701964096162186903135541619131522035828796020096097502174005568820248879516352736078755730328346687214454538900112578785896198125396224255528296423694061524503115899960641024650520823504282184795831127441016149721955372633038846914029255838559960597658520943109950168090091844718015107856937192861062182178669290508280984324676722913797068453781569795298454069505829071650623007357671262746018129000330170150179728973159331919365165451276972208172749079656633480876085776623552875059209233759112424254074658648181005484074478668776631490544300755349842292670114302284603302467597238326951600917986842312668587940502132041788373711279846370889898777048323938393952906919980398781080196643268133683196202972020840052533788468691593176675716910752862714768247839987486118623309197628950269223788212760162612346664986206463240410615094306133068943817029887683728206890330612284287557503481039445907119295205204120394312866139936197169508298511405711789096295517243839567676186136627683565151993449267454064381665729386717360805320026785073150319194646122952222539613410004157948825110885259947764452883934473366614797636434305444578072216275344778106036750347934746467541071165056536797562924933849085489259455850613269653119394971373118536651220189915646282269118060925844674350924981174152734
```

112   Le premier million de chiffres du nombre d'Euler (e)

```
9556302580237125297422557442725298013960961510744134887325590415982
2363169772432495673679764167660724757530845421427187444403855518B
2003513939940127942180157432761334742140147911367201390669268537B5
8300088208698860184428231773573681684583716890830376967162998660Z
7920551707723183416210391212873504552382716518165968918711082057G9
1495440309632164913833616606422226532639927498968817420314664135G4
6161275389384641289425147341412408891406889162814032358763105643B0
478571171235548667464691416580083949276706981300932997899231629355
76422416276385177165204294272378821155113273205948036681470827496Z
0353237506933665426257188179307900321570026633316018947149770209B0
014321305995374772245039427944546521969207416446954225159722526659
690568460664207772653225488782591036277142434547514534164560297712
8745660668233502951438076079529549578901168680259992219177955344T5
897843375516804006197926986808480927618056408638435410755721613567
0014967645225657368969127843329057377048271183531446936012364699T0
633911806043887930051974402327572654479075280783204070238625520225
7974369995919626772548989261649660050282661631492192075763425095l
87014388379855738861612946441906584961204617934428728470125574198G
5810292326407753482526491054135547963454943810977437074399062754T7
776514871205803597566223390650081850635586359371834350313618376272
4867375962825807503323087848824849067587306173552468756016401300G1
653865617091282382359103820934179208808460806133E486196406307365451
717372896746790982341537502647089914236819684285510425443767178637
758421760770241726521855687966662014144123384050665648875624871754
0071875943227459339596520306355096518493250954777792771452492034CO
5344621437925329250813318908136726278276421901426284743777070415924
45873371750518484003406455105890722503067510686765695385615062898G
9130083348606751647150439846680397822082496489687741331394669016B7
2258917046534758534717889336594314914299654919725465593568483286328
740064830766204335330442353212254573052439375045915022063974791861
69425041183215655080048654898096576538060041765B83044645173877636D
0735906992272062409612976379739558715837850386801767107314350493C6
88359569244443175066877955514916965013825740410_360266864666947581
92540922146474100234849995110640873644697286365B7150996032013DD
02263665240841544343745749590790282373872066560974585802772735342B
182916651265824267609451559673864396985616664024857796047569845014
5737621012721748325750655747050837841905541889730165795872522299B0
7499332591295390776746649586457642922216745934211966806285682457B
376965587053736159261743321347863937701176208123631813456095872655
267872714013477808211440779647793331619586910830786980461196065
2366442412692180441647803654733397179536668234758658009031893310ZZ
71965891374375105628903593730514085951555201530983616065355770471B
49628888401751319019202511729660918637058090416839372950289393153613
4545568519316479451995558791820320924123101374102699619804027398
711435692028893907550204298112520556460855949652168723085105419SB
9923143257119015819324078175928150003007027120436749098800939804T1
2309399850340595605087750538867255639692792483134545154698623029T7
10426145968289291195745633578913992812394144993146197840455387981
2841255977787845009340083801435292178132614651873986503235754010
361603040415431027621550261422592282280950641609838285718743327842
3494737156354962552133118274972550415251920846674868964868677796259
830443132420448927422079978564977264583171397002443370786625945T1
7528733702942370690533284383060019137392604085650561491353806416C48
4489820874594595703041082588242711828208874856198355276071150961C2
764101898990471237437601503651864297253241015950615582509003984940
49976750922673827960698319429895456201385427037961345659053912723l
21650158375146619461282137418699119176887677984540274533334596l
3253999411549534319514788280807046474875072487496229631992041481GO
```

Le premier million de chiffres du nombre d'Euler (e)

```
7556757624490123635641832355391398761509870917273291824395378316078458935417579499576906054199324232766944484770839444201765224813932073609821603407028425483795119606192326014985944559662116946328555771397809829900054624886481691787699925396950849889642331383649842570692056247741525668955615076498607703020479462211989730194966254102262414987217288097699310871117617489271417905073782778840460390797973672262380744489883314237778340820800939531293611368243036395666870612602302721572003700607553402978150322864338179467094970228938404436926712652805821850794280525532096812746907343086097822826434944736014875247777217615313828063578789032433206509099271583636671499790340614331183166144892683119588915569047749581596267355494354893908251032332312489979711555910569325438516644030547480456232845802168124152080949690783774916958645947180007923727775092763913565508007093387408568717307044578913082511764552330660972963393838788985754656658854196023679403030472282828858627114894600922605089216060552795022791085973156689401321542440634999918597891189487584478071531111327195414371675122494985639632019361611801843260390090777674336158283463786607096080027586229608624280749521549689782767874115580360537112098462247185296788125072053620748583625770197423907987495329695285338381970844587681701218937009898170689388772713406680365428781196010141739754842454117030645141809358672488774516353891408083115865513992268348284056923142968499535116559289403399603966458092780680969226403690334635783332677298283145649915895825099000156336483032534604590867541602151213883985272432205357926218956573447343279618082064937023923767561307384568598845476778702513222649915826167087608746449079663249035060839967193907011802502536612102356841253261320299304510579101877154096175726504593838400373631709061057575984951785908328888991403480592891475911500396861479965839768801285417814246784797589052454086880063297459311139412075022701198446833813006778067483088052995689523212000288517526864265095540666658064882890861343178771171195411359084464694777456506094539215250476196936372831372810724860377678117303058265933039040141779278720800658518173332007021144912519692260783228317024976195025000105021749702206733048420275748793703218900834125601053810510804409192383166491054130934552834653879604548923536953596147410223896941819716746852747291600206619053857621516700527001511043165761056629875844139836618273872310267502177544257390186574939641724443242042074722325385808664499619631415700870952235771561780081258099218163202241213888047074090774050797223733739709280108291199321059090463180245447346093271249437685558670581754435261796894915259922188824080905295164479595760385677242703342545265579566046098023141320089560465072129154886392296731341427705418445289975050150442411289434085039648548509369454639174446636068266570116713835759236937653674423657667387407652631707599243092037283564881212115201931772115991523610032365450886329194988350882071626966353495445697862601507239122679170953940654174459960796858573309532694789589838961260541309634295381230894196706764067133382035358412023424639752868563108833586635242316639887420383501893598180621655838058196088665150422465846713768289560832041091085384006067131602030595375858535504159536909691081116218127491819844585595353719895318639152805152375437297566555290710469219711059832961071201706350868600059664577507204847509077645731881571620135104028155655685012016961723920608081696573096836954413963349284500180292271042413392292841016513965600975701816847568631438108175484788010687051842999511388146286756080464536082821303408459326579159436243129872597197828715400289280202419656086207992629055721469998254425504639242322282566715200033723108765390698209753408428326121470828708655561676592519955789442970913202948890851255734958092010787719522612298942325639613111903912
```

114   Le premier million de chiffres du nombre d'Euler (e)

```
1191828180412624794346559190752328713059587843994055246336730709951
8257387443946153157216569310789981646744126507739681857491324335684
9348828491037746426106834853603030458502149336239996154098538233318
1211187843452844525258530291754722829410934848887711462884030790859
8389135926541914375566014575934927063321331492702208591170161681340
7723306280020487014952006695805750708301633273029514471405696314776
6939984039737311336533898948489681090718232696616969662013017706949
6937539878535994947587408877513322213513924401698801617731483228418
8756176343045147364213377673427204746660211995114330119768879721953
7432948282399935993320613723014806060537363310655284215336431448103
8214396238302590944014193268299758519582392073513063204231176162273
5909021832431856452584192275800811610453609215277391694163208056016
5287827504490577591657260493883476121229758537331029922589936541976
3239973253892959278776865964490365610313143130425109151312031279459
1035182647078395797869414503528590324317916798363073036380918702662
7108928268656777508953289938350659517135847252564713070277502188747
0085113518704729873948901565580577520780902658752351567175959656617
1442249033267506477390778788854498721939661371535302717205473626638
2639605573226936226626318110622060983053498361628614819680611471959
6068680448632651499469956431378383261368171681592095334828336484094
9009201259430465886809060671233549055250393477277743371642636747612
6805047984170993176029516508386270832433684602830865365814886768653
0205193332149508376949912471476915876197100150896303885735816822035
8486467629078668398237156725345084077406640648433517109293078820159
6061869933154583211571866572979476020518867129488094349214670386508
1773953166307719460134423879910953011866524967901980487695854786801
8364189917205424383786130535423217456480111174506390544969128414764
4029680555201019325413919412897613713603028775885599808459644551312
7065830681044690049908242697639730401296058669181087272160716427119
7740548387128349667662246861043097018902661903922194026780440613791
4409353920162537354511321311727258743283448165171219185748379861045
5082908843438904501999972586245757657079045839474158285405467325909
9903432123870260626348134099450603938734250465434274253864963674026
8923103086597263461564298690992107828924589730645265552481854146706
8589693807075426245758111749955583424064005006009391784581966900897
4070443552606892517254879989740623635005929818837501183624442686659
0710156022220173420718285163231262743331894073500150974296187983937
5804442918524893459732937992162921204549644271237836239736595218576
8718447350591286811892569880664597991133886023363448885653952272503
2371075141892651665257351375178355301496054913927390138587616679313
3386787897006409367061375780816083696442717807602214619047243967782
4740419881315152080980970943609724039845149373189769851498744462900
6004525426081207594726544268820043524298952190851224433556835799754
4662634385408920897065747250308038313669608705790564527278414454827
4369409255818416438959705871178396117370759834349310977326624351756
2826573699948248776506574375393145485324084350299680682119703012114
6681070376892175967954239762717540617027013940940828997163091058002
6327137677431941079804363530703776214134364626334539625904750958805
1688520809588783177654364018803984130163872191339106572846892072096
0562238299678390352823381122300454711240252603263594063365687876096
7181236566602598210960941728023899092733426723793317895215158915912
8395117031541059121203761869085561471648067269964267331854753868419
8549358253920725186917356488126156143114969750996350316555203602393
2868241108062459297038532233607770697765365575897135669958829004576
4161324501733250318233062767878978029868138953759719531129994095859
4064443477919745901085560888760231447114026280857347298351024472434
6566203147481310431897832495932908441647122381375948632640651071522
```

```
7569101902080114115944631299900745897460903097920292448718663233670
4256007384790687053971336918939485756635216776481197618491229880870
6288477738505741957353595854789449824954710577747197865802654606400
6710220262530084060451105891208978476816386643214588798128707133990
0174468547712700701893011144449553892844067998462761918643300524260
3369786593507587224301873816184532316282359108232915741261370640690
0150479642927678295362819130770953319745146154905690080793888914740
6143860663337810522105879691211106949677565605876573801772154520340
6167438157239715453133692186601454554288462606949726702835908923930
0803003523387152904173277171615234359331074735873721957814310010870
1532664369925704676851853100650006457677796077086986049765998326740
7027377037633050064253506070656613089302390814260513783353968159640
8264403499225972436561120686302564417846797958574926465450741721260
6664155481072891885243838674824313283685270105452642608601519680100
5864289994722847349327283357297938471032443800625112319038359900340
6346451397707268408815885460398764608392601401564779568857746431150
5510265998276557023359759761159850611963850107334011073380985871390
9500232581855791676025038551375680708590240487862317885310838644950
9243367122145887310880687289096161150960502687533208076491788640450
1775869731068353952023242688639487444933274574532638860151155762280
0159270890694736835093462658646280836739477398471930217688379102850
5845067827471112350186697724460841431934596727565431466122050325900
3160839131997491473701331894664241353191689004293477108342976179560
9730386798966385306026747037647672339463901142908705357346812468780
1332620989136181211487919625898375529354139837649171556568285891460
6832218436641609145850392688774938504765243439869364691335321265510
7415208760522907867609368515482195554186782274666768218012527951090
2966335558075981219126935152032987270396318830299957725442200732000
5903936506314946572259709408370585542628134275533080806239681574150
3727949844846773959652706367807714228158025814044335760170906180970
9723086425416247646480465741200464010460843520791133184755053209970
0569679792173821201474836107649366982263658899225152416392639355020
5436123116673720847248759255326563189659994999507301378360142315760
3443354343596747829917892072683056404935277766600283563147226564830
5002843248978409451710991584292183251657825590855826995443465109990
8527942697743519298583470045707218205136929370756590208884110405000
6217052236086986576472082818732529278347954267090576487302660397620
5199734474576195860719327807929968293513860724996620123829205061300
4471672616515648673854249728614374587029703949356314502254984879050
7636416738201685448609768294870085489374049105317488370551044370800
8292786341023050940938560067630104135193447239412393008614912928790
7006890372874792398181484742209896912264925968896354981232821514740
9109546652334448807455065502103039262254023530364689680266229762900
6169299976395642365878591618012988197864295706438216490072769530680
7233487571111657949201034065016223949675813289263467821870680810850
1335582095254447117282459070281145743228475235783545207985268650230
7095407560485947091441315227636023007569874193177590462204589846980
1775605102430953204673254522277756925350938851897963864516368496510
5315334071609494823595371706248726133787071065003773962685053341280
7337080737519367741989304623317368287309138824907225130394068479950
4343635796185990379364979912656216585061100923413251069535245613940
3974758149458939855068777885681459692295418174396155915560694795100
2504655575097786770731372900739919156306758502222691124644198645200
8029647596779896187573564652618068605798375331564919438227230908320
1887482597027762973277655483798649827343414730875630328021206650140
1086443140433158442937959129841957715045936851894077079983514842760
2946246583098640301567173722242763814280220248417757515200115615320
6186808729638104972781193212146226964013027678975525616079595080580
```

116   Le premier million de chiffres du nombre d'Euler (e)

```
42727956730354164214442715117820366229512264640076423957198459550034583709285957397505824043440221590479492897575538620014836803518296521042431119651157569537088193734617274224735316383413209737198738823749696516884438312045341146040316979386324537127001217210104102494547096593499441577191283035285513944285794850519430694395925591010930813417190854961203615497388036328703735453251879632306284546441929424199390954172643930645987698157825299674609252575833669321305762109452674627241444631188866901859989433026663054323871675529782123537043504005593966174822051269872166001560514365596228814112397643535238268232546787154212641990910448166063015517628519623532068200301586471292883041030779908240384602441632384235048259274126959859079779730295536229748596318349407456024798568679622500115547089617281904849645587863200581681055339505388501157023992573012242385571902427199309544780768619844605657788091652025628391225283665607130219455659636405307932578557735819345407408114931209098765451256210473871465154751430877875107740719880093167785565180728187948952645752369220549816909477472596055745886935657212219700846223665808141352660859015759274620899178613636745103961283815036225304307277118130623489350292460873148004391137771602898854577390499636230798863486897832296602055208167335577530864793140840098511201177754879310766304790879165757537504454892734734492832367945448500541109917805752899899294715925075340353121410245953702149431912951707028940073876647009674377695479886481567625746977504363913635735132338859800769149061452547323240448039618419918770863016434073078981802497706205098858346903538480596688596252300625780299688275113353732051389367200024058894637332098864356294435179086154475025347024568527317103800553219774083733893019568475460004175608591361865232905105873889677314517773672831745913794294943040564301132418740777012799306456551927649349586815648873087345835311430028409226124934167692038077590977097950973366180787745753470966572641969580852769906834176806572518958718214120609442637680805273266274359693552067415663581691457156116792192450563109255230823665216240347724416820798346029828482992939824960830658672276117887040235344812525543371412476086282943068629562883743785985947955542419734429009719409579707606100363497460443288395865471635344403250513086158607258626028522411937531799628988311047526503132149231253866525895193159559001721576113746045442297653604060484228010324639097418994837489447749249640503306364800426734581920897612003767573C1113111808114534633137473016697144144977413258565170631056141702480380053033359268219627357110505385261035998602781588308785831462804179746221885203542159982176115436150237498698740034547582706583306222381381933437906854844410926610917893595372699085494264462874459178242366267394073497014054489224344105805762931423712322789987500484231019847055558247923339364123826988257249338996801387533865457370736150014453899191336404843790624526214500283125102161120688165097129340660167361526777565212062165233851016142839244975124718072149459948203753120897199241417325066275850295004120305049585589729429810615822567073768100195481304204699337784646574337734515450935274842396743044779879672838922717575059510512270682935785286349530795125975289037626648560752776433597293524808798925954563306291665263117267993409560300527969385387271681525327580075885770336857623812888386206549424939383931822123244960254623251567298205114374055847926094224703837355605900442691137307746165542582638937437603278213154548335208122744551358234082911434736894469074776316074376097409737420787559053553176107312533421580997943637080492769582216597864032865586611281133296534646872160855567974987685160322675275267947913634178981402871494525245003306554668468830494389421682981294793323428047358320798778173854197616033104212587255502164374871346558263812015335
```

```
7978049864489060262199757978518632532338605579715990872503795084 47
0206398114644376140461305949276279106016778584935825343832508145 27
2006938759153445802889403002636425591403948243057768757806731251 24
9384537189877469957004116097708812587257688612953223631443656004 6
1609429100667535717595927514523030136801647820587057066839970577 98
4940351536852072105455303654898516070907566406748886615379788473 42
1647257905026842858713077817301184655969804336242761496762272731 03
3068751012781820113917899287747324651805080030087109970582639305 60
8742745918977894333919248440969361882947654027235666667930929257 74
3003825236896649867186629992582045803602120228866863457777591884
3345120048282507364578423011536437110149737390053773904015078343 61
2314822716439102242864491747319731053776144004702304944117573633 63
1929404288417144903861342936206226093335679127640984694533794058 47
1654123066381163046962759010134448522126495346138995128106348612 52
5465201639313229508122325843578868786809539068437912377200949413 6
7871287451800424795854560852306833524112875738749450774823847583 2
0407537307065330954710326891968066087828249097866369457949806013 35
0488514453114558651617565141661324876014317232944319388680220457 03
8980061545478961941373424631145876137891765912880810238430628675 27
2112766424249213043046119281116203147945670245596337213594819270 68
3871585205735616625947360027555696338854043172720962521186879547 9
7071517089296108354493167123478921750735271865939075389672114937 34
7104194201595249545258435977802353153655927128880158837170458544 39
3287791069350930488324804129558253074336740938814858612711974874 45
8164138476033737953412231175061317315375366017233286444325869713 6
8535816565100616531637065542723783913593582684885615205853174421 17
9416140233489773725636624923452574310073955643776192754232547427 86
6775045154334119895998176090700278511139013639651067494427171716 93
0769565747846140150501330952030399821259395812530090427257225143 54
2344433660386142944066262013520099995203449630509666581071525446 8
7642621451670241653337431437463036455318832056261308279203651522 94
9711474557617049377223371598763417712738672474401327050252635096 34
3041029450501273581105282455500029963370601962300981502478380907 71
5880286960961884766514011979589788730964041322666802900336487594 06
2158358199328902845888751296442771327078456194958476595658136300 36
1179503886422226650300717953920384416920235428569676579311927192 71
4863354968003844343625679399649403103431421396100168485128446531 04
6331513942730414277258085332610837391951036741481292930571404816 23
1067102186912705916582173349173955962300022360778374816109683861 27
8711562228182565138206383611514894844023821377829085973416787952 24
7906135033947896708088549994190878179416875867023390604766533971 40
1928401446437500688036707560992104739643055373863599941133222830 030
5646877516554716785875003642469969017195930471375698929638537338 01
7974863938195034167512787405334546399594047135487193007873369191 33
6895131813945729510827119398120258440145898155906625903005530179 7
1713176630030278990151960592003690325832755219313288914809635428 5
4056619638941246879073714099735405060023516638627065326707684346 23
5423135027071825229251253931320053075179199955749508226681260556 37
8790320649776835585770884344979643307203651416627522294308266529
2239327490327962996757436023625223265474683745115349001603100825 03
2153093704300930811639208646372983924884459805465060516570117073 41
2974113825342149308465261988387512455197333412365398656114941432 89
2285621669336067825803253600704543357082895669886665508237377530 65
8127304628421024548451457159994923957100740288244375677689621506 44
4602601788116872825554415937471804154250539380437607613822697242 70
3948171670334646398436526414947387786611804896572258646470024934 04
4305221454267733181428134864794026115612385740737698772068036105 08
2448602602439481971187826847873924946280008816100805811612949141 52
```

```
6123381640234942491253937289517369453802622941362891511203090786 01
6711736985852342830657337803529313350246009600814301841381626530 56
8264377637718088625455431544974078041060344228839625700542045536 22
3141142755003049623033546654101650322750247400459145848564495685 50
3231498708513115960734066504895349236788473709336683019233076677 20
6482614439218962266578278058022335982866155036632987845655417372 08
4450962112854585989554793331623020615358715093918960562085842847 62
7858667814462766741761537727018259578206465878522519286606659016 99
9759251184112984646732184205877808715023575594432897883985948719 3
7430714605405884024396747739122910853945374717162109385816874000 000
1507873970115223072525448418686482493066658880782670158962269730 32
0173376195474294321494490551460984669482257650020787740075273325 88
3739871360602914883461480072729681541120398655754106288114612714 73
8223949643023863618745873121039728234326461833896103070080437451 00
9412647729767088017431370368233695466186265361450480311324427993 41
7592392289186930317425345801245874886257628306519324825381277135 46
7464608538165408260582712090644927591028660932530764068250497163 07
5498406421773313577132805480428649591413012518739120269645932617 00
7652014403103186270097612442554721074545817681319696453374494212 41
1355333038709734216443378201389530769852583547538564145737322816 53
1713150176123069254764937516737532833899054687668920153891651674 95
6035752086604873988767781722104401083231360198000188883408039542 039
6178172339902802558895389610421206675484358009795800632920234020 13
9479289725030502824720976579712971536450677114788643225322486322 30
2804594903434723389052882313312248738690772081252698140781388574 63
4347804784179200030199129346241995123828445254956693305420786785 89
1512239524706809355116877764956908974382219589104495242694502334 11
3353757617450777789169824302983016676829648736966596601939413036 37
5641838193607312736004260470012987907239520255028075512169230207 43
6604576700566400136015680731417121103438070291573159108494766453 99
0789856254796076446944627405298662527460724125520822634454222349 18
4553703497231890227314994041990468064671654603609255517986050848 6
4813872495081947090391885712904599077393604034259228320986316691 70
7721042436635973287459095309163324479524697940333213503439403236 86
3716264810654538572947811840801991786750339486745855207042505127 05
2284661047666856070608021455163483799019436811363042817096266015 2
6941282562275967584214358240998912926625524517820775523420903907 44
2410563195392980893221780836124279267963057965213789650517093272 00
8052028910071232844778602636642548306380288648850087186170621109 16
8634631406032828388579830074393462223888748217438271336007741969 07
7524312918536086820778776073097507321712574122424330637944083937 41
3164981805907601096380285216562410001382997780917395705416632107
6885026316606845276897083362838456792792347177220147544931035665 45
3372168645080500330743931035413079755714666867016619951334768844 28
7472439701951226843928256981209141357240435094925333962764000217 08
3569433177024888698818436691317120560653967112094134449250450782 87
3760606944168123917092424372486698717363604813464505242159523798 32
4093732926680541234719377921697885442999907428097453089808495810 80
1382373198823735327914907094992560652650106855539309312899465485 7
8272927615346152547952219934898476468864663597877965410360425330 24
6187559419491771138220354445689493872319026658214502910056372334 6
7982273077040550764774475541110820711534298820033697529918496258 75
5277478835090090108516313324159205637221118907554289691574394973 09
2586102993367462549317399734331944653445106822497403893184032397 71
3215341915973557749495072014224585895574700104803304340586353154 53
3704280288676916891960217515711399593267984884581767974322343372 31
0693519924451571959530844489411017939623964187398210821995069065 84
3529536817004887316604499285270391872855982662209215132638017355 87
```

```
18005574819648634032275828294157160521872553252882753449474006871552036316409672581739637795570688659290343187535608802021831620595465422396385394913282213427833006650158003455827559414002887169155312140237309134732307282746548242694700990022724105612228262093604046532905696384008249417228976585383784200518170305858786213384668118535094776129878214201849810213684818242385459712052747412086312696486643027403912028517426061857183696498452023083301181851848815858137700522041203074904044806789086010509675777094881962903793371767069561017515977064808100935992294765985427251375901044490474778433130718370207899261757529569367233808395250703644007046769531044324276972818784651559672458213102249748585892691433437095195009722829477758893364241815665912495449152364642348700556589144472054665104159070812092447537098606687040344924895486627156498994577172330225727419743304387418706202576226594643394034696590307610699359747813095498023463156928485689846284085868192521130038238231839115504966766539979651814607453896946398015147012050347367889567231270813269353921397259357979339628676341469879935562459023076753842538491331976544155538776477759485026147800394721226918022577091608244482736055580809287185154257863406472151793343663265789697017809567905465882542519460940804180281247447543268342313544783341856865365048147260874911814787534408099726489397434645243119712525337223382552499672599598770721514910520580186840493337426713532682482607611132612319740385504172164049235172297914585852368319479786195502997238732720635414302403585397232840848887955759226747607498029861161874890660600474414112279383194452999561825569505748560303983516620888364097759882699339910392866767673539648030357767526796799161041103727966814657245542865621192538913324838310703271912798456129953306003499226508628196969380140113841621235201350431146737971342531075791769773059619878532595590657560285244827611956253781172192104707046781676832145949396737379156457344885368028263583423370216153825741911875647593740279533133775058778781426446680265265771641404394894071662244829995891152828918487714468779649396074626230018064064930935034690284704503498254673402775041139866556116039457159422834987826228668553916369873004683892822161628641865544216742942159308955010663176699464033226855095575568423217207239551920972242133201459714642314423215525677695654980273447401831119324842656976626149953174752476563109257492018648605074192858384534833602254546796679494516301326940669409204077339073119138581571498917627607829799927101735489958614665998079559311042278499674863288771472158570480365296863609173838924343706563189024350343541692313160143499452307831702534421630475662593857840457349820374088117019019807681765007775741253834748891868460650336364245320218677630671800096426685559723238705659928334627752740139143544633868337675720710009019731289912444002910632310285320511242073429737155432971070445922251590580593709236389383230437137572585262296640665752023311242234890640280977811835493743946865092588401827210799385717773869771630396369625873914837874496896687050224192615916697097751729713105986058618806445754352909440339569852771760806785398736272078571108262534971459199494261567285147839740138889895253167912018035157684354816769743300855833581837522625851126531657507939428364178430447236721972740800441042519649723864123825868640765128919107000006975863100848853616360273238000993282985925410910846327449330408705607270160749946847721122746968521445391060819446737466892046018454102290338391536775061171758428748365304549744011646508472230419307586904024656963286946781198711940722264015414213202629943092038623313451639075546026350516119119231653731188034895326637727425575917963131862509674823045689175238429707136578990849044985290928656507436379862146906361260358537067239672718958297668335618835509932004246918234623
```

120   Le premier million de chiffres du nombre d'Euler (e)

```
5143588469407874831979368119811907569608078925972314916019432239525196231612189259577337905481465301926356774652954798515162726695764273398568576734485351693036950638030425425027333973414045749188716323683794511010195683700079163631570973918939742651878191779814709587403614550427781996716202181953660693345192806254163232120455640498352093124404230991240470235766344726310905223525468098784636569159219666194143552319637204232424363670908807750734751968933583101771865020182613997800105702348660968048301437822119189662114416368661007009629093717921153536451548320980615252712950800854492780622984167937162593760969482080306372778029954713629176940431189359774704654248193019017846304545187085289753429248625135254336051633619861937855290299331130117974052470625876059680301706146734354835229113741642529328610971028254229058855882884038456201222172301154076677238750975223145107323647645697834295723030200398478947440881917071318392059224103666974124212786203698535043737631566796234497587865364319348836759886464174163234152243652714098740281976761752907151115266790995594094710945800703478321977030541831812856128212694218242879923381050458258932000138383974930031777283217359941454968117640545061124426755692454644697582150826318887727859165840108402530577236978915672351526478356060352091198011065715610111971943412266405365850042388274106667512827547790803422691645950301631115770949233700054179459130294452721103578225092083433473285057270357783438616797521399687232820465307312973434793048423421419538540620253862838613838021765735980078550929381967621496069588813312683463161324750562443813766367271789442671139231854629502245525506379652728016812575102072824291499215858768068311309880241884008020771998800098341706502430225420678370317243816450152470273068312317727139521396269276927038214126465998840499693365980802436542811928675740829183530859491836321569113824095737605321285322325588528411554291919022773785598862291928213489468273136865717195556584846472149713764362488831843633226052408578953725281543709544556668914292903670108807012552453487957817749570096059293263963368553454009889728814212774069164005068678125117842685396275052346772856802740900874701989522431725122900388288659003705864201710121054555957428178706935227862647806128615514406031296738374692960671641265958819521714664570075611371440900032831758283672950670363835318391998457290698886908703034102062842929987708024776785638543017105938808424061856881113290139317370092153751443443700375851429578891915889770711034200274746405120431421278842156101628474548702763295843021713731440897747016753842199431544264192039360394651643131339127121189004306533000919486022897539568726584007352638920547462983144685130355146544361085213843743139816683163343594362968839136961449796962661536944960192251016378929453368137242341164640859904306959544650350091197755788587424563326146200971323709313721531348248518922166419810400526463516640377799256128683481725762216873833467910789435658256252225538609764781645052565339229499068545317805709068966772993382979266079649055329012568305208538422933993462749088669575886909026470887907882247481342702683019921899216904121037588836124958149071815279263418759910572726854154615255177010327861527824339777047717083913308050826588841848436636050608067902566023333941702965840164230230889263317606075080891039177267039667243935542241091592094187600750678479369583458985676872132501262159180869338652446172451341860930508457849012629175529604609585636097054373924879804784312674943069660528693036803978943009053912100377435109706543163849196906760320646616058754779169787986108525915865525128953053395130411570772244893453299302564966966245922790844081895639754376961035998116529026528706448787285829873637363624683519987125707312988879327233362020473911009904700660165238082155477263013022051016137350885
```

Le premier million de chiffres du nombre d'Euler (e)   121

```
4542889744595012715795317212743024918205785874486801189674952359524917073545679342152026504627793619969167333354336402177051271282282596361037413842875091927965516920601857809093782883441621481277757915737322004815691373377919929500901221687419017423851612088840413111509003055975096878550141046168420231713252362643241062036595566291954855081333118174814721429157091108786999903109642569488274530390372442071196033833094944849054840103418993794514475825935135857958748143310031343914418208024021603646870638904296028353444851593538392970992922951753991467733970766906379781192135075101006219756582746829852623386057737329683504648333591270047757059638407566016928506200859862692628680450899973571111071791705212470776081978833632286545424870386502459304657725224848049435407566114328433412745845344377416826549626779866034165317581034301294398946026561379297091091382230985762590754921334542452278311941159441156793637936111689713197465068103486251459494650230221731133896979602970915954053067419344445076579289445042186828029134936980950768836672519281673811965589208307359279360594347078511245734323644727750673222599117503414726428630327081377671077009153145612791921057952693602831474842247472747144387292824907299343764325631475344345599361927954403515472838595913427063977145774066977205045902943537958898893539152512748391666774351224816173181979850731262295606171638299506627969601253430408693606263091262130557177195430238462996258603493419923980595477914394952381991571524565080058322904908310933698458611350984756519165429338610340264642872442481708113585180703692905692870810651497172610484433718167841764270407285730499312192918272840731937086867437957618425814457393717889335186710636425232422889702625660623540928028067326100535248037032028655112071649284492683557754386323145106563836251164206432399141678324003740917138155639845365883675555897755206866253910514736731020155465526706138299977756862678544835929636518337974376111571328924292998178359945481297901234366260446871350408076257683946253465041892755886208974362680366790657737412659404905633221394065640335605838006522329572337736846897411643410291816537865646815484808914036036982821938683457195327429363028430717671821913450351129698653949254175045134115783273110644976792686239106165106081757236837321804191173802679662873895101628625745559061146709550420943840502926135088622818300841301032662590917098269415939930075611427686689641052044735394102601466484225341006753794806065256607937263007519088977668503201623584446304602847710489187777320838576299846222174481091405955971953287782535303728949322760111517721246276597224104610482447094243187211015838394935404386047014530846454157352302731852949258985478240986849825173836912958842074323065630834299092066646311888465676368823044171781768615921768017542116057756438250149231248046457859136118870236372262230000775288234327205650861559528990257850563312951412398695197632481952103813435802212288897339300600704421699368779707834140482725640292268310739962803825478426220866031352236986595998375337356270583394307717011097083209133351947365785960810395339083261836905050494025247995497427390264857034825475137462005558111844839429011779784822635162420896937267092130822174836273547243789590028682861943582673299281243238260747461617913000386665714295987095471523212029348895148727398458514803823830545373855304462958096714640072995069419364546566935500906573398640070089690486574656707917433138183308451898519615888328922385316950325790785485477537583888483338643049257585795496393133803355096047390418762476962813705366511940765788975911362394460076432765418570047685503839603436458028252766745560266721057743651005580615171361604915538041745833394905170390176636103489239359953773646472759253925386278377775671861257265696947016977843669635241903649890644780605823048635302300266561316
```

122   Le premier million de chiffres du nombre d'Euler (e)

```
9634038462755688876503084991748939240262414384133076607561114306142
1876255780251118829531511264115760868167082611549232401575664088153
9204380779105677012743881727719709325305253915215233410539110244
0248351418291725570740021598859748887929268773822415916624837871083
5162584724689927744799515282559860366131214308942744276198427933077
4265959987113319785261949956394100952051370338690382858248205471205
9502817109904997862238999444661996408000709388301592889846317690169
8418066500825020892672853168639940246130366329906794854106089134489
4728261160010660679775458187985336785546663956381676408212851993945
70252038243720085585191137439496356398807791907157048670820217760824
1690552822073717480576655917713428369416859319765397989391619999018
8737091729197303021324288707874305066387556659889751202821639584628
6268790195408798015312688037239305390312202089992558249201268846691
3094830541916622523887638966012375627287132989836296987505956424632
458738644601553384250442105025216365231920909017879438459168580373
1051754675294764775388589952677629608412200358327789508057369508113
6355582991796028493732458356656435605134707663459980450604468701284
7088374515451814857551799529375668223113568758866934382273845699475
748546263705564519513686364685782290115110870138492263389527971340
8929421845121498955358240880710458717242468247521981064550329002817
3089622161245572026644074333468042548704500772426999508269206927168
7236861799995194643554924291776375534986681623763617132184227779414
907227545783572396628729889017192305960308009932693281566295596483
049993413973152001607608172580125561923845049868026867824710900096
8744470618424562746879115633668223730734516882660077166856289862723
5350348529459811078406871717831132234460318884335180768171897107195
8665245711633561653389515552820395300361835348130537610239074944631
6381694332661354500551096964928220730449138659025772833767492840390
6124910281483573223708895516430107261833118264712715266467883055195
3791176579806209568841344607762908373606925964483439058266121676635
5513804837863405808580209262170850901947522843981922921771609626799
7521163241175916466395957711487715751436507058947087872843813719459
3407928360870020440779132352075194171723762143086023009446798759095
0435165764140499122252982443324420697043779500901817290069891193532
9714907838546629959745477862614150870611479410028485777922545929930
3027607878788796489673518510816261206413660455447139925353906452416
8411258777524089866345110990472941812839121995969691505358459295602
6572374971311861747568429594395635604832059096947160703267263942696
0366980033249225683949340628770117475141428431025925600208306461402
0735743399205835636313643888256024067902598896687191381739941110220
3087507947559712381176325535958452755588359698714478965125092844173
4339616849398043413935052766570170168491675759316083819563666298360
9973260224315374777610167287844848499841783565925827221659919147988
9193744534037860928176166441259021876096462558344717981876378216175
5279643292218103938737316258062828107252105896825935629137872236324
8523917895216079260019848720019982203109809961791616886647354772913
3688918720130312891530923100550459194535742407312192485627401121295
4266911686829358929853215002283904601509723316321084980086692491781
4385296867658271953583093115611791271731164659774739947848175688894
7209689144765329101585001473253745516088444197453658468301410828281
9828477290785762129404464084631491215866437827009529988786732776419
3439293455310701490265648464633980836834416924416586622660338282224
4940566228530759361551434197721697318164834968999091632192484058365
8495955563516041772181235391968463508745146660333222775265713388708
7451940896966390158788101940316273452394947070012068704111672446111
8556958060891474869304604798575343535747364124515555017806154949188
2742926509069485693462699928870103131795005363942831027140840604685
6119283627715
```

```
00202401470612828677838025307950084913727916653420453565240380717385104286572764789277475503812906854279251298911664830729760217187125070688508460299871730320112569150196705722951111623080041005168260753988940323183626794521429923073497075925018553781935005254245749609532823670424092316379074046198528564795239961800644731181438812899433400241619555344130452934189740405628198838284006105879935220673268097268404813087129174952448113323337016883664462968988981091420025766130148631550952346122997366502611109081642456178154572780803552520336024526706302952524661006537975668224886871649273371664731228248485036013869267155909556088406686716787561798480073399068544518148609020478943672456068655365649493529826468809206082899700537426540983712200626648234382428979956765706395201006456970572519179970594999157836214921556046824772039145428205628829915813850590760479631785655770477963697621526481367079098408674065504364657193337827746174581681538721168196140004309793163658565974623172516818947959270093723856125659147380137079039203383553634178255175633692496167046941116067647196777585197795706459570686309621450700017327196300084202259699128045826871315830554347299528453741744938852758139813327711920800807477452615802466478755937722269508741287352914902737942556755268369953473382462260064779013514208230722238637276629462009618340472925394844505728677713136654798597673444584116958898726549210774023259073075577233734085968830833571316741722042813092633798988496359598152531777142859855984305835686751378505708034099465942916048730267470496541291575767120337001530587927284516585582967918670358461685310250969016991548323610065381949437947756041695034529374695466082177205162807386086341737472797172811730405375154481370136220726527653245194487823065148701133669707669384037076041558550446748218114738218520114127216493530065863847429255102524877606127384686036304103430051845459776901117276361694105898596182664878158086596122551611950817335800085420403981771628997462779414026371273819740567152235818780049140210593264571522354276752028213460563014908259292764119903161417699955447557170871201184245842956334016046198610970548477994690941004564720012592115297494172066164641726428146064802639262359657700098409623945994468632263284896526976529827767325284037475564649703977047535116072569614596344258199072968812352165139614475667199804194879896465563533121285119080855539203315407001778437600860107601231169243702619704796682975905936083624979923010652878273583073154133469575726432596808474329058818551699472344689845228452096002130022134497883430869383253118191451971821948384440127215104447282819544974025806549309518783728143349794781758413676103541868968242108567788085448958325748796020732173332063340211454192241280024182874245835986648214175833846941663922224330924916763131202824479899237571192379089547336987435625088310544205803503442908549284607957299534693535797113224563458041794142335802442354107291351904496249850766085675688976861825128293516893346723369851998128509837296422730694784169765084873918597146752119352754431161486987045206055390250548752452298385654029318775199129176527714645354656647898787961467275224472687282075581922738035598096773575563701219686737785487384888123293410337678653901797139463488773362853969836806060430119376511835976309495098097326294586922621395688278222316900505188731537254968727610758951127680369409734867863949373751579237610402237046458589734471487502408142356149877744088386862696178033358302442685102631021189233661591669249406011351406482698011802480683335089711386523388984414471678527013496434811085983934968313992652050869284835688880585707742804422679259941748586429698499446674419337116456229230284776555018056063120746619773104999452801124252159751069032137803900865286955307828942973359634583763096360908420947972940755628285922446764509
```

124   Le premier million de chiffres du nombre d'Euler (e)

```
7629654747359639674361908307843202654406803898577294475747064001995050465162422586122333678370538823267679012204126488264383886265784851477857129609930442435186417122988998180671717628800277743128980586643910431417470602877565952780008698431868748717178293551656267891718466010341704058981164069162392981953554516571015316866257928214103698784140654542355141446297878538002813686326811907238906498212589307191737076897469600141265107096243513112824891817371839135084146675299495558260056533640667052445924656613452641868915608922007070854842451002667230073366431409744714974767267465802375853170118731909746739760719278829053253276575096822765453021708937663265301677334952538273791495797564787946796270911013681744869456974684178208877710967483307875153644450298479832620211542406259150862903263925757300334178562494475022587417161690325786439026192989427195909788742276449330161620650549624356233006849374198682141690662006342617680909760785293916520093304908950485094877125266736610335386034195470948185482120458452048111025479231607206460974467248402838139317966333755863307719775811463256840682069182748277247667036431908917094870114439419762024266658738612594699609241724889464168282485467302069904576419004924749858173233233693083132977648402576404464626306537748394056455889269332759298460313393928019552911502069537670736473270139231682247597050623549947070822774213326030574679241266704711138262634834283454275272539851502905746619694902256077793047214263431171319190674629275606064821572275607331875725999385171296599501562518121072833835025564580637828214581963231757215343666054957952913399871948142564580899147752289626595369646308335401652147754200869712202019473660684504796328584697566092577778284176031273397816761264793549169638158626578133096426704010496074421636711460124784447504571060077302886701170100022393410440772757568308368743577660959511673131361847761557802488021513580599468449509757123188685167664418197672478848839008570374065474664761975933500470161769636394307590278559661968016676997667184195556219247023431675108230835938219904002406222593358367937355749825744967263234447644125555886020609007433693681907849719192264681968104360990136030848591933495032691884169004383510304312974322583425438385896694157891844129048558735592072156561424975366096282223214652348063255286488792758852367466980530531404524938750555244022889591870993869842601521929965641986356604010160272584290529725525623096911723476764777191389521054437183816352221071485544704654323983300133770918444409521862361499782565033757250752611310583752390386719570031789288599724809285297799567205423379998441338611637227766848227410278046543350375389123102891101326743948947273135143781463589705114660622789562539480833188585980250645726047393601397560860011700506657368632444398944638704464695080494503623721839794791298092552599986385575475768797097469756401124901857866988347112591840598664900357046159061397888108602989230522010862740298911091364466433075963833028864002220710353264898546040213304532430276144471185090110133598782185183612596346880231342653696946787793465888507049802714298439505573435587382632221718487005300706466505426532084329984420545597991208397640563463313360795384081005663127908533997166131560761004142643284774233203441984703539636350081188633683928100881757927641657138536561648596836918577478229290067357384204965701345718928949068565617141572376513760014700102443365296889516023917354672230257702176478598973390511628634945399101965319092957906666319187187646689634913955905641082784411337979945188917729631544860069143892462104841470797866167642332274686136936904348288578086572259864727367971258918095975735946516867728685438228412894190778443211901682073316964337398773004605437011275055806088516516247587597517303639134160606400797635263810934674079268574434990108853682520789550541219
Le premier million de chiffres du nombre d'Euler (e)
```

```
4223480957047138025134018718267082767727895418878617435714766503672093857843509437524573104343346760851813821232920255517661399032170676396611056776725730974476832114436397363823071911746923105455914554165201918590831682206367695420846195281143631793779658587862877694008404763042887012746732421972647149750803804396301193320208560286092134471281206627769352161255711947759503064047547381394078573754814428437768277593992849786257602777092830457192324164589354973528538835104185362994220370893256784093612137684068425395116696698851186208288993856073570845812257614578323319578582638954174402564814754111579475413659361759970201269414200372488679751892689139541597364510271051993902177345015306516021937371946346897814087012811118173159458796634205890602387701992271790425205322938132167703414867738824107424886013744466906974831101529454806322919049829243471971907256139309371872287354644681134754750422105669729868465377607343376453565838519768819124403621176948744773656864426840067802130118569202161057650923891768872666205639187937153857184352767404815868517007165740136870087418130420249242782836242996478176583649100978496465194095712280230002221558356196943909039109308291020926320023396940482741304118242782119011073621206386432679470050894895007174746367978405305770424333295430607027627394961881122523865605214835603243527410060512153942377104913792996120745136235280143764333887692222938332427396653823315097058763829222068080320524864947717075382933036884979277295541626341359852990870744019131690526421950453930595754701597677164334098502273578965317879041308615485803997848898860519516411785793168439232178143030659212030137388164384187848809938742719327007413690582759460409766486180352767599456508441207964438717183614449222935890384207750240919038576933073803425236405261075819701121332182484055760209841605262612739808223728941298437659082246725467398383674411994570710296911749968361654101146536349575631170490182549101804435604765652268959401072085632372774930517565791053684080956911496673656396008209591194699656492665914682301411224681489825211034370108036579903925201383359305698325490503218281267715135838045221981610742965029484798212024360276932734501884296770110841993541743978034342778669407061013680245378084931144026332053591533969152033927985108211569632822727836728921388252662566898991992674709433878984728152076745048519489510034085249244317757042186524849343306127045744791015303172798347189044271250466235349201395242619354127663663552710246200409238364625770783700488615349968053725980152673395628166953154381632491952813506727629340618750211713243405549548710770937789101829527948210099329366513336938857086706525995430538540154812664831129859986522294988896979255144350108131730173921050496438545055758223966612852568979151270268236753144834318047006046896726510112373650851014539576921207321342232767442670734213535948235745830291662904568667067313068385588442968590626954299002522328672650732940796169687094560813905028199149889893290688943910358749481693556439347483037223294112012900083614697160232420647386682412520016046589845567417231261390145993642404505932756002870304916693507883248786902915469051078545656270332372606210545974372535276642591378088197914285161778280104451148312042675255090736707296107536267209821530017246661713031228080939020356390515683493999871154840421931881986452603337602447613844318833218709168072605290114579423857274182000866779789182605637169869620844124208656660087706277208464737249072076460226583773648970123299928965037045802659907598115612125037476435424560579169957903743966632458351276311673696927412219966879123740733899503270115331567691023323264819043038527471160002338834817400188823067904692947110560010758942212171201375969284373179302491442388504956433403864230237420545727557754975245190324862491564709684242032765848306099017311931
```

126   Le premier million de chiffres du nombre d'Euler (e)

```
3788435064612337066232692699290166676276795804984233058353155961056
7122950098154261430615929123230626665724072917458729109813956666560
7056493359748238191770791063995755826820659371494869166467585010258
1457539250481519510018198108389213512612847109222254575957754009153
9136562601321084980400953959291493479399539011303181520489423015012
9865225048152146975377842275425485939879491567594316381897561832583
5773709540456832140971531099393687002835351608905276957083395159791
3425892974837572059605943961747884057321213129568028950431114185670
5438671612453623166958463559089000131222632220131365243980251453534
2888709241401108997649938376829252989447397765323776206766461162509
2778298305896800318338215981909481509914484864918812171622852980206
1501160831469781078749531398885112076311960643427520086502410023192
9508860025040606725286498609366989288987298718140960914426869075231
0993730018077100995673103227713233652132684672704925218800740137105
7857935069365142217884996522151523509335852290779116365584801875268
2967780322590019007004763287522877231184474045190091273560602015110
9807581531269886277245312133419112918834902078811748299463097839719
3741094670281486364640310431337470718987828286426278758501482847866
9496685887952943726973433526830813433063552297130803546709584791986
8752154757741793595307206340387899058187799729739830128930210835520
4844193850966502525195942545219441757772681501970101532386098577766
9113564372736110408191135526413667832453291731835389880694995412789
2205394004291316144061772975319043333311647708462771957736993866206
2840045925114924975910165929631385931428375311434024872695639508377
0935057349089140827992013065920184224780850454648449446991547473608
9633082641219119682032388442801222384155218961324117613056512794304
8376899294637400630118142513493718985758835121629478083148783293960
8420888464632328868710355407051308162131722070703854405469628617120
2724353556642781041000237037847633051559984759481466659544845990605
9518670651855987429395023749990458674682356814721380304300541140328
1945651940682776480900819352088452665297103749714050821230867252711
9706262077604120632624205336073254469217991691516656923893171359432
5286088605888452783753382832015632159441986969839716759641381307542
7099458533987029959055209475050456070605110862206793327767831321054
4014376923572377661449516454313502736608310101432151429204849259709
8538721362227250001731987788335766514596094751356095240541120227312
1979228780819088384350370471183028740302042617607011456346560854956
9485013335153797944002987208156023384269226084230257093098906965586
8004241618482638840247749590914592831780744713059527671356208583364
7823122793772168625375196462112115242976406119375422659085906998789
9220953192449518939116319390151926610062811929170671580563762631899
8727393327830481496725774808106841234524217849279142129489365178905
1879015438981759750788635823691194877793242972010100175995538396842
3129035948348376209053012953281167778164115695228604063490856139206
969059999140705906403795448932265985936845302310959819742442235993
9519108196902417553456517736247327687639607518204872126781659705932
2263986037835474307122757413835795240213185539216277786948672522366
4470202175282679883787751161026799543849381532137890410060248241430
0034066657262015331839812637490049937111765873065729619747922179515
3305069487267545624327834344589136128301821936473754991544269643080
5960784112973617939007305538704110687015104616619769804950227185529
4690147320637375404827924321119469527423113621287953452385462406666
5835949521319749002672419089644951782282767681737582300268217942297
7149141754747481982740138497868117840283081221412867558271448209652
4998660398165287654595429056618741446538978174431234040804565324485
8105481144555786447818077010272296400137035052463485351213200769210
1904303098104435898414910948388733463159460462455880952306255814053
5375852891
```

Le premier million de chiffres du nombre d'Euler (e)

```
4842690122910778168623711379617956835415309104442772433800627961322821880263865677930459746569919273137149067948054302750272680050443940163620265834285045303014333938546072497249401927923728835444478718296440460055335668629572189203187251160755249092361955730791958315832242224487768547287945094524715094631030601752737488610181970524473286218851476334296364765896788916336292729512734377922217087649529167097342212639946822318277181900261727935163178685196573464998381869290531568878144348914850595241436633387547276449565355587368079545129620382386626194423722923403371391852447994468148145465877799450381442993116905594086408545413335548846870823064362278786005389143321378205609349252536885318276289377449182232466624311576912053532536497308982766253113953760914733370372079999543668818965787104914367801601935143183258074022507409773058155806392618635292446651427165695764996820140267342399175899199781421535953325412955327542803159727362534741631590291120642225518015662105125847656525403238001581080525888993988530178362060221098044671598719353962991500572823360300084532032883491522518929866629935546960155271698219132908374088842431925837440257597232473087333106112834928609707738328401330024867643930715731543952218028897675635908326528198420845721729547554036302228864154414481293810036886919165851360821803296592763590255937384187843871627895066775437405167228092347222581755142035864461772135950133165684475767507906444760725908875039362812328646799313980219225311411290736756039516138932288504304098162727257831143439915423955379058256519790936539205101606993773692351611276343873045075416206195326989864317904046872023612640590087583203415092552712971929653920128638206451891920396328979517626485561298660596191454845936491927274208277586864355512060528395388047435279395770056182649957630982168800500506690603239138135196536092327040402715800490458276240187360091407542594562549631197072549433400003543841387116122943402864906652853833743184195459240041800162652435754903463292841711712423922305686696160129309710191582154866667341653088530290769992602968955740441008860027653714148912244061011203799432105826633142317114819758451154692227533915112598520468146979950217874930934566807750889300576019808878914831455493409276899392944795196877839988512738608003880477830256498902089158699046448690641930052061406959848795411870817764888766699061363615681923311596770976003971631861978530492053338024647693694954541687417116099574202385899881135794287122833855937889127607807649720607302630199087423295422844856439097452571130463421978489554720173705872527446318173453302398546605308918316567151947991804436768529240658802127486753714388997994081559617382461898921640230680855910066288896062412472596181632370725458651582977251545226152025969443452488172442056410631744421548618107957406390403328984759148862919280453810725499788266502632555474756104246743558169747101270203311642091421175814074911733320384894431976886101837277879838099622944335321169764026262617614756347027027746811557855348611158447406352816675159620310459196252041264674022404357052122017273711744370026677119351346111776539544114648377279145050681392343301819001261644345530734217739486774399894238991281136011142371478447552809055802844052961254439485501059504211845329551021258070680066526832411984279182862897584101967111102557719266578400644084019623900971893542552892804916828492457473680030442129466573200971536804277595848542679203103548690065558677552329858464950440687936287018140815685372962628176421529694795995235328006293790457472216547842194134054220229425318955654117612852051483950047637505443805045805047968939489141924685613523044506594346391145345765425600307762100190636250998949922180137058634441906154207417733441468458738774764515215038390839893216929460248392858502772030555486071973430978301724652145893053
```

128   Le premier million de chiffres du nombre d'Euler (e)

```
8185295217586362297573905039486816275519075376071673973463919246987977850686492089445931378129877221457657643320705991224666882927373144600199635553600803923822563239315468464516383175865819869802238031838244271199662712134173134900008776082115425428610181094447030045036214201025792791086190888976893554930299493402316388504503984076964118660406586880595813298987344837745955929504529614113049001921072335291377938237123304223043009381768485236929022021788271332127881326640169651163200372791421772908108951815371297787319652257039982536015631120813503680935054850508085543574974328559080973095453716761249216166012409642993030541680342447112015066115210198244466763364598629252573765536012490832394511118057697707655421753869340222255531432458509356139993463882990825493402783037803538430848746114912024327345823116169831706277531783826036203858502896189375328135962225193354929926957243584049515862635535949553578590467564279090863123055954139670980072614320059437351995308900276879951098480248684324132282662911752843921708268436418392417527700082018513456566802124801109957339523785529055826244545522428297404856700813785698742390004134844680624760910682850800340401399524239414689580726432947957460857932192205222139120036799709681246321240428466192588314233035285825634529297065388937740716810443704737324777476197684197752766557977395965369657878945037406892442644905986796321947769040252603326615908020532899991639105136843911257656810267335552181875675162546343460580233712129743659400351545966486462530566775303790153504029972345917974090104254613684041141027518743949875448409619919418610192331588828019897368676935916460783091056271178802161446727150672897934499159069251629936312857216062848987119305478849536450088522262683389387256320295639344015589259780676325058505103511621015871530025963667248403067049629678908391195095245566994281511418073063479997526304272690003042301976302189813656459987799185893334441851431408500901752658040546154084774918424098484416794973041723411799798314835449222036477441012640562259969088192269291615916747271204925569825649924966372674444731407415515687082104524942073574269988221691807321429458377004614951002690954165453356804460876328657527652613218760897092587128445469070915785148839136141018818960069002398713876950641575176243686369693484658679535627192443682650692825257745794171744783964540423992129269242015531480744524890066811065801306356906308434165047197637890464424727015783874306515976767995269482205403790747488918604041418136489400430491038599915561255640904367676128207064843786625592148042144390025232411068779541171005155244662495910803408380516059452973015268259856699963403980693182048490803985431631506694768383090348355654215212473190535518082694528733999465208811634469481208842891106813158900156632507830617217598816251325787231771660243098411605040190880935438121119550708456941731864406442089928463844102442867565272310656525510949260258442749640160307794626445236720235056536515959549679562692626003171134312985682397908145744095495631990171783020407419087313926064959186324927948072034780248466595178727863026407086632654034545970797481033934767643190315729566850346762932605517229662718842045290728906183862054968879444399680062172925779397729259590805280677477074750999073002139757237157378130163864497057101536569293845038869724435293932849966560481535476036655275924222308036115701312939896427934348293916573822180732572747389727132513530878817831247364464170500350434752232333724209215545976815681703079264107834098068299821119906298658029529226458822215060721435870465622888241472947611129691529489705303446276572059576529092464311484352149708958400410751582557297149419326737579014192947356607561649881650508634687703289460770164227741205822878523333739615859689912484188102959604937685494380312265803331156885453336846920839664321061
```

```
7198953640799406833554815606284780352518644246449507336677632523 77
2776267509941966578729484916564953567734013975439567196659053710 12
1410145445657088973205577254684774541142779292904736281590512172 14
3787050650679701018540522690112877151209163475064013734760345935 24
4334219667227813450944195986605851191847521244525569877370807580 69
9148483296684471574954731255010354680479637517025397669807367624 85
3421848899388378891015153087637772192951454423468544786949731947 68
1680459562763075962772879810807063344474657863757143639673261819 51
3516396290553996230232848847524437371848154015247037541479351594 57
2180802236969313164191390377652453495294492409337591482397188404 05
1079657944512634928713943194099110874971458717080261716698113720 32
4360074267841368048801851673591000492147627990217849980653955950 99
0975898134095100420778011172722002025962143317064878043400540237 75
7073489711131633519050059819373448696000993844519422698827323909 45
4622105259904954365300843719122876453762755452452900616947537049 08
3863906162514709428229520480675699359662230822761474260518607370 5
1917961491029914923316931786412269903972598315594522901028577996 45
7356674798376330530601628042156883116088723634413618848961706123 24
8859175157300603545322130094028343414030952528004411975861502045 47
5058523597264732602230697607503985941762487561551647681538844367 70
8883656533725719409897207159573152752258138283144792887707136012 91
2469120771000963775753904143703284595562956125698127137745065328 64
7035409565283217709590312081857284748590728420400431275881158800 69
2461768233796446336143770551689690336307416806951027857305648049 27
7705422709775507085342193060553043329098710326355914107891823681 87
8732869246019702817745070008964668658374259443867666816711851269 46
1688479829172606737554649822035295537823577844721780873341365583 14
0358825315092853372284190568264450072970203727842244070903997176 21
0888258359500513506282516817228369510915352897260592856842118845 0
2143593119186142453105053264729036843419642255721338844868992530 75
4005671821913719397066206903161673559829810179907276897119833557 56
9361788870852736433608227553318104546893752744270328675736900170 91
1941453981141034549001465863198654687976470622910366353892898605 37
0372253596691765165041884613085569987860236859003992332882883994 02
2900169492454492791767988569853686225618137805651621457856247600 74
4469777527304859241014926775743083843322371247495692884992122626 32
9118255355328131507291848666019620939487957240348819160343169754 43
5218260329528259686505391915757209414388577837633326549821803674 06
2609912514072129363505444913931395704262045737932221165139064700 4
9897757593805390605208123812170137620108408174462427101892514610 67
2701700076700202573337438092949765551923253422377350378524742086 1
2155104617295343083531561769151716855321727526946882542879254866 166
8468689103745089403891412401285624080606298785157040404113591142 61
7415157933604997125419317994976864802763424027033250129406081279 36
9721882138344068776448546650950795450281146256203346406257733800 34
0489953273736968495260271504901634892186919901211721979922168040 40
3667989660222880224441375028482321076811792406665694468751008426 90
5434040663357920951559400035970336601028467044385240937720413930 72
3336102756354857486322524411327417363503430556910814968843694891 26
7254044398308391267077582559903924973071921776772484017043216969 3
2098647470550854865749374910621894593501106041518995555340589946 30
9197523923007218250250546494946176150704476668802348874352518730 8
9213662756162363175748307121891341477697366705296859293093418509 62
1999123442973992783993944905184127012733029366277412010984379268 86
5986547704693177950833638519275480166568153082328153721284449125 11
0214015923272480502892979908451928480196700690749047109682692041 8
1039841072958332105061820688297502873539695553436542171985510112 15
9938624689311979914208715077148367888120162719210425441014436519 67
```

```
7228364216766281454727814361808392641257750605078609791348209860705751434906873301958613891572265109841608801934223388306776776070952653795172668506550377605478229207669467655635463897476582465492025986077927291164582670323078751942679356796889€8752557354607789233177089495728656878080868819555711243508924999675203803899053532883853118498183195184520821799482427432291730707986512391771674484415251457296991688250883146589507381879872516618€579232234406994505340713762145753583036890544565856767956125441111€65350481442985755171798505163004984397659095320480574221150477911399763086501917142938586078156411001268203375386069499924509252116€748665812908119009316817219169806097964453902797662021523641195159819416047260711353084186365060487398450595654900925293283510212635€6632087513957390968936712746545005470183238943002999492663686604£274994554102627724449402830864092738415361003232582906675620391101454036593517273187373177233978012386990131570578797010527231708234962261763558286940839189279149007679391652863641814662662613167606280775749944511249321782269539488322838491782703823911373721022€593845880331778293311765657858401795632795365267401138240621906668£807687657035175766131581970069058477633954124206088031485532243010898586331179846523286990629447858680339718615140484873232829458195474650139391422134940934817725848239461629204828258913063029670005961722268890796858908298451112483291041050459451778019204712514049734343476927446496761416842325607116548584785458190200390539646675147308088348736969708362483387511461603278029505904726081657955159353818360384370503784695271424374751300867719159637180192899472323493070509979648072440997679891802981428722876107647872593772246498309165662885754904425867856981802908848478727354418871452868790728124970950140718960302648530436636006034777494486533091806344906022256861070550972098591582596958391597299753794647072753641088413218786991207796957225241860760124195636413944964258181831299493141779684677247768387430917434488035483752403465589007833365306193294333328914688727283133677339160682457723224790061771397906145602161459800504709474489025025550831053510478876489556565408851498361835784650702604714385635970411021226235255980282752013461128272131148256214218031263373973892785062872116244258648501434469100475347567233435000696294728042878358242073152568093546797457312857642343996130326700028364789151945372532957829630927325314809676049336636937841842706516751093149342327061919763882967305714633579442682212323520409578645753492176848239700403157158999728862155222063353629658899433151923448402066014745769956989511840961772941703493335900139011213405407649909570958357560373956137155255370386278915504278046884362937294649878772450493639563270414761687213012664366779882148614539792884526685579717154958389438529828746709062232902549554732296846294737311686198901652377582763347559665692040287399944804657598275350225585866355825843853626766550312805459246364741627635359885089983834096177209464409154962443467315494804294603079178800545243095927718775123165171948236831913254172762147825979614870630312620392010935191033547204298556150870209703977103918561401763005944786812865056064658898942528086943770363697985755460458805122863169500319971452041685023129495825750871822121382161183560210886827415123792787619525625096306260365090365908208593869494233233548600209451589479624762912607192868819812474396566647410028721137126375390536041320933638090214264648357622591436494769357909034206818205179637625438863752589247788090181510133873264617912914003814855732544767757639598311665787293467499071416083751310061261917567849796879113255507918067206304860705614040387455245376303756906617592628116676469836100491025072433846656918419450953910799326107517693560053980371863665849316383925640395415927256020458188487520757108232364754203810308931
```

```
4406134005219809099503581184339049952920946381294129479121584472240131640937203638199805880772838735110024226229462903145523737278972668537314990226118797033867688350440471027054762984949628545195311487748957932589216819997425136856563594716293855810066710506365998750111340115999627748903615053656118032879390110155202187423645727410541947614149414213726218581363357305199976123397749946776950164527528436050640129475596598048598347578309013496934662444672217288585628017484364211622970624164461058660427949176320060333598411573772282390057179311646397498163702340694901132634126359742049069244792224125665603788395048716612604562278181103797900373652800123198653757359716958095722839487670501784990427729013528542364594002762780678773547699388963748136057426107527366564967460691063187706730281440942121492464702898949987860882281928603687195652758599217790244532183366301890387444301543900226895927842068958810760117605077899477126965917033701029658369192265499313513416754295534581418060865913812350707291611164198864414792976483896378805067357148949802800838640388603829038764431071747503858650412136364383108044336242841333962315158358460534892204759625628081600449397223958388631467561170512536376009409577571019406740753967226496466031450844773827090416804142605833747907627915466250057544645010904555637658527630418502129179327631580274474659942335364362511937337182340392407432585786199345371783038324654396714444567626812455181771552124967871934114099473881865563969995139125907075054694853464534753060521084966910628170830465199648400339139995661416203853973473329986497223193639983213660718724270135846613909287651729735228208762196459024136264360317942077424979148895806890713318203890483408528218834461140147932208734478567886949953580637732145405170341355640497955518053992198181551090079005507148728633418268812196082506091106750385227198130872031304291234666029786499254155161723006040590876022661150056058805771908788906231194333038578988430354553423726138591238267526574217797865828291134922010477396239981342458231121747447376619750746972867066665524339873754395324858641536569052227721227918307777762591444941259048507787516759238221719483556813586145218349422140384903312441152902761165846651132223372061888817096471366618928774670523559071843116956865626221570556052478290579939336205323490688299570820787529723437233000728467120550519099439453838794229169292062568700394818411382269403414929485443985996427007029741248042115757347248743298636550834614220301442091867898432597725019083439785751689029378449884662887800745714878058787033040477165761041206965672755949933265027544495861106633015692997871298974837692793321108813929445655003626592918031303368642817193867649876606143920901208451595415312015326556594020820998927510883034269791122324961202163463689718898581270001991183573098015307077505530030117079764007084728880547805112591333210812549351296477000332356504962466187025476332496176610036244333577062488770039083668155343336168475798810866356157588868853838459736197583425407454009534409610621672957853090022560890784293935996255448888655836619308276286559327823589025337821158988708041732924735015795094496538245100934488048526828162025789709548226907981954042275466464959983694701618500022763091737882764732379694922252621840162901555297505677665407920331572181913397793321824365370951362138810501948901131723590840742798299900590824060493541040365413357456067070481453864414021398104286546566530739620603722522515867617539302461094899246385634606301496984836827751929136548543257959421353847349089505542151775845852238170901133066382284456235972526296343285737030442986351112679429772711578545688606460695647319663987030217373111147982731256024815566165459208516826805170724052617672631677090516530758062590659935590333011618173371181568944904695878539158500646569209463849
```

132   Le premier million de chiffres du nombre d'Euler (e)

```
4380905321618878293956400827246717872003829892713702098842678822197
0366992230217928338541405885491147805517991759520797406786921043878
3139814655885718407277401802558476021896518582359536617585026362023
9381677269433717985248428369211066747954669371741767803429742655544
7053778860724082091552522599451544537934973343192766150588700601838
5916878200589245291121466940635850982257466296556407737632117241124
9574210343527970861529075255266035355686418431087825979631085951457
9382453165837955103983360353799231276265937417258422436600508442415
5794488073408266433578953648609545671236980816917958541524236893463
3927795315297336833219586704389201544019036457522773210024996442091
1880475603912610976885666922778656110254206926245021119234415903583
7126359804823671942219399179284763854704449795031797924967525554600
2041502375238356958222449585454021313088628238700940326693086527295
5625362572631820175632985105490644521720460613086509939254843998669
2766838976994587651900891385878025989904722018200953647826189830472
6932104544917331873389757360112233463562640964193125428663524800079
0134407532245799578329042936165271026504803730451470557546341294036
3455094181537688491908420665171651658372545498112511040968118519313
0991817098702198125065109691136300676884175021491526129185413190230
3902930479249650519647831804466326190676521898155166194510747591335
7618474023156310884124656924637934182532611514642406973611266541896
2866973848605712472409407257941607367931096590543257048368750691819
8162234444505648777411712804315755609758960826675838284949060746123
6828332992250459185194717136921806384451402426141681627078383534751
7169507088789133767675746581455330643257317010057447904458046535773
1561374204144345579886613168559639134878945334931177677461196065700
5525088715432270959747502302916540464495393083485314768291945436493
6726363854067205432455475083771398499315499099022160177973964231286
9591333555020210976727507199191202676283806439193089373284260149533
0172307941312148001636670034643373618725774487848761676143121258591
2406768683186249824531583815189163791116672995952257925904050624380
3486748793536392674787426822605759761116080063772724884409145067963
1743932052609874377257231517100035749152682843774448601826933232879
5209929022005292823658075654435473091504269183951266847638246703744
2648006202500865045460024054366115701406629278158769931542054086010
4843915658303830301286847419700363391985931786187185662220409790856
0149007560574470781432243775431114731099869656074621144166279037941
6023727398359868603354420873543044093353839299347411135633188353135
4702101793915020101323585034637633092321167743685495494996856613380
8626857406748258571194666835604888336674774927277029065330547478007
9685688065556699793968389037338562443283867744163223393152993292535
9527062652550746740934645826476301683081600855744763070030610921699
4936284642265401165387004517649695378094708593501800227138179868546
0726972592550044039072190552534023744709913352726841917515188775955
2198058688889619935371343701128137959497994137471477914287949308952
0561790008026154595496376958634084389411878498991376495991326871163
1218681573509885589747470621115101972137470580947885752407932737561
1686947224362064479419658265737514052171246923357417382122526915311
1508664809011362837758640405742234260056639112265977135671780156739
0954916291333411602514121702117217615049194538793480748111099980837
2606781813475689105637505528435759286124971992495663987804328733384
0425758476809543272427238686996322551997741530304247322772780572047
1986299636412520407863106494501246896847927917040262702124816920400
8678367074085522108501315960200622807522695027922104884074394980523
7768277245406484489143797998361717942067867397449435657932641623927
0337994504504253618456782120914475496151112649077060630431578647493
7732340858529398788036697871280858194779030790388607056662942395189
945392
```

```
9979637587720855718011321572274726814489316314662176578406629991595653550016468857565911968064394530477234669847941249876256460875501162606988086423260265484424623718436256504998310595574591831112471672902082476374332393360116546572153408703965389409218893958309870961897038532353051901969568164169915552404113636199867045354573525351674417314478884222557451082511123324931075235238338854375708900156133721297431103220588374676470953408861883547801231852224047577040837385976000265985796658629019389130971440581008849673622669218226126699285268356646487011960983820922717049748913665490067996175222774348922836905501900829298416359830548431442845760268036303099338312265716743823126009042747278434733270556234763146408775788384123464520215876420334681170546127947545908153238485860004626863442296617580433217036162707484939859097433838289905168256106775302944865283673531929263668737238371474240284609054890229977741301489713947420745195423377102440042513896160560859458557041469809872321487582679507495561147910525277870054121256795094431024228242898187720641834009613072112748433658796467389685195016948334146778291207754970381684838172720379743941936827104781854692736933666319489707092264615664365854779647531564487104462273304033359909896602399448783530276734947474213417568795624756483877289811282522808544557821734026418338676534190251527700555426794013704420911691690220987635315975629430738258130846361419293528198471951266858535351791214693982331556371214390754582725183794203849759891513521068147968791914109166744976948791259003335585388810624177204858500939046870204548741963924171608690147220395598448889536229749635464052275558589244211050506513852217697834719628767017243754455415352427722309676354250194243032258392905321467773043209173258425497604486509239892780656340390947297130474291419019092409467728217228756972503003687191090122896939582664063731983210534607647530733280488119980267559735182430202219707800525277623145953244561735600267491524247108198623538750551074048384047919581156174209965206070069882289716938503987396459694687395432236258602802629996244205153492567710347487967801489895650761218691883867507386883085608169103504613623122647043891707696229037373433862742204411185991294074379642319060471393969572806657609245146808210445486979798526220963258690579771700610285203704497389912650272010137222574522324021715682787449699072382286786288908879607276084957965497476791560027295142354479263656865263985906401034482062514604768449043520818401183842096233547971668773168213806507942372766580330169124265104417765702810332881768894581220291409673161833541033774714678905591451161751860307479304625107070573914651764593311260352078386858717231114710564612794469901889805025761810461551221616827336174660611840253746785092808417976007248505324486757471742874933914160563983082557052869837919302706203349799733982882401280290036612177681383363727735478004881907216524810095098351491255406056512776215948796328593163863393937426414543584919907543416249818568132103938025933688638526555350455978692816672293002314183528642134349648231966196425748492491395273150907416641011309882445442073842323532229698179658389042189402427607544465529368594979342721483554300435380523886610286363840547558051083399312244033461905692017869124386664625035508211811349183534387054964573080303110330471951209384663268644274215887154183732025096209866709020156657924950147496720014272322603678862353803153408803987311457513974765517281078535903436960661161012721724344798306248300413730612507098457837554362335151864070110447226409204465593357013346754808858811889428596837662643638754926239573791529249605052652653081088540277153306014751468767579055549507761955054359475412545383930528830480172540408471719313742218464839006548899472039909907673498509524570931494299193293952006077562267689971539700010837691
```

134   Le premier million de chiffres du nombre d'Euler (e)

```
9585839183808998304231219946496574233291360497472307122852220380200
3755543381291130039177698564250435151633388685828892496855552549197
5662126496490153055917974339056484205084198988266801237606217575
3087652405336033780613914066870292688083923331567489138404360051865
1968729053563485849953596125449339571311997089639253731966774641616
6767524040095272817209754424788519215281779660759335763096323529
3434850229521812210352669160159204410841656224287798971362340850452
5378849401591637072297342600419417983481982200199255597707619204
7183361730576894338779771006638952826132857053031458865833918648
7252892750463673568644047472036548946680879069868025303642387713620
0248212552750731720745232958969174592286658412236327748513439782974
5754961371364924051575018936130459795979418263994678355914692971
1026278228779225566399938297278057656647702451216572825573093404229
9934789968592158781677164606277046123313220311074573723098934826011
6935095302477516461079371083154876718385825645C09877905765053855
7874740909139778159745373476541253145856492745711883843312312286614
2172476914855571552282415009836107828623553376053638538390460369106
8281131844762720084872852468428967044378499543914463460728612814010
6505823844056447096372393523281505120657555946951207121865913150
6537686684215868942584362143910822541814707372581636943203175223263
0591769690029608840423898222678175283575034225617934553724929777605
2027363464642250468664536945821187258514573343992453795278167643
2044797410600634181295409464683806140864801074564130031668538533085
4188839263829233515755764150269002289050354163955420939130524432250
7538441428493967117465456706371997713790967914340911925836348446
3158643882843362590798280361640397035870238176271888992024080061351
9266327927470166816591600786549017990025601648227033023741489641288
3306107966523441748466041811779463915990243286L3645379507462532437
2471673711824160769835551517786071318763693611414325179673539458
11488143778153364222025883321195745596009764812112068235127791916
0987794788364865224217843755972687136120848140691631977611492330527
381484817509787151742989750674611274207202924275962586785276084078
175533174410535298672857557314284694596177202966167074105133164793
5496501188373504726145046896835103512948924294950197888992664460562
40018778400836044680290270561382913990458763396E5885820501749207
1375303779462163129124612519840660267053220482768Ξ5657562491374151
2914255628140661362198253791326395738278832172970432572550390520400
9331683039782780030549421569136029092828558076019818180781025267874
9738466367697262074977890902262505133662677683158424187392750605100
91260345270876825793802850449381941842191440586765654227012119091
6699082093690563411631941825681143869085372885037021074270124717
9493644451208794461858824695724919601128539952016344583035117102224
748337623252699430091399552688750842417854897171428740635610128523
844356144523968426193931180943290201708124807792Ω54759031225684288
8553713792329981386537362146582217551315772106428Σ4325482714436073
8980594612451347032963134097799481823103625070484ξ5051683535704460
94233937208778449309285070535524236915635933441163795676916605131
8265712438540040466706687624889708524070185754296858396548486212100
471581586976596535845996483574890603478379717181558214065124202977
04722676134330397640389576117647594153234482147359504004067221660
937777839063037585007355987314151860154872093614860299348391536122
26167939373195621009909075205315322140756519279799014013069751267
4464328170094363686778102551081102700052811597919868048753184622506
9838415521599167754293119116264983395260301805603987388323389697123
786616650932886174365838529354329217799181014822793615416728841415
32999252637215480876911235178537215688891471403461826989267134466
58899641548608602919313869315541312230743868782232642176001715856385
1337781456771522249682817207937152575654338578053513389615530370
```
Le premier million de chiffres du nombre d'Euler (e)

```
03826255911413264538237023137034455199459180761821929311001157 9336
69001747646810955285096947491920714004085497018392784246724058 1099
48239187410742295215599303359348535699450418816039750474407955 5682
59226935392413409879232786019301492545758730458553525521580962 0262
24872851475521230831867880558039643717794328775298575870054353 8127
89915996491446215464243490017511437277332670677618526557019491 2474
22639533232135334675203136949445215878924804708851348587806454 8600
08677260381292354336011254396383572856777922139656824408035974 23765
86805257954897750019905424465590560277473645737087745182571096 8361
48108955115625363068600988364485299009171629143918537629858451 9928
47049676869408697759746854290925282675721576093569943774227662 7370
35700093869353875686384688003105049996405038462841742120975167 9194
76874383784128257788115672274856892975945457108529353337848309 9076
73718415581622043185163667184767920369200096685691822754700673 5648
45010984757352156695031222552035638163030211424917616751645306 167
43118582539870939335672853629454031028034177721024909434474258 8984
11215456982329445646794031419539619295744616106800911883874105 8887
95692629042450653294355986715854872062710478634429271757681280 3877
96928550183049232129368932526080740815719914183655431666710426 7218
21006915184936273962273385352036741483601582765682854867808781 9651
09188798800264159513520159115731336780373280197409434986348144 3921
28167732508779413306029991396396222915311914396382340518411147 0363
09081181795111020668977235355447439075086269821172484645882648 2847
42253782017887957235887169218877941000217491074615665901981833 9303
55637569476296189599792507121238110535543056260048158683139293 5372
01822065252227700645519341215773230407041090876929748564829224 6782
06286470976103437450512468055222618684797946667580046038597349 918
69035565506989641448664516732557449887290662223682722193222628 1467
70938921381694233889594895162303435633232122779060221514253055 37433
64886640957555368950571060246989870003799174418965397980885032 0093
52566194402541931607936641085626389131239417142656249703450308 5755
53474349809213786576468262130589374268707724508530570035118119 7243
26907272225556466377180260927174327017553320044447828613915310 4983
32252322879965705460702008912682134930303949422308818151894674 4464
42391986211249775933574429914671765647324737255154070615532990 1584
41033670934116818454292721157209095105693582193064289760486461 0651
08479282127111257801135792576455910673487684364319553240794573 9968
39127398097100719301958567953763985612842870818460585371682227 2653
96419308184465269675684187169600495071042695117584378162325514 9557
46657607527654908732350378063903037080923731952951038458374520 9881
85917956310239123412814999500187202775389081013440579454446930 7190
01997150592895360447745350184097520894000568391297602375145525 210
81794415360255966923288143267933846068638785129813044948107950 8269
81708626392397344388074559536170727309095241755192097319792129 5346
62123445969087634509522528471350614896322898688056869930912836 9224
36467966937351663405276476718329769494241684387247790572469028 6289
54909165667321502677332547398358312685633339412915507885360386 988
98631492058589428828240091419332068429388644889024617212886661 6926
45610665844126268965129020065337529146784417422760723575208728 9443
68017872044099813457172794095796905865753147502792979086185647 0892
76992865718242386849873966036409033369052103675035314178193754 0224
22910930289985797334695368660488950124891736061429999219813162 5728
95153614287731025472943385206809987659668559731290111314619563 2851
71309851079602871516620632882421601492675622608094486103883252 3693
61364457540079790272569390469538917436265272539773813704565908 372
72822349632329205964090431338734827854135572913695180428050361 9010
63728543417571111272105571363567493960058641546466213144591735 172
76312768425649577045282770452670437130307199945931496524063662 4394
```

136 Le premier million de chiffres du nombre d'Euler (e)

```
2579152617454672425785833255842666822045131517178171113656100716387976018782897202682492464376153454098084906752329573294569552298788111225012400934273921670278510817283662991692565638374351008094542944276512433422697712979948689920424893461558856615321485197889658660594446322464577949582267721957873288120600192526295847146684687686085995819185647221744774588203231004023941064413521833852878524649316925579366336006859296858294666785903604476964074937377419250028213603320506538912770827933594963414391993555041983900061549115956813883344364118075532836703395364645710261460191272254353534707904909751529909229221317820705421551402183698960359635334287453426800628531535005344747041945626570547249533162259242601438775002792019436904024143840556847970097019190321888935312334801920195178912200491208021331009284414256289018984540928145603124798587140116945228220299835500820233323870794261027787109001405375638143790444192170765055313833483675528407000818592196921140847842647272077129757209946524990921177002793720904690539203699960468082901071882983987310312028278586432553626281021435186496722437064645648719221158699274520508178385974876326545658556148495676984135251419770332067981509913181279175447911814078118696008685637950450578879459135345827237324105850249904838220912885970292758769553844347619915818152447425996075594402421646007481100070126093798613333297140338378984578937410536836867222265156075918861074549856793109242119627375498770701454413241848821013416267297330400525339706724013585656059879416095343755277967310435524058782470254760897098809437788097242998284080879033441664714915580396588069194510027035534188162648569140108305489123630654692903384203718357346603563990336997039772340216811532792983181345806430902202821884144096628717252284351384314452578716534383506991933909957061837271121154556518017870224756867972328673022820195427033968600465989015095862830851396145961460066609179687705161409908083829201765755221081940083074972179924899417815583698894829322040000988511190247190943821345170332571441457694425281678484538669684480048424342891229293121928411099830768054873185440038259230869047013760514683745892742782034384214270857366623015752873813912597040069172024876663375571025913361778856984952279393387432986236811328248416367338975001500142482549694900206404905308649938868215124626460231356719411547474900923449002950826151374934735410326720396976042846884179874057792927010598344918238183333433907177051774437750049953684921613724985120807044166397285775878332583060781424201256718841855158924684353293293207176867722705256893415817027745081872681614126085077669235638582184981892024165558162969944436558355760873564689600798226048154667868045789093155501487905570483638270732614049035078498994780820333029160394857213559108127619509801385274018489087745287803314434070221982475472862987672621083395707210010874898135884783453611828266240861026882737645810898036742299263118341071981848613629003942059629416489622811063019639975649025547390217828493194135159980372031135293479602725267293634293239477979774201962880534411244088629777534703646252055948482369003069763165770604379038730024028889594942493107209439510248064990347244280452500417747167184046351550494094596786275787253113035344315319275771186576306993042554865293076665296389367082953867521354681219521751275983613428000874235333965398138499255785664926949883572732691862271981070349087101766552382750896008351155340745450938803596558730295495730269768228741697757077615674774028198125345678561449488951562380606975565353792547845152958480144717731081470538162358813620153668551646946370262629165401675227587028420967548862765729749553826776178459703341982111206313706958962012110608843067325786615540474109509735316416711645220708382653665378519840091077100695694094777639532914495969267872402204529142892


                Le premier million de chiffres du nombre d'Euler (e)    137
```

```
3084003809554593839992922667791174916304049381720457227685377295073326719475659546716752398423821817839538807935969734766059500791289002170040354706244097102793679084585081444753515381842365283250836022119284803740624410019517471665453592050381163480775933422927064523925923855847966398604852656463376464648180765417963901404088377255390833165426855639897245219420440714752309012286637427288855373821355645185748942717719589180750060130178152888709344875020535615327804915644374464280497693206973068522879726902652650201272333647176474550792246448185958923044224116499842189897469556888761960581007637592190008065410853610242683041748751576346576926764283798032914662528088058368391136917751105708418165093165777993342841529306255435292364301199740653514302050531928717010121215954311460644823084363417000248768301996959252317462858819403556268688774062603495294515918629101972556876899337364866826409506884574766210823015850691107369397696187537246571023379439294624250098512361039196307963597201828089108215208356804253007824107546756058151242969500616275361581347044629150102485442560484913601703158482613619133441138719789986247325905337192166551537278257259526784619717256222008283658030566012864993362061618729917081625996914238973825894043097137349129447120413276526624300183275322304469234212280764028517709050240436137133882861226137064641881838714447699965170840294319723220531427174502070598077065028251592676457195381001684401748794216220300318774294567429187740194841500710632627854092416280113330218115218070009698415565825831642881899700737702685318087984795329198595930167187965362139246028535297871209903071276676658600554367009087713957651650103279830723771723741410587107999054602839641276320393030871374463221099171581674051780432571030004452838217130366484004682677315920329155730630118548622827894935622831126662251094838549078116455603619821086892768250328457336071819851687357985199429932081072066597029875235337723234229386809615044543432252070895631586813764308418294750840705873656112634231078123922693850241643633359352228837787678387178580533113762907962805076386074333035564281223018659515511713016419292976686356579506288338029771741450024604539715733231192521649775284859218835192480895296508321172971106515944486512308846812557446047664769009379021683552582167219311391482707145224148045579847187923070233473753622579013279755756636625917113418679861723095080344914157235068154192894457259056107280781446489924684449228123666662322470862494321023158557405082731701468332466643480270387530690291082815787501579957223274619565711777168459197548049594855476654118884496203471365620995825569534157906093729050736806319188232725147949718264043324722766984514586429787024015211310278424368914777482872887309669150924806607895178482572177103049270536639797146040823010269285463334751115732524339510304231384350043356577760479879041735578049173583761646371152150137245426068288317283504634944847418047528586639927441279746354395791062795918042233294008629155635099450410466582048758672065758725448345619616956516724192339336859803601256806832908132551964722197658639625984022132585490556161528096302627565344321705892542059238566880157865270955815668322491784544384663150813453887594324267210099572710184296255839986536225903184577878988126156935086385137333815757840684910599947306440155137763473793235267628340450477604544163440488662057489676145766091358638655433527028973460899709052891197837939663261943916641505434704121395134192974732758649362600822683188058927838084730347996411029136867367639498120915485820332851134486155717265081458909671449441297217964718044452578074710872732263473681999467251659589930247374718129668384003279892638278851655074782810620937530229665594497558645941464727877191993094766491393927524476249669663097282547431014270346180508991244723279008507092285
```

```
3126337287114780097976749044299381463191008877939575385149904256479
9968611898510761774224573556792338547543097035344436020512125680289
7777477066272301634604035575972771184557426955642540898717324694454
0251143676402793449116694165147269012568576397894409584357491562922
3826634834524966351867458216683251985791506639905075619689663587944
1676324019262419198309856793846978369237092381918597468246851302446
1124066623130979443263311282918884586221338507733715961016709204011
3724329487108855464459518133189910444490393916414804966743805938195
9670642422903326670522855049289499262402167152695007062950088041355
2288237281563751233384012757991806199813968601962744224636049414459
7341087208840081279384558144535907586680496092899811624594483549612
0629433866212245366254324186674991204310977744687928411006276765146
8218854275472264842854531268787437666044137820516318790192682761449
2255381097156451493917898045373848000782347465872024392359601713933
8426388939417784841511381893133683117266874306699826312887249978603
8757838444606328030133274124769824728576383981129070238775979201363
3463404858006627084600675928177809490718772886149864593809673556107
2421006204216510954889691186402607123478927282319299591414275831420
5005207028760120182229540179445864267059748116239770720069933224378
2011101074086459370447793546442664285879368814004083934790320806325
9590392414131053770769804192340973958613596626297267550273588646744
0444945304964301556580586300993019693672710137711177153104703915365
0008890178064552217272903372284116039529130410793982797047541919924
2185101989804537384800078234746587202439235960171393384263889394177
8484151138189313368311726687430669982631288724997860387578384446063
2803013327412476982472857638398112907023877597920136334634048580066
2708460067592817780949071877288614986459380967355610724210062042165
1095488969118640260712347892728231929959141427583142050052070287601
2018222954017944586426705974811623977072006993322437820111010740864
5937044779354644266428587936881400408393479032080632595903924141310
5370769804192340973958613596626297267550273588646744044494530496430
1556580586300993019693672710137711771531047039153650008890178064552
2172729033722784116039529130410793982797047541919924218510198980453
7384800078234746587202439235960171393384263889394177848415113818931
3368311726687430669982631288724997860387578384446063280301332741247
6982472857638398112907023877597920136334634048580066270846006759281
7780949071877288614986459380967355610724210062042165109548896911864
02607123478927282319299
```

Le premier million de chiffres du nombre d'Euler (e)

```
7794704086200466562253601258609125249806627371057769205598387015196798011903814794716841783977459100789331666597730215575904843996288898555127411697825783960159962779281252821498630209040067745946805731474249925339597878731961722477166169840151983412292775320342353865936647005959284563925054840254491298762376018420259699573538133385089096868701754962527179318382353841802292822745113914311158143961194453813468480214920931268247691861270653263913476936793786048747734144726750938572308231689628692275133904160304763751601472339388200236822845650349870952038141079286544120655945374775719296364226442250568532637175316162855300482677637189157903854490517750148236915278845129559954215464088472602467757040280887047945118394830342616609690613351055863403219786293873287591319301965350938545593140357433160928028111685239309728637488425097713134163455841216435733765282288458826402078386757213067306292629495213661890495464710247460282007670078228257604670559030255236682540268494615265163970283395630826186435142592176148058862895563056446356120887728971181846159865030181683908913192566756921342827827113928453158957690715622517699980227115181118891359479222275838972680576349165327779134354236600760622450668791824202672752955673918373515208921134057451338652076060555345669030448844811993253873334935231354165371095717798440576971354831954391946427298619545396660244266896913734588504524686472973280957092233659459345051021211554255974952632931308370643199850528248562423293518083845910222822402227522802964084498738568313686795761688715001808583130690347607989792722524488777439945018768987566128030669072979409479442533979417405986582989395319764332741639073582398316198121586309485128509473698689103469578664051056195894275713022857030944654107423899166040062213126202918769842379824532793321186940439577213446983807243274577654834403410261068276349419206510951071194437491775644533198898322006613388674578664896542986371929541446472384347242217661507958854459346085651258442811286191750609934444990536735823980210693245843810987061308227479739840404349588100889291478238753513979209867482994060392323716445007521077498267386665642916120635749322286594653000935585639793473757403392609317217712070922297640753899667081291012971405482420252568011088424457283909286947355359640205537848175684445833923724177842168741349258524823478597812940772895256696061760638532527117405019081668213042462335861362479040464293072613465593459819482122279699140365514487694443462721920845420743111243491049912199104177701688413324689866565475615199658566928055179368080604679438538075130266435639784536551521029116714458959531146787203625210946740943510670628634702296777093553329202081643444496476502337890068164329293212095314596503225655254985358396364383525102051618596156098751571913724182955222799825264338441085354800961028303746224235215353549324337283236567577372251916415720976518236667383965048655358872053545031095156076925407536719064967792346330708800887042038159931871239387479027305365974166966446716343249885545687933376323122502541203708573350621711406944595167164290630061445948355574707762047846172969769922881963032273749676319398449626315663501996467413546275681834760194684799733384659214685741788577360395834962336593849263084736966032967516073106567120963728488680480519062408620868415273910555566152613229384636265037589585369606767107820185264395264000988329688742845912131741042593919292219052282005197537170856371534669032725721582742512477561478292809934645765195599338385268081163378568431768671276065394775367760765093536047223908236072743888952365798607219157678261769041825495197340665830816981125941509997179599337084738935160964620587535387544103049940185480309421031478636243313941382027064022620050764236964906699364182632722558365863594688107543431681494412330297231166101374053391815222339
```

Le premier million de chiffres du nombre d'Euler (e)

```
0008181111272037272845605332944333714757569154652501071282111915859
3172872696020381421632896857234720542709645987650769531822622756588
9038169727280614155646047213557677800025188652888625180206246186905
1289617957094538397304496473131456131529171043377576435565253488383
4900075938040254861297382970684042565022566258220229302510045099033
4710101856258055967210483103754180279770490036567765471661643889522
1338942817487470893923806126750981503145602555888333983492403391169
2281195344791876359737474544356324697623097625531226889457675826104
5615388976945280661639623234139145685020411492510679857330203067964
4949478104563294697924838986366011586593746058744972045002570250540
5151685750616634900856453687417002237316716060009874813142217517913
4013824389279788985806778223893133519739250094313274696939622189041
1804905811265397660491981935060904163894685645543711582325332705184
4213030139206913633988345336559783541633825811089001706491212492600
8030075311942202924992656574835737963964183676707728551818655894076
2395491936593559552954911832192829488751515872799446345453185963296
5977513132522099371287510962523074486667190914256762029099727257973
5056211956877157586380996163130787752858606595025393676341218787408
9507320280490924767010062015724872128863076243210447107211367888599
5964709444152151646907730253736902168792058724059428360599736724166
7848713830919347055821073221681501089439034146371037893670656992557
7610611836984551960344449065187896361154636914966139595294355310642
8524276630977527974762203023861044469330118567655684706652484092201
9132404968917494056548083320687149205069877820667524014804967911387
7345131995459485304802354140866066313814430249789327989231044424557
6182163435503136780721787053707935775633221447117150623935133839268
4421668204619709741001926040872036771399935965730510089492069492549
9204019382151144979967073983456606321024433472741561237643706422603
3264930527412591636071553959089148408739740092426170503156408244700
6804296517102964959143277229939774781441293435069265177396029840822
1886267099419785182401319019667820886645885175429423839460726975596
0554735921631241998601394453517667541078136712161144429158492189024
6187199906991718367438508648130986362722477115793095981837900131619
7440427601907450516620248826689303584717380431616747812199429329330
0944429957763153969192006148065094766375505287269302783978050699242
2388409496576578482306121176127768197810799301311337660553519761166
3727805032264988470734953781176123328198411748697592010130474809330
8468534405386998228238504322311047522069093237813022795390351285086
1328802773085970426448796892076252762584693677461982125294609092026
7425058262398589595943606554986279364397172647740988483836260717556
6480491508089946006337234732466861334511240822711407316270452334516
4378960158100236263077510396834416521341284988485709989565323180435
2581158134766456988654301474664955143111271380738187229350631337514
4177307796438720341982586320600989399940405081599447595291310145855
7517655536629379621146155717088898250679943516283438643001424198856
9041648029076216141128939270338468313824956860956093886670800364380
3617114045411904998207312165226504341593443473313497865250491192094
5636477122191770816144067838008107268865531669185367648437553606299
4047533199497071638689144795450034596025243467775593061830664633159
3807983342275947030626510925796331571296256438942949608668982791495
3921132031724281350285563103724295336799482916964051128729336137881
3400018407224659339711938014299606027337671815024531228179035201126
9554967260919655141477385286320366191817057947147418105123688812323
2129769257909765265795243711579111963332127324966076240195465549579
3437099915215470061533574389454418458438042410842023680275037283286
6464108192504920192722678035634341198547386117406608264304729034876
6987511521314011145995954237826441604375455325902544664291067919029161
```

```
0272377825681079809228553571661417644930076215818381310902215160 20
1398619543773353847155233987394684489795686785408338500409521903 51
7154555590620624633649419563386318394659832235193884293719386223 27
3957412644134358224633278735985617395757092860772005968347895890 66
2996214921400465017840512387228809219619453456940077921819775981 7
2358982535889742670362562813780634060164781953445431402363040851 48
5084059906516477801188533505421189943154862866848010329482637294 84
8078843068974560737977452602789101834720207302006726926657362754 7
9972968517463056601348448611881511960272717360532394740483628093 7
1857797779423206981385111697495018549808916610753261941735680424 13
5197285797453495407767810812990042514685091581379586026172811693 23
0473132949690274610072102579957247742517985633649835485606291173 78
6280776246727823694148065353734133598497497092693351407057193566 66
3253316414400898587770133048321466931702690362785663751169159478 41
2676096424433236351028511675031472799716542172078272764557280752 48
0635164201126027153993907350893744729651355093815547307227989195 77
0398389014161509669771331767015056979515265483577632303993505855 5
5523705474076826455259255227298826225199210737573539772698917243 18
2487871774260966746505780833100046025073529120773869255423497895 46
4105743527538556654566884759328372484523616467048551175749917978 8
1325853159693961646266556578176464167722403608491476844007155599 12
4757017181676963899442012144668905273562699945836674406584265165 83
4521644001104365955958433763959996579752871303939504572552324541 8
7568258345865702731669802036322273215277578037697081432554487282 58
8408739224597583750479857235859049658342683189908143425634602121 46
8987595401299338809013268941093336758568865506198121284863435230 13
1153509448888098859714490718083597838390516227722261684616354570 7
0251754268023119470374099700682791781022503205320628316274534525 11
4458612736270930143304590401388854036807251922170812643517301203 85
3212018733000731436038584262601283398722786356018903815550611477 84
0970518242299706546629071301309451042910770628471633769453589741 92
1290697073603514260974629347656708213137864223113841226878188024 96
3128022331841843899548879018692072360705318838770157404946618172 78
3162249136355445489766037667597306356195087069745308781457974012 77
4138933033879058933098844111378755303246266525301335501269522956 19
8036224773738319352623563906292871004190202433251093165798532003 85
8229187129276810981191490139376135844056040454235225763148900983 62
8215226127423237935787171915181261233334123906918560623035987376 9
9437752277581992005103051292986325540566587703145699017808245396 64
1863845407887173850111126982237050267770330991577050603551603421 28
1256210458337838550528927990670979576201161106267057544623987532 76
6407774212598726749661809537798817390799475407242855468144591494 09
6260439634887140073680809686131837358172149239725795388291184312 02
9472895408483220740965362642114838188175195861330429223173756652 6
1351330494061894555020370693603778179412964325440361867794304257 19
3892092034016923535163378921160156541016109524362234754684544045 3
1541675026731294808913433385570238309917594930802300608582542276 17
0402611963381658579808822770243368874111747516882130054004471671 92
0896034516419646472278029556563154923044042013510134230733794109 44
2241214250212619597009787544704397884757264575637275969301097592 83
7752123314190125337823962918937243934445355714255136884773180719 79
1230266056129487504445184378485170182091554651953815217760607767 1
8723151690147043048811964838512081251034274065559088969033978146 42
0900993094245754193867317571048012747345571131467262328682076557 30
7270439302521593639695105493810817024593620382550038367551539815 78
7271899641880392201655011936123212957880582785902547626084925099 5
9917348861236541665045752886614408211195073371144871305852564749 05
0427939084608307754951826623047457650047824733836535564983721778 99
```

142   Le premier million de chiffres du nombre d'Euler (e)

```
8046738716380132109317785329179173734565552556877636817398690064l8
5280549224237931703246965108017385429682291765942999046300655697S0
4973296348124254232874021349885629819874276S8026762614770275745399
4721508992182145810910650657686394060313319385l8214342650591534943
9039867401456221345355074464298236086207203723984l67899882069S1550
3772642703441881103341562640999282808031465160940023780833213353d7
6374854694052967831838129038690959242466403946647951516068140672l6
5462277752857335880383131203409321789573994180686305130347532607q2
023897183685473608709499869938d500791593d56227344374809996705334y9
0430885020515300334635699314713063410070208393l25221957018793d5143
776344071997394116134748960711132339028601242338006427628740315356
72209874154967214555634058821895829215071166814432146374S734704611
355263306875205635393197525725708577021413170253451314818789324829
9441046529791168178430432236457807742858589524705620389616665l4946
3241098247099408189616391732445231752200261280289334l836d347737379
8484297036770048532209980763440198871997034030d68533677785111S0891
24430727353707376976815472492097476378200941484306788178411606d957
5708261708992750842269893717215388395734070173193754266744803952d5
57S991917251707853488524149854438742561321183203929138851525249d1
4196780920242452711181525114708819S442618907114639960175057806384
33106463482576799675026479343868261128072760908664852203154885947d
10597207338653293854462596294687772d2669675644973056l0497651431S6
195883219912026414486401740949549942438182519766151888141536010644
963752806091012631824641061948648186516881111097718S6d34188191422
8579898261605503753667930921317441610795806763286958274l8129369890
2472978058728851459507367419442724917301545496684765587608525025d1
79987148S07356158816539517144395403457260640403048774654833111772J
6773655283800531695815922107011271d247721047975357444146990751203l
1258652135210877344882279921598l395923235547989517782585902699381q
2916909758192346718806013844202226950270084125807399554461792539q2
3570995816d4788741091039366681311752226701387675438135958714849868
349862281001191307700333950578200134074S9574734506571487662150789S
88991318933036061059721328728046914000616591063489546374949l287057
628013046268266951908485333179622352470S233176445158778866143599q3
25047261122855762832008704334059684219678972082818932d7842334806S9
6883669461042708164421545340703931931894l52048070016284921146359
7365263892681690429520484178018803239807073201317984507470972S2085
7363851338439009791438279260665439950956S42133699995047299561990d2
08760950617054866032050848243760316365077271262588888558037624946
3682139582627773387666548812885836489037810560378653670597646915l
8306891780980264207839514549528647112d059613605939663ll5608439853
827341d3427370878049591061412514410192760l660d977911945l33504244
7564780833132374727889356875352089353l891339380409€5596354470639d2
84747205115731742816109399291063011624622863318235526064223452213&
5406992363584514354459340113767974064178338439944833671835723461d
02139873173996333339760589870738731290400051556498084118980135993l
518526475904284949430377462004945877867478022695369588488482581p
54867069116256770768624255371303736343607611475009129040334803085
60629117239457186096956d35787840973430220021730948614252d3091859dt
618428892728837191928081595958071482083288202839892d03958l1163242a
21633211238720957786463464721632835175494318582697226465S46621342l
3696973319537070061097281667791711478752425735664831278811564168q
6536335976777893151468704297345712328281925117550816109520S92182
8962108196639109202738682654624334209142818495441333818857318854J2
4701381756591785398012427095813849767326752532l95016671896205556S4
7391d45800612d925522826365564135931344611465S94617l9758l5341986216
4179276482d86950351223672087339457200841210040036256521933S2296790
d78096874352050035l3569d4706547984706081855906458392279d26S687941
```

Le premier million de chiffres du nombre d'Euler (e)

```
1752259744093622592783669991247913943762341375948982863270862851989621261038314662118975856944758652809071320925371684155130642025055605560274271913377047906206302709712454224500288996836709514141790801180571299820306127703044815810866876885504519757069367160868040689371494975656652917668955782898351247972298655218547251451983185881402710475322757440581792557498434253262508048416544928067107700228891991525555124113783207259894583907877430778667382711338490172124995434391797349995125951105540485827327772602781994153511915948515956188978133750963312240786196495324652384040778032120521374451134649960383766954643777761673703007857933159730781647349892694045259287632598889612745736968647064563523213251318391604971475857048410675558000404223119987664518026079997853938873725560868567309951392531714802518965122965023520854623041284247674681012545308905913160847368135889483430589784069598119378517803560444779337611062441144076888165068318376909144318444461115367069884322751528733134272462428515795831766413958021698031604001262420044349345397923842600599937550617564910441527334227912529581702879381234558531637398307724765325831369787974918145868066788820369772398660542049054237829160895522557471850916405282020676253870746291286196583143869708644619160188787702232760333163027076886669327218705074596093367089130301280163859547805008471917701907481661265568180862381688070551558017609284349493666930834833067501399905281168757570196900042082819510421358034830569780571865677567673730876592757039290351078781807634605566689767490052160764531231466564555698062786014840984339872952138557662649220668132767028072514193585767177827797601782952384622040610779509601691862580934754983983346529764194297811066732265507801397574607806513943898418223498782110221953943521448859602604286781493061981285406297398456855195614029520433468131221664213719974505989173930622197438174764946148070206626009971609996249777827772328516711403001686014367190175956139188241777851445776311565766244901515407486913487096520302644497561024097144994156996831686773966585065259733512449660678353122461275051036827196749954843738373460545826117628514283730275573669415974188094250072489367269943403332187589020181768318406810459457917155711706451109807887911122102784817543417824682350305001329778302102693234840270255467660733786795308021569068581596908002304897903610752025730356881511563344685495741679017851162255993676285015856042585131292797969286267190230494923497376947686795736633335347492202036071072324867717039102034464402099619671893380898293142829890084018066571215431303031225046412848787368603517224048315755271304207756406349255237521742256989496480326097517404015849728162358265759028338120295939620317776164938448952548049676734459766916124683902556328993710881301179036851855506096914741098765345470453793992263626879163797499722927690894580666105507394486460883454147983730822561349085529679692578413770358432775797998382333841250794253231349749837461119895701347120980195780582010167513275632260768279469386246172476646745439754603292816080594524117056023934813346152280931957074536499075222850094497886287188515981349361533741687505742220471664988704000763872030098735327558155237362118314876040486256247013858290240550776497543688232442968884163375787856227607357943974680065910583540114851341664124290384737182247275555652382945141388412128702256678522485454795835347407417959636443254609427527674038866315560076875625170685816988071776222046600677843762820863489098350841685338461659741324696469964181251323350062570010818572802601959182167849973589250263531331966241660521707271872768258393348367795100655662230149603287283053530895131636017727928614464500670478655830219543624210835977322517941348180220267057218232903350317800241962000559412748861031823472428276856283302450150639350847427326856551941509098413992871 4 4   Le premier million de chiffres du nombre d'Euler (e)
```

```
7304722126094347031330956106544522051109172102065354329017643519883481421956325981418874830310805050061520776018589354850716363937028973644905611077734275541218026956823133453188983294958645409598791978200644579620840869320167063033900748899368264713334403424145779748596033557553839717624704694764316128726988080442648758476843223727798239578918451623775809641300233327764621672449409528644685171694185245521503240448136670915189459457780020577467641619995737148248052225241176909338667470586448087357848356468650722858689374310026787757560663352268871180682037977127678796506889986754309317183581656274188444223298083390956617378433954217157289248102503973236862206174011683063048701496509854780002389565602046726416521457040377548404924510169199624438783336982536742171685016509431408678945549806845442127176237026335059631378640683767557440315209896246181656836866582492721696260290070031575266107075182579857535591092834281279402749046748873039168837322678983187555683508557168276960293536978367842338914930394295603918809606041751098027854464279249599455580178360180215154812828908616506995973235275705869323205897733385380839876343623326567508646379804270294922767500752872258382183837247924018930992882648442663773404822185119437988985081065830008243610493167069379148704908171454808862344105550633166551683817412935048178967232782832691518574300914944502310251889111386114040957037199546647379526741826869953887927145757697441975449171790154205888679996366728578598012006274144879828882442408762382404333865021974829022535696452430789728875201827400966804122904736536140922001462282022179570302044324955325548333535815519746085487271027497018281407463481692613633954886682373449527627572405244424139382489232714018013414994571286023177986137308280415743938386129935220462042391581754200477129455296020206712092607851683879600423960849366684774071327814529069152268781930086283207046303862242509386130890804339777436600588003204496772541417042275076173752374965216718613721980175666139045142919691723296558733213882239442391357358563870103135021617283736506046814938525618845859675004910943666021568492458838464448616089405839421398821180413031516177675173109887217216526442715683619248825495190680189441791941605058356657692578493149679657000179461923503791482976751958544640351513630972872742022370181727657273503810846303981320450867423178219682143369231865540353508760170388233113852478300182164580454270465639754977061329060764710278552849512837764457682110419317911829065745412937234911371091561186087700180569518596131744120388532872009526084343938417789173729236984333271150277321361303226088317646049141134173799438924105511141541339872452062570214909684020819620490915935966320602245898644459648781270944613468333745266255332188090662081912355125997605218370818165968567391462609313553653295059685845543812048171173510695549088690653347617152157135608131422631421462468116520381258961457325413882306433798670099349776290907432037840663626151407935412165873362863651267938035960856761175187580026784119713387184199793033860847587864595372825596979532012099358081022527788910743922768039770977662208224412312298778075843355938065317686354861777853311021579476519080087250933912882760322956001024466683152979979668050075583971200006356827988422010995032698650594871667688263362366713031543635567628944763629769183914695648009319258150720775616080444258950954573806762103061391169804779987251196262250254535132220959562558803645312316280949499918154427582967791062196173516200953887297369450783088105808665067546158839373407242323873598349990232097571310836969971206529544216791170936932578455325598813878197529884359442748123509846162698706501735425694816953882036574778537421466770540784765858513657547708801916547740158228720787350781302992947050059730417134610880572461889766860453111292205287431088499774
```

```
5659550080532507724512575266227567259635384297116638388470868740721566941707820146479979490276395292579898256238067390279820795701638217447860907093500604787039724970268218690710957304643151490336168007714042771778573402293832060963745912150654190584148238343244111937189716426861850107526271496583743808730888202394900120119323152782225046436619381785062373412252001744304166453017745875144439914776906162606857610507387392696947915754315143720848679318698924521862375364662370696317223111966120485157760743313743522770163000155303834112640004439740432462650016924350735638996418485477787791120633916839386588738597744149649562384205102394086070036545727359033282438985270453256497869658529001526284046199676070294697282173839534456113658870093311290298615441052740832295195936935617957868643733433518345388129114460076517211217963329080090638301388362897245732280364103261671438392191780438171665686273049920293056998964661994998728225651424291024856752427690547689053394771314477141735819112405660536192146027598381402940403530085373412096446068187298407673744584519634263501561830518774968006296575380990493906014377683173907978117216500502755715590089737966759605767891670126700121931204307810606916742783451735253188644654547652191689878993424724802246320224934966376152577156753481936350688118119148692332642056505979246005817235870268714223402914551789514252363494603074061985409558712952353580171447537029893431040374014132438623816405052606883086086624108448939215065701919418698987203134982161379892907347487352567839743333706764224457259930153731224959655856232979983578847155467857615099791677302681259987299132951834804961003226405602869410917100322829101690349745611878479018196901543979121108461395719106629649935457946692302809168870284402569264294697662732514280242063986991548503589466383754562254196217723919704233814238643386906855364639758592632695429400433450157242069679203753085899248166936862255847697779257919498815153310680233791545916469076214020645116854051872304156255014515363521058400557800043954275372793111030680862496712932892478291947732645688764143729354010729583430570041203745005072544974633055660132465695262987140293921101151927878270522241360857729946850997330691233425724681779529975302055974100175355022846125368541253043227695412503865163868003127278063833286508133041400313252019348767264299270480729110657102571723748493878354191192822650132702314480413474633779378740886662973770669568683283906528071799218079740941478078102882121628536295409380475315085265293205712316405149282582723819484277296086757728905217084635225814745569031803544588706240525191517996222557834736201120770799752673899179866357757553623858642554426792740974189355828405937316055359278990167766647870506400656703504977997289822046538772504118754967451520383226891010418684488720755101275739747093804055604470444990407012534395355516777285280265756396126338353919434978214196678935470940979415608022452493377140377553019197461535384662399703323057649104614547603303699354358412836542023999811796241038498084487368635959282954592641370578242928634718511568028935862813871980314390506052764260085306674772765900554971313697028772694203536973254518561280216302012788716996641566710306214691470769613544826599609931078075462743921695039302869431431152569659541475079209404615905385382511666035499054387927446475719696603520541606765536710610794418535151713095510053146128409660191093578441087965411420920103717169201416016423103418820342074601594781529199114477959452367161819987991561176471292522484167701066042180336355711327629712296331569375439409216782174702372792617125284730296147557622713805405930730750699840872029098671851932728397580915308175517391553934312517639779874474889696718784815245630551559475947150940676444332411595947145811278587501294885731952596325433473867968835162891235
```

```
7152485086518810114039464238057353130076551600812996496600989554625790296822075634540918099439567461889413221558004059270366498026551647041968453486968685122165098392827714937541870300041100231465505943906024474229258792696879582354279897869589229165152116268636322872619484681966930326465708476290516283629309942768625507010236623420596014548287649545703625646923523236319427388330035172197696230561607248467695569662344860863868092171106524202274602823926221773934499953570867245413702475091470418511567017169839744123458308152465720842109029729063374457235490844893002056894933882714920186946457262418595727535163514409716719198264242606795534660186254597288451344934348958341027508064675510982949816501428865503457978003143551619375433328338609382749309705200703717258677720586752761896208059690393886919793462371291553794509693358467872681862530190857391098615215229098983727282055923872418765148870789561939170269533128715502927890714717649865793466709221747564574394082332386673061492431907293493372918488005326009771082112216655071308941702851273811535566271268315605218519791644717575174951212745867812992015843943733465631169778911928229587466945480837382249133496733626330540909604401470283820281188506679512946965313277246356011366698746403334573464480766361078316212621606338228056711206535563840408306941845454732883709293425474861897946262396876781565286992546303346956661369030931695653972244640376692085198882182861472124773721202792552037154851323665692172644252946028732800457459629446099647401186954617568050777873863346827097176884403431401750550853064742039412805872670131408328194607302454391837991878536410873456287805347046301402959835115008831918913996147784830026972202853761330129756535958355773083104378483869493672848435964396750355138517742874691552276609014116232189382117299193251547685689863465433422563612608970959848834059523690476634936986744292207937599627802771406734805571694256629782627364628091619515472811120026048573360783625730917304819794732222751046489772607502314192230042409235253093051511595443412622265444659232444092563580728542412477240472877650718480632630104328477744450559696464440488235895789426814056046221076765317210427452874580475210126521186746144672048832382896254112263219832959128992151964195127060163378521918895001897486099805696432881126324812904900592294192627366191947617355043060891477454944504884635546399648843616214540880204424351343291161571126232969651360493676746674288458158947853611653281244187823846263156461694921566002537558358864321125804568726110231909617230280925277251249208177862092772830053466615584012932921566876113439167415900096896213602120375067334122906304390646044413894356118292142178262350041958371149544686927539471550324673320905772969702379556051695799886352339683241853041288932397683057451580435958248072622763073607255901460836392579250189950872595090765817966383757896528119138088360001138748167033068820778527059275413954399681928330446109492566390675392110008089932310583613857706833399619891246294765406661093954633154584194655676298484554878586098586024592924000557580457783093625818586736397452911523453676899053807337093685824873414178160833533085799836772390894096363222229166204142940130597085771227359645202525394369851655994178981097602308506968050124458006673431065361570452844112426741453992038769081553838761189469539970292525804258357073941089098637750728265256870977573970724521499566430617266551184269413276116922295304787089227672897683009976910451604882748330721591848918664048509153785017354680834545590844790860221424583665687259447824646703919495208033905535683635926032428380685581188486001154569365709480674560179503301392321061794034890228663274506845402188304889911606960521081475918594583674094224482274115120790767331680213009574649044295422885885202438955385328035323472387498195172623287743114
```

```
6795728689577745391635285514570185803942846805837440713596629900148338738943440844541448238274731409208390076076452239295927604383625569177984933997455724500648670124696386596839966884970502142788156583410992177265724530336218923945413972783556859121227760115424137948328110737424463652804250843160592689033510321101885568354699150744282596582837330827924387912501156544834321403998265392844441548620241428550041836575682781990814595836875487522206145424412887083677151023737417616631461273382391028281167650073243081762641400484799363639366408914251646455376251789643610109599825250225002688397533500708268689173606773997844420977316184691850532629469928474912557922816075327508296665559953799544822595123923230198736061865939795587172269796320148411545635050583073668319160924270672508734738030617588770842622418521506615463747114424119156150587065499753385782496359260357406986539070005211697943944148209156813111583400190930915358586638092887270598283164599632687545074116962829083505304351819664211697073707348137160045767040869255016747844015992102238478662670807200464361654852360288250208156744402613562348014381052460160063901760180890227424257963740824021269765688588037584572078510548419809967421042390286291667002459049992054792596736766123270259071015704903187826591351187916777885339066981101249784336212144612242771077346286707348991843644974849234003374262792563017013708623148108102643891535340769570279561437707564034126854229068217525385929072023810908324524507400117277868651169720157275252120504639964386017519110868422019384660776974519911331998482084083710173371149487101094436895905876279719517042653389537294330044630289734644825019796584787672071774790256096182725344898317848154322331739479681325171756538730122180431645254190189943653900392235484987738013847934117514514814758468188197935787837062275495214751568186456417833900248289371216096661117400046312100323665302805068912204053416185809879797895149336320751487962916136828658524475247962776545262077761120264439980512240053784251208750694957883906043526246643845842567433559104466360133520182624628472845624832422205944944560337881441380956718437895705257882932575514760651211485136579439365154085656585551442949907901905377546643642244254150602894465427635910375518146707627199590282460549177886196127607551232768903128815608200151326344060477378470571183200754122509139404275054276988196412457324548317893332759520534230319538518245087227963493137108096179269363422625077219944894447700896984749574344341524294545103208266893710820037321470415360076239385093702755090499632828712966901749358180666064629456690109845711978753661526424035925237936505616868175031249802597523423045073838765615277852813927406318396780769803197576622354178226388281582978126452658603235250493230656013905403606020354420120797663236346384398493424057198900913429868002373304979589701423458182128691519245772184312796040525657230822506603684930775652295238842200700035857855118759521187363335561457618017265012504372893630431059933280740646322301128849530056402431540445114300974563554499190046848990621962524567330352837584219970201617750996453322959351341613461652458216064678962740373521259745674379745697543697578223719750859254943202019296330307848704166963527105928335162427543331007088241891840493113019434025284438655079429235238837007351832101318616058210888319174430486860440721976418272973617555788393286376775664690980419229271948066538729540865028045661943140826971041651880068902297285669423180589119702838522400238699342964843423892964363074695790125609201838360740733977786822749045579754250142687727599176342407752873984263359194061483220435855513090917718186786500233653217494245408340173005275672425451135006777918934953337475678544471351829141259292472696018492360276316188956330915542147609689830499551115049946744225901638604
```

148 Le premier million de chiffres du nombre d'Euler (e)

```
6246848720100316704650733496481268132801878104722713634204613592129905841749815974347440735890951077996337988282737179709917715842413720605643027479435366658305554290206658897355884051010675488228976170470393587135301166556013587042825683814888657160837708637618486700875665328133772634493816983877734633823259864400237634179222147959706355696709422350134088567103973280994036614416369116699369748544696869366155811742940278175072770577903459155083289121406001642574028083407775652251028412650402409675390642089002789328169966741179812819027463754578737903038930125757054848780997441986552919481682327272213354867032883737472240364572728693303568743010300142055958062755526422542311672817776492027387543891214501728393138687005971804749600761354744459998363267457162507907845585388326052661290504562362139857555618235127065715465670773869969620145148920816459013773839210936448366655170674045202219692732218707772155007832879879849281337907924263777304955506634150958706810224579311492906034965869591830939453862449239567879632014025248507950317097976193429454558274843387994842477616821752873850846426519702426809091128471156942587044554239494084941620643261539412594372664969662689858070026850820955315828711203009446837638479039576623552504717509473450639876678924013057859194410137282743178599060412133421480419521656462043898741418501498361193183649716648681345662037612846224713509052254197352589262157345841818278604427336777079381652305782538335016610137629278973848530706922381334084202878577539493342116337476218732913315001717795094601726721161396177003795154096011363665398379667136425671863181567250974607225700105790549359306364122262786907084986371275108050206926085106001233994391527518030100913003451320374770559055173923072151876655829971470706150874242944218881713709623145548141180962937966074964794151420785535682544816929068172251360396933818482875465675240399702432293273143357350033723256437337525674573665675986763803992438402236583481659359721065763380378965740582881566462948983694439844714931755623343743122981253397302579192058144067721589099029788977188620846303325747178692350856618002576254278600670924183661617762040130587322814662552137270381986540115651490440305104866743239169844635336164489320303017022512696315383320385124226288280010264609591029365431422852486686015783161713481071286715586166266303297540339268217796018702966760286425225595692278725133771420332565652899616608861265072269295749048961934687444343807723570056069569330856058732510003300014822272087823677104975742558989099350998326069150315673579237416868866641848732385960445627570547783812611451647094889098888393413034343521923437607399062253806212328378784362188893897701648644838890857509285101540314723164702003169397873038002252182700673274031363288480151139180688975857969809231023315081867034684025692557771858103184553392380433559935413658009588179542735510037942294225038667075442869131521052732513873827558646001323172497336200584062211595471174399079616616982408020038702584214706696613643632398003518029188918107354884790532103843799686002065998295922188780587242902024735447917893015095212472843175994542362188482425012315730229194581623571579281542819835142029369090894778241135248224114079692848157286812384230192710332408025640221495942329126440998471655230492100121150901951620647926720753712739416514928844977031131470862944460083839507039808082694745261289130416972531129916800231124454439430204286973216478142969371650630054266005916654370002009701533831364731402476122806647510429213854994782110970651288613966455041353353130851748351905645973738177803874940089698578067893112660486243678723253714519247733541562452108885759619295951151660883164627941432896474289978779117082529594594361075192569538879682242393366009195226451704376888322083966047787472325078605011735137906622076360353450396764293
```

```
7496897813253659005534329044610795676690746953065688396176571492636
4550678739869897493878497924856047211365813093193374054793363755519
5218538938842436285992034848770052743720503447177162513592958769
0396074891327269916367035880964570929357282573872786881612132915859
4957640480050550024225373386241110566900166489676416166869794619168
5407052337575743493207860153412702909975027720198217164702501039975
5209539165478394245883579398799239171563567850551890125557270063812
48383865844747382052618576923932366828547131262322576265362362084
91735881035514509710606989894916398975852458686242144608063033350770
22394091574368851879524129443891916149783132173555190319831354476526
8629405805285800257474403783376363620432492305606831626499860329727
9570478196698747181093285419231002564731338877143031894011058149045
8121778720245803360740148570145538509107567976779708752377216144282
99805812876650064388344919384059880779623878022390540195163275873082
4188352789742164035672904231007299145114910753699871560783205337947
83723590793772258747359467613137688340225029473756807732546322367502
369607566904667897013947429552916675887669231991711818845328861912
841256726839725505749375522776482478703306142459836776955238982175
22629414276746217177661332019138673628601669407780567226331333963534
64009610670692371029910660961758677365316027141148994725436436404
0488406473715851694814347208302827007776026210209143653190494047278
997259468173617119421335496884539576950398074471703221980961521531
17215948425065516702592406874311338391370501203989438508154363547
15644215668822616448852739480148466766217593612053120719377758493
58828917532577007780286705922063489620158972971139124675295124705
9828122808575392067325881186513405721886365754665034333099831085
080737002485029988640626499545050796409227490288136742961651834
7896008503458663468933272418266915319888380671953570164313601565
83000316468528583154070303492613255413832110394815103633302609282
04959554740900974243978393676014564093969269332163917247693386480
754647711298974792238907446840639903660940847797432889773427301568
76479836977279670519815090117090587189931125926145224313097090393
621799066636774559850066220019402259911269590908509423252214239862
224900192390311523556445258400743327302754304279156510949849947453
048946437786968088618546885290869127858327799233891761472414343682
421698670219637427323807105349511693888837820975667041297629201213
58196271653200285372950576862985766238142801630279894076097123044
95440636317827408955263181653008261918674636856774258308023474711
06476903980441783852016265077290147922392739248966792333758570792
80946169222947003537531619674840485592131508063764075910554420837
06147743751346054415662479705081352696636765929804040690795366788
21697425179754863476060653514205012761380078128710925301896301238
71929014542752377718213845098275068695265849115148031601442253808
4645987173896828597869118170242131115039964883079358617602424839301
23552564968778929624392921641196345954101946339344217014743923140
0413747205956393963206624220315905541161259540473612802292522898194
83758965647735144308113758169002173714434695886591403893059348864177
712871609984606401935171300963249330580814291208361318409381265757
14673372880372253986290219372064665067567182804158621483608991844
5981181198322484778414058179837814901526832325016845529044180863143
35300647808488153179318963076965198814924900662849291448662848786
2717349031538059726724442839124950509137047798138689871357140441448
50115650937569485628618840114227824944458985141961620159138589780
69896825945622656246353044429569217915644632087660979732965726979
170280470469950603678655671766195108881060659107212283310260180
21264631878412732745534467433826771333994811594607189577475990583
04273851104218813819460092569941203978864820256627614665175109886
24045370899624391810623360879975483917461788499113750841081735
```

150　　Le premier million de chiffres du nombre d'Euler (e)

```
0655529485571924601996946611590265962128147894890019860366683349 00
2433071419675935610992896469872815903453628752155667708013979488 59
6075671991288362146437878716587945832670402642174740626767599655 74
0572444184934948458540179633286967744849364416777707849463118035 51
9427451401642772234295846574378697534425529661928990868643334358 41
2656858665438888643851424711773741124886816781958444254660553457 61
6383454042073026131485795273069203120743388322210504284401107273 57
2963442703230660983673332752719811749505967332841377306204185375 25
5049240458163486560691051411299432747009547738810608550595620207 40
4123042922747435509956690215236970514723239954585351121670969427 850
7898064176797205205181520472698242600345432836459403879714246314 280
3013265101711745159495333664183679677735916739772920020803310038 06
8422481392525422045499115257994904050584464172762507524557080547 46
6727992816501295009606181327680798766249075759919462936246611514 20
4578922845167618713872220106520285871108722142768105050891029478 47
3686042794820420946523514528156269662663644037496466831839166986 38
9994231542394949684931468334084083518043258178428550044296334933 40
9854829325362493325360638936620064870125920306137702106879257075 16
4897942573867794511025861619052834404618660882563564245840312342 91
7345843052659527810390454212902506388212281997803564401377364313 22
4327521078583334141531461469189561074802988193683917874494271578 163
1592959166476960722528450684607945155131501772580766071866342324 83
0708715044575569654630876898249303692989859870009927809592166547 29
8662980514603990099404279507047584244526414065153117542919972420 30
2915856448034452771941380308328467415982016789645224179587064159 07
7623196549036774552055266418621552245255890193341818844197781788 79
6775686586283611875439174442471530586534864868145883132075473913 68
1779682737139274215990490573444460341541132152433731689027607153 14
4103375794494489049791863709150314352815495393193818899164571063 09
6199917225037111665563090049512157151451029555494809618786156894 56
7355471628614583925531526619413878303832103686753871489268215822 84
0405394370412080143483647222141346775447387914313373610899207952 84
6121125818840006554360030265104470883974948248391154836398639851 22
5071640066974370962322169358813116984524659893807900241125590794 51
7561909424648869708144358211010405071749717644375802917093889397 25
9072303761522120847115727152033369814481561037837295151988433028 19
4450662921180639048018876514861346389149366040214035441592905203 46
2027757409162120131591242654647859681589008295298319202401367040 95
3224149813707311989462176431963149999760614306197042575060224545 10
0513971018785922357723864371711869882078933297380592875182835601 9
3150186205193473212709777377159944682647711357024408059908208740 10
3822801697107863787216264185641252920731766534589416299869156237 813
4844670459724567484382265227766601605982981956035331110799914197 40
1413342019420025406234811757871676650424835811839464178101121490 03
4553437326999440883390538079221675200063374125502380477300801458 11
0852157989650022627249047742911070344253288657075992676566205486 59
5702308764565741580676552333802092466429725995229816125802446245 39
9818478550018926429441487536508441735634438838116105995478449944 8
3938207864216402038031471909668762193290067018992038980017926049 56
1616520624909140586589214604477506815442915736511094495904587237 06
0846470114694067207656137391459664527043615441733520198265084737 53
1937623009514208641036764927237910869530943028462245813470982896 94
3875255783675199285769039409270012774761736627572669695908421653 32
5746000682668417898489781874017530936311982141360512324814812916 78
6208651496693032615904669690046596394775982528232752471453080130 98
8916189043087868351192161956444973726182590064001363809607121010 61
8345754936942399112337881762278325485863157410789475101534348726 21
4945229855504994161513471411422252312498333206231902792258203850 0
```

```
9164993005643716438159251463792820731663362238232317547298630880069
2673030227873954057901982903728785268146474590564821550790751805666
9844987151493455631847652296378953388458361948682351393185196123799
8470384310157767883113657401458047266615602213150781443207692270522
1558278424402632613643383810648919595282984719299653520007557892655
3112814672372470656403735595531434991431483676452960016130235176777
7891302510445877824023971615729088106844178164458561554551087501183
5762234584190331012779645940995391310701675100595295413311492277622
4219779674603208108803667045470742844014898511857061102683422939600
5342612669091238032834927642599162374453536797990165222669298811599
9295720146510673561933994469589474828755472323422676455273912886555
4546121871955502262096589501756889546125737207200350760714972958888
9826416704339495368733782077780941978870758442766513870092612414999
7763698433610885764708806779076169825661630728108891503136657953377
9726605607250178199753780998972776302994460697351828611926246820677
7117582457578957287044977249063647250877172096204614563111003851955
0552907385054795223348667085888915834245030058359362228701675681399
6596664957993899810148529263743953024364785579821987299616207808299
6188813214439740656735841316705560234351044185659249185010542100088
9276117250966979798955588919072516250990575820590254545177902346699
7421180380030120847761351847994475789617520070459541472731797875933
1069452825149175940512865576213418263244711261245917232763732203122
2986023604624584606186795423002831909335988606060612843754827085077
1845440108854014723288817409665783044991627882932613101079942655122
3633067906259498703667708961532207263202908508269735537769564914666
3878758321328906998080621154187352861996119054275823859008544495533
6899364964737377533080527893391291059526348910600554030248512171966
0167594622750392980128989257824441824957544927102859740612716162544
2703310067076542752590210899933748066148207509247941723320373620022
6924279144939411053763227064611211020802839272485746841217824956599
8505392710016497427095988588469334720410435522166694154108601661866
7341199388569626652294242292608841356125935163847253849298775830988
1124906740994048378816789106027408074556957662355391819424688844455
8045854031482501965598107014233653334506588631119071625108985852822
8154287386239390097269734562430582222582546735471719311881494689022
5779398164703970271409564465948358876368352672228042806307822232177
5781899683295851143825643389660662915550613740083578381449188262811
2834472039126420839515373757879502882131186886262282010624746763555
9436762368519867684175195727028215373190407315126944849817573765122
0581338739663819767529076003772684304003731111373997547819954157322
1051972915441880805899020916536391325644075423612688536541881189177
5834250333586390044892748956635774596862234984436162900643137074177
8872945458048784638601504218886041642812483576691705792183190001622
6027066362668421594233246110136798007776446728136983800173600785177
1467248241992445394370441421819810241142169431348252499472665369100
4129650425235711564182762013009153093839391792169540685649597549144
7782428656597067417213633568044035241266080974272398275548069022
6680922064016899506043139538249474458049380823307462378345114409555
5639183394789634479912994905252549704194266006007343882711485435999
7872775412841653576174209360512907501499873773297873807051761944011
0269964432170773137939576958850422971186600926604794064567661057677
5728500791749941102445827613238691872808413902517400871036202660599
1303155025528904698288131906570318521718445526163053642579802886366
6178457543496089502215146955831242735813212892501980001176029635355
7195482598952033049795519297713839136598924831596329789174301774499
7384625295898317821901017361481294216935785109559579717719839889866
1306282108906808116393735870495807638065610967088343283873151269122
80577382084526563955463244778853429397724726886253322003745826244229
```

152   Le premier million de chiffres du nombre d'Euler (e)

```
0987868496970977956911683314185688283505787603526890880930966589743297929158146235999183413231996524974675815932293088961408720988586596654931963717003670851635781961561053805380234235100473749224689226230979379744444935701548708321670263239697765974034869231374673078943838560389208497463181770674052656268201184284774436196591685420796717602993695441384510658326416842130624981181517449680874686329765588913006815971944806848130802647903721071965677982763253218842880916453602227310525253114137861821835101656100008730179824818176536352583963002175525745178115639725847509624638781609156559580852929630759869027153240122119461239030711850861555177128711005279087963249941379333551996303205802084029471223282502472777547978493437250081626482333175404626452565804762944362632361782036801206659240370100905969971213088617800384073312056161705279508265633830788182435719048463612002113945934402785713385365321745519308221074378125796022130378127026525796751193470602465802467108774820637212695715510383163657346767184421157240383266450539051006389015296959404649710571786948493608643303790744083374409192109552766550848478522170491270856909372433235288722067472440247568738432823192588192406249848471785145038749142177342704884588328723803678812199830887328124007016923744898716686907117552514287333534792494239797996149373704785846190351266852482099829958087381422191986298154028600947163478160235367395811730351475290259870092591405325147453718906004179084427629975765465610287353887859857548847265457846004944135708707048343158789212900435470471416544384158373821113990527729899886290253999912247613203570234293603747963480447320239844022787013930663868179471992574706159936469525748284758307499710654811968810101943800164308388409135376751699087433168904589330596615005417901070432610157232073611501431872498178408530088699248858678394224958575020088234837753821076689333582050247026505039572862467231731441390390894058245746855729636231261602807139540793115510485891981951461092041130192231829432037747888975781145471688566023942621910437032828794104404018649995924335761391030951762539824145977085971273720279046763806967154694666971735958814912126590475442591074030012027923589337990633998774749224794522462720965729055854043517874934018350472144328217971537389442215634246763292505898844727594072307352496458430123071302536162347722688430637380174622617120504674780413493776183330916681429712564007332223173465477757444145025083687563780984648934035504161311465408826132450524823042460397871566365132847868439637941295731415031439547270117680322190600949558427568740172712384557321687287639950109090506618503063269057401945547185530110537834337631854849269223605157714825051544251559708341583101439190796717845851586086865598522090818331493148108005536955462425438738034425636155242114609819493041633449221015819277834179837304868553563637752562668669020253262823922248724231025770745403586253101925125136364132063989787903986723878314135581048303255685286085241506175147625673915134477489388917234098280373786733795696783680821960538808245386845655202787175075758909268941985104947408826635725556292795922658605335679498778681415528243372740266391257186046904156895210889000053660580528006527138795231188224379614740918297411076912599561342760532565864428869633454477458770523971497707546686188146628149398392381524170008860835498488874075053729093619742654730299765083687651612827082390239852373211067926694205230522241411753819705397712572206812805445179205015448130183893595354765991499835853176812196021523483154111962791954008331782314480308865368040731592452442837687293107202963318996691567422420127334404517821565502950153621255984885129100671812576382161070810351497395360934106552754534048004492148128176068006311927427065927305856402201483914005010433122153424513414990024029679181225702607619838914454151
```

Le premier million de chiffres du nombre d'Euler (e)

```
3161341346477487147953083267177367035373392625375925505168563295680570388766760669810214405280967189153557491717288475923122290398898912992948618561406545979983562427016542177634153932650172034968713458626682493982722320423678269730368598653384548051907019757039617679644793912744181488427237641034389056218034957299839491544157017013932448117940615561428258988040413089945092657411559646415742782950368047613470476177629781851599400069986048751772806475475899427018833762874835880719184456708017925619007354041353821262916734159472863654987933032593526235555865605754127975890360455239246174971754835112683388509082614178292862758634969162978823460465639500465833301388944360330773726842187107376130690328861111552548629192788966336833830482093050910219041396382469080056963616141290445492756950491239362412788613850364111157799318553324039090543986463039815660422903839492509608154099805194731338645798429477359031476009401995018989378293256818311703103366391646115208346333594918205550225892015211148491655499884428106705309986405390650283255344876686439476919997827815453802520602019583657690554262430035270388124177826132098590626297366059131908126832214913732906943228388247257200321077620994356214983646515538410740645171930610679222418918852957326296667829977668611118527892732932697059439574604018644807464010417619470798913162143379088100957995296961337582318047614202286579121815637616590762632696951638926737745366191637465143672859450446907011978975980279401785339193419636987886281035611483959604231241079714342380846910269366738852688923883380808148761783726122354018319493974490343096016089217444957228054526184780214477136148735998108316641594398387106049301649196087157711885650883427731362556280322347789701647404515890328222644930410363224177851317846299481806678380688021542854148720445531319001643141146691639593254722940454389933361216407112817357452468761342446058926333689423896498012106315001150571926894168369956096551643490173310437294605321799577193627126745004239257868386317030293526947845419945967705966010991657946129321768799534597575367939222461337394633871318914617630638224972034305880486996062601288093577298888805512742333968629618874297840003009405625176717983564104613007177012966825481084028065818226171199309502544486478783247844092094764785772605827837216487361997859356262447135147295358355200251047644945939328072887640495191825920846595557840747759304614870317770661541964039463166724697632983329420586207108035087448961099839909819285131528586924932988162651288298627323128785991055067153485171334573480914561098882284562206371766582102242591889879985361021908391718781155986146644990389647100922710391898035447860351902212616487260562208778796317870892046105081563157332452636727029630013060374461152009722251725486510946955186777730304325998382596984295669305258490560540300544157972675097647556190712678400660295314504142806242063202521704542127133395402130695399011513263436919531426153289871315329602927515343396461296848761282674691015964259811939571313046771729548124692642892564786918657517092244307717516757026366970632882525528738120804157470667059805796843524787399799740550765509134622150777587668653474220519991031914738867487736366929641230652174092783172696128895120735350100929452526170552592458800921431588376333497579466479633218501249150341909693852912537962337468437955393913879325103846122754001354082767456712537776808676966404131480036709658598388265857915298923480055225144606874204290011723465713871899879402136474484202142219142049391277343877599771517721233297328302659703487759100260390554004042387384310829876183857090563950744274585180071480959010755232731756664407138012044036015225647806962203922821356619533327967073263332698160573837407150597003637976355567662152179046234168048990120850955062388710672938624469071560148534938329551417981316
```

```
3587267993987170645175066122834502419917468584942924577199829502979
9774296039357410299787121014880231151607639900905342415382385645203
0689124207070574924071576734613009925930010933632546212389699168
4259250960562473972953628763067192607363722982350497948561709533558
3170136272220648849746153526699053033724489859605926018436459863771
1766323591979430633081395762639656684878378229133262203746413185374
5689433222766023297579282691519952106187554141700183129688548974971
2654810112063113992593469526982884510214259003913192898655625862261
8725486217632824839311146816631440767903798064063723006717664635096
4181597849273354778908468800676312045931288625211850944268714832233
12229337118914749672272854990200894522116844535448767915431039592
0474113318035224606971412619910423229818501774844197232546435626093
4297701753293329102105369378161489307633247092154885643174559788305
0698241198115961291573594004596946746014002407392516003860466151710
246512485571385342836111283082433417737132454611900155843794705713
7077576423726479869571468457896933229961386700663921088864359627312
497794331302629575102256434948000092544398097073830217859699883692
73063249000234772020833614546998719473803659486452263180881956712665
32392414243799864892305119130999615692391226630014595034929609020900
402022311679458899777362199458583740342175386020325396199869523679
530342753518897075954397734106275409799885215377121621913808924420
09569088740021048626861325322826203188207723069796766338675459537536
3238205536261491148215262599993571900481930851643696168291772542479
03801358264210234429224747676135099091445768490314276366836221328360
9370543164678067514149235413657993698297032421284911478750709245806
0578220902540461529555324010102224866354292974755007511061810079676
1729347773409257274121713049096800771872963648759800594397293242893
000219879716455265690084627129065408965286976905628707864606303725
04531918548057008309654835765343277138787057220973745216970418199217
5939184486833403516967735956484349657375933409883102306999407001825
4682187919719577591364699033422586182336343418476446048879619229600
5916862960908385636775504949751807575773140121369547683421881245153
106738534123690219955585762117695281006989153733464611632145616487
9381559655775240692881173223921518821186612251172613954686523966491
9927733207681546841847676586483573512737619426699229426023731621514
455798748589335629389203411923772388004088193229898522818038665337
2350599773604409018795642358848896929809766800115380386859737743046
7348924893594418646970958351182472521225839563879598055103865064130
46538933000442573565017551884291486832532020017410881903944237554256
6551050388418040323738894293282564905847463451952268871440027784019
3092461239994289006971958497546039796534491018778001856370125154109
03966674876697583187400108151804459764887832597780983402426539790595
0913976053303019261914969074417256952878638534499257324528168170135
8899470076943267197208213464264632038556673837606110021347968256795
5080631732910916749876070575540504124792258091340556294629486359459
3645762543737610906176062418980938248645658620099533089093869733443
2549062806237737899431834567587326008425493190009814723169411489492
2228135910916816038137363829672604012852516062921944661868294748003
2066133489598991988326759454624678225303514748601252125320723740183
7479429549944426640316319136592971192966340788307887402261897388078
5001866541783290029263065106784239025933098366663021376820717141784
8774357311486664430204870431444304357990365832076615648188553314564
5629620982235657115435964243162679261718167369071361107893866182488
7210239436479790436196656977354796324057609149527879092913707332517
8533479808086890474273643064871114553852036479609380905358783047880
3572767752853223439406910706332837504874064587996109219620366318852
5826479615600249525990013065034295275338745398540954004511750193966
```

Le premier million de chiffres du nombre d'Euler (e)

```
8564395146663709847518544421582686444655419812203193039773111752964162607573163140397270187905335503098030937901187566944687117192747311232101494816749046355530853531201377755638233641706189030993326519554517997533742042060028842158903876775563086673970342053267210677605335507574466670380302645472655648081701698586458000932487252896810219356131624744616401092069341389498183613089477533308577940100186657662605835751943734475166861291830500492581717007803546429204177909144585189772897983081920278635815366132307252666452692575764178804461664997139324290690933302430461775339010617910618218705223608066546730621874071097776587410682012333600335623729948021885958402206691047124732960197197234854676829889909092293867723065440070215273596647611685271542842638123758685912197067413258958584348721066097134773465911228073205906029426597084303180917587304255058461208404749840352379347121447942598541565077286400744640136741957777471887839230886129088954987705469229800885467441199326294912305705047638717527951432591130004269711474822128495820882934530408112887632021346762811138896572190274007382172946437162647081600642701401692284489135685123143475870278493495171452233760351643499415314741141846868822423886094800639246924430306876271754634302478472560361654620558277701889280165504361107861239686506930921935943903464768921338309677388392390446670947114073594704900198366547295331703465383579387325603954973944898230223488180330914042968612282646457538290918088439329073409253193697884952042473271776449837312319166359919087020645191165468314119843859105389446319841018527647442861316924301695498811261018853847448040010340681659795428777278448257370056483358602403681976378047360060949152900473859126307946776611425748527213359257299884969433952867783396373078053312779024435229031059876603434068321058984730864168534456259593965288617776234826543086319315677239556222984730506546055752541140668635273536989932925157012097185325544046403154151922004719489987618395160682570053022585918414477676913770826774298184267379662315687663169951902419063741993755900756039345732712864919736646810535968989758354015627263229801752887728507043440893061261436404394423570583224326769619621219411049119764026766582827930512765364010765808267044953396404511079806470661177323526184599441517519195426546884064144000547256039913749005822111525324967938878620106359627873488172673070098847460925176494033087980447850735322473525192132494494499595790599933755946155280728515833925525394390863355331939015742239770652037084178431988412885021660810346345959698951360987829951702584494278393464384056821048638698609839396317081890795980584745619888259880555290938104589632203078217908058069075064308424959413405471745547994221817475373007443116804121990827411515602573146874903762980937434669960691200106988202020602616455244704880348524417319336919975688340248457874426126795851096062688547997903750672737765279275058372239965763472792149564221515446073448955900569156936772266726036869267415477453512172060178860236024927416014519409854570068904396543014660836511044123251661627029987119982280375464674504528822905371069822821155359620095702951786739900751781672525081702565809267615266181757849587053519085100069054175867995610879578054414358299332214952370170794666212787266218526436484918275892068152802945915453098603596611216532933433697316679017345687640958284823194858230190075737489419126063378754646273633010453328304869437191114062502675338873130364244433064044764625171213149353727851712398978913216686394081547255939224408450432791139503811757084143060227578898394629230139565589424525369945749769406140533148128800114426483312250526914945019197954778321266888311467985332841666843169571241692909937284869922572466134150185426296536075954722138465359837608973066783084955299734582924305189010912195025296508684396848040303
```

156   Le premier million de chiffres du nombre d'Euler (e)

```
8393850082344384815192349081013629335962984288530538887541073782010934270511610532987451897200859209848298900705723660989709848326466596156927586305482188021353774789878780214316591928163263001190058660426617650384533997098408042091228117706718418386951567671457212698167317584717648242356373566191798952937539126146893288838825214649601375036340921090342518976882477017943634701380464734719323646195720945849001211289160495307443755135789661794186401507660928121132831708175218811358134767535043764567383979845506105255147140578494639035266827610849568378022148247269268634985407388788348529580142017895599418550942386705201977787851784222064030002961336686209521995254521205756481033886963906060843440210407235640423447675168280875122470043809441905727633567928918178837199865161569140358253622715599243812594696789824607833735355498092455471960298239874133556627795100871028511074429992443494180247052171554686080971659841776931277250843250949215917780243429129146359076043385079068460918025708043670541880328695429239639197998337095645051954836197687565790138774473246269046971239068117974564118771337499345150179249083538107076723412566100787393343098461592880358734358785466383039965674194269839092083694484220199003532895652753063598240886377464568885669090817167591920042521902874303866092170008270223161401221513715207893374008847581018155772335483399844300041880555704249873223923823781448960301307908584667161354265700245688110838523583544049471365874104288126440606260347849076465198375676609975083242836948446917590744371272283235492014957437386137270772954948455265546401819829940030529865182483549364082393636053525449683891154520086784724108277220070391497217265510930892405576355610055578566636662521975130561577191910212607757592762210210895754476030242691624523959644915673684343406043456586348480691225870342172572657621471999831241287864872327766517573130023328387837776384853238234065270278549654791945449311797809469195139491553366087296725830502524067522335562048581803151452727947986649961216365016019615452622725683995941671031350504336313249234967134942367222916229528959737758662569463008394185727126761261363170840404786423054404608813345147721670302407684220845793080521020389368071857145543772792714293633684457141914535410200055372309265823938691228896289496145537221514267154150390897569827740678857322375921322109676269332903452209027204263473467238279324268948996273604887837090530272835017772542003535041488009944589455155076251870281783171138087514497153973441856826442853438711226000859834318880585438755652792816750579137903492019566214085918000929301937659463370979397707311263007646248797654531313270439464085400122980325588670486553584136496188365983591879379076582339127050508419004380997394428193778411392787388417406591940862897765335118445936425070157320126527091765291111576512120929671802204910693970421501500567626319851827003223372798615854912128684163874964675073992226020913411769837699560503931203731993267406849474551275821893254159288940815451364591311913772826582785997318421243626269079165630435748376563576998674724082916064612820744811620772776826849028605878448198572379292026682242426121374991134261012671152270102997147558662155307720563967937359838523238779324831852463640949021112673361583972056051798436406494071754806143099747394698448277455879825490835992576766609214973240474607808856025036069221773572744940598660673060855908976353082171194430656785517565781118445850613503290476442483110851374241725366214655008496978884821301612060869757681375773935753207215446991656178644203028491629623060806594893130669724687309029076663814382672159478795225938502726353082902896642628593227931856266051577652918915257693937057741171630037968118077766255818229870691547665090722160685199157869234859725069923935305957654060059265824186794057978921453183728281563
```

Le premier million de chiffres du nombre d'Euler (e)   157

```
4615013104392322972943312918627839021756617804401059490502949583 63
4202288385042338737819783040572270050025773472430678832651270289 70
0160786091062820854311915978825893397734590739097282338648225610 21
2851258343843028410361403989021001686676663424423156103925629472 77
0138099511564768501654348216661908488918514590365345843837968422 08
3797881908063573693867956311704688654144912771810672487226249377 0
8553075602480148946493652140740000242495442081135951456977102485 46
7483447844786019539050855459962217105710388241512646136800000077 46
8336930998646410642797664883305938678060519530345919299269549604 66
6551109859954870629207358050013967999653756221011777626114073490 43
2426013491171572382322982352660585019831578248284649883575476517 50
4967572915547216476264341273672040218391801331760508180903388068 15
4412451023278595802631609687135485463351768106368420015970686786 51
7735484375921437627926363538438068297929049454954130069607776310 21
4186469800741191465862347997905948783341251361917695848561257646 19
7397644066941057378530850277680383970247900804428533250547382498 12
3052388150344794200761195069830202102877593538218827595860887692 78
6488983987362457897766757999745877129126394639636287497650145942 38
1046407964203247333513221804503126167362273535592046938808331071 82
6503492774769623869993793953209880930674477405047757815441979281 49
5347962825151878860206177771304516515138226448216507484065258791 39
9526321428573545693470428651991241965271966382868320228306276922 12
2246962755529195841846334600880830350607445978909935836738909470 13
4581582280655314588258523295076998193461853492852308128481647156 191
9472279818394616587603420354242288423852632119386907478165907153 60
7515270464726343465091943243734476012080036168369042494038687667 56
1899051423833268760692363240847890564772505458608720093936556691 30
9854481286236555209927683026604740446980155293375629686436033312 05
0966622415105195743108584063317169410247347933646660324490683947 74
7815700659093917717538877685690394885965358421205883866579221307 31
4339184806993591110681592561027855635269044018728345124497852711 5
0044645296152222665019139567338262302036436140876897532246165358 10
1185087681286572298041738792716327503147288325617216560008914659 93
9202057364621436410505233281719275818020423264949958477229367539 25
6350170824578318399464075178718214357950927522617919704745877733 97
5859148058076230128237719216151617538897235494459886213375705411 27
6676807148450487198371209694513813172300728475629709456897070025 60
5295637941877745053165684932107983035342747126562347718674629088 13
0667197773636705187961017818514009948873110625931902219576725900 52
8661569601050818204523910378120247615177494476426122606512869710 4
8176111361766276251420129104142730838882734769234769521774655755 05
4326686147567832454546887792614235706332732358460591248723197744 77
2764564873214095512542387987437515292936493577327175490219849754 44
7588872983013741793936257912558988397198692906196774352437528496 51
6119238629026332227606615786739558016096137926833169833932808672 59
9528270729398948229146465127321217409751100887989864109220291437 79
7524817274809176323479752268536444437382989513420784061032685932 0
2575251925194527363066718622222807953623208809716123232791555209 50
3625337225477125789653205443317241702442821680149967055870730998 53
6582272232962244520826194434669622811095334993255916774787165495 33
6480118432288275590356152086402022853841390216161802169958964633 10
0832853142196008979214500816483600852729137074741754573755255990 43
3041780903921542097362012830693850556636038344488492509114518441 25
7128551655053144842122365534781690322023856484381245086433190385 71
0861234928204800642775338821612117076411694855915101283541851683 61
2224033368774662802929004493916915379489803502264197675847850696 52
8140998845587774359606776621761773951386473739131351188377216248 47
2727976273674569743042273570534987642555845520000699364481240783 79
```

158 Le premier million de chiffres du nombre d'Euler (e)

```
9117825824986321505912219621959030135424918146849734608389271210118666582849315008140488120741250119553051353521108054979926244236429822181418273964463377692301103559827142408986108842528434739308101680269510783017619112411595975819795563387125207087683663131911491260275093333499241055030076175690824499553056310436700368762107569354180974880188471000160326032150148856532976181450643326564803964241784027228244240036541449553291812897610411886521788153268544392746341599273527201204371586326225371326679305116473263282448822348128647180698159194743322485898202489406675302708521915609374459480031388258152340990833171394330371362004001642296075299305419702062194180940963338126525602027393727556257391384375456752882432696791898034829703098491204776862540646606135948609064600768787560094827017775106166625975290242738172934951389792800046570784652594135726045840255035413583221236108059007320261987193794511732619830292543356757295930957910521645008894020688729954419535279002235946587818975247817265486447621592950947484659527344669062814723562322525981403769430767694586669030631245760518765354866576648215500323850942496322997906891272314604587211283286832842176462195340436554820553277118774390324262423831378340240404771379370902355261120648735602675891045793714321899850096897978751565267845125845379115555146238326969085501129617766311949404037057021457244839083084983903422279637414875828523245518387686707581782160014710795352931946510235418603043051988398026218809574964724397219258958126517567451366272949696081958334899084852204494259787677089332176454191688358226540698512649431618900779457003907997303899323098674584629970920329007248744222900494748507694655838062927605063846284777491113572665694760112171371223864008756211015540004071600492921236854455225618121769040933690585263519179046795924140400122553026513867815727651350318868452246347094455994937731395401013128555933971462727560016562295364215313298778067591112066372331103659983587054516192209573181986481757674644911343943162743713851821957724233202591619705558311768740466303592195223503939998122224892041873560296153228746336840431036012430867058057087246667669069601000752803558737731649274452110369342234186154576317299341978309647927379207878408587574022200358240464965015158685289865376285990485167624680657409354775019848591969739400677428040191496180707819658298494100726989538943696470001317673703069293529582071888699249952906644314697710764277977797499421001109579960001336893335416371712003751110079867032003310410793923510329452577367266687056278432805960655261782131058468023940267680304958677614794275115246479660852194412661563547879903781180028874899697921530265422251850115211641012910936794299503450379199755178821805390649752083131650265573516811964502151973003702767217332438586138091178856234878838193843262093790262893315006244811074362099374172926914393902846197117227619837137777851732430761178308636175970817496076690531593236188637971695936642323403253233705210316332066534911537076063284562510166594309639937943292705225787206064076722806259748343614643584412123537421798639330312921102476283448373307326180833386941125332311919418628075215045865497974749826125432824907551844750578328399728645892526427463491587426748843284524175887038357210560489345486355247448763244700626522828676151712377839573570982171792432683357433602255421574636548799020199659441396254066478149224807445406293509027431061139703244591242326885925657159592199680361967436272130616013157200177989662618030752313434338161680123056223704335444751972265455032014388142111980543162379441292221449013402454494272282047776392317510078568852757653191399366395016684895173833572987076312593503830730393785757939993962385937929473815600196645250825860524764942240813009600280115708335338402325482716844749345960742155028643571321018249008955626397
```

```
7058977004618815377107202816531764397002198794716941909876021501 91
7856053588047887047425160330659290532304717277675866913059902971 97
5076303607074851151533384269541697647743513891873415127178351178 84
9188659736242817865408307341102259449922896032843623139598581485 27
1383385556500467596620596977765502320662924253405009472115075069 57
2281779821763628935752868557553000634142151309622929758186644604 55
3317542192793708000174022886838195253585712557525153419245920431 70
7073212968342904523035080960245859035288116787353254044776279226 49
8856577134719314467803979484587663533322544710868487539064417741 69
8428576931491087395530448440244070051520026495806949027959195039 31
6424956062482925512619734274793913389436742917644571578734676738 97
2426832397032988520888818884758402785422765177831101584847554995 47
7148211008057251926482934381210709525985295215978169310342410325 55
4198500739372742488560120107409464018122000493582960891799949869 71
6450517168167528077036927667559590944810654420749252084063038517 20
0796820038242580472389750531064765122628624210682324169936854950 86
2627009991675869839956433362222774321992648917646749279969935291 51
1654479764445830405369254734916274747726282970824341042272447079 33
9814219947421786280956586276688753747629697021835660650173918876 49
5266937823649293384601981312233899441179351513441989795162509465 95
6983310405341041248142375685543139032627994721236660904553421045 21
6749992259594037871158564461696024697174465825733271619096102869 94
7044184425479246499879317400853457873229776892333248842267217743 62
7903250692197526856971857502599499185086259095771146839496586740 8
6205686007771947538530315444406957420886564131719334857351816434 26
2846586192156769619648717613806536233410478722039172681644768023 80
5623027298712859774003603607000802136438008271991207949013983723 19
1444695591459244365893427066381121727464674169218309921841352931 97
6701004383879492502655356456484363241503856248950944381752340237 54
5377017593112316859664232686796973194377971295678758834198639053 60
8917571348880016271553519329036479714882171068929273056676342753 45
0030009527780718390797135823899575516784658465581103045401870321 11
5490047889645774115882014866872590858991115522945256803897972902 84
6101089176781930421130615186929378050902700730619525978955323472 62
8331815998094594582844989903246851000918720905355832122538943998 09
4913972650835148021630279273055714006615918530191989758411646936 80
0504974404207282612427718547148144228012747466120263004629831131 33
7044198110352237061399236595728142516664324645126588778450424927 29
3723167077141848976391090443140926437091564424339533127199916876 85
8120529968031141633901671239937913426886045114727585709270940202 87
1130869622452034420096017590473075094691894226294557308670602623 87
1124594107934981814755464002811788199423196122387128431273823719 24
9906858353463687429835597206058698369675315073905915372699474875 8
1695368427170785396718563036584403196554577209872413962225042626 54
0974586131888824942989503849438918891997643294250535297821233595 1
6455434818042368182475632042228060805935898242023058456184059356 4
9063696794563144711122796567200144759232689195527225895375771705 23
7915011374991853767499114314322424445112916123774441504852224012 54
9963706679331000664153909746181428023563533817270423691977589859 02
7865713810240401692786981053941659644104310400213785717593643991 68
2916588186134930409659125605758774393638259138795972112115431482 42
2078892787922287714752573935415504465902419401339490668064556586 01
4380684639988296301382660515951509902107019712292080569227239531 41
8005619483026831604961717091001823785195760059261191241949490813 67
8551747968812218637790855253415052124479102763128942187861244696 51
7831440627592272134223305150202202341505141988065680896114056590 26
8512853274375105928778948576862413307941400609258720861354715604 38
8566706678164955149842068199426107646229069627356418746937543558 36
```

160　　　Le premier million de chiffres du nombre d'Euler (e)

```
5252131621111720162872903616916146834575963617480290481624526828858
8607678593036317076224299740654142491709172093663721691822638283500
1826657556762366627998006289405241598777854381685467487486463469000
3033182986867244063113357731817305958035540288679540520251228387299
7666468296728862238043203107769540871482066594040664387281240154533
8904790613005386264256791744122212779357657199936225666716571427455
7881949040834159213474715852649323408411261416417751957843962924566
9355510810305680284456948162396435404751831201086232203867410830088
5042932956537612649668076687445805623706208919093427292205441670366
6547205184415004404802345936258701441893699111072155789661936092266
4443095997910665710761232611451451746261856085061456821540782936777
5840428070478505412133491604175625991907557348433557381772518212888
5577037202643773240229178803685950809124376609411466259247479034333
5052504701316743281985720573683669724883618671915247974094870912999
1418112523565971659204692942624314630084696278825537016417646320811
3277306174028607939338463613846372194518854183779586353726129195244
1939101883567794256587268191301864039822226671643087296729992714022
1683634478760624194512832003610781019486869522917748477114776779966
1943272662910893849161458081121759894599914674153376864845391810111
9781752275781608259428301800943895619582292039803131668691592250344
8910349184394895261128013554186286567651348053337837602222775216322
0587984014585472069787144028252387710010500888081507681664210302088
3410452841880119730958639269671985959151588111697158123267436654155
2951526209869351573612585583953726828162243566830711146491204963344
4950260187882583966094003808829640523361609852475929004007233631599
3354670476506584683488100721655373858419293788273207335773636253466
0530955823797326534733750014613524673947814789586762534866299373144
7211792851692489515667280531759125392440123519035854912049513179399
2404660244248477916528733386831553580069722364878786652398102471799
3128399614156849644164812965056970039564622684160115028759652904833
8050391539585954653183424911266986273068884679585903204763603762744
7502144160537641644363843502921743690920628309694599656359989564122
0757061490243142853884171046478117194687468421694885653926715100822
8813010282060342393368668413109369640533434890722077354767510443277
9415418800635931023504626305782581093704007637117628231065457677400
4024593313528968737995127089894176877848628156499378429919601334044
1276704739095907494261104613465813998993272349139154670460506483211
2482482708317961804315387809462823891983757542934365594075948157500
4847662739321619650581414908104714650742131453388815247490677257000
6233301455783041876795510610341596861011606247031235801208956312177
6612773527679904062866516763464815175790746614076222559680226071933
3512700610144332421229243294735573672466867058071721712930198286288
5359643676809688481274949463036119421401995374539878340011771559999
6628718734306967734485154552383769716580935271811794872552409482200
3287991188938318832872228492762451592935523907117350814319464513222
5931196071804999385189339696630957488997274163809996710188931761444
2670454345614684542021744924757022210545358803391659788516346462377
0775490645110538228815763872015941871815492640380901038429986278544
6959130694860473347941567204289032533574611807304447486129874006477
3479118077417888483719502154902834938070454147347155752350529454611
8312449577532412966849459562892093224594357145775321687238758261233
2175623801556281117060083890946042089787682024738445560825880519900
3955438758791734353899389451723083044001151542524708116398929620899
3951915803778871655956212589054400058059121725721931651618039491233
2014142142785387507591185842296848658667095226261285968572458910
1222852443045642543521606335902691408286897494682972082670453890522
2185985427412229365886029998102816721664751927559110851656369131633
6138393258882185098953602865454076231471858343940649916747914188522
```

Le premier million de chiffres du nombre d'Euler (e)

```
4841881243770511512588708928536577478775204608316740677887826208 13
7401345165127046718383079678602772012286546021444888891875938098 7
7122268775315807281968453609573358807300253762606345557373174672 66
3671229099769528990260946734851664280307614073001971991947931834 15
1774728822191693737347536314036154971649835298204141961580833999
3599381979888916124632702355431351836953211048097487651124421590 85
2623334879886271735203307521872584588100592303267115151382327086 475
9866539658999222356273822050958557375961650688188199877479950023 49
9234971051870532953718696948955955710071084369009692016057832055 10
7068225462594129505969267346481977385784352377312942538334748835 07
1822960456780774706952891713627804014964951767904215119643885210 45
4752407537603799565619675271959893802562660734869074961003162265 63
8840585636673820937933923837548123282332696470635354863029636660 16
7892324626449005290195042888219149155005364526773335117023899121 5
0394753704137465257049412661219795839776450475733534978830739940 70
0227236361228846058389686585329844964353762252584801767658633081 30
8162816378059331695970913521914701681388943465968056327667394320 61
3327449063434093493619588626039799153615020210529655843236805617 37
1454532744535132409587048835453752978972944215498038065322333913 3
2927452706373253965430537346728594933978098962498241672988288808 04
5150851752101213878086614756379574930602591322185176938597622752 92
2731459869378002877280275000152627039066275468331954146547245777 58
9111349077790870283709923979402564338175405581293332986257200766 3
7657790376860475781238550703754131890600495050923221533519840626 615
2633322475863070268752502465220191404323341457405718506296650569 50
3204183922538679080981098604252936154299139613356192794904694680 29
6184279098147595787198296753959664493448409736200622382306153412 5
6649950845345245734088925988320923303420554878140195675585661844 82
9454279951210327792821709761980365232129040805097034876012969989 20
4429877567776994305677416394330258694347561803407326494218589439 82
1578963409815637782937414361503770795517437685763896647169264934 08
7558240252039408153376081434922692991798045332027922061415435672 77
9196669576194192313880319738712096086156248206172727639603626537 99
9801248405804152224845490726951397956955072021805439977599391635 98
7661471508465905422340966281083519244562528938694025902366117845 44
5329992362585515812151856674267260318434734224876810023004570287 23
1840566319843934725295716834157204687945217118906947405333482761 02
9662122442354882349121336001620331310911617461584233084989427092 83
6879890390156323941891156650059592092700402295851005955937508830 12
8050851394750434375281570794970092571728484494102808414955743454 753
5405659404525217578021649524061098715649866258847173596008507625 45
0450598331158762414970128477404171144846282902436407434452556902 44
9483169542259480130175003496212531514446278504869945666931623804 69
0733106432813276164759907004178100588356196266858584102092715123 36
3875841681811725540755564493011036276373071905641499490326670 44
4184108851383768290210086891166311016680542247692560643095926180 2
9293604639954187139448671100300407049622012006218040578429100656 7
3243604391209550404723125501687982937639008567449697071119695435 13
4799304530321584264261907806170818950379791614981177970369700728 218
2020399018631715029883240719313939341045169649931059773156197140 2
7057237815552614361510705338154539864989808100795120100227749121 53
0204105169671966277364710351671864277413605822044385607657265978 93
2295395623947290283476514391084172688572707074276955295218075399 12
3083251764937360148443160301314688083442129935489590956871312540 24
7751527677042108079357417950565188871914502291676176758901355559 1
5169701992750645913802281652136490928332658636548583375203244978 7
5895209064540112160833132752110572034661021968120007540920731769 10
6805917555415446655985839831261297384272356221278746911370805435 54
```

162   Le premier million de chiffres du nombre d'Euler (e)

```
9285083866235594386032068827016782324032576475632861633544618658587692106523691540168265232429150140915287902359837384496979048651431134003922183782477875254931588405262260978708799635137985011297879500649503535623447251634096228569883088272744303477717202354932371423486440643415782352786605200699766063907286384780023754250288875885923084478775834864604502706624504785217581864522525042156186840453267256808005694879505308093301305263210569438044081521293260009178231195248095586025892805093917290101060024296819756967331998292476797082406229693317954797131244779057953660153909506291328318381956911615012154117627487022993585211870381990039527272760937270049875172943128937374426862553503943497357516316901060170619807777696298338105384635672089698987426200959025002676649766314811957148880553741224238008555977295923823516691465285433125840759618637895918935116042574397326573334708172985480150316836427357046647152631479004627269785369374027277380010427115104101116285370204375905832963352177173769861836273768822148509757999716525653745034815043143330913345295663930564753423962826568210726002011683866768790723383890786730809621217662875222771887831426338856499753166164678406357648652564994299346662800390959565248573913410063763540249586354670808285234472047779721114612848583904542574832089848722573395046401533839085763782581917013003865408348610622408713803745322813635511668967725767027939619065611846495889877479350437587531903340250691668070387440972028401058326917412236480087018836328934493220088946744787939803792404532285066183387747337677792592404318061037151688768137735187128039906795327896436612057882913761526194580141629064628352754034376491951342172865187743436332546887071329718287243281210574778147038329624733556727529379581971754665307434799725726954515906829984155254902918522786827967280683523537063303304810834039781477340915168989383080973680095544172828393919391200143515337034842640081499781410133081047851102656302036810517684138478116730839192687250361063202207911409466394467964900839865823457897991905918021555569805340588373331098974298054967443525107496909246099889375499246394376171897473114860256245361665604055599942921503427839864456820702570968172045233657434580064109881967709964064631852505890153548418484254490021087534936931865435610741209855330446434022177728796493117830638235387726536328611305220053219212234934388864395208666006793071593469548419091103219289560800692866047376747337240665951528991777507647644476404030959394792331201590513349412375540072628096471543127371476494174535082255888838609221690930312440383771616778851084454890797833217084297263402947267938711209135009543728828075969918574872356687514813694578506138498532705170406703860389671621201845759824072154808146441478590690577267151848780493192582302617731434665389973004894057041637630630586340583490499784196163645047139971713974768930173179501459349019524142413447962718543017931260813032176122283706139611447352598655458819922799375832011986348217404394825386638895289901576618134908637508237857070159881235642814563740608132431169267202226994875485364379788850643274100819816480153620453937483191642159414497452658074647973695101413572047322678834970069476842633679108190575823353821291851392183358965823094233443942734725229495381314283524319790800883071902594796351034023370625705608547527064693435938180087033400925551845436450960435561014519850553971072521071262585612490665994887571461511435833133522593508643147866606517945752725159683093657950568017929457090256626919853785621669178877421198626707378928583723239155585176557382222462385024716011787659171297174991186778856174280733083446275208587492225883169954022885648814533407517933546323646950987526514089304349931954739084917792397881803377886245343668534487438814182522498468416348539013207514770897696145213846482187085742200211
```

Le premier million de chiffres du nombre d'Euler (e)   163

```
0141817831370228491974003101107236791786775933879401619043680714592637745835890774667149862374162732192628480427279370444750815066857484831200716725034435883401157235376653988966191043133855578325758335288433688108518865476818568977087562499063169611778120882680352891541550472648240127341712973265957880741462801612262694916447383347962224720118631750330154665517837488551488499519214919970647137584017297830914385003411848166256083669655298586525848520407785537475766849858402260522449648731748237480281986492252247372722963859391831882435810465256150265745848820471928596189246864676829298199174465588098318379933666984117658613156471165906871267943653452545742098476208035783888080185543447800363471797762593052345392760563165754491832586659951823502409552778898050367023594552097101426263588975626521216438563126733160142464227355746045763981520172581052734559626328347897164224530511007656738453311089296672966429763262457714265794541268129811175531945319296566956158111947836380194667872106971793779250383943344795012906031924440511291605760543543239293379202712589300063913665586506044386833761819937545408103275118274362340710226595893322627928395146068259273824867062459792972464354814927833704222794159368376750858594919541164722587006675448757053609078048439227935002447619907028484160345478795043724162552392979010193840569195955262475589198637535570984581236076970991502607486185419717264213180423852712545829179222028924169137154190463859776685109372965506312766953191202688441071788012981574005080525627222672767971400422082904541866700987380331538347271489936085786086308645162463245453031508930306959122541024071960411347003459357778573268949798078250567999068680423769678848517348773717640534516816955448656886966704649474604820668158285458803547714538894403377030130951369312441694982693109347407324603772197712105366694902810252739959150401199631831884045166162903922239817655204530309847170636483434585452938181726064522575924344782276209352111859429331105406353283576919396811840814119542924173619026600144931229149781559351317531890420218851895275788071072913993480697159107756154473928456000687791111330559067137478222005566569520580290349225474590516926025239385773352921785673365534051608780411333913833297903916580571175385338955395343439529436768372551372068334133244970279241047121748946190562600940618854462057826859154155552552346420328333328531839755938743996972140144905678663350268312632612108800609178105715751009837224924443266414551227088464754072764004106675095765897292952246733085144311968308537219941487885541848685786559305019045261213081342546350806772081417442507449150652848323292065105920588251168346609060736582484181878278374506872899209677923864884530569345819014162830034983977191766500507284755850249261458985592898273749099263969694276603944784228538024075307964456826224949960852921039276986891851582115269157522710794952513942522210368839747500142804412025310229795392220971613384932736892835609698356017312598274575930589386786697197639180323413809689639283716016317463327341781817359771141828717646241837445997159842185452268231568948334599235872535318431914870778717328080037352995526031312801913875451733433031351653160056526756615726570786931701648262238136835491805173140056587020838698312412311390197883398291002006400814499488286347364293064241884248191852044238957545028126860796320979646267067934080666343221280587732102326766115671476849680554045159309525500864295043563411304013109927889000717292776325487170987465858131731288333355776371766700447515017569769807467568034371862274141667623744550249868281409561512964061620003236144922013006628658207499950489674090825753240980959192652450985040072027517291894617243609867407868136814050562356903431720011953202015664866018438094268841632492346844138821098306134993832876267353135776520150930213420140646979 92
```

164   Le premier million de chiffres du nombre d'Euler (e)

```
9912651509690618468647014586459769740461234525334151775468526894572
2936539748402274816405168009499320438970324794852337388696756596
2413512973215210617410514610015415028258383103907702932555502919440
3876693723927398111516364292644249840424127984158894655653445183
4547867280079031350789739805172588028521959639801346983297705004820
8950735074047802694819502211731776883600705546801882697983790349520
5825036322885889211438523405321182688936226559653031914451976535540
8149648088167338006369110869263177211827668844788107642106627036002
1357103279793894052880288526219801469436989909230657628362973177622
8154764549182933626707200207205750099130311871238658660114423287150
7288542022908935537550883599195051850522086400457494791743631021855
2323740309043902749491505607149739127918445426841845971202908873560
5717032378768769748750189247975211655298509959568015507253467930320
8128169613127353380047712387637811465073551331979827709964475415714
7606273482840727972744209788724647826863978869172225373977998973802
0326431868405265292496312480931412294813933156870598020812144041850
2444720017846251408398780719466804106960914471701368212698474057756
7617093118346628170969339405778759780494739906015235932039936892440
3409044886222271462960555407365588231385037680361834247922230615990
7349834017875522717998835743761211222078496125666728071449907027550
8743976549996492666685641556222972862400617154962215573965306243910
1120079048850803417265759405920941467403342858616158408863251384040
8371398942951683629331478661633932157380449155896680100046252929420
7788885877327616799489182404606931230417123864265063244199816461080
8095953452932389953217591487160220004846611274556429762364103121
3247908024444032616618199620501210610040357026522635817804113643228
6505726055772156560948318656656658168540978059137088713564720395100
5436824811925897754230612612480511400607622786265270307924879683880
6086371431533453705359941611115418142008741925071510745455485011360
8551303581846368226514472078435109552939514862975580867152617435900
1072599264288163985586650920748528719717789540813308683560249962
2066807514544673184383509930418796543737565140275043037594999966900
3893587159453798330341569543021847568816458042957217992564089309960
9154113431508573299753395083089361524626157650364151022288067187960
8299321499457339981429581778186604702515976391663909666227049106230
5985930688397592573334959646562510258006468354732786070385308199990
5494492020108631291174542362888599873736171311618073864183213160710
3639479908454945596155940886686533158674710227046465193377634230300
3930347429745483683823553298217053339952665554566953866838503382230
1900770229191872254215179258545480777168051732807877426388068049980
4204727541604359253011676745344868926495817067052605492960740242710
1529642575263131440880368777745896289233742141202917351479804907810
7810906015998410552890972853090397782748580758423985174660071783600
6196493893713345005072009194578935045544839163367300534391761224250
1826347732672966146707705523389453733852901664407340591834626237860
1791060085110370325186957108044796803380532871331823710981568397150
2965082360066007909164118639526409381436777004758664861219050850030
6356168135099011443817013570390254881071405398514637908790444822490
5903233293601004073880512265121134335495600888653477825800569710390
5589192751824635983224050032753490563274193761767062756633810542397
1862320723388275581445966427523007998890187418073971385200737182160
6429772148692680875562483285156605914018679593544371409660950289810
5986800487831076913258540504266568359975371765653082451262313954550
8778462594118946892357342966521863377578777175157448200799607927816
0854094144021807471540679212472341054980821957288657760915195153280
3213568734675353512708932972950149940393436250496316827039706750570
4632675991665535725111166409019810596283781509139235914120413910090
1894863847484022814916688069275529181148614188725660392610814184530
```

Le premier million de chiffres du nombre d'Euler (e)   165

```
0464048004108955523025135606562761035678053234740702315495623923 98
9568299261210786910242470460575947760477196229257216313067396488 62
2658453733058382985732332842090832308775102661192584760061540076 61
7550476749439953953960663527058020820348844187696877397247016983 37
7895564099707729415315261537863236294967727730147220585082877482 32
1014684886818808547461491222736396430881703344067927513733814596 94
5740652778333795885718650756150245576025617733648587868406636582 0
5494344600563532085374869104639775909708195051114135493817022066 14
4247590430312205603466157040379603699945761514998577481344941565 94
2990528157971557996632386550918709218301752271340257714319443083 91
5033277667886241159895877816127448611647616219991007375520799505 22
5458511295430627180745956035439413918123119773548118672061378821 65
4425370154781526792761128975643970712271687651616378765124703449 83
4262796851369381289719239489538979328777953296162172918074147500 72
8244995561851139916794107144838210999385196496803267024042150771 63
5954323370238545485381836369968786066014445357758329997348339911 20
1439837419812603554680159396433391078692672113724398013358989724 94
2900041630966808185736123375940755592758461187633165379282141365 85
0862698967367761683956063701497709773990191675889021979610313199 64
7068911934859974373276870144507307693154630106391794745818816899 80
2483850979652512437210624227370932340121082673340967318372688300 74
9167096915344980547503031475640023758830375165677952374750827929 08
5131190481976208478420734380988866075455200240513312297713782049 0
5293646421231917902381636120131767174977121970093453665310784961 38
4951342263386106610568214253241521762885092809087276252123726548 96
9894945318996467423387512246983228181577127399144993439814411868 67
3500383376585270516498266690171724596017443533596859738196167385 89
6875867202620924867998911369827062749825160994682005705099420314 61
4039189546111080903883541855536995532090611673791001548208697887 21
3680456767778140901855572500939809817495954521345540394714171092 55
5755085645571077586320494459120210768374173671088594529287576604 63
0318717376774001763068222596503773371849898171434698958032229511 01
5659659823319116793720233961555282565651480369511316264839947350 36
6001112627545271813053546636727315487214334896120226808983667128 56
4402488414557447265747241404911890190495371901122601594867831242 75
7057369593230376265136166406627590014515623494333553124367179448 15
8767602257771256171742887804193052065891648091715886267421714387 11
0683840224264322991509544707826321298043127634467293085573979875 10
6992231893191764377350240728617435695771498930864085552755461391 92
4265302697158066806489834006581927780156197702878296262750841085 27
2016382060189976205705854078178284871526096526191983118484362131 24
5300416866264536636401899793856975856879060832746894185634951854 88
3775654050237429483411445172402496026782971589441255636658820521 24
7081814927957790816611112664995004899362109400700167185771015851 07
5956665218339133923072930063139385038605610665513684978773804139 04
6349823668949338709248951795364793087838926042355486843365802666 2
0634822046346740425240541070956861918994688644100657163665243333 6
2820335478063489527933128639150038206192957517656354858959157269 23
6062637359160729148176303927056845327763535251425960522727149766 32
2428104572121925350321864359560551894362085586361148487547436703 13
9344719579778711912301342608428698479376410435554016393460722054 47
4545619797723193883758260147920141175768898231123895862375475436 14
8595650756889049654059005753703798803703731784016867803701923085 54
1898209618955288130521368638494825802481921662951152211466537910 58
7160730696955285169320241708532246801297768045720240878574052825 27
4349499169199541178218797286836855881988687975675444482460526832 92
9182446677606650501719323461674192132402553223449484511025991195 60
8779475832574904214664603086599803037168412903619390505637709536 78
```

166   Le premier million de chiffres du nombre d'Euler (e)

```
2529496692070828067789197191538214237899591176377678924408871614990
4929656807939329671153249579319383867821209327018904080730674870
5505132306688440995133155402815833571138655225443573988754145097880
3790258766608968551601076230708918539169790979577379977042796419
4291433706998700879207264641294111369435029376239402497010415832
3021272063533924814291600952201244285900748962499775008805338118870
6859344521352948124904024648129361750119960097707799955666058115930
9236787922160731285585492640522516000717205639616780142074603693850
4259878254795107097598624023960212000424361867045284018062446685640
1935351838914443267248416704114124978646279883617692866910374900
9166381647292778997679345912058953076156175616559024860293573884400
8271815492643510395776409753640038551885306639613348591422211298790
0453620254207438205273437913346604763520690664391204393552807212640
4736414720275398911908073181870625677703240696608970747785026669510
6543828616162750466541462998038189065585819362950739684363607966770
0499023982066987719685845479174079506670920528491504808767007834780
5519564799140173284245279469899020317129723205470123386539244866840
7324855899823182264096786664947470164308259862087832226441932469990
8893254136472005970105936971791872577705003618737347844899880134420
4615960049593126664476561680168852546141677426272433074544365894160
9740195211795952736002087981230382232426313787651311518487300575650
8568282652391960627468703405541723415958833778946183090124866162700
7580819413490606325362118582405730230640053128623847656951379884990
0120717512944344786486330149743298534759637565818915610623629607820
8022811771397899763765765836759267055097586444717146466601260923050
2941250185933221937898880848149514462470305756744452274898057474890
9378846207985173665109664343952531676144211411859043972359976085750
2910433232504336011036033483500066425103830289022231714513412296240
7911269638317651943856784142061101182900263641829751549915991298570
9918146854375980914384545769492056443177655738039629176044582391330
0482026929170785950669278087219363483843872663883697895829839487680
2773540799481951093326685158186548406749727834234184995085485867980
0475603318044693675425924488468386299024020798062630808109333629500
9995092612983664888728244156375020857918184214602832905796190661270
5185562727642242837861382343475666157325528870282141797041577469630
9006799658251043065946926841606082752993534286921274897424971467680
0461545551767957698468352005860020211035455312659544409940081310500
2376450272168417002603071180294817896576605151356084395316637791450
7597630291693295784403990267549713040974611614422033787734988307560
7070636713544054901158268651974546191446150772816622360769300716980
0773686440219362916102915753714295771421348884219860423116059036830
8296452382926347116589919411069574110347603642144392586681155527410
7613026450739437321906518750908340777085950717642008304351630061150
8439885909719946891420836119214111752509972549942795966311582209800
6712955224833272685692627578640485281896728601100703240616106228504
1381661335812414146853812692516921101090576594224340710557927067600
9175047976050563122360867222486841025557477982680335026770812165300
9847840580430942536513000981040670207036879655377524150718239548310
7346130660135692761490697747735095717944897572096385816211499464980
8464012578691028911321924137128801868467221416946542302111209446430
8961513442771183377217130676297526628159793151442267389180990015590
1778240870969339458840326202008375012334127236596828731467346326360
3606274497036306587194396466838178784214070590896510760051741537370
3063128746381838963993560053823827801500131115225198677996622527490
3708860107808785493899128584632341845585495189889971689546819356000
4467554176559518859068243125147183285848875102218779571731818366320
3254015438118108262975473350512978391919891964257846456636469453440
6748454742359637329227797049352657544497762739970491535033013637120
```

Le premier million de chiffres du nombre d'Euler (e)   167

```
0133577956615560866302496475745615940843051476769640939350025959071
6111585957046030041410089386576779506172775863059277326936062329762
7752650229930071331017900056318166893353421870862061214598224705422
7267546131855900773369644319231072998674101892438208078732626680082
6588687801410546349020496686547190357316459730590813073295532404202
4575960361270480839960676373972057334755394554873194787418851582572
1527196476258580783005448858438271746535889985398207007170323859682
4497986764895586520251861326369674533719442949548122970202027283952
8532316406284993790599041945939850964446687560701449239435480679658
0544352482424721171864016839626744791691113332628931348003827354132
4351154269146045623674806167324258278603445809890355279683428235392
9711898832727288365805123907484157279516078046879863604661983459362
0123352000139111280039726971563770770404278058547935094814616599392
8430510565790327725939245923657695643854882645910457291408115044072
2850006066833416071872020810264908147107543511852908551113683718422
5234000435149837935317900504872700528648027339976299296612418882012
1595000487620194254205654322172211586238963203589178132430872052302
1167747936447552973474002045492864233328038243928450430842225693812
8843488956898490406369642654250949910280610146429123505033418739822
7766321997098802202964191442002532243343713624438347264685890775222
8141672132163404525231440488324629618792891656376173095105939169792
5399803383116638963302160640072006300069135819034556559267515247692
5720488831043461556125706271373893654386299097121415741170788395402
0268711783908638484006648595440800748608516789013819159502327023472
4599877829582326254331949033129918097668856335353475692594636135712
7066142773871466600067627236720702950390454025317312858536884254332
5664341464562035809437530965476534887867087789359853382638576047892
7926099121603385040337969249042599967610723157070779251099367063592
1269258712555366576815417903878918962528934397531481535663640596922
7858662499704962632865326565711876854295670180176505718560782396342
8871509768342430969184418565806503457549004680548096462758218896242
0297624618320542694310033744449763994111524434471731777389918352932
8700517135705035115012431966407868774272426925073143535418524061402
7380094472586352721887474378437016462293661753434582872278980144522
7079382506406304913876221225434268765316167131203184016117032109502
0769559566708016444283649664048435770973465388425898560085023301812
3256812047567376306547275929012155348188591636044928909642919153202
3159548396147675994518604571247903259131633228590357913805064840372
6240735222172298130322938996174376058834583529657217100869681103642
2230020483394095350678333115689792320595129176233564805237260072472
9275919571494115033843898886371397253048689878076020497768372159222
7825821842635281486084985885785411022769425950767203746943258168482
5229554899384944977423547220443381056262580356144232898551663732952
9246358847488372752271801403473416351207240999543302181292173528502
4063143654650773130399841191716895136245176930906794075051353190922
3776996916794102214078692682376900948592117916745478513769041048702
1471234654625604526301332887076634324520037353581379023800845404242
7738320824723987311295339594956967506424215574375586548335565956882
7867026746944870539329604710525986648459602000660863787563560839122
8599487025507869098531987453434140080862497118416593120166095366802
5961800956590583947304141772125938294697768983905782832491940081442
6069672789164228140799963031467236553475894996513165847722751228332
9339596379730837729800533308870762924957258878746385583797076265962
2995238847810625715226857057084653267193758685771682351698125864782
3180618512501776813593114358806804489364855295039494511522079610172
8417225223474941831823502369761174785258663815885310942332011217912
8338486561632842836947766143027045713912082271521894349337935695802
7871880829807929878978440752346670565735957253331932789753342403822
```

168   Le premier million de chiffres du nombre d'Euler (e)

```
4424918870723968744629832120513568877192011693201554683231671579985
7325471909573561944702249811642870121897776167238187973841938655685
5598339166745150256368252672830367588763201121500527605887573777545
5815835138631784245659134379749109085941331641564605875651815748545
0335479425502278127299226305725227841989993224138464334491284974135
8229939491771406664232460804446016354250654369316390223932113231795
9159496337734812362076251898023635142565365841741807121895827301665
9915078908301836985776849359958626699665190130733141585149864781745
4727209915641994499619861563562081001818937709407260712084222487015
0649162775732441531682194980368714581239129012273449026077112881925
0999043714868854852812478870887721081035566159611960408306188387145
9150889562728300811570083665955067279678221843862574738902905336775
0819569404526836896883383920982870344341653358450557075753059171325
2099451160441725925744311109472581913619036243361011995963946593115
3947406144981850033707015874941893741926519122116336816800524022985
6425296908467582332509738923502676429821859702387968827924713710515
1067941230553863443212041785477193881039781007569980518050820987045
5549040885696826246663317590992483989219643796006378045345164341405
6252505978090441123591038711247669338547909797530290121107650829405
7032397779895799278297470648529544281546090472823993600993488222605
5458082474324956586842226720758507737236326843033868620798683406165
7096858286884535251406316047783606966504901978482682279915368992825
4990779744324046404079797917337301361582972286595119100176286558635
9813297222678579636788480214811885133912083591650206259826272491185
4638405151620211576577494844813697173006860028522298355111964316425
6358173150772677200720669285710309840259334818361227576147019596035
2681125584791950210589360742140066933746399877993848774005378312295
0156204967936458356211611708712680323827156010138952936820459638765
9246817421132042715124570180732555311525537908833834191082808336
5476423626702904745594300709773825333525850551256986743777354142665
4085552613030644408413840886029690531019368693646985962610209711015
3871954069274417046080323300589106158826891094095106391645241233675
3012158648493271693043736947102026838028997838747206186808556365765
8958884161597939708778960570314722888958369096222573113898373336595
0490551406840154659483807489746949478582146193256251760655036564255
3623121479167907333066071851026351840609572818139050653490742338505
5282233441813581469853014740446716949301594521976062496528541316575
7302747720148573987854089256808364994714654462949316650934321738095
1891006361489210666468023117327893024130988201625129657596760552715
8619654877619952036937919892202083077410017258601214961080222894815
9952266767093021739801206190510981607054785790989396044921471711125
3053784518460619636390057788205162084240507278468675837700477459905
0985221387771986531153764133507226916029642232399851360443837228
9728522237710464468051528984621373251129884478160654161209730877725
7986123719483138753400134720394149629033649044608665639663329178705
3691780305070440565340167065299701211385458320461766293372426473195
0254883050667002500349478669349653465600244391420969953263575270335
2196833871470720857715202571864679417043639230147033607605744116285
7922895221868486360802569925519052224494858966807920503564385702715
8796356756310836977542133372571856416503035934281309113617553364065
5308234028676192159171441711182687998424442581092796554240250280405
5379287198924436389012432652321011071919431785908753146771271411595
3013499926000307667206894764444981273906332462501498004459813270785
8912550805941764104150110451533153256200346408749982452259055423505
4830187973228381782450275208442374162878798314884342277052437427795
6059195455080910731868313701903811724628075182490092288371146997535
2667480498396231090173190564688303409066881530728475283754466068955
7169546432092945432219078645165542256606379007971108187513465802425
```

Le premier million de chiffres du nombre d'Euler (e)

```
5296504028042475410076452221082999174272793211559473712528078972129425358086415359310106478015225988343693548000352531489748816258972356153515855350187904542066698159608041899657448017039129061407751434377704700914820132319424995286693668900019194784625992349715603154488881080492230161944605573501375612156075220309448129221120651947477531449236113303891599224019907101386019099050884248038132953265030162790970206380018326171362814062067277917832590833322135765280370881850390394337708219451079106616818890255251216467332344132420616287555953912860632003553260447328406355916786870648896291407521650281379240216058368114637506934361090750484914417005498518664249020757009936452410022458808043333557505393829964601628391446553697492249102940772513298339097455734348758610334447698391913769579943138906069869981836243790962931844705557321603884707813675875881494774244968800205517124415893680857061413521969928091141605058647322440216720038665656911282923730566515621126631520650651364678443799259630654617744196453689295429177486585769590526425624547717614879488483658750848325111570768322700356627002987491266628865813879455449398138128658581731893972881957086295755088201114772422397615778182246690175490729479631375847196359701729478992660595614286663851827796744549489280125364549788714409525789210569291418386117544723462060391525547554936675331545846069383777993283956083904788158177052893527311856307875411459112761237451655203909662691698998141209082869989950878652068227089908071585528573185706577135231950715354047085554243718160239124157461218845559598839535341914920492185449139060336299659750342282410580480760753574993340023661825442052504411070144108874464500033608946694643164703537205237643217926542948055371107318539707626773174048308064532793520275119991538669757553805975140976560749660085337076673938578210478024033717056845701693182520447578796040741725891828607411179568665954658346780250532654977026344164102270525261480839996977204269012689169233506523499360183061502004467469625690555172535869877922120206424104094254928626346666053906135607754855700071942894040583606574247018890377634440223338321945833431675685360569399292808248742696957218159638444410787508478376546779317151767731299852212210173396050283327884483633395959518980544130648545707739367675428191383616791086341260448439333975163211348373355256083622586597034409921783235012320144193018553626080026740368597256506836846359038992847662688520447127867824632980711136084758700027174095662718046613845730737077408613144793505319049158618385362170585122988414248673667006852674025941420715655052329966749885650131739517424470453531274058254487652935144616328459291775307167849483845734015919149848915482467254228903406597607013048605800738746484966165595104156385267948206907150566237314181691649019480316206170489859713184431378603597620276589330975188125328622646055753651695615291540631415019575116877603431772400438939404779213819496381732252456236931056749937645634566641679075979893553450786986326692958221343261704327810190944866135435882575113889075989243794990429666869898180062744858796256579117346184980669465362094065956419174065758134798773756131905523503817186414115920499112525231995787127773696463001304978815180198558126010871738917642059633492486838734011578868406307588934051765907623287887832667351337221654919763266573069809368714567402249378890890606174458148134032737765513377717595103440903865249805795522076697115505626188624521964045426232023791106566090096434807368488742290450090132986851921705617062709515461109191146492625324334987046841796841038733749913654574821866565868370156346007046953013216931894511988991857225701969871549147117814006079560637966903113221151090185898365355797382836733901981161235225451088141260388370880455390507209781721968799364709891881855820097491561291098340910587748738869388996155
```

170   Le premier million de chiffres du nombre d'Euler (e)

```
4222178728833070600789176047137892108588360835298968528972503799867052396883796268631378838899912150014939608836251427859340410698868792838992290778244638061205375627875458951143441067754418675334044579381129499820117804158923736041982260507609978609434590762784546512086738727753407644359624914179951112133483268686151100052506860078396090626975283459424049955032257233397320029421958858760583233212411162678292777387460059515908572320056026684818745834516483900677377292626809423295590908599993903924392396255602420442908163724054397783114169656042014064015858684261610430874049522532188626912455529163183192849550826076884118655708475835912779261746554075339734082265456217104700792096165096570796478798422887404185168291472756851630094006662554575871409320772792835327009175854323212322227982752694872870108042718638916591140468929761917357800363253123907818883049375842829489310471916812140814712236804882872673576518841205175384023489720839599414733539024145774120660468765970385124425309594056785060755610422259731299831588913333505911680780485740410786225556966404871246343561909640764373659432501828564994073244685130513970580595186663262509605447106060847550976960608368320823885726852039670720244889651879016462426583992386262133421903532611528067611828145596153836689324057801210075410150713658285329601967310436083739914826571207152430687550903054007765036678232298969887314147420426229634600940587831890343524706937088879231992462118133224405177860041530587217165231900655385582346055529547210899916519655758130304032421502372441843353492313851258326835581896674944247397708722534222940166084385336853295262928261508089237123353661179653872270043128973458176237039677116078479595058082783660879961311544020936279499772561376169557187039574651168463765965177306521267297139831193876820061065152109740677151038774896030738816763745329773224324440195454326551680010437043635588696067400618872753768274673363530183994232323916334192470289493291230133289663381819514522201213685944236484666857377745231684777138244125422141760682175194602229582520364161842078556289371158108082373476040312397547562095705558752393704183195943482438574720442075135995273604016995346667990935031428361544248665491412282358581374814658388332238067629663243596777437447842225084807432246735335592924646379313318904326879419057969391454312509883602456848333414352436372520947366418787797006860969817490088479945025516514665225772244535192540601430410859451812727010103739018642466692779342116125437684317468757408527375000103992330539641868942032325083420325396959264651749638687141213500859971003214007449011098960340804633293992441099472073332650844304710963883181071265767949849421608198412481676583205497510915653754997609983652002239633935358581003548302012633796747314071856429917125893388637137249183916186729695490172887835119084978066587058755692380395853164295996130407282986584413894302070867909588481967183705049929448800371087911354186623379966934920104560384571465995173224405024613586394124441376479143597969891398717879727004077325633604068503125152963715744317887490110527031378389353989016852200798195807779563932890162701798717956845825342818527196150173177465000130795859577721381732569851797176001433302192591244225440748598397066157712850853365268126768064497723940742812107034202621860032816933066702590128196027112275978628623524447196010047014925059849762520299551182119129088889239556920426368046104374982060384076840872935026962391183068055088744350084998093665927035271001931910374290050828704628299687501366370109109436127442724775214782406865970406981773294626086232476877448483676486000566154958751293165460536999396020430336057862802652590532040007273267200945055044296362331155028848593346679780638683671570701945163213833694284511499706811526399562896881465134204114554955897829447180391744393987
```

```
1405536135806613850113556895259531953855696577170498128577139198693339087382968417882721978692814725460717185261732114233662586556105531164504787114824540480856040570248002408339018880150781763539435425555565519364244277426514424194490473231684272016139887435237398147355390729316671833652362523993771770992678611161992593706066148216580267474896669755871515031353305047152344312370046687401353639368450577502359892931624840306549065728270531502237940827886254642979294324433928208500441350989721288685551297659878877335995949869654908075698043328090017850325713066496641543718657739661691145741863858272622801954718037860133568637814820618716902370899975111701894907000448713903190344197528648995519305270953739613960218015949661501779448059165035067363545186258178041326728746790860724731338915530205654837989657999200129180664699778312046637985399357466749004399301759233864144464500298741734226873108894773840826092386758869576016570152721600928809485817286213035601660659225526184245780348299424379253208901233806019557735267021969384286576789617194760728705275455424616666484714076900096223715509746251620158214644429027151824619857894157930660735886426929213183256457266549008983561059547540944510985639020536646716033232769772202816149275201025028059018523644481675309473918002202101034648619798765394349928250115577780721640587624456809607279977539564841758238312506874688968225127493457021754031375877280145490978530833470422143328169810185300861574242710740986530057016772613090350162946132675597943276292501788130330122006051590734886131163141542390904920383402918204612948353490027556792088551377960435904018404418086528723677214952826019285515256388569500378231193549064956530246194415556909608840572724968172937200871857157157046679213026849035833155810743711972374579358472162952666991352089018197883596749528004430065731123867912286066484638272748780476081097376068489726873105861046220617185353860637927496958434964103464405746435293731503770536605628348233516512521998440267339954917238754992779927599424780690908911138039031854294322962467082456759374701749619117574822840463657581413812562463179902410389912684894297492804665665874171270242322022949406376226108301363870347909421066136504834167903433129047415457569887414177011841265311225819965031486877249400281436728147648866278644041462350061018110002299457971268067816687507934183367794976270566954103739743007395829037273531865820521539626425673577861019532646695007774320241678514342145744192810113410167649381979901299891517311428600169744102918388719903304864350901110753558013482415891387796862797171702704218434732180505579043760892425778293339090180391686311696922419251965971579179309330628870840483859266190698674290925063754989229454999335739752207571376565925162893526648581748416830289319522732490500869349173448819547564005462388435416433079600500623700783846165379445599346677006425966920755145488055007123046443397619630539236265928758255896471857703316225953818161895909117358045486616836734075116736883917463953649766634115492067432681702071768271136772198825442733000707921436943126220619351029171003597936975801539916994834672445323918271811427277366112507450107488084512157217916069659512226562574741559111040716803124782742371048081379527955016326596107288891730241981954731536112090176270318030161801475869212154726148250338804082154548591054767609148562691096453301904411855080226545867545914638326947246953169271985602802063708836615987498472968671122943803036017752132258012161045352005170193740574166173742524610864332768888166422807440009492958222456280096767058135007406295890671701424732996426011887270659695053637072523181286535689876362257235625813719311807002374184279941060554513591229844480020218002661533136095939546863708308209834756359079921374782415103679163245411407914683312200724428015483714093516725569202472240
```

172   Le premier million de chiffres du nombre d'Euler (e)

```
5528949534860108985372063737689797117920133618114465864356547631040
8548141868248997623641957464257789231436684485473208416407314264140
7154599699418985451636526023806619692475964991408299522249820053730
3628682634716616334210443994608429476710938857453383403343262147850
6051571601375483218922456936187350878527873683540465801338971965860
3487058347439668939428195484859565019405959463229357256511700860700
5596969357566574968131080465347911450691990716415718750136480278970
4626574512630031019117265315522963553615342994053310373132792195160
5611760870593525198570194740535292850348490894594825223172109011330
7597408407269449933268997455662762963164003129585991339988192705610
6157915005391617240394644202051854380561013312776676007133443085600
6667351558796516328841274245446829435037091709961947806542047709500
9937578471702738092543710114575919721328320107753745673936803507800
8385002845764175489927393539560849555323021549946195298947226923720
0886489608967554255358562923350675059388836653310982460188896417890
1095813351880914620167463163399369497079680721925840283244186579520
4655319612305067606611002091829079024576235671192637316244738859340
5074582164519271680345350904038899426500032989430182084395846390470
2836571738468942711679523354052358981582580573662473330976714929510
5535035623172797893070724080685605898831951785156476194616130600710
2920852332905554332585931767881944034492868715056087618947280554190
1054868209266287146459389578932441918642047762201921407699214028900
6420551677789846404549626453019003388759599979359927094696100908200
3950349496500312331893189194511257181577225357923342533240692115730
7905311844307935141534106313010092462569054764340509868581119215700
2196798958903262596371437774962444639747247611250691134568615545520
5826623040200265112306400805806653382431845301703916569996707368220
2682992460205479509272479094321155874217537882169430521478915095270
4447959540465931243155897503919841277638901860238319149668271069050
0133101468809213216262162243309411337765623052407252297925774442100
4682592450803372119736881252765756900130959020616757152078132011940
5312053303074031172172783617230382775335578743265164604779286843570
7429633697014832965585246781740296860943091989488507116116683329150
4950392908793141762529522289056502374692583249243899699719192384350
3470823094877307282212498985135269035970807307712835999268136697940
5740869558818320336371191220653928392665902518905476305193699690990
7281768590265822369754993542699687449687903333100728589487626590400
8930249547748704259037011746096257966549431065428378230188310547820
7940951341946839755012936828784652205059705338721589820942617361780
0672765699109560152004212297027827070022051552360576066107318296700
9800688293625479862356657965624507633564786386266910729726970
5242500781955827101537773087765001328753679181292209809316816695800
7067833982656601208012662862042223193306658825964730456149501941880
3715508274978479295094092468332227994240001235049165830533217901060
6924804213978615207809619483499613142549029177901527894962028556050
4968550009095951746944664247772616588890809178830044937077876474100
6503777867053012263791046949785568798025028145130485314714729486800
7398639634796647536245383626233412207863734713985267485811393680990
5168053286468757789742419256058117578503274048636900057079152149030
6446047732276873515545232068101529681283015653226152852880205166240
5825797449484952669458459066821803598010659286638735932674243456760
5249458339122314896318959338522958024966727981370173444645013071620
0231490834515527120949314984265463233450229387525714908752703436830
0047269108724216332708774191030176116132031169802989376193584151940
1826817933387685658914239413807877485954811778480914166369540598400
7768822455469947891947457348072202596158880686862596611887822879080
8027184499730912473629864144851996460622421840333754605876782021410
4989387927934599889905794216324744259974486336740412646626473373540
```

Le premier million de chiffres du nombre d'Euler (e)

```
3181638353094983215523721861902949708033675945790231753282107561056
1395612857224636260729317566569517287589788506057564942711746168108
6054226843313405417414738665928931849696787631093598149729994845988
3958824038190872102517193456873022634076822589368881292289619598398
0384955764527713699072582709823075371429411606941161405962842623565
3083731928884151953015797021779579026183899526626977715273657773233
7205460865642769965570000228767373930304727192469598784285101072699
5120555019339842552965653437128122727313989538078695819027622985499
3602156844895559147433307504225092218390248604252877577398967833533
1937288198755367831567021203444811883475897445114986562341257885911
7072120792040340135991902981344774761551211851471630569312533879899
9966337671765769262238157031731707830626911320208077314209809522655
2393604346460117495674947004735085153156892103652752011343952596300
1708769451874666118410832905863850069428306894673225461793543954355
1864769201321788583936014614831733007111187271903442483377896343122
6309670623252595144008066208700610349894346022817926784764423879799
2453971578586798391220842100181298934327971307148407370945509297322
0679126603622731586575994262667559076313155258779347008424040027499
8817955611275120489344805933506840921914983405443945855489624961855
8114104188453336973797712170562645636977263676868175170908228915584
6402199626038374878762040491978295516137683281268740646778941233911
9586897350831846141900037042471852720458431205893698885101874809955
3556275990335895629793960518115839563105007713675429177784763880401
0109307464769580756605857404840014071833011491320399442261892727188
9895115371173311450441420276396740804184510574499170376483814631322
0924641196555513302772024322513626291836651303979675532785811510229
5901001892580322491735912995932520690098821165446446376810221126622
2622884376281608468505529383363600958819491112105907993688350240588
8661192679323937077169682934585990653630123806696068665947758368017
3077142561469314633241927467813597009586436858353848431156482664466
4675905638664171396356222262431027229432913293121987650922167573088
5845915164787883191930241206056470016185884118875007920774528275766
6822898209910632162313414743394560991201767719406841156160170337477
0880311267351446151162600140027283726112832653131515380620734443288
8975877582674261409444810528081769836845460031701876683334709615988
0896480057797471845482036658738227136487100881044545226097487911577
3767246090801928458661934099563726805077253778649319263956724207966
0909419277559771231360422038003632188240798876844255843223842558433
7978530496309870934868576645714245871362953165881486870274249196211
4207383688981312351104877838875735038669467237216594873583684051122
1143204130930123722888184956704503120905332714085275374493536667811
5816797847051945834334440794674814810849323623414668016719646579394
9625048208790550136468931922973386401130040593328827735952009133703
1826373646266829320247051018639210082704963266862824587990873674722
3444294781765029155599128430412895717778161103110180529493625391400
2380682021770234845151812301301494844136357687221482382571363963088
5317193880398186652406547836469289628682885377145099385118013776100
4053463343135939986312301550376827530690206834930235058112442158499
2791594397130021224173763706236291968104144053855111573731697927755
5140450355287107176596532492126623629250383012887456522972187134333
6643436491979221282969679871752747723452628175021615473583023332811
5836658962339049339428175234003342911904556518257275059545570536000
5727199827201195898240812899481013324297735115842526749735811249888
7468216854116326683970526723294841448043287631239697134894667012500
3392621252186243385474578628844608766226349490131380954172611255477
5012851871938615045090545062278647638156431346889580934265475913711
7845124127403366182506915848690247803909014571613504745777625598199
3959372013649747064363544295505768674994801793732033328966041253333
```

174   Le premier million de chiffres du nombre d'Euler (e)

```
4403861014670865524456352552270259712774812017476041170677621683016815727680266832170991513970640197042846881577125567060478684831789220631931450682732753626946186655724459908996878162381464510724180092849567192183250126838372654412669498357040172581824104954672507380233570104309943773844124069405951611877878174603992293532917960928293124728373819063073055227686295469404451880064594460775730163419040496806101709052793426553696902887673438441455699272245908563210024933228826135692572284432560646534534006203021108384552408532016601890760009148573786573278811380092714721333707542425392110681959842659140626380954581592865394244182232288569012989082052284601868300678556210583924009763238160911025386654382222464771892312373701798047758866200714484299992835064839113075123507361715154607369612173734099886909989227085340194673146145558227317983551135142033382368034478160602408673346083216337754346336754166196514333615976586791448778244817647623871705990055654303090887654925807783871041071735782554588717433833106608296671913145353764848262843672167936746012936806720116810762291888181016604833792303417399625853793746797715406118641994105617317596522272059906579717797232805814509438908385626243818013362401021063643828567457424492665504104528912924908258246089403304021917845326813940085638383213049808660566822760834953645456643639375721051273369737195169316032796946287559066346164243211360400704582095376051137666254399855754186602387314127105922152456968043927006639316525132189667737137506341213819587641979019680222779254636910739918262938371497737540015075070201900696347687736574821102764566981430913288378533989835151109480085251824791390032720470042641602158090800799406011833103233293046931798899413049696864020791523334521300843139526417909267095172786391091075272090623774766701112274708571167645982595028582369888910494829612631636041458555415238308730643829761639526297430097659500455977847718406720109531261394096247923256277078766588211448619169738029233657762201166491396183463041285559616594456607351808832849249355597574169354470862005355705684725979563879022648311483955364044419023173237364403342230435941066168572960083553266880340347501068363950561258101874377030284641290632287172819339181429182527527903700327504767650833538934571405290654954894725914288779123685628827563049965019888205562871431432142559603277581345524725591955346841394728860492139422344231305653070583685143196668958512910013846015374173323252071718649990617261172373943688458760486915667788222263584318337168894977104028591025148709977121242751895436291300904078411596871673536170717428727934585642286973550828828929456203501925790285590499929607089590343783518005284540684868419039085748146544157534389408849321275700265006522966852328557584219180370784274047743764958623375999819395428329794494788436454880604516721105903412829867932692087801336297757910343933276069011709195373334014241761529847061686161821175443487081697782400111926478792730409675523741041652087111366367395320032130196999480021793177779233018077913874258764215351416086010169952502277280203897530441629724949075951014274179084746116626110928080603764002015671381772541190205021188278329906170861075477135720754939208427184345284179369895065768176037719412338238604702740249850617071911816745253398138915947837677159023643753161644025112365309978684811391625914457146685304704253742287858579517836980805238027535362169859501762116805270646366061395746711873626238857105440476980757613064053267144370845492456045589520647086682642689203325556471635156461975757349986807170045333029458309594295296532637645814757210697747054413979769714884698510003155349055696195659393395654112681151864352817277100195961419784828776139951339119389829895851386635647912321925579056401173555484239035015484518524340245604488511234766305031727303888800924377847097441450302577
```

Le premier million de chiffres du nombre d'Euler (e)

```
2783817474440291677989468871438184387324497389852283083915630920812458118468004942352528947692911461324791889334867374890394558231766949284927666623858402366329942731523987463775381311737097379819380559607575212279701107320046494761914771408960894431306376584661798730780060972526034468197777596497838057647666828781735111570128235800733023122994714149412164285439646261921978565529064668798105260257267288689548268169379790660814344307823028206546981471052890828486526503254837715514839619335791816194352566676027291746998241384314930385642141506854398788961820445948963975388728310993484696634040531440470261731870742054590966888132316211460448458263236155653249195798002180063547110043955056631927158765438469444893637646482065597300919324473045003169627822438449985489061278051995060429785958589837346915295674117413257434314952802990511988747075298617278582467708527012697590246430289602592085477117664301747840274362063237395938354369184708782895042517200514373489906069428202263528394037161581579755744547262575914935235050937625697259216968089834658256094556436147633966966694229222463577650247474533523997114535032715097625935108133593928922900522552795906118144661427595767613537371479424287807692430401178174542026863159534513907403592852093504334855077579365154136988879072756284578262833405359637292546868032735119706033672567170043851970679118910489412537443932551257490507460845395435740433246060405000094599001550292809983498182747551105891872870754346680857922922264207326896980294281575861154398132224080489340103320610541361335588106584158123464820768658801668635913615714855753581811306738564526266104841343473469458180012359093900360636493259192622622886713824712572053672555381477260848677397930490002751668138015912620782072776118887380127503952792320337232155052943495067482036858941869074174642729625287722769523821383886949896951300514126008608886335478658769043821618578123016664262438440837786448617870009763231962296345421861028476976282854265320997074902552324884783253429276699403659566176577052191773058749801484713136054977970335962211459996066343296801297571881445298810633474508246530724717063865399419170586986341658921382296809660056934436379533214689762049206603863931690292854005134038727246474451159000488766348470139307744360611922221525843246543758594557475149805128429751072532069134495501217738192962439167842667921549289823403814409597844714241107844884944907644061510001616795398057396920586724852555267482168843001379706647631658416971507886318672243158474476230883425783485925073620231148923320051143663156448825668550624744308962868928735069746321185609727684256257929513460747969792723862722031397862125647172767243209879469493930165941919223063008437897361573285024387596505971880224899074365651367731848713546331379608376431799350281343905075618830244444932843372968908069571101464352651592605587556505194896603262878414814626943261772655648889755078031799807720038205238694340892056934927504855268256347106489272087156210697460948014331077438639753373702275532111016990716604039355974431349229590479444599269148223539251954080782571221330608347756016405179778479845326438769270947833042221653415398984875435591188438612134616529617119491957546837413168109575491921538076929453846888337163362732989108698969755832363496436586923490130644439146619567637844503154357771919857820059145578926600992401127262891755625253100169203707889168372917509123235497954935184860249174117590725822675662031366573798454974611374857287205772359706380453898181877584690327861996684665880863463530831082644501292768616333517332607707082562495763559995402058539092525365929624484478291756993067274675640475820240278584628932763478083706965672663426375333725247194201002186875296438819799104552560998236357259987644505288738807785092016079683569630313154067776910608904323861725856772791105
```

176   Le premier million de chiffres du nombre d'Euler (e)

```
17016433395916192629540810510620802822342346104378945522144601020
08384651196282418063597000346567463058403388080554980382181931787963
18334534291194129478603863292943797893180613692791985303414715863
55066642850562239820597376388193924666254976825363018475415435897
04809782587918134249807507801046343339876565135751281593952117457
28322567699705647263993512435232125246419907925607697903854466313322
49194705350517910369509984226160580587178492571528722730820694917
039435834973066279321701652380658046458099860717832812729443638518
53148100128574029143222172683745184854437933497569396580727832537
510444081401809626355873021316101102578035018727650431091787432276
49602364875700769270728331985892507856296181346443673368421841087
519080745751295424976710194078574846138874137136057453453006450471
8215455180229182672613148025461888356820990859607701210361863972
254944535890695521177122482880014458070444932499824956653453078259
7050565740626958707567735178832000620759551339990743504639158953488
9467562506388216485522358435939927968134929036988966213377926962
310251856139781845477962321825066259307751952142770170009458407919
371738515397359790756290919727314143590136511261713751948747468239
34002819565355202899126948495327271023938001773552627313861760060
1341855889632442751733856887356950938011870966529552019050949445964
1254922630343327934836758456971023525215577904987262130057175316052
292849707604818356680875243828440435251985139778694324723437569454
9685804995511747132993435450538953841866322806187731327530615341934
9603681642015932228706015547143106430438225224012246942485562117194
55092723948359784645681707908242842190501094841878043160583843633
7298268893416020826564420247210958554463990535652981443215073901
32576832941992248941050260954722357973805422226475910681633425403912
8594988849259990658960219237300136500135334709569467204255390396020
53817890884169360466881285978630708501805026839642304208796634462
452934630327142739183818242057889833310818511310603697021678116334
5332083148004232849171831142165014927419856329890954699610581333
77441291868282884003730349309108852681275193312453040132350530010
672865864645791649863758144553130825767964003273551050079818281896
53408539501831681657261528499560589505579205285834210676114737466
70578354001099766556235965150304229952273577709354548183321282679886
50763562235963699163244540652852438946003677379648472313422753698
043732065364914332025338027728244574855486003176455409243708003406
4123437405882427741248353567020353933844050754627747723966469047961
57126325598835021034106841568177738366255148570186176289239748109
31596504287141491052993245814088846624944819505663905695290727946
541210119182109380628511239446327050985043812269086419394404877338
902083750085119064666095672703078960282517158586517317370428459065
21116338088466630259059391394851649903686785770206514125334497983
9473792925347259310636932289836951864582206742312768903654936244594
58574303648941438026419179938995792006520732300712297693172649136
0328649659848044092430352241416462305625627543291574456625933172105
33572449913210058782855645021551360304213601862041166810109988934008
93099978546571123537833402938324777213529763256180525043327837297
1588189095866730468873429551736373132481125232934710480311692587978
4300059285264297836781805691304612837984237924938044510330797645
0968891974011572602506957530030079276457485510294784965694191265835
5678909206081303434275295509150501016032887276245174202851750990307
487689352703146391974575248527245274326020231885919277632767659833
3385752519042573011246362224290873536602671898401429951362271722318
0528678291712768881815371377766199252867312047697670182714371631
51068721477547473276366190849053221420828326104265053420781856132
7888761460207325155989082095767011651682469462298496261622966022754
6985886126537384425149500453577660029126822882371658171331796308299
```

Le premier million de chiffres du nombre d'Euler (e)

```
5851355329212328315487317760613951844137798287511678737946722674 69
1549545388051223915640697082652902957650163203852932630949351084 41
1953942084582067561833057194517831576931723904311618987486499530 97
2997084704244468647775359967055650541906181904141802337357100647 23
8814708880864891167651830519463174283590726393641667620957161432 36
8233906341742972872266883014075332248571183726864967800044587920 407
5693560280259601524994361955271517921288914996614546832163439356 59
8510263630250760476282646241669945713989125704519112025432503014 859
3543731594787933188825504078503826256808974044862513974828020561 5
3488339639110397886532426756734152892092279776010363837476150398 05
1867691260062175142905067086350020973005255577994875314523213845 43
5528441094079156970708936027852759824454032528855401222390330679 28
6025003491711128489220185934090170655970381372367090160385712973 00
2690207815790755885111567797720906649580144699052556568219141360 55
1665208249850300413365298214208606149826311619659372935959388747 62
1880276824268359728425092645774476730505613705314115753287056562 91
7822225410087769789955483498369734870398578992292580909861559088 81
5449021924106915693076746763275681810404056220078548583489209218 30
7114020523973348886413320110697894176486942528273106635593078950 01
2813915777477883068253603899635793210637665561472446462278019208 65
5578870370763819667437168207356798244714792345660648810700069820 68
6640990195640459762066351403283775985201845134450715115071709902 24
5436935695334328563642316591812737070682071152745254071921241769 04
1921373670734561713994415085544602531228894952235727843125044576 34
7056088530813070862696021640951615468470083934114704886026692154 3
3502264842472580293929357831588627047183115573541018405677561219
8938542853732626504218564584842581021367426669082394066527650926 75
1521347266777984813812604992605955912394317559267457423059586324 52
5825642545615355313266895204647084755608999545342193100950460909 44
9064772063815368915280319834292205060543409623395313142450792338 58
1646662896507481526744975308382322746296064386733632069022289936 77
2973974796073072413872976298609079696868626897816557507444266503 058
1607793243175901169596847324091828431855667474304615697462887693 11
5063568423400638128341421279013350873330689483379009457833227534 11
1428078995162733688578616259165963321864867921854450018887396086 77
5709450348098850910180741818903256609942703504601528884708749583 54
0417949647339222234830087486931687868526081828803184211526057261 54
9625267016967554071554880011409888093774905873917878969225672575 60
6978381906760754422423575700474976650467396180881973998625705675 79
1858157858573136289914833091521164072346013346041036744534386986 19
8158146631320172994800178131803391201363142157792593321683892959 35
0990883012286266392592428213255345471919802252781350580182537812 33
5174297117799879762178306412542170604560737564190770481437751708 43
5668415766946459283205431169390516226287694262517114822199032231 13
4036403886888781002445863134386398961916248890194529020631182523 48
0828255638005356681658754190059957671849720191626045073482773428 94
7001363285030969420052308473726045520457270179150120235977992315 07
9278355362655616505130649579521219364063191253851486394336237957 76
6727022069431540397953246492312895928288957003182702525721869115 9
5175634835641275741580463154236874257235336374106979981271913607 36
5787354992564562754481426830207514780896859672896766887719845299 89
8192217848147680300489687170826384534446594098305443221150430347 28
3887491271372983885277033095608898911602037918407910709828229137 88
2464160649459020821061233718824093827310743525180984570498820787 83
9128829659215743098969353206030633942336816309421004922467846066 04
2484709067142621190096687442017686735131473862896718009994432297 22
1795895155774598846062773375305314249579401153370295471864228384 74
7920049880156968476251460464998526463696443491519103742272254891 445
```

178   Le premier million de chiffres du nombre d'Euler (e)

```
7386387402436177073636399827899290949957080563042891777024036788650
5925590016632510397078025134835262709974355684711587045879694598493
5620760825311975384064592718594210317599864127002537033918493017344
3361939739276167426442986449063230690880340317384609159226809618489
5452986600273946649921320040104357661266379754657308823278677198382
3731566159762922434924725860188206818339828810936566351058041245192
9740848229448989951986994102756774447804476499755591218048966041077
2996572815884486698346471950699384525701299749820530197589824309272
5127237016943298271522552594075809430726281532048264885983490680329
3547700017802499730068747951661896583776697443195846306797753576288
0168363145858927753608473607928176098976952785260656533904864973158
9498256112310231140636695711444871790803595722735093070862337996129
0600315071951315863353700831146325173054289019317618296974598425051
2981933553577978845592970860033560996351151929119053013015500831206
3193942074296160886931957804895898369090384968385305212917948579190
1596381600329000640672087441257839468054835521229177763381188128372
8914178114028551801714282545788981425040488852007268716051712292275
9150753672032319067506500690739744676664854844819766491111395775349
0964015697330839920147581976307036819268587756475305721526068655120
7741594927500805397948738255683698290343039275067496251425791665732
1784414888239265805004616160862442974548414986042885617357856691736
1144648087238846417432598585610813856660030735828003250929391501151
1137724490237632428240915363529111383342853548326439294344130512901
5281792974667968440106667521462783856138613706709769512900247389384
2852250769314061343178005531525660481786159977065691245958059530884
7990215858793420295009845292778875936893087421497126582514534083890
5063586120572522939835068466996102040156223200634989598798633434103
9108840172900826519013193277819855949933389794720906048448621568765
1037268445056962530937542578963323611568047802876842194379986816800
5929442565701403295708911443572306740459585226205955066200612136852
3108750739500679246502633786444717940786852540444643130879826761139
2579481302223599479842427835659501559701443349810494764762292373567
0022501985999000050483118362925292761549033886787447311482703643888
1737057679794010339466038587357143142327584331093918849301786230868
2202006288842565870592105642954817965889996326394929166109813238104
5941843951064511784884752287161895507429715325049157857898134177576
2317479155252530179041995926570418471426226112899146274695227521986
8549406370820212675982633382859601225486081555006359349242103386295
3747139580623679319791590334679743476026698292530924920087558222308
7274219122337842511166291283763015357729083186238029452129982591864
4386386101381062562790529733554305108986722300800093549679623992845
2737345349436092871585169188160801089142444641520996519099135510894
8046950413969295866797889327096258719797190235327352363432661934154
9470671134573297384932670424985382108748435560874151758718649213715
8220436580102102435928148432818011640971639760873146765817340716358
3648212843856852121869734649729184782562360291199936531647963569389
3346240817649336001646571648666756346124315297773966610513491850847
1895248311602361151897161468874042259998541983418946144293704365752
9635350843405776118254569043524620139890794798464865727234794721463
7104923128625546103600488805532519849509480618983166224686568882266
8963014852163273025684682707913774796401810896351921649962753479285
8841863832095326116093754636176894270650347257637227192086893723345
3698931823668874068675434634168999265843479689236742636285437317576
1797768331175385423441302204470143045601545855683952261504378171535
3603203791512495952740529323855753294356455218014614401198120088115
9570913755256415157026205793994964979621421946593251937794870793316
8609281657144152481947274917619645799615266553618871003018366081016
8567
```

179

```
0842482831531641272561869123520337458751568099127242367670925859878940767320596425927760483408861595654127988943408858827438355653983940785958804592364166409554379488305819775103883205680658023635917062315315286483183473058164912571971360017702646851381751599944284056896466382288116376766907510121323570449252550032458448608513054057336752818107256973240941691036291222801261026648190420030082449028450913337318607417472505240883578388623459416247247894526088238080965770348398719992920575832482220513936657445302469120924191969812354520309637952846843482900081494701899681550536437791303813991196948375026133469385904753611026687330412131494841342839060115152872993169104497030584760639995461558011720167780999721958426041549872455845221559951702586063931890548036788628574881736535116733783826648847653995710035209253936173516082541811699649806383383445712753806869534845392291655838369776160342670586114797722935951468327991188357156473026391562936441446523012261016371413046144353793072982871847161216055092492578126633754789696497973124213650497858078582042645819353812551828087715898513385959069955778497902080346755406757363316934800365853150891952645206894500383104617965481335912142841651120699361603109083410639580908767134979181905713973180629775902609083477109034742773139882143504024229842128723345683411241101081432195159029398484976958291437658113448489332591963127086739045704294230985745081162431872372290480657372443121655396193433052483854810845449994571094763336473447716907304862304578159073282224361522061731249752530040704401492909723954607573670090717012079929625970260414012459941721813063620262385553234920267444063255931406493242907543001019472711843379939598169428646013713785647105554971724901647335171919618756324623770389688180514103392624086287854040672021088143014525449662087253724043865621569704479380765260846172605388780621418493298484302207952011846303367081723822651031271572578310971325104643857041583116759236274212128540991516919082182599272168857951850366344476852454224617558925704762828274765737854398655033496403878688065473705880378529608656207790712724137198591742059601291516505129637745646398292343190491029495445037997957821685305192340653415292222627557233820071029762624216249184448381213892044096014287170676996063948677214274439845318563831286097535836678500817719754513180244811789402559961541865161700261950094175564573600072032607328386683451749149553258790225964602150198969236733114818175067383838415525412860415618725021003246542307418499926264548461204088393803094737818889103676743692864348702360866576199961009016989813105143057209729553661234896552832689402086885743603043346437299903265625584027050827586262142959292022314349500120543012248326973496122761634413084021148848037716774477024089479150458835934097024651919815690411360110763389368017669481837948263418945690975053874839440872242036433491669514710230633762834636351573652110908083665836414654884503622550927316394612814576896047587407795914518443476108954792717258744616657640289694585812438365065677719174151112332046817014212044750740230107628693109078696436451333744245296545037688479854158559352781872183886323252960635022505520409235650085490514137857048215092685322843804268070530884794415711682060515144399481486912408861764854329315770557095642929310480521355681330468417672349070855073069845055132849790900500195247894746839358473236115719960754463382136388159799827732443015421074626546030031342595087601083589685368501806941199240783616873989634704820930506361294819734292034188695934692841201279816770936076718495087736295876517826287459297178081475964573270635938974328485258807910443178956519814588250585673871562204358052042164459692154043185660678369088853235224365196088311522152203620068920960454465452065068165790639980389540469796447126429071886142419626711601047695750326
```

180 Le premier million de chiffres du nombre d'Euler (e)

```
7155596399674565151320925899032577216921446755453900927088534897202
2028138898267738052103573661174033304150162484237574081482253530645
1747177752743302963363702700357993654804292226780077779161830171772
7071712087555895217595319675693446526958526621845868678894856896050
8770749096418830963358154774889060819616724037567153848420544850055
5433977559467150197947185717748310053425821779302276133475486283785
5899584573142638799333662465831931624627382071526328895537862324205
7827673529853536980625919854216435666017224822161233277192726565513
6622037914273480679466428322036824493729890106705251982219307545435
0723563068536710414145352310881016463660671917736387482999177230527
7503101320521090317461043400694525766559745808143944555619437836897
8587686755581985248037887728045402959040669551262070815851919340353
3504911332859013207349711245059439180548954313918564083983275956272
0394808534214105104760618790608151137558077362812883217005456662967
9813794435017326272524864216241118205536460978534144095314553078927
4804853098068606313118947766907023272872329763135221538061449721048
3939782249198701381311539029053558743242338062951496302693150889418
2413766678167929201269015583931951838513347874977973434543120219399
7063186948889544282341242937172317210134379285573524706554724555105
6507754308286375505430698337548308278505895966833299176240282234562
7556415128429489566150497414834780352717469938928092941259144779521
8744010757977990336291812261816266015268681774857964151082747884853
5337011647412482626966992312708120796470835810137487399735654553836
7753659794592592024933119800633149711614996712761548685361024073761
3282283674863430921701844090810393439691742094042690884148168632138
1075006620650717726458201659298829230497400471684703142568439156497
4384157857090018326051930514290372835459923790060328701524442001329
4863458226508744897766302316876592662573366041408594833422759705436
3164987970570386657236052571287839123022296601148452776703229310143
1596879514830399662408963578460052378830777496928414979423856906333
8111004881420679339686059462146830946959411382737608527746543465832
3811768275133246569032303701854927509450389539664096301641707648970
6626999723162036548767157504708785688281589846632100626737389437950
3366944239020083720314537422950824495026599401453419722077303933241
2516880147863127763736318632622330714727140794403574261738796988577
8707955146466726389056625447710056563130499259925015978669039163969
0193224179606513922353945879561990388083381830864015543316559874065
8147685243463582884360459586294720137827445530429990603079049381210
1205969058850882000394983543757885666161285298283386902888384008153
4709493897179649951846796780700306261956570439352774520911191953847
1451445097715699083024464878412892806861311074728836175999493191297
5843720523579808448383637755721254550103275730422416612544023975051
1057669685748475503736751107024513338596642654115955091219552082842
0600027134764659344341669749560580477760141770574391867999129554556
6341138640231921659606437428204119407118353909478819103336351231463
4646597201524821302397220601493018647946132768709685570677407362966
6411525389481055677282757148401034473123528435083840570260616225083
5816731752733024045702825982488275697890052643233421976566523293182
0135979896536948980924531022735166076613574165574443691974259417374
7958302325812378388002340468401911798583841577021036093240554055220
7677528007950842407231808453885735539618340281841114734484101160683
5387140504678095575620371245088615290468203617690304069355046502443
6331611670240191582812584068623737720861132151757280936919893683539
4049627629227188252857771355359678899613993400432872945253736633448
3371106251630395160624849652970872164896391726154866627485101459710
5609501560103887118080291684592596449049823278897437410808291480064
5469188967672780442085939583498095198138443621313903843428829524182
4225482
```

```
1873272345466457894595700401699530446572768240351225636726541365548
8897457500819211163686576277947111897220222507609332914174456497
0975115262441943304691411631024351616227570391004986307124496309103
2067023448629758552247230939029349318583158837930226291561195641
417385166459096072227121732967380517458010113967507751539707458005
2447894080408620672349721679101128021725621404671995687213445791832
3255494655263417547643190917812572291454320934960619271891755377112
1163298651306808694866681002970716081385137250616599379959152267740
9489270195589166354493864036898179578465613057978395763950676054
458314874809203926406693497480770562057158972901281279263545951537
4596533297387139453105675361732002359813863357412458926677886407117
8672659909995105680186847708507975263705040220272203330022584770970
1616293728093751137680882599190916837446192979931482225578048379
636073494414565929356203025563376673354661371666722157735579068073
816529442295333091976309410924709576334385947504241718507836275236
794888176750509587787707444315391719707863981143048458645785192427
9140310083785028957271551789941692584309951085998049191954182691697
4022824442924263167235706799905682652026044638478850709190284564229
0522622091757407619768959526461035863866642035928545016239819417715
2055737467013767675531661203340165558970441378931952908718896319786
8580960163160125257982924304239308102706837759701475977449028869883
983837437196125483686366128877082610980402852838795000084786366938
66286861445888761066575566067788780230509620096110788469804764221079
1833339477058556041111469492384086169059084325024994296624963178
4631913954873067235463729275689150180174264892222275756204218372641
10008625435382334960234166521628443166983148746673816741538213049230
0068039339035851482958109878222294428130410348509973805008109182
92040936531516871446403680259088871386803041334431182878136751964
1880819273032782677430050395322352271747135195264610176648879636735
2532485315448990054532541621785728530787565864621725932649653162
08134098146616056203776919726495180188991402716053724729297714254788
01812885030526980184842919811835751858018960082390044705002207957
4079428868848148430567485919794211449253479358160680114507648489732
78514297714052449280283333210376511081284784147773271474314923150
8110869149268199366959192170398490333160587912360225342207354498260
24841687808458184869281572295132962669101399690114080497934305195
12500435900245595223587443615491143701303367631638190023691657681
5976437942279462476323789671256890792195363548347006464673125506397
8681962704405194615521168470307372723571036997574533973496063596
8938245661290000694948174607587469468332315091338964528724915939224
620166871683598681267907532731979187219646601115718730661985683186
6976037104363464428377104628371897419114301318138250462330331755264
22675674649355705053564554383053276216673616927616319824908653849
12702831296896976210724106307714223417850682410447747718772185881
46281535794059788793313382699234577791944917462304993405871320374
2578859206060933292024630270242858385087843514805032440355151262344
477140469391927254718768247789145516543242991581854350138943643918
80000877058225453464153780353658527397031574461156938577116452670
71152114771640479490310764291741675097915853087594595925727614775
61307902235448319641458838203767450068539991056195066737959885391858
0818251745667260008626639960043265413456189701624192517270100908
71229371920932430299183003599095929338914757118630264195702680839
86432361698223312963200393954878150836798142911054927657661450654681
13327067992211476981032144816715172158388884921954503215045863401
9751326365037069638960236842578357593497178079549159600031763085
746697574513101303945765023918325462100112692969847843627194251153
30532975129833560687702189959349906872265098969073202977394857302
879506171778461318822822192232638537112870488240378772869545813674
```

182   Le premier million de chiffres du nombre d'Euler (e)

```
4186013728599859302097809227981543989072730571630885258380036715870
0493371977338513244425558109362619532418814259213305073643435414548
2551228655864280088513220730842940592926372618204773326274602767561
6646251645960843669730994150842350011929339747964392268403838153535
3735034269401998980560557530672126782320470457159749337669011246850
6444769355233400393473111637900311873203175116336644944263959403533
3164083195157599829967100457586654264642998629213871648292465314603
9442227836255755621767757572156518442792982348265665288318620419477
8866960178936838655925278977930866987759728864916720921404766294101
4052686300475034249995667796675075636759650341171353719520310782707
4334345900505501532722714336138906248441452733295082873685883585079
2976191437866197427918182589225880735255687230048829477858634029551
2324024798216470666129688240627930542281480185565272637856445943719
1938763757960032518587191867664440527739069244946293025747402955604
2280850613932060404268651847402035156943967804401675182983068683067
7922333159168583267781666935054794167990891226345275762653228894354
9709451606305423112739126522594752659292771017648277803114445807177
0501363370495164281670125992965020150356000166248344723357481491912
0497895007067019947941535668048334989340585653714387218888381876751
7746449356077104454827336430918423766085180674278455527240260302855
9187596801826485117656914589589447742175157217144497518003851738721
6994416037531605281379191001891156828162495518721305688762619505793
0781864649288535398257012993616667009643263445472401519100410939621
8651085356372176017785611122144703033440577215673614734387304192523
0918207060690285495968500305293855858167105935831475027369505978070
8434634096581929393384637449339936252972134924645676692525169668391
2498771820278749623744452915955477869338345774632444852825644764889
5753775168629410883551717925867644670654046775429830684040501709226
1408288587550162745324732837206710430164124465012091695726224345297
3929055414272452768586607939822778729072406129106626341536792890178
7160741453207124445659255120976860517299588890438452233122062878335
4864273860843073758216152112749344385112515622767758270407228914139
5039193378831462142734621338720674986727176212208563697189335469112
0828322469011479215728340561858601147914277004004020442799475874841
2499493889761845899360640237509048288199325639158135497490635213438
7948732252035790076006424757782281497628809988511895603845112058495
2943112425157934435124925906309985844873264914303290146351803349372
3633705733739322955889282390900958694668594464516734436786718115618
8620934313979346188389746053888764152162841230167524386034994180149
8265518916610185552484109666453845308221903082006777872511833091168
1055419251181402560506042593658795705432575137363921979559670667563
2710830904131547884672643413509700658151979150837246011645523310863
7520268542428721219334848923302088886778546957727360619587513883286
3622876507492088069026326164418336450244919181534740686440097003265
9528940630619768253736662614942181117530828709773153730782076456249
7765882750176826212910103992533996606223550809038705712019698933128
1026734501404127926403886059552343374894149798935274855442493584909
5193560607637661378172829930545614946045848499094209404196645889637
0405507804404828490489668483943834998526571457452209061925470886916
9011301108645467283509495130079563042539349542688503908242113066647
4160957036341432151774399215033839422425648390729019922467383341518
7244431526331301704898410210432796120084404644465033620816227578476
8901715825204330550718401694678922035015549549096276312179686366656
6955403736242803753730593246374826760320215089474716874525836140106
9206906943793009000419182221945097828945111866636382927555753862598
3001632846527059159288127077479501266882604503816924565234759450963
8622844548421661081110931874239167837702390235204095354106094507532
```

```
9811849372371003903907233789175252039178104063364020258814660668497487398681633212202345775529885450658848774319391088896545055746322950374962138727345331595978455956389312686781051902358735188195507541566981533465326714084347007341525664489029674240997023192731060589237423189992049951580862598586412469244435431174987153042674303658496581277223559240350468222369874725346987395504442078226574194082258526998796955760773117255730460527744548050943516671593434476809469704929995288712658739657852233387538560873155740502983544194454964813006125663252349322965859006188902279781756695326549200596309863474662171647631916118380811597459399682936849046733408247082015440290768828611606613672363784739705539248223896850853731575002238926952560728462794807610669557907885329778703696178984593435241349916075986524624758449811571627639575325319511141475964871472269206740899219488434983017293073666243817231729477839568480161109075905698304047789153565663479707587128287327218874378085217117031962323545275972051852059910797386768347367341459830194513869165935855003701437720765239708685227424463541584968801646962377447839749427491189369962954034115554756905823562656924256798915876238732953751960173213065356065531377294936511017784563306745791038496767251991289471520244567760796320891565808737063394116656965243851910764596293669447069154338238553283390366203714318406678203417824857422848085884094798766952596136052424192073898296353186233324817605663635271297617964839967309480148793047398246542674626702422571979472520296283807079428077912088187477785707463315362260419383819293584504924502376098814903595855561696012103990918750807215823268746683378440525164425199613004803308705310172644777828082708742365508200581233220723220104916593024007283816028235791801672331637452454167625540336708613887707844624176914881615079033858906751764876368790747169205725171376692235517414973778940360390128580849324327577325977291950791094874693312880052009611890653581906027994527950408171945179618501369902038872502498537533576582980554539044901590926205023101479173869060160050179211548309909078204793857697079606686783398475123121942051492547539341244172614093370433503178047956997323025696111081234459085736830647686610027781527194054700826150735949612994271874650681870109518108123479406588778296938929975081055948011041432587774904462716218770480483193617596375532325009724339116793667523565353001164365460802815724348277036384625573655336616143294999684073289502682009415341929749778043383163236099315210392476883128396248833246720103603933210495726037545827020998569942889479341665360409598386364263127495711991415109537699318072085202869991844611010735731312435663152944436980176776680352134457350451279117680406691380583061739568431463345513686814460788535672628261588451440572714651772109901630375289459627483869765244249673762101794423336141543926350288217271775181523548493455889013126879989808285560398970585933018781932420081201354590784501136887549282915698732944148006039873517190492166188580285809849518078620020595636458374080544566377915178565365488697246641348787152296143421283439571893222400476853151234682260588145672333180535196959777222496865196126423829998870970001004837533175820976944606562103685473756684863810002711699894475688759979587315149606605941561680632633775413470624444823731428835451120596544492301224185853820881078864550627573087941790903648147830977351851543281118603995263169509623867255214264392737124199416028255933233582804075203820920294097006268400207283942178055891673174603775568255402074613272265984799119877861385035130420445120592402658616755529210921703819040979897683029639993507471700459850003761077686792672351294952248660438428321274139629855266721399442480855994370349653950100874013063240833659670642893756302128240469163389684046635249148805399684515544353633048039
```

```
5857100513178367955199367855127539543297326113935630562334010723487777373031400557471806490191556635189081467171115499002051397535785
4577522205433067905872250308663696066495386547129096301263175699392850103449841760619567074428888534598305601992062198316441004654324
0519764904937642089602410884264741281559422401564476520940997171238289719866255375024847230686360593977430168852676118123864231374601
4884424196049368593760458347305869859396329208761605233742411125068794356003067354423336206485909440572266609020905672300148000104629
8835380639502683242941532836343320746731603852889346074747013675647559776650073805590388717649456269333489040286194756342490773890457
1529407023254246303319734804628930917193194688249286955031710235078616838686393531332714981375707069742550201848364832761855534834946
1213951615157203057102620701456036093638756150418932476691127200269257404033710228628546280873065132712792829024434014816282260565640
8963849497650486881068326140812546371369928097403185035179642451920322142803126863853924033532416322232903159544401165161599084684120
8861618443316850830500917028970054304989404678451590133924307701140889089428843357441376278956729050134418883020649603916548757773952
7636811754466615577634434802756782782351384887154707342067783524936339685717843330476842951399310821329000221104924407886951912995122
5323634548539344872477532930441079921058829770835235389274588947244030044119879442348010323127361324218629326257213122274366464073100
9442538447710826334438441674096010353276033311825242239783252154106508329755784028584761151382360091880921971983600564644480695174466
4897912691425811660094942245615646912038885505048036574144578411267816668663885000476395466019961655539653997219020479852657071907509
2500282657690219593646886153431578879635283945825484297463723553927623685865942212697998823352745577596308494980186949060823010733798
3754515621723217895814454712261224301914379594575438124752972326322596228394970965422227357908375532588261079996065882108020763421374
0961445772629979832149012817551544130929021322202919700141618224180262317574647659309431828727339782600547751556344144319269837036227
7360057206047018378357472924591288641434152386814326236631803939173661238673906014534513447265495615922249146032268286435975565541734
2051462450323948280622914379100728880504695495950420638129187644634800864435510648120029809541161431848244857385761225041525308487364
1495705093541169389616602137623012750426226775315632916929672158575540907977308861893598095619526700554604029660524455732221364217441
5469547020826854180571373301004802424397421010204226412135210542442844847875698025017221900801051770863727063806216265597652323970302
9820066764300519651401229768886108602789125816489205455148818617563355373975802048921719943113205226549107304061000631949076148910635
2769361317345389435344633865603748326717153789896986218873333981465904907253742351765845476552001162402632227441565090312039485634426
2873382743554092978837156985383655891527060876029186664329855291609057863328306203975386134800376747176101181059817902003081123593189
6035280989405665035535395014807934506496282082734084338005325624785030975502117437110258628769652129502585953654768281846956981153066
9831052973192515018083443303822947854501383277224807093774425632358529492010307787112780235370075767172588403603533772727074763090224
0934280308231046105709673489348274232962928048826971638093906487715496989467503081527623630733463489386376327802434200034199024131083
2973438307979844583418630903837311815258715241353044138903021624884787168736480300611989693937682865371837509966239734185079298427717
4154968546927708125894111323927861446189032114110387842956979270148365540427169843115026056326282963991409306374371406394578324877009
2866858818412562440238424328094309826657393964997317174411832839091166370944441389758985303684036
```

Le premier million de chiffres du nombre d'Euler (e)   185

```
4260296263767380196066085373158883745751633287273044291360360014078087389122153192251846527048738639349206934785839197975308854490291254931737927928485359604695753091980961994840710061005590379111094735372824685554286120878740979672632990462886685224871229267749650585155086219886562949992725610210485745416040088809507328105038735676333286224257563822975061839037447197624193098676227125221997329691667156783045416763394060622681090941337248483260819762122659521668121574904355842128917213707607953472808073903915271149431814788220514427439779055248402572309099342946784191430190543875914171984933710868177341158218521367959327335116321631561634081614552606844910235125040025620243901063083192183140454744532203824987520652112596155616308975409219225655820875588446546492118975588066496990004051928766087677804214431997579909584341930589138918807431903768670261312783417983605554038836668291588223105902681768861105776148746702446028119242109529356033470475249076750162655672886652575061562616396079742024582878656534015667872326987900279128812275046323596483702115600942103987883305863381375521959983697156186066048921575503183311205420314614200344150766999363717492175204162624550480513707798612388305968771266262009678627276440138072936322635980082867964799981031933693734470767362418324346479800093397583585818444794955090801983171077874318825495135687607084557633760748354774408476715245049276530504700168915803437451762195548681046532970954741313056254355036961610388225390249774831129757420323122537457598131456599908954977018680833183422169580887973602972054159544947061130219150453775977415214259604961644017769387402264956527864231948054302644161153841168767742823460218980550348962733414338137379361447474758415718524286266062748809898008363453203332906836792404508530522536636687882765883998005801483088432663820581223627333410077645306693262747790434283735265455829087119687239086922971285582705820263352722362391322781868635536499939003392729494454348252641327662684143226671561827408166795865578017723842461252149248412256519015560130876646634649292432332393835833419873745127407636328546053882264240812835172893852975751701451373073503539531949426533667585807456919681958802683777630098579459703230656963132943328038885584544578702027398087471844332037460419800530061562290343495772570864748457184770846421514641571682449920974208560624331458123414142404906436751645062820200777970847962737602380172300586666105838865249131974844351644945106869171233125408436531777798308713388350444476204513737965916795404955736073179444160646087122067403074386536197244882631398008062542233956961297097864783296643096342651670446902777480429662589712674194630158987586542805048453994083222393324139182485622432603113897251996718877999249872533006707996285793854595324382881357318542503012296717953872193521433001042893563435113665743994832911073048596045625198576530660851593259525730993337939990963203006207189004620010712624405972249672442323109948466551071004751547630166000225227038379516947395335658240010933759679078540462831199127790492005710718775567842232213504492664200003457058092483951807290958580083517364959716556212461506585043720384841217083911940707406328046641236589013345132247840876649197291665713695624520034418584791906962307458741835112100700717502688908955205441512876571658236470455459474595486440365362377090099740632975060888146492506698709908288663748731554979399722220919978749582196177816929044999321665238461319042400920351766765717604723801916752068649126825583906550283124007608288283975249499214956670494053009431041741238536542833395961316003592320321443311318723742491967000232735894663409941891253698535115707441510172906158458359872416982433663697766081732255936570160808256272135189038723296060336539703927331147312990565670575889770137553320620702561061044766955306893077998046
```

```
7433918367689996075943538823013500662893296460161668462527621525831678235526710229245161805987874169803266762227544460428115020016194560726004790674991939003917809927500766509519153272453122706544285171582412485875085088941060298580786891687764979174241055239907680484990721710748122891816376560234543424802472966855639930725175324303974201376146755904797035983229678458800301102884947348955808193618721142083718244076449000328244318948290872653857557896449500136761063341004653729318840294978110894738646659605307446587262552730430669469471664682469976155015154582488866724117585911393080262518356917216039562165585525392686152305196022068520001714148363934199388571035754276197116355427171238458101195970696003089366883013643797228126046843968793265069264177575546422344490601785646941712331128115784537035716161781581710368832783508193163318145374556661513235416222445443415170593495481310811701308426870903807963299710156240506462572394485931545008746718653905820177248501695120943477661008550770979409968409073360498662317438970050193974421349990889746495179797208615093509857314474295934286330312008750393262553444532670095860900795331690461334065165850451485475428326649254015452158487119934050424311380089774101624921205531893592859209410881826417926292328432764371004953541701490827763227346329907687227762740334130507923979751516142491426649649003718952058852092326005815921172983698325950557754683036181518316491767807946983887233096958481437169693539982717159174839475947346046929020871797993389989159527763231795606670615718837126401690430721045603788397435055815708153874851252892558094324699582792801718581966908720064557842946623555271882468801674828550987813075877098943362543739034108088487611086058245622901005274548277307803221170358468686284122551835203076160748006437113656958996652432398831408238317493165318243167054982604908212036176246806473297827178770391184443012350506570406430643703923983318549080881901588094914028622091912889757386025707515047082139159922983288675474202170659287774716471044594535705108522771164360502430816088875517270124014468354097214566373734558315080376825456930162170324546221282385155810285621359565982685038711261083230697348922219279358675686068587074107950031872494220409414359747460463039152460338967999887312996808828294900294183793159948016647374207651114963407047540141246044938393522130915778219684481925340161510109943414334768138660645335973150894007797216232338429701018312397653059185290130804103984959048655368806475236985962787771635267231562332811908547645234504940731235164716512399328487478024338025387172476669090406796141888037142871237326566580228352070603717250334812177265470789079233174454849675381570333832811743108883816310058784010445555018351350497123862141442498567154566137761738588681567945359511553763433853141533588360558015514839405032221573815023206545301786685929564444145519358507915495682724420193928861699897588519268907058121418235714016076108596711065561833498363458495664692429698717477029522608702605338077228146416247951602900099407903385824596773600165719124753545572026673102097112214499851753140161289918036637716492305447666033113769956279344012428507308921256086345257937908231190389294978395690961590361345422754242130982335304165591435628310882198331288523756571899196935132365666804429192397391071532823504528242784989350025370693424282066129634514397905275922351179774313173402035872629580473007224521361554659687424024904109015927019847086724649024249057807797456333680880885898382672609670489091269700765168482406166914497855206462878036899755818997809011464283641838568718944319233843235570253879292578685230360434958807123715048065421524214189332901961966568552607493441356904385557326270855273010768112738628271208769974792672061279818021752903178006880467369312936805154161375635395800470172172249213726500160807274
```

```
3748634294380440795222009244661434468913581803913730980179746222390
5942027034105597348230316528582523782497098792413629219995877105356
7831241305586374412992873390994894483639432378941783694532293435917
9279606951656859243617491439653402079361909293745943060365073487152
2228342522565745260762026460812717912248382544801372374023111569074
7877095692228945041092097448488438069372685103798077701843783890884
3144949142872981608894622451011146871239948902480393020380968162828
0564133676892746798967240089335043248735845956926011650449308985869
3706083108628900776314298045552151167469978983359082764146822181795
0940564697549685430722611617321997347867810285780821813883968511926
0461190726947784417342819362843421040352147715745000385238882091760
2595286892735169370148742114347192610741508667083690351206287679798
8018223468799780586060371031824954859836346090963014170757117205728
4932972138785806079443677182555288398606269999416248605960355217222
1091521439075793998086061606444907005220011226917549433626546893368
6998995405482914650174175890239874104491596960775311282307005269828
4135537647833274171932295335392626753820790444073245156160513913672
4757978636004067885513580677087952653826350230837550868838316860257
3731444534425644075177821747471209973820210490020381968760638996901
1977083953872535643325651728816387171974262936042644292401671708503
8317970773459529505274588365387570343271425169220028453848865231320
5482752649630034164011512995254958575653064201825797748210055998930
7127000082550942717523517989002344889357677768841549064611758366464
9629293988267837648549981446854872721999306309908777202613792109296
3483708015578535414411758045289980822177950594371553418860212099650
9564753793643038029118110591700040755144445793589073496114900358033
3302440809676528077380003514093332036673747723160437989391500258076
1411783974758586412905243544879183017842548210119121215983821547813
4404841045165880778435086021148532499981772841651152066954432562504
6501666841655168280877992885588637374775628233672559051553958637315
2784354763627905003277816577592557535218178548376409861354476072129
1905287954372306512455048708093086980341339871093848237386897115090
8724609964416341741837473442933012975231904397719621564503016922211
4676067584000512938324682348581057934561038171725071098137356729719
8898774197211802846139586204574420127558761435767044665429420060791
3181529083721728137048168621676547439396393451863046464542227682332
1033169708564965793174786557105199593864799100024263404594437173679
8746359248610862969308095759321558163699821826235937373805692893322
7165432746681011115968477561237570851941181167392360579512396649756
1242256231324040278415622372365366249292621026245735658331460005102
7356265476190546227602689356426107889568379306320193528012582253553
5846835825203006318333161810939220686415450704406838421068044170727
4342426722434314673266668546279420392936682035611227569040058035161
6396980978095817093257876226278126588461028280789738477272379208170
3540808372237097725564421639879383916722750362160235993863772713080
1015998488031828098769488651234386019198563684923042810107246048027
1948367140649642457065371245709177081997930227715402439228128142180
6796012130805200157816473155810172146868729874001668088101852714693
9854794410972889220689639552634179266380779531356806289450205110737
2650916260843874576252544784971163985250946101861259207435618947385
1885253761862851032516682204408753207562922375478194902665919835988
1398838693356354672954978758654218891771051076053399304199512978507
4589181780073176760655465889714140622857535109507835913042152926766
3873803134472350228388483212692575248884292580090410768091766341181
0987010624635551633717529981302755189242942980264760539438696376470
7100020331836392448712835888949023349924134269316968469173358974268
2505516647546270211290656422666271913111282436641449717809123227236
1412
```

188 Le premier million de chiffres du nombre d'Euler (e)

```
7701515402924955533739907220061536439415596462876346753002049304782833886002111487373020893711699239658201589271039335122747663523989319786967059095292932692922140208016379143949635608098650254672931409019440741032137808726138122147977799938912137469618033852236419262618072785612734914402279655520299845411688848250813578055602696217598424646919001101718217475099597712984516809750622048003607980581625711401018856149234356956987691092394372706422700142500731805351594693260800994894485622267732443360937402913379146606843594609897834583800122049784092503921066486707233396642424358393745616015725099242196566229644889648519217189524074533423277232826792775160229723210758165071709107859005178154050338427859279812567173125558104977426242770178202952213863468305572190664216604238813319456295293055246123471037102063629539448165793305352473576017582719883419589677000618412116771180627282272561499366784756123317806842243804924564841281299223548147846853384310221451288231892892882251832283061416268014387470017941123396516146419063515809862113115948040145772388187685999708610764529626996992047591471108888487457540940201724126006991588060535365373063072846457635389363255873467685898887425528771933594103913339836839601731116353505166188880930549250158547918642287778646928048561028305453904916553671484916543353988335821501991280128346243479796298887937671718152634469254964022157429199455183401329779661685598421647144785208926934077397650243221359258078432161381794130299709017708241346154071454087478417864458693670734362193475260412575916149955831301242463010585156935503982851805618065535395495546253951733282793156927475536955353970259197776994206858117355264451504964207350400864516822109429134184851452685852775715206161708552869130027935757683131957128776787478261309469426315139739294254463157297106681361862438223666084803329663520119444770350557258184944661781456813110027139082008205345175602555156234883859937764975289008778789629395166415433492335746590457374136534281432929899930664067775991818649825102846796998733173216930921465416712955397359355453395822143764862148628018051142308325868050975103276686551354599003131169764810788835866059966839561133885122411947113657694513717322259312367746374543213907763846024593673234839077235988804918238107630650181700922977267898603532981211927821119121084500249837558657218688540313833061396597086169697354571945157900952004784132039037371024140745303766532053665398482360309123240574701826646839968076748789982788465584282463168077191005089119384802498176191569577920634958924473888672709886136628034356119269819064025051196181668939823190541003946864244344374966965966512299388696215418630112690792670400075313247460653908018602161708604798702012534503526947474880099210729988990012256624307501003902227516375879092963676932365401134084727875741424176501858964721108808107959941682897052431933228784698089963244755009862378121581804768373688196974178906431682790724965282750432429672550399923202818288050996964696884904560727996033156176238083438313591617984214132741074029278679965161239623875777392823153092471345834424490518282095851257258906168852162714938167631792903532015708222023961848898625151320242541706455340241335099885905153011686606651270982127854468537986299789269687022627709103174503280093361727237028937294103246801158627716294686817875079506312409435384612867151592564979096397598838142073866538675287125591217192049013372944033773562335224861363074523729785626985171426064986274306298640089172276228839831240026146150808904478506998238702483554839025866184463489514933584173938300383754021236741267610779826052534641534726976884523890348112645523535309660129465967267541437094940322253165974848074694219205990036130070490882384108127509246867323122591340354932698522857600037517241784206488964890641518138157897237995757212595822188000684966804
```

```
3171972617005263706684101133124486726332966450656451146459616646700
9228979158839289968345548639657251569587526799582242137515132408780
3681844691285726583447503751475293679838896854081945763265467555090
9073052447474902860036198791252130705265888223601806847258167163460
1185415432680065757464292493153844920103062282360967303322763956350
0258520600638605702284254437500497296915414925451900738277965614770
5922930874572894980427433072341142279901651139022974455455587986550
6381969513783157598874076644185656034635451605672576703993263090830
7817827609009229244943351188513868065827490639197242089551970149560
1093774501491173699727968189549344642180386832860169183852778897310
2065844903869316668049503018268475349683355709545357424730131957150
4711582265713585966743502615693105862133090821609774060748563055250
5539155260878329374838237925048575470085523563166294185251354401410
2418521931785297783300617717166734502893129224689075604282695806220
5063064987431478312568587195332390066055081548956161672699439457360
3629544413265110011011049941367126050986085245535591142679016883290
6869956616082717649996625249678348672421473175855475118381229554020
1132446969900764811979760502140155110255497096640984977952213500930
1193464869913463497987735579236101799091461802957912862557627211030
8670774633304929409203856801431730484417291299866204494765684533030
1990842082186814437612741158081018271590961034944225361992003722470
5904858248940705375843594011980872748400691058057404639012131786010
4070228577339596767040409940748003557710775395948175321755977239600
5428584276882374415533594711265272755189096331166104775452502596350
4241556291088763750869608156956386109007608856298934685508993732020
0689087304667762170402560883220730614679756022611174114842974611160
7820776323500045630891454382225437137964053378338812912583640718170
3555271547597907475544814100738348532876524615608485845513349759100
2637160050723861751443456468536816977710792773830735834111617107900
6910967484896276652771676862615625010661142125717179783486632998600
5698880568568820373633155129185063199404201241420895240579120780900
2242643768425492425359176019603769153456901580057589449931890748310
1760970457927996324526731511642717553767145401139705645022565559020
9500394014028948297335898495603969812861958400012202602855214705330
6398812908359221023777851340748810515802410587250206857355139091600
2984206311074066299111351817722655767607650520724095160885833886840
3827809115471515308457179079302292315872649053962770158655178240750
3600016431522872509065908468788625051381403624893704171101100320610
2473448517157610315112084306463816769174693395714862706841506851480
7257935448651298839938105679753559730506841728468372187749979422000
8748178021103347474376486923571495251172178093873474560817801769710
4764621301033156008369662782948326869946937146570593000032265384800
1532118614113396021014153589180173779021402008459640961033654055600
5794449138808308421870287149986797269824417568954440548563415994390
1534113589291268397338384961090580558736698179180956990786138984820
6333763100754055414149736141335004579245380722902249266375318566870
8183850658494298325896268127490536064512485673251659139910648697260
3974900138292943084445241515667410467078408214781800086901928621210
1646703622677684975581330489077810175014153481211438685416227510
7159892712406373463741979532047736465118810929823581900528399455620
6548466004594203060724759051987563140888000265446913262985331955200
7811767515058596093129162556121091688065784755792351524428630381200
4592424039826554161189778834172048900802403889448875325393377375600
8009824353362425704390819627898660668940349552883573050091396792760
9435400844197665788625674532365604495928513176408328088243726904140
1866503130522017582290846406757068334573002613280450679921031564900
0679828495390053560917160596992102590174335323116512863259241429230
6933431788890352478026386640750774653736134788968698635110138108490
```

190 Le premier million de chiffres du nombre d'Euler (e)

```
0036011067192932692693402439310737982850638147370997956278675309937018613327545884733999677025684032608599947331190357149789345751222332828260666100302266143340809732667416624111615358651178077050779476672412640889761137303344453119460378005054827937701524107671514223843662580419979156334220832111167099722578530971927406884214142229189121514435845450952535445001280897001914515911971175981194862288732562553938017297077614601420529990828644183355662654159334141888282492113135091343680114970576962912642235066619503234432847803910172185055501028740772068322509746717243902508146569466282071437192440702141644379299885645504008215797098864546900952275276191826727491553522105946252199183937094278294133027510116430716515255585477140131699881611572291842458697688165705358801246938786952522726601968196702879038261206441812398275882813993952834756186133942260384143119004947809063971010436151693098066304609192634781390887410537010634015915495564922161756883313456743384865904959684098285101701138864198374966815565134201227147139573250715814266270939838887093054375737480601899816996856925955332321805543061035190657884315114301295816151598772952101223500598780363064543124660733761290247053295397406933961937516308804535491757261877563581025479233975414182458294226382570108193013993674707730213024737347831327678742065876889083544649907368373522130126085373382076325327924475753311059978222266537231752317042831172169333371980196389198179387627867408267059650861791527055814267458066094233452172456645428210570559060751120884904020942627793099977036417359789346992720053736677600518764338077875183205674511302129789148133510904224625643292048488846786256551613530658115541839533401757434369772856610151710707054511828377699674328594765536744003932135507246114678288840869897937723526760459707623046209314365321626170681901129450113190346446589960772529397618351363144733993613258142991927423128404497749742743874788665416395484485625919750717853942776873666786799022224384166799605575037038360709598455683166906599215490291822805469443678709393072432396622957326053572099071091051409732553616896205534599959588738652865045106361085231645335356788283387205488409277372584006562779855771292830359205284607928777184110257163573581060320665166785986107548389994240474373837705662403511211211672684928419596272057338896580828026212536869483879375441175928923951909966630465806018421478429723918423108873403241883458191709169023552691319984304765182499958799771818236983686576420580679946491098582127989991322442629938782963422082806986764831180262942954054152755057254769092976881853673775634914876701927106036867009711293793120124171820824219603796226408909612662793011943807476285295425006163469495662102249828463746687420040553126092274073684638166587081970334204757616686657379778816435451891376466235862272443197014290714411464170037273544938629694764120065224320781635883704641258207004106031453264823442239665546546163892475813161550601451170062083484115118343231233994024242520706983128523074579947465347781867095352691285881515096338601787540778345090544402061320871817403342099187422631790086567347996689345531646596935689201794880391134683715321948931057331666279756908718491573365870995766310199835364250991764361631907306210764758246169234360913861903757128315766639412569344144398807848507832622056664011204811520082209845080620986598410042664112782985313309081427716189967522751055944504516227583411217781541335170727657309984076957410823626079121307979305934196581275508588832918509230630393565306529881407354738829012833358602091246066564292157829176291419198690778397005410086266047818082825181458413773261375209093083157933097503593364560898790300368732986379086373128868920481557555223453645534662829645050689333743464786500168693512135733648367622155495992857633145134184260561262888238783614658052030893
```

```
9304964349721758534623350168412207891490127149855030153190250363 98
1989268244525587805563834049885654194052990617021316481047529148 24
9593643443122205264905505246866331594697067638145048168766236654 99
1908352058105447352831373880085440677363612359211399747312951608 24
7644326296196296899351947204372089883640999724054877474031845942 246
1988348119867884374755614628824911771063442479955504611687397314 1
2663941435709868996145744737935880662982009093563117738089579817 78
4138424947028473745959467735884965750580026286462104930201193013 7
7533113365380579642954596429186937813110668737017487938780242167 69
1576945904596730873642911844462356433596186413090416033214384760 51
2182500670930507619648213407170139271274793239446593304621322315 92
1089513570593549223090358208139243258755654469570586869606740359 79
5480661503316042886752062916083905527690773715130817345973230188 58
8771854429724026440418010837596401700777684078635831555479306659 95
0914267674948403085220179151225302151465693252849553469677903422 40
9508267690483373712873856217718508779621863170270657177142058455 87
2373302207147090048229454860927402102609480360107756250270896666 49
4884091109270054109822409358531339503037251581909791923406460779 80
4781983665929079671416053321278946360350363543462990629289540068 29
7632810299834602909231168584735268370374542641826276426109875468 80
6695696114942617945048105368158132538226531317982363829848177490 01
7780873556586270187117091384819390155048197833927402125127067462 48
5631166604718399414219592146689604679221323856117804950549399375 34
2860306241475969227295785293312573376277056869809740586695851364 44
4114652689868558700566375233372263609046866988356836234958646945 2
8568773682771408795980926062458137361313995634059225208044634134 61
5564220081090391509108911876013575677380115100713100843894868182 60
9669978007481973610916544033439846270837345631970704202962347800 90
5177966938155917209299067966821826017303159814849457984777624616 71
2811322276364171092174042166087706858479811743164356350816893790 57
6092195872583340835680231573943240496870605980625279931306820261 09
6404174209357942840461977877332063930667612277018810840839287865 37
2938554033632162802971742864292157160856616017761727862302165767 80
7703276603129032243565295209970869913029297856319631567745414725 74
8262127775276497551470975167709730103602436021627301060621860529 991
7554471753235709088145551159649269569420859200085384340464440316 88
6156254259681843735131769903806943769849862895468761922169826626 39
2914595492077828146659296892417540026993264526908616480272637307 83
1989822784135731238882474577108301904525874511076498489038246983 27
0940220482471255608657953224060251363150621927574631570551882944 90
8336383796009335953149260742527295297992292337625834239126801479 37
2493582104342425861920321746821607549956803425420460192831847101 67
8064052132579877306406222000810545859560658510303552300463536980 99
6183832067106860207945613983710552529361574476602293864622334075 03
0769242867383132324678954772805630112860749923338263866287174719 1
9214122704414859343520360864850692658396801364013414596779779497 90
2678787115116803019055986970405356908001831933245684678290782841 8
1355708349041230855745845789648160670564560476839249174513457426 48
7432792975478884252731392672825393876944410159735113249066021271 57
8029095880761975024049251994383258706665953392913427339020983363 11
3285187503020004508476529294862788693738089953591072391325343291 83
9186452791815011788660396584416372951501027918631171617973574874 02
5752588183765392538893647158980610079686196867294209264643643258 86
1581348574928985753113127792284518814381880648758047100424192845 89
6394970130481453629932105633208848178611600935211301407339363974 05
3848971774278162720842129851582852568954930019217878431043704657 95
2637826516589073048366446932650943683132851096596833172416284869 9
2763236141358276742411653136999435142012263948787033405765431364 26
```

192   Le premier million de chiffres du nombre d'Euler (e)

```
8179768837007472724285865286019639609070036986560687472048845576312344170494069780483874514244345307859893626761874420356596498412768529806089031295108154359379386796284994756834937846661038646970801771680187644331874981027212607031757741658205914274926240459007956497867512572136102616487784278804927797483964932217942646991884285407388141409909532628939881596955269965398115377449682050809874952450726849258130967572315941751407336176042460821676773329411504242602064195329154976038213596495153484552137320685852960724737012762495698197320967050554486791120803561296742761433243313893866768651697092748356063849228609992601293172371770829830552241106852666547965239201843246160703073331529296463778527742915861066894682195566574978414879407446088276196233781641310769789132892949329904127236471297064317348771515021360727039371070540854232989006585283698108144190995741182910531896813613612256116748393995757582093909868226611025323745885614713139065393434904975872527215580912262035526030993945429963859943654837298067075067364245228230132866182753472416286291082870977552819684334652764945806516007710154908087417144600944906090703735028697430962861756557152016959946159221550145785099884598782690722771351983533915579412686857044513368855763491223525977391124432668436578055918690420274057752443687176291145301687813033872587417641476231303712551543476490849177069311786025650756873794690860474905969032807601683398135896538873422764120635147335810719087075773655011854118731096334729846182635647107290800387013454921882185406271464521167560270057358884450583130627851356342742235178810035144539268952985900255726350356423870114644160953244623920487896223914241321669499049031219067259070436787608703960784477684899432868474503602948330080011727003362143560202846807608155743605653173917847759419772990298862368628156449072257221580473777323939274760354678326932538017793722596603959970103665320997631931717577076717611411875064669317762137710927725042122562666989532057988733929640494574842812444999307517216846673530452333300290446256330324816150774529988642855755987906166615805457801824740825002046851686477490749821405548280059147790194830242789340215020338646316777272517128672094106653698585360201415362536812763889036535519603444790500058471814146254929817667130496172848274997109562023931946471569135259603355454516173226048838675556989545235348599957966180300717616079498897893682771598029792319488250058208010096908340313121313755286239223277641060586792304115748633991723339619526390161423566366743228903831767155641662687719812563614958602296148083329539184833625508963870553617213384811271429624350195755322980426578394785763838860846968299506384270533348089538587303381847230602778212758293998107139795045656417357716914940665491693213129210805676852445447392166436411283617625501591747247250889797273249322079678147629216855449900641719312147189413383379590171905893071413414294608468039748122216259237431377991546672565767044208890110453442155302426294645275112883006132101150318150802013450208507415151347681367558487698735135494119863921042060931716194251353371794279410087786616829291913211257050449077718345678304082347836734550482944221066208579976146655392260325937819913030998339875527236524630932028425220272185895278694859824617353890316025420187203260244998079155129762839597996443610293278849194272229314431907444000289201308771396440911408032375611605272214926009252951278985462977266937604111979107490522003443534447540661216608422268266511943847263911859080007752054709650948052733614993754319375256777915128926876259691603366706033770717748182869320326169264248936237151515220689034589157700655757048091499664716166052901818655257301405374153421008688098744662686979887779751881959760148136105370146708354944450428085208971171649946680940626173318841444854831131106095077428283
```

Le premier million de chiffres du nombre d'Euler (e)   193

```
8094716680015808050929731624547539224616119394256017462524689032798939059119866670765088323309305773253002533810681025027722033362884360200545309860144066314576035100069914125969407338466189487581329143447134406613606715188900468584468487407825165489879443879610649808412472851005534423560005308945982112288772654839286110690472866710070289820047455369383556187323580619479434086288166368341230678199330400477393065202342427321034520503752794001690763472200881758348883431701225899576583310105217908944798808910497969030076201926373180935590439024174168831830823186171258237625942270144146249380986985160014586427249243279057183921653734951491228351784890463608291228083078276733464881299477926498140270834268423828427519451969609425232087543991214868693717398024005808260111954883086373866942008740132398997502296531448544343018150118606914031683607617714786408534546424045298474002957555390959427500220103266949044985668668337283916824633291526302313639695453279339002222269740087218778455648038188367733941937742176516489921178960681106548653480162863442515747464350211641579857570986296601218143104231873540259061028780834005799699875033897508214533511023718759677273555760040907271180618415112932967771096321021842975515479472394799543887753646049975006205920293892467457861680859865244362318965054337533001309189286868249910246701759587645343361251703094586627169997665627364748573087875232354037916497334689274563503934118865689923339002962093845087821505347986839015001220078246103206570556801590691973170100054460064449761209098081360031530620750195180409988594388302495546265460381724125092468311064117732268312432258581731482064642470591797863381681794828932757439027907413272434114982626122666769593401502984144678106670612638905752869885995149786150938429302357904449066410844426961747300698599760292670548110873008958652592539820315882325408660765952881824083451736424223998272153991328530517387283887185140796811043886654017042855701629191757287011992020673926812444201791267431923445663406260217596138661592566339891849151851129505315577509459002720608593092277092698262680227257594505074905702737536346477558590594976418291495819625084809090989676640102685651041354119254692814806919024238038324447298835234024967624454142116638804609556325476382131886757372855251034559402666115890608520922382851370318300901113140748329904609547309356832061166371861158590747172702455509852883172982608417603025829270642899168668954363666802153998827861183402550763088175273513680185768703088891120615479195785468976933472801943292208065649191983542399505979406513809400427348135243106800414877495188818812321076139711647055436775940342460490834076266051890227206920918546718074606875333710648143395346962025606280957023892511316886570022355991819814760262051768929906289736512710365417288454624400662349822946233535894472005123204430185819752480851803822835559932563727999335766072755973664436893393564459684080691504580905245888982609887090277862624085167925727055043741247576796172325801853090361905250267245385897643735883081972465226335898814800164331448954793256963703008780599575781501697095681962682215918614896220532281229069784204278574983275251934881008423390904316421403609107844470996411501967768183712926457791790804419825705656734093762347819225881554021064482656418074609382971469558099170639934124250648609668995321770963806965327345787233431583679321499162858187541085666349343197746682221812139801866720690012641730846960759869345103870590500083794187344897425467865363158535652999487120660372427222921809118910710930053881288696436626999160307460889727369189987500093753831844973551216026455632619309184048580817191112207304520246791319318788763274122003740570428409710219880261847429070901675808908482157324167708577748311193215915916400829540672446250523348241691312609719457189549045825698327155421
```

194 Le premier million de chiffres du nombre d'Euler (e)

```
7032912698321159924573121246351957831768521379242397284106215054166603938292966401589645372911322845178655786970712248055053846191767222783672652223627617955783709024961629466779963265716332232328577409258928901658133717545961953820983097892076763334402872058465589904718334300567979138056327101351414281056405167249620426572625165794408573457466094668380420121436380598435849203136653423547864349916585284287135581080541533144330862059694558216227725522858607360403862810592310342207885171245029084926284407950698328815548411412004306856741053700175176017239930992561915918707321658923684032095014261346798519259102362733744935594866321882231824420994321970412713932014349435277849229104488885798278750542845112291009054088485857180750142186793965466670202162759474487866755826278389057578430664354777202489129704771131999488522445455109268035589255786537655569677299454978296276580704443448140710406147072786209202422608880804818524903389483194918853873047143526422650859722293768849318829317180487106211777724388706002063096313797447430162026443476333088100830811473111254845340882522482365891476519796992087590653752192446100858860136817889951321413873158629561407065361120567229640987979509756883480974495227466655339032022029966720861439137808918630199275483548626772526151311782609311035832705943537618543897130681607589742445808605153280338794810205036910917100323791977391548687489096742270190664091207582590711582294708216583953242634439192324775237690423105563934278104032526841595637816566953599337291118116790545800640900306909546807331421345704121505932790466814942695014459112728508631400717694284495361270430424270040297298925853567848795521586396164050321366694316003726355779771809765794481639978827299664386684803616388327546714490878006942574341829810239614048415583679804173527110915726547640074977467787753769638882563697868628042435155655712116476365773368390663431173639313621209449170059041118789265626219653743097738242524360917416369766835439420938605105353054549257719160011111949874704996737722767877426842062612902063270659001094995067045362839853461943432165672224043382955958756521261575796960296703912594938572185869836106594284958541171363935093992425270684928381368082490722759742038975613484585499159373143903072217672716221817103124584585522173363587521796636849482976797969334360274427940625340548891601771536199561430881173469021466723038525150393626282756162459555007213376490427710376833529457404768181037697918299475839679842813399420660131825502502327870412258923518887746117814431089588573292405926766211608346551610272821636472487961703090324118925099008211707691617247242583679799030813663795503907500807023652070135760493586309795770034466768748474620807253287635840379666595508078578746968222039301265909233586126618468957239181025727981777935982831009390003683448572111860800211622644217890738165720785158045518250951529261102692709246448841512543291961211577997931714690895812761734837014915556363244038174972420229277297276926384716538978237284433612763994527946667199763105934700568970725829104410770837543785720999357335400974425068057333421410220934457180233931834452563167070579881334558596803125560591742381391845448914424965274080052413939819638546895403372119172546587768548405997756583763880836630904221693004524850717607255941187751515675886614504293975068039270477777238040836284211364550153620704231638586206542562534542549288638606953623776175868721228853816519633117391232927970459459694125864712342413780453676384261070213730208264676265451641874452901451632087037094636198797055027821951624064679737983511585725548898202499706106234342491925412357388053194755672763126666417254941920437943019779082609401124176415797920783596133240045684746882440632964705290472032076517800548419975160979586449698834590060965835847870379505023393739669003219968043165251017
```

```
6833731812769059712423499710970542323834363465415603707906310022 44
2039801695130084813845757941020921259456929551173913335446023194 91
2374128583562735296635533929767974728368389206397458026033661445 09
1568051119206575389325738152857428250906768316640059968702965081 33
0202059641051682451393702855471038324177563871860942644622418146 65
2416313743653627691453474067082605875052691608956977592431166750 42
7315207720584410324783389923213964522201057495747984468031462632 43
4248049745157149955875023801765825001786569178295929073713905252
7685639229152575836468902137888161142513708769921654643010844241 24
6985505958658645780874824105619295343732425744753132060839843195 11
4154398847575259223222233316504362602740916224750867085818602204 49
4035105321646161250325667668478883409338648915261289904904233605 12
2763071857115268697588949109588052537859520220376155036334013175 50
1163762036364767493445388005136891914139458660049950915020078006 22
4023740786532236928478706297664808405124775697684056672342171355 61
9658721173340209683995845601396597658012459947392431552609305078 75
6757373699478625686509292412184353932768143156824779612799020417 23
1932602946285498031819677703007800794122052747826469167347583807 92
2018463919117478815018000492053987537998441700918977082238900846 53
3288618897184059634379891755724568135042343689778577848095718846 87
6275480260733271834829876564469492606934789403154465835484266872 45
6981399201900228130811600207219293861200498758905232492697903496 54
8678532191286432697716045406585726130298266535142567502859733461 06
6479539807733789520847757479141239975456211259586363249505204083 9
6840819047648175879466288374041492976271206706126055786571190394 92
9749705813112789913325558886707628496769413932852122541858803617 99
3964885777742166104744554815590173898272397028427066831968100645 42
1471859521306021228147007928785886371585008629256401993579220890 43
5176418158494258816588732514974817432330257394142266141191679164 63
6201726853389926311996257914973809257609484986217734340585797322 02
1775010212144549185665313505185690274947630167592873489467979222 23
1733745790575251685718135569901097679300818159806318644867293542 60
2328891691859096237114647576910247210258616006899513396107935005 39
2079966102129731397188930051696444961715310020056033401170454145 26
6953645592189557525074495928971905442128166527731888201336861250 72
5186841014685242557267951027026785868557272118509171809697011107 23
2541277736760062143653864178869197224034514335889949205001667987 90
9495682725443479423205940081292604497730502605409805244163960867 98
6302855223586465590754659584116150463673240638072536891146271344 017
1367053567735027531779719603529159219551144473866018987457579390 1
9156645389761159109782588191836283631400462058188236603546160758 1
1533993864995605108187178417067307518359061209789912010081850488 13
0089300620919148954422706481165198451321399053877244433823292355 51
2093158131394094824220373024693842981387624151556125015307650819 06
3511697938642059743800149325300092742944964193624032203483326442 03
4670609352297027583691494818499898171609498982490600957625620125 26
9451301325019482433746464448878167997162541868512370346499853305 1
4484070033568215345990316666983176876980013056909226184982905183 15
7348368713882204716012142413921438020203394884396333717549604284 00
5406616435636826750839279525624897477900901265986674997952803160 08
6027583551049359418937903756213322676663414420807579149446609898 9
6683669860607759913927007916835624963263780700205252832082818914 23
4239056948355910224478271778328014663182197520847575630671721646 40
6792596353295985765028448127445016766362602715119842446275482141 98
2062731524443417583418513658213300041191779364939371140676296297 00
2200747809882160501593430900111220831188336835268032311810785261 29
5883053448597218284148906319975724443513079136447633825665526489 15
4540353504321754608473074981851266461288062676318288449443797975 50
```

196   Le premier million de chiffres du nombre d'Euler (e)

```
9906373023698722739608055143394066141666169982927293508108194188774758082982809062840629475882000674823824600154453135468082533877753396593342977685958645982281180128806564108343256616412053207650884854984920555835383400768526002635933717686214240430499695033637067178120161402627073012413960436377363873240664224272660438797954978487550286012570042850465958617067579276520687413598272860148536198411408785635718644366908196057785165555537265836526691356352740779116794349931400409981111650464530370512025712150209670198017109731425725981497236118328084122587070262991001200368159910054965612178527654119891811915995740918725760208994169378432687260278546556954215863942783058237198364498978490365642998439684932267095902875502905559526669468619649417406780435987505788384036085667909684474410464988596106201234002628506202079903918485911808550116040643470027913234665432939021932168510361824529606106105770161487341155581446729817894159642763481392961291165114740071321224408146614963805117014048561194238895140380152977580016141580342832685225436431049491105726455594081364681834431456750079156549551097366188373863924030054339936586335001183673692574836555057416598160263753899111910009943180095347331993682622046849059845586093541180449552384573951815178242893003147480545279581049872419672791280044809135713016887338374202817205262485788110501691023714229062139092646924692777582776577939922966355385174171734660664327070658705547117368966496045766106310259692964460114107289802463254496199404909303143041120247303579688825128349253706347456194356598964047104227407935533704918338305528470219732334873797275032009158654572750200687799909802953703517588805305905488020976289690048436543593030212769088901718754048613705024975999040519058553300466601813143120215277445255976066965356537281994739137767391014056336540820302043702600092601553667717042829062038240894059000929348589521344733127319062198751491771672788905582939724681894536882047879743719998337424968593765211110450061008283480810664230506779335903652367097858387995242480145868463600704240523438441825841484778300709491222623182413164333637270592310440912901620155455872119204333582944294134947393543615516601681354245328157064369041994869129199960741473012255655079061168570284124474972824038670381174053716142366834869197934445449137285251710286591044565779739246029665527280798251935928026157270258473574465563313483698848863308053542246314161276030579480649588503823095266599590488348105055979389001736894694188740566188026333107098836087802060344199184524096342615276445810774035993668058390708207356439839171231776391622604535220118094053597075673309512168420833455089334216403117029145564641693113846743774845973790429549177513762749661656444632431003503494004696697337028164571710664116117082730975323282732983774720451561955632601999888092816484812007959456185351191752941369839191157959770319353162528641654242782153154774863316070277138455253564914253404267071413287484798904174047154619371527542954273805673381129753316853363836871012322908438499102635802427395794654909272825662491738685873728273987434650139152444403028317690191725677038872422809622619457456188599392411623174525153033038857738322669322016923700462489563488833265141226868993699043712092305659517436790092728302299479980073512602315221347758671606235501166972315192962070414252582274139315197088989868412609761778826961979321476760535148463548079852180817538345282263875296270013750351988458708734798440879105077878080029848110978025544444589722810568522057244897429891265393002457485747229461394681695920106993968537641208036430323845628710673157589456895120314297105043689944524615423370847227518526721716792023801598278614679522124128972219981856141206987032798903088473761468506887586166587479806882732399145443685284757882530855925642485697417660673585662982160(4)
```

                Le premier million de chiffres du nombre d'Euler (e)   197

```
1402986159267834785098879093793524676418280736024984221768447559528411624501714937395399814039469285415079581065398032668284937517163375509545963264424267042288006466164531034340600197947510756721892253358745937556854987147763243806906783276572836522826430257037543844453153891713710277737696795601335441958778168151999662302429363533064718520289852650886676557603669389631526951305124015724015735854182661929570537775577814633266096340620752987554205384131749462881052546470066982315172915544969082496823391203954959234510715753512849789683633815471393719777596865175444140205701002193713849863647359974401351749498760650592528537430801570404949633406458117411787070314973771872382139155618374978687621883384034632928450414700703552179054645048992833188233879778965130713174615641498497813076706734541601115178273786138950436250602896824716583344064122874059776320570187595261199943944786068812103408166616155877545613593146359064247890375421071571397164327946873877841389124821020389471139117157134635952874300239297368094572699902209581502541310706692065734786441900289548475197131339829671958277964762241173365852912993353640612210653793532060543568594531668153625405182379717667451398520602037574147007247552715154089269345172271514938464922785733140713025022852674095798256180387037321822620593083253998145947264349754595260511703941882838467313315620696958300923089237300163747554326186262300011408590678979413378898506611803722492565793504522218772967836598054007367522859258077310688925751003011497865309222703185053000512671378267320934899323934434167237945795024636815613814503802688534646360855257687874322197919895284234057770620133849031746447930134440415679519821750799149856489027821073760481933224211168762133249176819652920632552202470731873400883514870269921628548619596844690155855386997947502900340481534474622170918662457549227940454074224537698158336633838563051592028906862629668051375109138989526197115845361272476447620457775952736192714841985853005441857199927665575119287336618206429762195818860902041603255900328589793251917803207867172114288633633965572588397331232957469260828636213868119519002383686108027115433152905132758403260606531425963285312113128260047100574988927030535848428253164760478350971437300293235842939719403719104227742471966046031629702498527556611258309875383212905207858914918662544642281383008480465626878779465404654461450899313635293551508851440728746213636011491841898495168597913757390394989937874538724489264918823323724691365087145564469791361835496821627335532362767031293876636377028690218621779947812062904151019372989452649757398287774029784147510557463955615248347337832743682690725533939081326917852129211318136968444797660602241071545543628623478354832929593257330713359409486057427780023902523271471255005058256299838744799791613300795000338725872953445986668051858508757933821567711874227381456236378580624061949510727267112834299556832877903000032589015019090059348322851977153121968716252715139789369331740442171666619701564077760360961579252118992658954151506230487802484179566919481504641466451186686311451298082498739439718724437087034518249342292693075812324748714044341990009181821908212837408005110145833843090583949294598202467293841652849438934443865317491316142412686154037236715727733879900961239237817033396505180435729229851752738151717590049875005870431406920319212499183385175935181845594276083294666909275488410131824425928280295003197856064688092563780638116664047518253858364281142105984307618070071241406380778109259975783994992249381856747647705195893481579544321079195137503042224123022833348406968895694127350627124567052744370479784587053846385720610296396286436962660590531036223083476222447418567688902150462424740945361109193554076046524374823253681445354127574512696746677947055268066450750205711617549164035910513353079270539
```

```
9735581903683465648610899190955711995319831275567523079879348454914
3352820388418557089108512863588948028612839509830706824251210093594
8545520781655879908226178814888100838756077442197539909015486236980
6193698954820922640786481534492128895039017351745954071026136958
4291671923326500474648991529940165144998799048165620645008928003483
9271085072004702524982247525541252362684654306964984713420178247176
2919144680638617571472920716789734620605836841084523727928605325
2019290037144646092156408537632585284222706379714537128301361112718
7884268825687946293175080840774518921275207955060514450377611817
5067234550852021412345280053173117560147703058019618549352079247477
7944888931198940830297134057550396187626364562130985492669192703283
5090088144285118077963858830898986752601017396267129601025468848
0239158352585598103803075970633878750899807945272595735979720589593
2043610579304965059999668285201093675138057736048118616593832442824
8876427885473650743903206164297088694412588184998606932824135973
6367523445298055167818117176252638447590752830215181711193187381264
3168259938617988144391784387768237049226860418317030987726325035345
5015120703743916647624138483995582580854481105523660127752411972
4166822842710753750094599564791533331556696816538789575802961482979
7303704743817499541185538517159121442851412780137947888890409240833
4475704511188522345628233344185645335939285231061403251287926160
3319770733368852205392614239464531928765636596639116571502786962380
7828813491635694360813955851494767257750153423917336943713359868
3583501312525815143164348624382415656474217578766947231774177319774
2964152921474636969073842926364360670637502134777206632549318037059
2079898357784392919959290753298556758136586170783655972485173900
1057722183413813944712177059541900079509460653310768625851517384374
3610107833036260467546190582879125086247856601543763097454192814560
0231561628219622170517485001122756020699355472875330965186257664
8375291635438076340619077273316383192630811209306448039243097885132
5553200292929362733792946184061696008789995057871157422857615193946
5356672486414679519857153038599762403913842633512518306575449454
5134875558500125190949564111483153492162266963467553073523748258330
0316012047249416879065734097100253340618394121244054925123781390948
7602337728474578750979594110738209278119910958681548467519862290
8325046202639931256285041553279038963853251828291728448133964397984
50488021644795571291499798706409265345183965504884043483547016443318
9788941436331694486088530163375938318965630235893520486642112752
1417538590413596804805596406271646756656290486764900082524402026664
0468180296352160940944278646806184104779093920751937374399380880205
8709733219879095137205874077679052881234039544177383231301281378567
4561525090688767013290891773529592888378721733913431494126300654
4584771695371930857758345222060074104217550784137875566148488074251
4793373212475843793824718722582229622062181286338569205204328100928
4618697822198570253992769523353426586434784097194714932537049555
1040535101639482491471941774643880173015257475787633894294984800452
4987927665944316885816036217639566969627130940180926111731150492655
7310037457096167100449412210283125643940885250164966681414591391354
6307328992437920847595107083973293132513990065607279336828271891452
4385499869500098847214299283996286489483798021335980758844033809
6741166092767541261001564636678773984165381786777347009092891749
8961614365440560176244954048081081404457074498154406256518224444197
0941515700074725968227003925437037559927426498553328470887446806808
5419091598248533803276087938535126643516381010586279012399380540
2739993828210047628551107773336952046048042149693375607101217983693
1037924353363778601902795212291925906072552589855611512428960969038
5975101712026107454612458724605325263296061879536437982621031232122
2347918637145943907319664578958960842280279119813675052801166703884
```

Le premier million de chiffres du nombre d'Euler (e)

```
0766464634397610408086762293187370068207878667140667732714396021989660255771202229131556440662137542468827635895202716896390972763219
2317206881773218501731300022536231815394306277288371451850436861512720306819515936353339445778048145113184782623801924132491240331226144313764709988405091319904020589078774920125643339416714313567927802807326323581691013979054155289740155752892357317829449072190047936410739890473091246153972895840408606938659848045466123220012798423097608983981686166910141384309852259832350181226243133934072161487537106169427184627167823005278008935490708128906562084036736444882934372199374604706882562918772332806314764361908402262999181383125715874993656687520859736792932635465745207362863801231104121327732225057192752626557086297230136811147828415897524692326935175243325672709439022285876601395539633771226296201373379616291189326282068012136035117950960861967088507374594438536422648192751500593934971601758885318841210961133429834837907384025812186472883690619400061921756050982024014238352802424785404243753909423595476930235989376838143497413312293117913729396200065192108993319242883165423771507627112499909357932415110433803542261934184373099328244827811781359848526824080928824149493111174897381987860069599464880156450812539611835460615300449362121813490805476040804840733106676087853083058455271222634329940720120590138663262534091456659084713829510073978637322192445845054721273241588106754371139574391875698663188406733098426782889069753719679567441459337972451473750309490320584298171758893632198033791229191557392539139134177664918117861978526124503114815958620186766449729949365656806002153628828591323086469607211701304640287294803421061699056443908275204517976374304392183975200059895426800957761861721694746431225013029027734678251191084757647878156138598253352591483464341929299872732552788952237383301208046650797522075376381629694826971153996324151835364829080824407274184254175717768735653010982120345030500313969558530063252735985614722194299319066459702776205756957565938836274046411924650496232330924899325716214778296453533116710556022748229371348341041258382797879203405185406539407981036007637424563681382351841193357615155987361540685429381389668732157369907575109313678805294457622713208300061937701763662759728530797004710730496548199976722477892348260577034849541383113199874949737752133489924729437692187596801494001127249633111405624235778130754426791635621396223764166070969399889653090722499753987668284690101824682663963760960835142297348696171231561007804713828014101192494621573791001537818739834299784936803918095368459165470673602887110102556264795610178207833070321649334483479970259071795291514539921904274808758190780822878247712328527558107962692865331588682728615468997438416952936591386655300726154391367737283328232151519407280140110803746126461185327558848414903342829223307326630046066098067265693683071035254062361576945291682249847411413328603085059970796932248618496928516759299318966795885529700893335193052056925073827353877108255067782294989801841940670486487930628617315291200617203495907314077487776983089478498110182147448811107599530051067752262774888630876005223402157195493782994264543414416983215820115062629068792555780980524761202825085692789614992419854840297712365257094566366841065305354212831793256359774684136039534625652844534779608577339720461618018219799242858344261348998871970247849972472325837058067454881180169364163194408302625614354826237467061175876018843515722027476044852822149245704957295820612588038494218050411393598989890490761240318747655299448648262039038814470463330486393810514710924421627485201623849847338649819105246672913059536289639277975929308283962302801698142378730832872740440037725570296654856286060075071745712552947116441502816820823269499020502919196000092157852694225176737589140140240959750
```

200   Le premier million de chiffres du nombre d'Euler (e)

```
9360648459107896180978569197447561617273575979605248712767584271365
9297388280663845611987745417331719943696440237024528999095790780
4866925222091336859753280885274787975539541170812301443082365914835
2739323349920441648753193886771368537277542202070351663869447923165
4031839424527024801093363829050978448656703645617085646915849494225
5616655923405009338416197444705712841344988512214498752104868311
9046463532912240234644021433273832040605720356645775415110470428045
8565905884610206933742494445198466647693610404353550251015822700
7541325620413115973974115460771270134262989720145712183816543244206
9752700982047469135026051079042788463074610449748807076135950369524
1151698907622168607691983896330235788170630020537575428283457790
8377313687142628114390765231178295310536098925658514998591624167323
8713757148536178024757447906242826889097374943583225263566489775
6221287370137247875288460219655057817702718617603810430600838116895
8535968747016098462143181789546493525440707963637431300175091685
3616537734498124459197293283560689721708977152075081818174639857529
2087556242079279171704016530835698534061008286086438234681283199
0722995868992360587542439129462783222239496974312869612634524979965
9924735127362660242015587146881129497061978839251058246610693043865
8911696935316285511078451741385838287391805745742513251052711851385
2159789392317583592752798274290929594123952580456695215235869112775
3663062304443283493714714429077644048691276589987599072335984107475
2420977422585071868606643218139499253310663037832002457621531498785
2606040227367459345710075737762217658774735272532729772850289931115
0552288644534494933750243564534755859389105906739073875907916133075
0648268785978912417708695798311476528960006282405224492294331673235
1238648366038990013822233856343997440627608106520362896406189317315
7653010387452495544185900891742831168356104391093012212671181721737
2973374331064162302896527347591415969174916244561795881783941965677
9827381638453898444327004041218098461948734549920849509557858202075
2487095920750698195698310539889452656303260944179101100553706257387
3927059104036483618733656082555659475152704490070328419706515868225
9010176498820653575738138065860549510241206087481684219021453351505
6681716077229101666086988855805551893533310730993778041946666901005
6789058200228246709860512320941809888687598035174071911987607571595
4204928177676945477560780946319201688890710732040273128745200916845
8615791091377962578273809753832637206714523759703523907795306124095
3703778079324981127225040633404651582865693737221694992745336130475
9623880039492772412724413520021654379710214493486956081448786097025
8058952887302271480422967654083723046590365516388435663148273597255
7562909731558369156004927402557079498683315974425223487746805123575
8684568094605631646599905093324727473322291987906115981152925230755
3082146762577202025574534492447611236016752398978950127907780482445
0131017162723044082079445915563435624386019361715157909470033453005
9441955322177780072543196339424112233489957931247762056614039614265
9987628231780207231218342702984849100346994197786179691268201758555
9302704150187061707878415735035028251630714092714776863136560393355
1364056871137728675084127507825727688457446571917564937082130002035
7977377902174057603071969861440496236535765279259967535659260038455
6279307988825266678192463190133705296606684509452066193200352481005
1023567850512424668521023884151893252649732944835760336055337960465
8545936852073566172075590140681180582555233350616336910649342180605
0240673546790442911073960997430748151886539961943835926135189988985
6827901342345359072139031196880009275395175945703052128582035962375
7503079403427840078622383280276289324081481065787778133974209732505
7394141437951237902128544609606474321104535671565152736016533732185
2428445863702830089298762000782764061717797774674249095029138705095
5586431280532151741554415005538559700309089934927986990903418905615
```

Le premier million de chiffres du nombre d'Euler (e)

```
4681222210580203132866413860406180810278581595559747514373735548 29
2694545535134537257708354565548260501308266005474362508951047591 62
3247273866330698068428728457127092642360665550306237033419965276 74
5684825195704241609500463324338959950479538670187191519916262719 32
9806664056269565152365093584553470591755440959709661812615857077 39
0497716237285561576680465874733874293836121314068615939984584263 094
1373831469964496591385556421653245502487175148887183805738019652 5
8101528926203899113824625539191978636446401252480964338037362881 62
3162011093797100758715062263243795017031102446999802982661979939 65
5013662553217441119356187829294404881794358843274452025598300769 31
4836269585295942028262690972709814017425685356938338147749568134 42
9034014506467364859919645461283661856340162139234811810832357068 97
6502265461586972158844786982586575490186882700957987707730068363 72
2969346262336785898941408718916212934958331066329468746560746547 93
1915892744350154860537960585545121274424860883757636194160793586 96
4463627835684411195678879455606305133470537240031795214679646066 51
5071497309643139782091645319565691576396229827820123568591169085 18
2194146271500176660973825823941370730552366881621024901255007696 04
2943463969737461190103465086768796966650931681206647743123521385 74
5015329740349417774680733714901798188306861738009327820598708830 29
3569261453560641656087213870304034910368017791269117813159319359
1566011976308157789772928301328369778168468292629777136756188128 89
1711864902337053246552292157858160855753795314448905753896619797 15
0351474226568728363543587905744750308554733835823711762091213951 65
4605788607738581985977627361248205033835488719713087298679511937 69
9696960887536420892119546026489595844209152867561810898798383136 8
4071314152170989255448705449880995196057312272044039230316559033 4
7332216697063127686473112945091510486664277687049983762078384845 42
9363947269496526738922041286240477877381246034680720524633054317 59
7127787906665031665347137259215418225685256576088599706981920746 64
2847702111197134387971204568841502486809722780505511596894972439 13
6906962859305585273951324860351617513394527510070900901971682395 84
0961109078738302153495197028921883180776057708718275159983438537 18
1965314618291612168406922421143956281550253768211479886833412980 10
7996232983290143874721548625832931411139171234428701111885509396 07
3356790011194168346382537223240177949635835203827632521281720437 6
9408716622395632653373364566909376818059346238087050193320116914 46
0171615952197996818560317702136168080756057972562843213542458658 73
0181697081644672473061669448610592733810659393535714578551247178 91
9157184102734319250660207167820524768589371957790503017984877327 94
7813918915917931745558241651718726345022841446833819829692268681 46
4841930434807592382883090702635978512789873099803173242951955827 70
6949877365901498921733399475925694082289797387697691547476735960 7
2981033249646990689008251502120513344029351523551917527124113082 15
9461397726722536588202548676861706921449141933218016352545006756 69
8763415125204737354342178048364791594537139237080068740753808464 58
7423756992047263893689681081998107501924305931097662145501546586 19
9822902821854859657706916388830865043750972356877502896880119311 12
5536829926809025725976952976006948462009623541997203061201547377 65
3388362434057549048302281807465772140665421158338655076706558449 29
6136527656527449294487121400306534360984799312855257361951656688 55
5881363882470659047102345327384169857165910763326513880070516029 20
3735024461731160303553323573901271703642005294073035945932400209 56
2976534739484076255743389960615476121883297419054213591535737433 77
2629796272537604538895195330934981598460238909732514598888968201 48
7288968555330250107573709557013820754572866895318263496586462893 854
6917374976493748918287351212244534606078343587870690435256377653 66
1983524713036456074058486463348528595701282019184378122138924858 9
```

202   Le premier million de chiffres du nombre d'Euler (e)

```
4407555903215804788267411354339057076182325974175159108565259057062231870727339120445919138888815364192551427388795843053251661198529869306613955820166037970937977373726661621214314016834920713688618154668659967837741232130583111865460084215612460532321099459774971210259959692454081182462792312168194777939026338045474665695126137256230739320100569656030355453609552965321204311856021755613436605043324900537189420813453623305952282707988541168929296646646422711509457615358959669739879575435356797791860368475214864300783668398428439343424456418688329564891725960920190331447804417774636431300866863989707896343669381884485663347412814919884438818272752531021138845290771812997683384305018467578424877148950997254659194856066784793271603861154791149328943043075790471694199197540868763934747175905557807908920133605338720909281252944680441011087601859098559059390529207709601780471267042451696165808551057939216133278696523435782090212361813490032970426933881001177369555192867649382508916547023926884387211536288482640133258057187161283491636096978041666539526781568099122670234365342716260071801285966992839607161629432177462204711487132815869215209508102300442308209880160403255094460824542963230077195896772368315015735165885035147474801444976657489839073820383249589601624008752300429273057348485243451165652187782257784033003387009714210282442072305010431485280174357940821665815262516716001281176126173787251533004290027698829011736753280863184642860099507587873377672358522500244004921993392885910070984073106435718838164692821431399407924496791265453540252229297277335211949422439250411741365701432202075891541161406675849707113324947938332326907580060035045527510435692759684910183910395370355509723335254478115653873365831240642972728804650688284454321240760603960222836189446460065012342648406171805842569622758529766181495541548238877631891100915300151116148254498550237805406443140913000275553016010050582997376981703994391595340017121907005840399501928477129646268262933633831585267721403453532196072401589555761826616288112936160537693284953034240594873531147112391374187645319557784413044345728777288124625084845616838238423116994287304675942171787884299106488467884046311704974036582581157112771949758713849557903604173724393977750950877957374532015905335230659281372716955641461600677966169332143810823327617216407808100168546281731474262562058321617863682891776224573474713815508771562810008224600169283651359419566800627383625913423604974205949958413802866960946887775376857164213529608040750072266837944108603492193735276036353872657207492946460920009694008082265192470084278200210537887186886782902380713146160490945279750578385630203568334053767645977328116279965476004234842596754927409521831034932917675525176400839775213152169180724782098559259117237523095231120799527948467315011319922777464250546374705785228381205166839363893975984958849886818860653363616784454289805193771144136200925855867123446231836692373547116536517400289363295609954347054224244094007590950527185052415319150711153285041451312479480439882593518681312405792669497253780286787115251141472555932711643997336101765893932087293390494110235700591779881836824240376835699617248030118418250698646216704502377606489297885717242375549599605001206684103229538116284478255854308481743503554167835056027600354876027043588824108049760715445353835351412482579155684141166534566956061818282758153342980228901250406536195922932261872355561241828841319727561589683954931158318282169283382115787989294358034765616906721526911802955230309242921402020629372279865237220538690064051490091794305410400954937485311092783253684512680725218612899340532033101050137932944981021922546326912770895669623078513253111508665612644931423079401516211530604089447259709567998932957809985200309606060304016182862089636757110138286219339365771291022547331948
```

```
3353809992077971558563492575693824098717739050622701056493432230568
7587927511172520710168162703213901074095395805280643967225737119814
3701180552191361433892492800677318673326726907028456909376988201809
1433610746673217194687954916235949725628122987233778159406897263932
1158275050267978469870749909125340376410863196863302326404725487575
4356360269125019650449308903100996133097412521119411235151473305151
5266837471445981342904334116836980979200736887837123484283663391105
6716148254275130595507681089363780073565169504377941139401293598126
7919810077548732560529664590372217574836400239978914011601333441826
8512703253769866535658217394023241765262877282777075076124298920879
1096430311936566594443880664457941004532315978090924720608294337172
5952686702129391384593613583588623488562389557918415780648431722405
4922580631827919983604074499639347451750657177582354931045486084680
5289893079619158801530346914018318708302669621673071371069690240952
4536769399819082381977809525526641662962754414118575999943562959756
6886800587593657690000813509814067402088303287159570356877996946063
0098259428489150042016315341877428546851955309184435835342528570410
1023173647031416533731953459713032120230058322246251664587404878694
4903326260755737547762894300311916777390852133375167800164374367946
0390495625083259963588837898005268662480233975946520591913836676106
1733265744255429994968497756421480058854384322974677386057983881657
7684933714226855891023724649211877243680851308734733301033043361095
7325741326172385501398122577713817074357829278815253347014063578088
8686119256963103207006459197070564196455229491079163584237712422715
9140423688672444449953237445571775515616633598767568476252117110328
7135108253703843364427421388618085696760492089954551680985752520389
5605823764172338595113667972211563219758695723624734090399068454196
5691943488998111377378395972940455275510649848101768575697111099676
0507810593848296308607828961257211416134604508376069239831848274508
7884960823983461168953871028620691537481512826453064703823293853924
0636497146864157309951910301049645923023243202345553754214089548477
2376956431611945530383776516024475994094844847606398353253364176170
2908374233470804827223064547166625655465432781842755489090450400939
6140805812337626555690511029493319061915870187125588867694491620111
1363739512931749937931156017683884658342590502425704485369535577837
7095330560873580725873515366739367594359712852148967692842096438251
4810689927819797278903405986864457698798652850472898379748417838706
3722560860753013118689885872402528816168924153623878773870328265508
8490031263171536492456122904099418049375815287185488091202248648923
3251922307022884334286081346496224911725856469179242249676838953086
2167035894764055305869754170141331069160138503834839016303554063251
5417578396048159746985136636499587664325893377536411891580165953413
8539266497146922983040782118941800596887029120071124223540644916359
7265437793157077073143137901403658308007160723465348104478979165146
7047052459959210553975387489522763516573919569957869924700435359051
3651877456223402680807786399544597491731095591606869622139805005766
6255309200129807665032545845992899813357456985064956719284817740119
3005910537781864128202713316921727087192853561851908535868166150477
1929738843033561115893452551941273540246382278239064764783414376769
2717662930913094812344817454388479112579863362997720566685074378174
8957766475602831951827853944459155770522012000442946383342308106113
4893994574622717384257040516242853952156044246893414046500666978208
1310049233071479990649804463218167746225027141615916732628061607325
4590526893087319308016408910781412101074647528758713339380071326586
7009204238276081866337047738607316972215701784786116719693348986813
1254570552832685639960317057212544664787057017179741723861737759941
4238322148507880052998826771603717660444814008959084272081561731691
31827882772
```

204   Le premier million de chiffres du nombre d'Euler (e)

```
4495624241896535362488811726934212169565354675048128889024380430 80
4686894858103625442702453389624447176401986227321805033205817813 10
1921015283654359044176164004194256861287139718864283637709268233 42
7742950281392168867794353205310981805435647780070689787078041418 93
2489487652227765868514811967902564561826029646492553096169975711 8
3109919265224715115768116431614568387694508989482934760356411288 70
4411766232206860573730182490723306882803036616690726976491891331 09
4721661624720662250823574426389839175506178265560526114469928543 4
2419642607994778459752104213335070941013135928608055487084583617 67
8270589244242085035544282186723544046482949731397966024670562549 4
7031230374107221032241678639095333213291815661901127087276031969 76
0408181228442404283812414197432068434893234391481430162117477131 72
7430728563111678223833459329390395906939733764761246499931809266 23
0534356512702208992834831574348767552684930999247999684680191225 81
7416134148629491594307953061870989816739123050966576771979750714 74
6258047370333627053855953225882522840078923546732910727940194935 15
6114240529297956014440557393755084277720307407173496756593502577 87
7674079219168979019586177567747674479327440084588546476399483516 17
9755855912269684447878293172122470646867320413499628955448350324 39
0931799595909749349395041975346017080348759244413812437388084003 6
5026655205732017241164768697494378945657063620845906820232945094 34
2956229330119859115927111061486774934812613991589464827145536212 9
5589272447583771239918942163595910969391881373329354805193763956 5
6356379127980106474217159887411320857560508896634790693370243732 58
5204234072605923845043821455614405045995375502913042406545264852 9
0130610277072704885982180279889624330292528964815911508439494868 45
0197444280541004085028544790728255111412650721335258248839903514 18
4967811136672745574847756540324628674986124262130667390442250293 72
6414717075644713507068781033179893443214055025030484552346469428 84
7223113266821057193431713914982661117508712136638985891626192746 90
6607401473817382231460250550937183417510214544475336631463512132 05
0487448480067162552016021098152190289365450513709458626962134571 67
3718187231068726787854169144178422220446730934707691618822189343 1
4797255620390215704717567760097373564160696166696133947362395066 17
8469295094711805158887686338588731188721670416234541376893476170 4921
7681237762971175888092181795428878241193912164424279347125782327 1
9075805559181532832220952006618678285656328733984294500404568646 0
9773591628694055757412579542854159414326192545328198369384912090 09
2800551780737288641769515216452382542474310554406696467260930894 50
0445215184150339927182299779144558432762447252463930361757161780 047
8472096596755181310313250905267473009914048981042091586720125595 98
0722161116954401500376809895415559965110981432630798622872708601 52
1369291502478571806050941205856906412850729697305175890472161076 12
1489414895220315772871346134302291709336896965145060887834186310 67
2046600212660271939763269125205949801756905519994930668832808712 01
0625261889056170445809503441534007520602751455586985867735109551 58
5624771710130359629358774025624748806302470860920158029097061960 78
1959947388773485678165536871909034519157494048815682520132401075 13
2709445546251439415777898557561483553232384531936295937427876153 28
9686869091594635666109016840093467436640763239580605787933538638 29
5958827917955741265690733667315552422112519215985166049485734069 44
7924122287677351954308219730797962920753913196881542418751241579 67
6777837755890113914758432736585963997242837394526698333762676750 85
0491746592065410293413292916941089986020511561706929651140929109 34
3380019994576394403447751468421449855343336928663100756329424383 685
0386659820234111776250094604263629625154582363113617191236385742 69
2730486788991391628220695509475388566893685705075951755380167636 6
1044381767022084547156103389086545715949121993994051367123751302 15
```

Le premier million de chiffres du nombre d'Euler (e)

```
4130717172111302241332526028106941892265612232145829549717267566059891055193545293816937467636913967516816892816491250522523551337200594296516844536387261964014546067716601460167389580466517849583726753465229055631967063055138253083302952239495786758678645359603117137094315570631989625783848757980540882364069191122768232218567370157831274877966771985331234058937080913072111250101983634598158684741084103171209737713325774110467961635693307782963896650083933995193166975124736603098171719519219497081490275281793143868086509332852175403939715556888329120466745636397391795708084621214374939769743496345581083862593612263897159383920359278580044235029610691090482942792605387511920793293971601525963372027690166789191670488517414563016311704963810754619102306313578850828323024241233599312500259018456775757828075947846558547184782988300801820824150085564001010633626413935900309836637799669549066178855947048440218879474833627589634155037188173320064038479622317650061923978009785436163678456601530239423517348884849228407344547708548350396673121158120843358479032526601734686373798005670978598228094535378133203188748263630274828284150984701270082546817652403003739104907747041434292222635095026906506607893531706369909699754336839340973831031699449744952523950240285024392949777948502104795217809315562924148616269364101235287835230120043178253533951356179795273666100755396264233424666144953600761733042958832548092687531899472802540782992131848204504787377049904443748794734749991793966579280756707596589026585327923184115545395860209103463031410546250782565838423414972974838391499038437673594238122964401400594818656363299066260987376885252933490416874359512348223677903327707612843735783545196265029281923932741187699838640064521174148851502423560586228093492195726138754072713324166122894073313540305311685446980024722442642026141967436266213676807757778263600098923554535025171741524812035880637432677806169183052545535691807414457421197702400134296753212321727426453023382863028874500669806627155720475996268410972139536239170151422057004506431155664751584714601441613368796658770332086743028422891019136824579628189843083318847590875494522990869258831548259437756304141433229090969418567329585501506073868435793331366570902991412805645180871075612015758976076312226867713363487916164502353909984180537574648372921006464497835244395437776702349293664650686118439365717851913746157043912499296422503580055793402161821431001185939924904761282754608769334237843960961708322365622740741432737340544981453063116890028758520283945911304200351922532360307668665363225137077904277480930820457650351374491579875653455106982933446870189449508911510613351529081615566544822522662112467631646621809065432629957787611539412532615755049273732153696324964577064645859865207548764321337356012844382971495897820014264956318639365307393681326809859814177184869349009251340114996120253919841737260488688821885337464973035109584521720169075279744449422170844885219473704135550168440460981267584212212488068235456229801040055410208386082499941249302792821277759691799548553503826188646548317863454022558986634506313398358677788433728752922024908938832342564272770698128779169250690887419382298202351952915928307116764502733106092476716381350398507279304299889879457844099085311624662850964057367761694514954102554323938204899919615049312412692624321680620369708865218683393100239446386397774090523022852072081763314031838476113545574652307751503296806681328287378347038741421796784586927030266394495806620377034554444830162806752906123255209766482227623182148893083035748242072577640089355513952677119393677444408010983325576613312939218983175946027730685171057880606181280771791258100426848403908006784278047060326465917941232968764239957036720175429291971082156010053765749487901057666982884721337148287698931762379349568539930122
```

206 Le premier million de chiffres du nombre d'Euler (e)

```
1500482183493240146182890324161227907697574593903666511268619079620787917273573901383172933228222267043211732948125342445344947097737744289407408696317125914818518922780899172962674843719349443657576825471694431330425128320281694473404309480252039959762276995617526557066571772813351129996371117991730289943265540612363609528764732061719776167391196202388651189191008228294561179143287447968623277180751616871977624583891119855222696750337717303063252634033241682989429566478280021951847000391249928135343383819221960934095498674635639417095515120451978436822348116790365504553788335090957810999409477861775438256162541768234438127535370519113008890996497090924713215253619463637647822107879693305367054061913626689127479279996797521142715122438170077251348845120231133788980389285588063191404549830214850919670344753554631471235311698394182208769043601718809452735310701730292951449916610502488186823513661308827724155783827556757187513979007970266843372147224462694874314532016937882091646134870457022345409125352913316719751622641137913677709872354434509754032474529913016033611288052625010738262024619334076612035684015562903692661347720286409702109604978047001307004700876178275461194981365801041587871599265923035281776454900023462121515989274760478903161660480541595017092852646851938282763042384042481725132335184200806264412622993750929889771055845785184122940222768406384322083994572383450378512226826681588656926536548096829427316517412318117008623022416976072251485015220903599116706306938686639261950132721432689307092163962906354914605081822573153687466996569106802104967942472819177256984469563039300386804240704567436525180167217750892011885576194029682793822859063945072580008329075370925406736605192717226554529401106930644077236734178783884805452536547475598884097859665365550934060281521006016247511173490353233017963756733170935191933113232983455765970711792301269681556305174516374962604545349999213594088245273932155954350592216548630929376359185987187428462101930256215884466811268184382893171397233319981086479353100877289555255470198777911037739236771306327491694501780195350172068898067463125289737703556456414657362625205109416863236884395769530381278568104821646611767039644970653438069348419252978175190261544397599980777058392644837771910064159847958618022834119416839670363811285817744168574775563106668311666376424641078994314971065571491611245385959772553595874933539052836326828555649050400176513606408509049594170172437491378941957521007413328779664732425509765466276862206480392614233040429778264653324382741107753114781706080961110574234002884855974389991764323130082269866894760675157119598187075199894021557264792871198446468779962432074067344301191318467220781993846851520417091054999319771639898807125537714054494559576148007329973981156275264053854008605529534352255714109358853133215658680650389773306785702060342657579325706495855701710748314251725080312418660669312009191766870963748356868347209331314554263656080070410370653381342412902517625492848775233605156762145545872044349520529990064545131256547209120338896910328250274727874306561312579768119604606478885826193947428724694073888145577682744646263637794629760551815296134841704592855164794556118375216333292499560739397667138899563189526503591814859307446830614772790409411259580292031963262836557306510982816857095872557845084404735877858653211579272846723577788254068817630965333573749363273679607565752386897684981773390867704117947730741318748952847312890149860646597770864684729743169771349274226073027974260625998964571914411703917404674806746937744860334957522282955194551266342429649216218324795905997152013939161502772374666483672923180049052221391920184289269632192589729874847368114617622684000175013961869286957658317492656093122201739904185751341456322985446079992218623523825302848248958589994901908686
```

Le premier million de chiffres du nombre d'Euler (e)   207

```
3866616421769205726619871199588626077643446287160100599750985995231
7251456073494398366709097774461397717689663940934782850390537066191
4109970072209515432878104635648706148941455619524917986277651807131
6099596874327300195305001003008367100762958987800298263316313514632
3295070648318104081423050722094524781742147367101317097383343296911
9312462282534020905589786558961444330634563659053980086426498530191
6824827744254045083138449811950666343805769476123212214830291149292
5757967209551254528558940042819336163400688557658401213172555615911
5492058479911295976235034390487373879269454525945891844482329786761
2073505271028195434692723024673104029807359657131075536030168551491
2091987059883093976826573489075316325674704635662492461456948364141
7473863095198609574208037050523967339870698887979785889815947192231
0985910433381311399837925428903161605470518343914429991695749700751
3359436920436631738059811316362949344128215936567114898451146428961
4555087704314857414949793659070626230637128273641886247297223263441
7808511556485189520488575879792641523302089610875055149896747418521
0079353824079309959342431274772446400861040308702402231533237813781
6587004619670327938297251740236630617016583074397679027179534466431
5156880409331547493029215462227354403886087500922239072199477415241
2339177246705584220713774724909561341431676001471247888866794032761
5761992983386140865632723218727318357604554329656473389147955966101
3086179748693724329102964143532658844049566356516575732854215117691
0641203718106997023896369257794875100491020646969330879373241202691
1107294857346304436027800594838325872803947066534983943049200041061
2179815835563125200543102679260506106011839817813518042634676806781
8845479233265530861999375397211266260548168705651747745877138882511
1361946504624079213461516278987292408815671275837098480135368825931
0047401467155859765479397761956106259157374348054875922962566324881
0783895402070153303295359608099180096700588020718065782239919225081
2334199003654429426581286508537178547896038858495964337635723778021
6034062487444595274712422900259246190863451404118470294958253209291
7646228835010173203397158957838439647170298348363228501338377100581
5306688724032130773132411848500300498354896189161962907563416509801
0303926509836845721975478035002590265620974869780201472749341849521
5469138954879202636452150112110749962398073910668504673700517149821
2343265245104823013031594566733510879471291114958182578702908747211
5032227681742938372477386364297816116297673844445189560134298347471
2733807077794775414456979543856220357970933883757559824595127057
5891461832532290283199530239608392492005471559849559712919877842861
7387936861784968386940686254534104650734597068583415705499902044911
1224813679841348875452727769969004965386760637723685744920391271551
8684291268661994014513331507070248710002828763528634989074913010111
1460061838101419523206955618455985622915287793750120892689324512931
7600970078174673169515928351208263370292790079278135343263569261731
6872655451474262658673455686275876343522090962212560177594808681411
6472459202992683545587604329217625773089120541766172353124031036211
1742185593054164621849274804229488393311082042845257453997850283231
3300133646202803500706560002584447245072809523143768698877984808371
8660092157516314489971519304276939115094606737353420934511821842891
9054659970861072337436959714214599381449198358663815152524356122611
9770268901306857195139087704906671831625475908142246073702800669541
0936807727370140166439768296269074146380396633063710731785674008981
7963298532604871540642665303663406503463300525660777657803715498
9881138112249046281799495074844338567988213578554632673617538431691
6032360521675806389569363329671526115613086056192276676529754033041
8625899085478954552753154212529423122612224613017854975916728340731
9299888193417878913610677383011004427171610520215105340361693007871
5140745206320840417109022100894261644163864764811983499332860417781
```

```
3084708956956743447376366694627695828558008160257840905275863228828
8757239233989671627265261056834823188711821615432349753388923141757
8818278211358148829201763435185297309159775242296861706095010497380
2349768928168130530148503524316656274680940909643138882342115289951
0394905712440439115288620023291221204236541078728178928227494725994
9440767808025044571933476462595278475706793162386403884835172123140
1745145823981370106588074503357685666296666851956164559390038392967
3150316621206978084861944187224394641136115969399234476074730838753
5550357567154510559163753875003680497459306555422855288051094571346
2471590364559746516249523044674896003241076991209260422089470216740
8964513861922651878818560566082181881851325724533976654410280143029
9757689455969906581697203241436251708385887021957977036881776056832
7492275482741833578671055226053922657259408224268830858074033120560
1538730062302264137809066929735415541169164727305593044098939878458
6631556439576743998365484749830560850504766294343959380302217208039
5431264279099631259214110633458994157042962757974371846217419222967
1850897963649735809877343251397750121115897970615591758260803209186
6638353874275010416536329995668381734229364317946728545188272945243
8310079856541198742515071149273298342813670895128440895798233527366
3286377810802382848726252622136787197277056348109131137283395638488
1931984251810532279404011442964886915122974358586748639040439975380
3333379954071760556916587492378355359115318779826534667711572050384
3887127952236464767099578610330899661499933797481724293858820886757
7526312348886638722189218465683598085027779415222634719032284329745
0914649913258679630052861495995532297928400494112019308901023178886
0906741326231045196651706236810284497116354991509341889091041182605
7763946989834651761084240102875960925457596746012167844262519248120
0061549677088966196638424844255620792696629984172220282405654145782
4695888502395267215264327062481380322264231478910266490084843931012
3244857495902503339231836098867686828937741182452167176964363949711
4544481660872765495856805670379505599680206132490567038978541755954
7289248211045495218230750524195637910454350309846981176446215270058
3785580435337357225137154809212551047666002426247537551783250019061
7836708680808334454051994462049621549038212772253269906604394834932
7377293154963781212812145587661974723721652673649806661654822529212
2153796083774455969974509864525742423899480617200283909801961899840
1348710191732197810510428605561411855905893918414812468015365189910
6100061473354428150424083959074640047836407458111403139651313553217
7871196928009114786713133321634733755536084067152724400616371595153
2877868765932131113626163801061833256532562830555449285903672154429
4475877926182736953749490643052238407640319998082694999538379557661
0413547847690080492603721599497652163899875534408529309344683906823
9335397921288882711609096583042725512522772311264934325287267429177
5255860990620942370525699275623969064402812165431579460376360432544
5553590754527314901049748383454099012160556365656063119065021015377
3084226309825595641173665151467624955338823761012714006290658807908
7080767577172432350873060415117672919897663409798030070694237562365
3424930258377289820678709201304268172641444557625378010581012607773
6491922623462369626641227080506617606956734478912466816425963474335
4450823223230465534152430871077064398560465164789512304825839933562
3323713283477409635270943463758469067259553371840680920608968492821
0530118412843716891105467684191735080071551386260124131188137301820
4637572193484462191188543265630792795923349211104854242461556565772
5786371127851286936119046020760543654884149176558688069245765714850
3695297690044128492698199329170996499855862256352184583061957738790
7120242170375350159072382484829788162151766541740303391302966790684
5033134344308051005109777428705543131962633490640985416719798209112
1321
```

Le premier million de chiffres du nombre d'Euler (e)

```
7534825891701990578726855538553515979325232516040268522494612073697133322042977333243166056514638517275138718924323862656285900717010563367395261389646577555169643799865886891404073757168168523453634577823304898700923891246795105070757966048951547779101666571884794002452483733482415230202998846815663991313980826681559395547218192316425446758808911020742614760049792255309940586742356981684309849314128318835723632799104711154591349748140474715720750162420437340123297504803912813700353806744979674022131560246799434660502830406390079275846525746329144027014178070621328026614761607423964603512625418643051518599724561945459387840063956958743392287844262768518026648110087150592602683622168101908512610761964141313934895359197854642514154497248511571883949098220421063411273891721637112777035369186397928467707606359376054680874641625853441866809445443963395358430115682321830193290956774193440930125396377117798073942913073913396176405316888623913845531885680870873391531110130244782551506042304996170367876208398568137503226082736028810152918394541009292254101463358952751068466121088173449632453391921414604244799690979829500060815765987786298847451548243763391688907736695275936760001481046576460283058733780595686519390504452645475398616246501429737532881266274753963468404795627101222107212977433240732892927914146164827697139902465144816021118811045939750255451433523865934042437636751761169659013836612348750576785718771590269221017902879823168649065484989203842179726277734693614082688376737791223833318924494274920304531945240424147575505261872904845770418015805246217860759392290167581270434396955481458111048171304921865820294148687965386096923378404729182070788046762368292995635720613723008215048967417161413658060994155393927345608334339459939645635436774925589309094983111195084565629607804403603249654728411312510937090938575102281803876517015219239028850207289395145973197125640909097853467633372117312524767835498061706876748985428886968925968939665796853986823022520830985017802864891692651460262912772594764114581940899679536456360555201642462316870788064421264277812471050401070922243517487129112196880602035440081149625143376428931205367638816868083360629569179606636529112121600455735463507492309297713785595147428251623552037939187009102576149498993244291594253919435341694902498059626729707594251647031890090833226143690792022771276460579667719486995758032549570207791805209259876321008300545872636323533525085251234900537214479245994111697037025300099716364715622331140838604031879131237668948373081819864731870439795625672133019495143606143078903562574168846168613048060974464755612100273567114049942329764898321943872932375561209240721264216253885902619644241979563191564651441228090132339625260584974757516113869316419649330573974630227961229183761865079446834316281117270336601505521202468094654110484787847547137315024302474030649871925549851889251675782648767123857280812276995655345280618691687626642190182036320098673786888771039325526358088030323490074878919268922635020458501293770191219859905710449812146253523670504182467459013082251897560116488443251310901076872992919574766092821822076068770332762858991368639684534881375941251042070180795286563706501227515692663111153516271947979939928270036144072668432106605325993424912525978260423377592618452147697373505895381093567321565005081547333510451907714467582202877667487494893466395836111216680448394461784900597508201045220865311087807681746281518300626805724741264671093253698089664665476887863480475251060884846200083847758169317052981800476344410257443093874996713659256046903686993420155235293830381237079262083104636765489476425065813862546721896376609272285113281552614792078677621764361354699015677183258520143254296173945075151405828711870558088990151564563560224544087155449755365901454771033076782937272691820120
```

```
4444686657492195895845102374607693088657379223791162886966270573745
1148835451367610150050598056702303502953509694217188293537354261331
7056945039315358784531130620829427042291501941332498909687334973091
7889297304878176638605145574508142608411331085980886461265413954311
5448795154523162490658735280891873935193880378741667622179028084611
0140394848464723667206661486618994177730076980823877346628709474351
0317041261260415978894412573621434432221005596223235288642188733061
7485423304721040057893906803482271218248978835914677330307389494256
8387257925682723531713178936989899878818476126877867688986908683115
1494359909287903746753841573192133390160666934083329103578931977581
2678699138748617401686987806024229106348845012385196938170942843361
8933596671945727760641640787627189336080191817276202933201525476391
5783304132076582483731155028213635045863956878401685225871977405751
3466673503179073757405930394874719327578173946150033812652929798071
1400976433343864385946875410346939938272913078975875065636987601891
2310198912191314772805484694343988275605245346120357066333963953601
8627746862470290547661089201796816981722939034032241158784762754541
9357881507437551517023736977975059901838380145044270825882525964821
9608191108456410143282961045795562506240122712421651065365247624211
3014888295217493308578252496796802645322529685907937910480395182701
8505542048151160155253854085887788266367930364185329737919214036851
6268277997824502970832980301897065157848035426231024948662845872491
5529488571245625990093599538618158176715825086219366434825980530701
0535748527451239755243204001113595379669563709181063449298513077991
8039905285309900565328015541599535013003228337778260686981692482371
6535471389757116702814918032438017047939652954436849166311488453131
4551963377710937379666172761754353187681617274854429148083430088021
0059671107120858369598338671805407242426537452092248985854360546601
7879073247481727079223786560351440350879988622003433603261313590471
1855220000142933598670470532043243412352387005212840483010717131851
8833360483002842941457652032259504567230061116443533600405689901327
2921860853796812772049696534855513875109631476652136453986692567101
0705196590599972428329031843537755304560010634221698991341730562231
6384555947102024290209868116299650410507307784604841321734871604491
8524483573059297449963648908634586138496072474307286089053883045621
9846920968759322865857673323813313750118878029242967015177606765651
8940261283809433984002046199328692408274423660087890950302725477781
0434921271487431484355151003852876696042452765328466989028541872401
7180355988361433976692700760606134581873493245487186406876069540401
8901006144890548594118778467433943167499340332670257964998693697521
2130497542616133128724533538590983319009904590798999439122629830911
8751176143661375665369146463281761481293456147228140373761936502101
6641181399985745430012060833007015103971844248286446440079869716031
3330610148030153190695992496521200821483704769097494722629692696521
5506417284792509034279947269811608002769329476954220839359730068691
1659323254865296068285263064718569882906917129295828309227308070411
5037716736359522709731536601171441865693769804991621423389792693311
2380403220409959991207019401813015293421631311058848485741193406221
0919166481460116146936505314404693638113203225498600515631054669231
2712634588280542452393050869159390449200553572695761952255144292011
1531225314703036574490371389925587899383416163512279825136549695271
0695116027466109114379312549222552773279174920969788988691144512031
1670931336027793992247545911612117040321986264200123064754527045801
3841010036501790712390838052213551175950146354455984259569258790511
6750649646873764070613824463506165887998913779483337761016508754961
6575919900071872710329854397147786372591557959762324049511387553141
4918145038908386964560344284751271246196315227103999455575943321451
1047831067201119420590393707615838170789658463805358223282301794731
```

```
29410179714332775190703462263833801513654894056367756614488801948
47041173419251138717200594759287173463058860523283691673094004254
73504774941228070853446846492056366121658537305685423881548379029
32605785926639035382355761907057448196418750059846396527706579586
72278811699200699399976809279370985429614702655191888460222702231
39943222454372449503276569264558642172823082692201707577084767013
63881152948769844271219073085786028832589118881090741524010770003
81224566424493729841995885170979349768585277577999357003440572246
01834698053473978246670964007747267355864662239135739939295232642
13434765877392571103021000361213552671875180839734231009768962368
99573145014054036486323408930449457127413261591229283948896919260
78982753866285280793722894476243589882047244510842554496129566518
69295406153229721942576569434577435047774507896055873316145386537
67532796883425173688089958427388669841573865100480156992600375641
76119134017547211246221762350308081747262039698482298025791417307
22709962392349159856701715957697397379493814560186628550926327782
05143822889573441534633575967877169124825330150842889378748268389
77773132425040243158408216642964453294873768040708919382111057897
26740321473369619417318213303979903113252437420329693893473244452
65064160219759917599567746980123346299154049472538829674979802779
81059796241783004189518321905610934484048233940045783582280394202
58796081941679400911184144619646541151766010214679420560403099887
42197611154075508572321079086209655335067030698115027370246531422
26646671822572050643795724488022200913677297026187985449690061484
86650649035116501851311041095082218336096254129481614887615387427
82093622061300042269676688048866688930360042555556626038366757778
84004048147996771138490856170535434399191867024988203178685386417
54870330088773900025086766130407014866527719610759517939347087985
20605213366715477352687188619857702417316538029080683309512053982
34584603207180553959019391568059606020918460588941157600002850688
44368092431748410581005043516140104683933553383286146648835297381
09888695767741173211977679659276153504210738901206971397726220732
39717886888541602219226992771586389508258635472824200012807031512
53743111748116564204799592203427231054251492049794428160907087274
62833070772138506799530118630340208049030555875038068942875565186
63571081766653627480254962382051435263472633500930407052536213371
06415698073330868672083811666154447045789044323426345523397427127
95273712874760606645846666894728142497013834616001058390855533794
77833378752455768274945485095112947427120168272564261281071545038
91572913330331800984883387588927384360472720870759929031016186827
34816690146681598931998060428283724342781229200260573305976708686
17609425724479160250699557395998184050637302785181340224346809166
12421388000650997515701717073255735728209512656017406811268580182
54225057789214427768564872946075801743328093347698618692882954930
43914100697051297443285822529764625863553575008951482888324535899
15985216940881453167417632027452324652379605521957332870622774175
98170670570078612189496387547482086542616243065064742258519863173
71850878722336083137966509480833639263415786474023784605060580945
32132895807824718461800313043917899310626645331643601702443195417
32075713055072901097347330364416832585717113075213560388050398204
44099822384616939262229304962575539876821525168933881908879467205
69180316372875827937987845067913357545369348657563876522615249714
64197993137162437800081102190933740430546175126122855660123144199
38901450910605689790973759858423521233623983900328419422878607051
34762867145381351505544642683547496854797590623031354929441086531
07890479736925261164155043899681968292392972782954398041140274967
07860453142995933651461883816355117173112338787531378109048638916
34506707430678369584313341031088186490241544765292795311871726881
```

```
8505019551639070013934816603863532907905705860454054416664617289149752709148628981837666617928816518749269882266983245711159476016492563126691732711373621142840026300979241632552577710080181238222565227076403835768457594204451330433201130269351567195780811137642020877083384331209796245416421772305919476086065686568026102777542486824627395171389735880148647343691870367127853834594140863315689883130343649478450300122061083353924607942017297554504671701595588774296510467162529609926557918045292519886365749042821342648937622784962666229627430858166226515408773137048481151384744982266112963008112666865679769347374354256489567989086861647368794335918721058031196192035926840856992451685677819652011265596566283077350410909454242901129582462354447452246707818638301856493794749889461773455143462241874177916719838690957971334737289112794729651108912390587276500905355899448162116560403045983936755760469246263041973269699997402291999143472616522067189619190782034767314674772383738969027155759861669296481634847417068096700138261325835399758782774346324090921123127623892766417997333187494730185885607029474528156513024478672713452867091650696682662825947023018358977128312511708369848140959854167243395804347461678881541635520002120779955678600080746263352758040470941278305401339236195652411152484060203259956946903747574199337906343054455914130419729567644181368819780635232273949597829123627602498753482674692201287968101640570073211550057993918745963829292491424390343979399212595903841264870814663780598386491645665929354537602987800359095712910019717468458636073815036265319434210408039659046576337441166498695600194676659650646201321333221257375822916832130030631339667876828404096435245777944557379239045894010000579306651719549655583323339181740815134677302626757150240961844625245140246730163481094686355206394563956650896389333131547583605250331396051416517012703093608755699636703828838674634234042724703652126066241726524241276503119253568459211896925445553943160632200389046751460836221771843339801897549093049219098607807764381689820650488924869832730756071792088317209893660314624827402650690699935070644534713494895121796869943119200466037998188636436133450152031906282197646996409752521612935259893176698861222826288458453230764243409136699804477792512637906817746813810964497319884535976748713267880758567445561250635221554062655442327689167535292307683132639778177748695173115996756835769077776057837586286142489201001900537296170564018325165071005116322809325094972735730633310251230427305861864533980028358804042387766649219935260950840145408908350314678838465324159321657458583070011321711211352555895326372408004961183502440060654735314500498710605330618766749431589034443829375925735295810155784004458297180324447112981995365209888838613113652136464582688356632784618951891218481043036480630591515780585441086775805571368431654169297465362393372069486327337166050089327532677413148049891400721849964806095681283492957938098781029248210190380194457611798253866176821638194218847073503929532678039544153196255072370198294325919625523000282562254596097546871418370609969044612749728348812983230893188293861778718065224414503506027165159076847552447841267497891818116897310494298877217848348035405957965095050905893971169446588978401058355674641723333266693284388335019280900458885983405126724021670622919598938719567206327800030792902396963711068301676605366617138116033942795191456084972136494021882397942838356511200133821812717515955498244854075582716927860269621600622483063458538755534645594941493234885851867780992897564097489499700770941797974809376281856314397545358065981425552615997685215047314792334826475008476609476207237653897238697183799791972722920434749949012202855048951706344325657986624815633494204716936592804049249381474031646805393583064407915452696979748773560178060023
```

```
6784785010695194465916063470950141450864710015028054573378730291956169241023097580606463858324417221997691298969030485068992683889988006570951721362043520930636902524654413470381339589048705180450653294265445913447258956557799337418478042603600982509807288010230208118077592274169099211565702085504614902784288665091111581175303331090130363195705268103813428987214226983022870681359024379867897892290592884481919482519297340121401838496598631311879065830488178270291215529398481628480845294768282557615722096356123394407642995098107900604613648621545630866270763830478585056680490649096907394512587306886253064432124119256527767997218865717325907343518852603768247000699684593301069016250387729679930893185061174360556963629712515721115676549546979812324205477667388693503133803959112071035658229326624278185822233934051292445991697079366428044544538154046440362265205770842093361762259627464728111851795825361631463053748967820156278278324341550378616242571034845360004238099816422290897905556942379859794444782032363145425413261438230506275994562186352160416862282407071445007203360923977671455590633989835761923867598694261925363191821103083553363283562576057395431382508080186475673681616043930448512772103850856639515126309429851309420344060488213995874010399465740532832369361283879981793457236749166609855541370177127036669359966330308535823003939126570465933748559576531917684145437543619723754218810240374704025780932217735338554417042642871642833530801294684955832119630680813690507672771639024182349156323491002563187611454002607629053890243144026125087300691427812959707725492787204027269246138172263723736568329968655709562620551198202361048966460271531896661321005777736546939192822230179147617300168734344613516611846023660958987373335384123720223178218120575726749786384845409698986701435875696437208683809674722351731817225691956444605657606237401309051431730579620425908393418008663683324098278660870234572321998807838363419429749460075551854206332505764402406863075413340801188780660520771895968708379897129644686770002854514470899253348720595846410520200442567836779988124295190854507712806303056858459267049904904363701804373753664980532021674001167428754854879368692375641063531982777054002428748098714041661251882718399368084401770590958246245228921367850366425854896009347585161964956648246078166387148295250969908578612710405969819568794481417785036403656317241375466397303176883990123494420902183432107345907497867100639080113468661797850668566543056029194808489792075046531186165369683245227062270171645326739558261016151323367247145104178486276366319951769523605756980561006256011575893269592016912319374614291827607072208276056645080398518734425318451727821455989151493228042618972916766998621493553408555251303439823275612384483230358528293315868780754273424367441668213513040408602256275539330391724086795186916599211820998279692031876153057287678099805686955658129338367182844951534198908654662721150201261927346836150293573700980041369904317263457714688774469442576846201204535821554453625713374184754723874661423788670067752566645754606972052839162154934795863906279347637454051911344480185549369989640439672562293109886315150214575009472361854549913282493960655112111122371195154666987711162880061079917436792841450162424566972112512991834310736826628754412856345574464645771916641102647286746208431163675918126446330419738035027726086234260844915308775080391436403953871401877362039216138637558205828541457242158541880691510373504668116360417775665810853250407653084724372449788888431484448531964430744703472436124218689690452738196371805420848380026470212862164660627397768260975219589552211473574031493013289679136362682120422629669845797898374868040586731389369359369341782286927644023201642999197387042676014640137508520414135397636929633598719742617114512948927413851206477752914
```

214   Le premier million de chiffres du nombre d'Euler (e)

```
3149657181643569641942120537552343328832234037403941849390990782208226407688736978062201217007535687082975832534971903964844420739990155746306135003515448786147089176552614404500175343467292066068155089579824297881477970220460317366307494569413362346854344246964508856951221833808861250630397642701223041612612995652977218856743093389550755745795174325316447106315922122933355484370210905920202696838766477179717350007625200107187082907541877921134219526817331664984719353065456017459641390717274557755243400886979094459124618578946312014641269071328736144934151522598553347982608430474750418036056725372711921558666249367358218842658950869761669222235977172337768497803786512975715660806892170998436900426555165249181891233914475847514108935645776903555604668257076624823125566626584750763547639270356739628249604210502663394916272882197959745177832760987360381402342748829528943023617608819344256301107838267946881388677698203066535818703763245591113042766636201100489999785632184546811102726762162585793986619856244183528959585723708470156714768880129694018636561730554254887024017698453588419410959510928310946211647582212422720257620730919908238092098206491652611071696852988440371419622533061449350066148088565030004969357307567709694662549158123845862442811130834148829398355403332886607911715493772091855793938201193801993205079148715455816437221079114310807865939173582379551018632529176970793955806583443675581025497911507701342848676322856264308243899613718615679275246518003636733535371907818618615407717472189437953981362160223280929868500917195805815766410938620980407664974452760213354666520832336815497135431152842284406892235058237591834387784033945895668580021510917420075849876886042914112654798761657009158686369233483444706057788832215609665730744060619820003938530743483087404244782509038876706355529912759313850387597678204548825806870546838062972791138123759086328136996157086802548995810741840532581800590249676345335783898561318789435118185792374829873322568791683814686463040289010156493162450202623605482893527532677035227732648755114662451914666578600205201311223315232792697262294767579088328573349306491536611349566899500299299767271514891190898668284021248889015417348835070730075493827907272221409248009598297153879663903131764590403562814379790917576773424461479624604061577228403977894020256151811825445516325100082071037811409613359873106600429528212110156660838430322250172810004814161387020177339282694509243295982357482112200457944740275311755192750812399036631440365144802656866296774742582743249582370887790125877376167213719497657463627485983124774034167762840795202693194268278028549855561864189826033265075078828519836968371400339196548776507976150362637440996118801563601846081966883707458071151133289379104566384871140344279919319857002676058981526146304612172089697777357994182474494151353693502010704035281950225686161116762579701895578571608118006804999702211614073695856127425868721261308273406681964158010837570766258952189600632573565965472385428937887889179012819547727525116429053580398765886362110363163152293113158858225538792773274669970951938286704851685615463310799771082605671486667070261262595404876786170905546432531810763015139868996140560795955075215417201535368870505173573526766987325951419401424687996412430504521647147138400669629170547073570788448149535397805941433140984394330670271069701432005047643860742145740876584528519331093987896013769584174704775534569611622289392172872235624497630571801366190829590568620879073056733292001646323363425035424518955299217306832265207227585496400945792910930471362972453866479078223577680900555116156292106885938068671064155654154753394345073553384256675972636424369980179267268665905403875082853669050669566271508264540225814933550446993258948609426072408420940288864495704709713047575486190067658189500526304
```

Le premier million de chiffres du nombre d'Euler (e)

```
7516047381838103718667246556592682281289844007034184208005054159691994883207680587834078061467164607825931722109991747684937807908562098574320377093040469071811883226924840864259278118918601080811986082640623932016415063957071377943826531032882639375058269494576432752316479364755072430605240123065253701984825399964546884820642983567336420201229430655485124073501878655287377115040561783303959384979234945594740824158701273276915493076712262624940870949924923295263924578501040618213385424690891575022529388912457164428446534416288531231176418536697656215775759501573799261888450077273360869972607296509257698071645030997927874362683402263409237235439425256619064171355141431806822951700044060853981592207042572737927080865371319550038902601995095750482862051193217205698076421144328677808173497949204075313889954987682896024052033695902221781337975344280849253940582445755376533801015081288213282251716600270545246951219367357920839581812718331332871730224288766433388786358366941298208274914832706007222123782757898890521349814454277975960299491793724004481873391869373193076156894273475113410013097945836131421927994321129165128447554781706172125809759860842851355095851732031076738806760490540741471772663049104779610617556257393188819651643022537626509000297087178575164450124193694216324436028670205804549300577673237967816343239913225734058646676421774098990482566129458505358049912850391328975015490380875096289482631993630878248030078870011023164472039426851334976600028469191919411191066550506379845230816784717463585446337746623424650386846678606303731418198034258762544352380459671911653079306429360164610537078477159260974764655164234859917619586072847533523111562553394472426402837362216256937628711770343781644756389505775810498247070364812276268935849253715925457741097505198630003507192635195643415618161090294914183132385727305580643173907308657048395440248706912683095593283066288817145453369892024454755520265277419626898862785329492669157909121588118159175577731217598613356713359354467495316249260915755096576911075561638936508876480911072928831559155767842839559620673127937576267067541617059307671511152742552480191516882791528803678363496223183587208392869425507131874494269104236911183788315231822712141463641038128826354316642488790391989194306895393676378436061693151578440027456372407689285971191857929391518438383077755817210994376890356503815213503343743969942089249521497711428140346886565979006749780854833828416273289877743632104743767605834448573665170354942431116585425413688089864972177515653635328181945138645992511822608863559132774919217582638521979079629769827447056675235133903446232663390789260513624461128357014307800436491447971204525740370423155714791179542902708389588101170334794926022407509538372415711072485235050362448677437565554118523839647599364809477628888011013428522095808621597248121389056036445174201966163242997902988298391237172648736325275105826667819200738799768288549464655876776673948727432140167096432889895980729680701954705701057208769053769035693556256746896007356337136215274496928199850567000787549707294898911820066077916072016508688381817977342541190471011333476740340973463598618756084889290982514207790111784859234142901535294802139931369763611470528707417656998266792437210947729961955374866121947371475949151282782484123040654616706170519403962413712260613218651207294755100068468761167247200552474121062939506067494772960392701483473159691989809217097883761241712834533311473909611332175943111724302288089948218365624970022138225265807553288718642141398833186082511225747003138436226421477659159887897136468123356140056904429907615012778573069473413620811035076254421917856056166823196964600127738123916366899929078478199221104204099558785234974982273367262328434501657343075158513182550023558444097103639905479339209149790935153071314068466
```

216 Le premier million de chiffres du nombre d'Euler (e)

```
5933328428010182677528035557573946539271543050268255813239060703473244982944822200247784246510496838391022266728272447218250315391161003912993779074882486970791377003800315495349431952889800506010069529700575632318020981339384151227834300503573910752288596963690004425214005838758012982740537366151619103843859947442487151710127559959468408977001290385163275316090658451756735885963806096373145320102460085881478304906203008563338912685888557281065511435788612493965406976949260467505170709228483795433584607080564620849842884280588385445736709745493047712334565840858348982048317994169731190366393258326827902040067265388176326312695078012755415466789919807881828219517289132190197739469174623124888538267931385337536361359394023173326363400957317540233905000488690776942137372188203723738102178522170666384097177962613392021426563172222681279930178347831621208415761372070093534800897405936688712898507549626215373240366435114350307075926039361625716089201104091094836323402012747941184886231351971804478385665131619784590819106534687626403704966245573288032044556850776176302001041735175792723860804406534190336821393976707959738296347830663032969602607706491145823349980971825773368949910604209927055877275353028372998103709363420218200849162773232347215942861925412556058396252323874234342345788961933331766425349998732922667057590089305747860128199325582156872192446150607155443664012797533754844527147052399032964951991196794083849031138070523367104375902064073122051495679898448730175005940786195490078377824617335772184503353827185816998756946022705372963738709300268186186868575792778617779106304210291680741945512152705485404967612752121899543379031451854618281309256441148279894431422190290057836971124845549215832966055197279024131875713253314594763851265449962162469126471491786092837795997969777612242944234454777773079197876023932705421238966726791596073684598455809113059787010085985683890677874911212581809426130238397493352894618121090896905375241756399909534658392012022569990830640208307033245115429837600696749517051209243808075142825361118843731891402563204464589875299773728900117242975356829930568624303398341138468547963063983659215744843619514163795323927555155657220826001417486649691558476074657142477173779765605979818043340065213269724031297329534167968780319777987699238433079391543609236761064433855721322098736677176985324329799297635979421140033061295644539178737275236533756977655469422692768754256915371014961156776497539632706985725712905645608545073926325410765489398410670935712628804347306835870739362337790744856066577185678300659072372455801353081526559599877584252702348340792871486219540255832318071229260571260391577005545225696208273699401116322209441900335820872692491220596160635544730301188218828014232187510382465613964758765525309547549503223540255851489674237250487497605564422774756678483561079371637933516020904451505116196776891926101375419880133138214434959754865960508251541714612659654209590833243614496200498092101235634118795617385783796222792746112921669992343244303417788908954780432770280328979389381283396827991528772836472657578407209123270526207431195816775142777907235431917325947206020295259956510116489392388481683924663173618736112434744983089737174702947566164932817063672799399835657447476083806731986845920081001097381880094844394427179074120175553210727810169349096487756441827544284813338752681320451202600985864294695549941841868945349862090227524663174222955698873962175502058709655172264863172643607619706612655873490178002910380880532484271688415188329158202631723238973593431765908458313291393727379991947874636529521042412261193685143258896651817585898378018050785190187514835118305557955208827953593244590752108958082045551074115326108600551725884231918706899516107788903500222304780815890966656216062528913033292551029469005324906677822620
```

Le premier million de chiffres du nombre d'Euler (e)

```
5251043359642491080878978442032454681552339917125025096554066514 60
8660851837294881947473579183112662813579667238764195929807452352 66
1556173045041819313007496659370430765193601973480774053385299599 33
4382982531155980861485381869442406640721984109756192274708559705 39
9707143884911769479924834722812270593879707577648850079354019778 37
7561247478834357480983263443952872886241319443310706914559371024 05
9247857289067314513795661801466410664477185953227387478189904079 32
7633284656629355731242657653991660487931950727916991808150976871 10
7964848315357666975040077677338254498567029843520477774197525474 66
0751529297390946614383953247942989345359442669380965863682327062 87
1278915058005888731401497241536788930425619174784605424103595505 37
1968266822880503492634721919124000464625502574447930938145528759 86
3643382468636756483994214930680915317839429562119387936295416284 47
1435077106514693206463295377833859638801052405516664527856984471 79
1873742630663530333148974772600634048887496198947186687871632698 50
5450153107407795407807463454984231596391152346135085122663599082 64
0435214707789435995005256694648637866787267852430422655991665125 68
1270364204135236021244195437361147641434453345249698306734095169 43
9083980750378865947600824008328442661125167497359119221595528610 81
5179856200394512197066534001448995884556686460062746416759969387 92
0559618044516455695890542074083139465408935568830439100996486286 76
9986967987437273468504265952339784179559229494350333594782807751 36
2856996573096566267734353907186775583799162426170125053132306313 10
9849538526117204442374437820454144219749855548986365786211851020 10
8060410914227496995767287576815549217189813163278042813431201934 93
9416092443243908459219153163151935768553022637724065369883909761 42
2102770373329885430726907389719272444279433435391202927357569261 35
8679386490111480078256733497226422229921688139337931924606947361 47
8381749116662431558271962416157495684774809563476317767940963921 64
4654193147602850469357831981817389395734103715219359942041311045 88
2626738171782688575825380178633143652070532078394191680100524477 03
0894313932290869379012281140811903114603035328539778263229178921 93
6169742610342389020717690428335964787178542018059987870743009239 58
4438493917183228818677117885970870068106184010007576794431687113 5
3261449350427611683483848193092670266303783901129079538786850222 16
0791351797432971933411259811184544282519743273380832800997656097
8960706797874995020527785649092115840395190884869230319307319369 11
3426510581760568001524094930358676859452439297456953459488156131 24
7191663525998422219077426720163853920127384123266299365863631426
5987323320481430658000758874488679113936236871203594908887587298 28
7397835122265790845944154652551416546866620307119069888023562795 49
4724963303677033545983848628223528248233116337644671493422872178 58
7050483059870233659964938669441888348834571816441898334914744560 70
2569452764207536363516799270336092783132265385472239268434979229 2
2085320945046100518480325057210917781931445726233723801843347013
6570481357326584755109756637678464625899717549858818737063364179 67
2367505588864606081319662091523521450045546373121455005649983340 3
6018779277605949653239961043861340802898994192192604670109306806 5
2620975877386822007851272835460329805457635353876679996821968013 8
3172326360175410069482992691005043476144594904324132251267931374 67
7664399416654825632390109819427170058751022264547861328093910012 74
9576361748372348532794043103188638039252686485629531294221012368 87
7610196752104027185274806563029431557627884623370024584310427493 94
3060077589413086401878594294337175766319847855740925730701674888 50
6896813336375575333595031027848724244849694802477863535478332423 30
9663328980020580464903473296249710473268299714081395857262518481 3
0929756789674226079747334452158526968419462047672619537914982157 32
3281765938448867224772687557375526249881822735685566944078585847 83
```

218   Le premier million de chiffres du nombre d'Euler (e)

```
2178465660789404490297552771911612324048623259465942382846756873831
4595822975046045649290259306909935631545355945255274841626299818006
5451032213475397742100004268705931340679370502028012838590926071521
7097021173253422233051003598107118518480548847533942986417006512569
0921863168473247543604374200038124078742618703328235200357767210429
7813661698921985861247743163632090814396473648775318836054152204035
5793130463299770896153735076096686666615519644836452757328851197796
6112692564868217734113326188744209425929530089383446726278585553744
6631432341752103397992514867370637648720090180863015036338522371261
4410524689547671974369434478895874333140003822672831800309444995682
6560688775300081656781951697156113742669043734863809113422126105473
6312517215171942247541566959048246356432613115531207708804438452834
9104648954808509052381292363589317998280181640330521068727825399535
7498479845717707684676893482898328536753144427607594151286443710580
4648533339317744983539484693913186730652288224227533509950271905083
7240564802582518185560569615255517801619321227445054888513996696221
4664298228195854265818604172732768297343416454072914496164604345890
1918243114644085381348131086109252691040939342130189853369288809527
4012496831939816353437433648711505065714946430584051066413520144747
4340706162047525491530459450756888021941377890620116384471178933099
0090747760616952590939996027069124378561218178912768432323696324558
2969327088330491243838985416814482867287657973322505446086383778477
8896620109718792472194063173540617826933385162562877245268394593717
6956539317075456649777852154339697590421053782640588313301170185782
4348231771828595731226311954451744165880579318698992930908184814988
8369133978751472665687877483501286726978182883719005251009681585724
2362945814823310549701351172737093533165299507000511034164399091289
3099655572259283143755639939224265629071840283681505483169009269326
8062271182656402914148938629675351323769690936870773617620194963808
9855851273673927436217703193578111484829154252063717307004313053423
0816331915862500618278116106325789613687293694750275654309366309779
7989481509107884809568750285535831269607795359092214711786890731231
4550361017802983452109853739886973597151592559808662355225249087908
9005115279316419848454604841795512242882063500262952182989391360176
2970202416273649981845130665775235636442497664196146192509429649557
2389216817836634170131050621715535380113140993731222504637412046801
6876316890195126149059774803563581558628989959316465262400676493889
0008184782881192645495762838468573125665946936160783967248686594031
5741375919954840850188851097616924703464323168064233065064186330427
9261557264375455593102793342845215291921120562596850376322119454385
7570069057490767817130945206160588739162843447747425242890049311164
6710384026150695347938974507963465982939644360453037022159383986105
0546178938017321104803558492050075961995981898159095551313980519076
2432772301676909449610382734081604409446131883313784079373165372757
7128392422660024852689581262476001246194498112030825845426123724235
7128827194769828252950470472632368299609952956446158573547953144269
4662096923034713054565469566108504564718519055752301130166146359040
0037454666799785434916942117182897359048883444620017393382684458883
4750695297784743932194780628897198975813080190029956776892383374444
3345414681252953679098397353245104795020928279310283463264124807999
3828305288527059844973886366045770388380621533841769421121014867047
7091789698007692174925948625147437528908990166109753988976380375263
0881133104468445842324468464815136134495541572443239497968825138334
1082592141556417159326453993856003796570111468189015316263031012255
0633957492309035653397458666711038055120049963879323546484544129593
8010117967059776131091574336812854835224671495016379980310230097664
0679042075433353046928266095083454275952499351326164501598304
```

Le premier million de chiffres du nombre d'Euler (e)

```
7893458831621754842136043478793725227309249116461715815157504853693300313639527454180063670012416358435705641691650474924465405514781474794634862834471255124069066716620659999139206265750320249068167244669998491591597324206597854057506419413911687630755867169031953238464202685295682221891136366091776366733080795837986466395221404162936466496090029052622094917471172313254398609070188273040660836341313462295826863792678913547476019750702756925628486779120177367040893987306022602688117268937124742257909399551439602853868138768805020225617856625988979914185187067503243579496979441916554287432359760911697194937935412418410164261314477541848126194471574445341647888464284061931886057220129596696243267898883454967223412479487987779001853352044603302721457735158715418410530148350784211083056188216311113128920356166317373635982261065774124151603418043265464961955615727976406745612516323179817950595675728776156255658196217573287740518113939873586982774431580087425832214372172146876112347161927180266167497029869695228913874657626270137198907875341428344817953751823923884044024658365192723828239804402135020721800590005255516781337059754869835002693485643422897663628419191721815830600126378955463969318675370873377043053336458462591729758681740885008402791888187661468174833755132915476044908054705688283966545043411430842820883054999437927809931876909012089595865518695502787560224305114208205842665620585899558753436818481171886957871690466089212566576708519252434796472107763723601889786042845651238052829029459116885068910467427786084563232088621634509107224795780678677978984062088119992633399145932244241186965777033747111012299294901429386086644176512671978617727409518621873426909422435616201023878742917350077814808676754145127574491954295667489500817842699204184209344079055421190080339297019183213110968971905933926771345606925559715526595727737602558671138466040639664536985898573274252166224672043759479953311393073922488435162757881434838735114691991099377622059671337695502464865835107297259507575034261671267417808433262254677843715965351311367489045705193320135572178036832068491244648442518603874870035433995491938632927012721329239215872461265150158513918645811805885295833849577517870850053323142568253693504212168045860350831525281288404500504994895576186883053422304802548857947138850174406687094685982189113621282795315046242362952381119496131990156799407317865048490118582428296622386343166341081450011843352125362249984026378416881332627795395963526660722381405460293017945068413570842261491780090583942432934981967894956929119483484564329091023211346900016917601748027536758205157515908169952521745556786814888644313073238744088367869911526849826137670769359161022700580120629009503227271608255997935314613893621288491016110070191642340665841004210444654219816107829111747395747062811719198869934796055419600482797768715301849552408447612247977836646987776480525080725673498478884283598893846428190944262864844348627441482028581327508732614134577946422694958228342016069292330440298902471252080194411867249685157272882485680485648072967179714804756830598406922185100244817045369752354082200933101515900296500368105304890257218052068834283631354560286443630174934711947186747108468131145964128929041735616533442366988852148858959416749276656640219349023699100561059137783786853264849195659588766082976896580945512836498980779417775298505108118882459604607912469169894294840106147303964597929352098169733063909344174126639505135264723115374700963617945682076530950577817363230362344113708304053701053606212783581734355201418978673644755818250131459428735999807760209437024935573485732098388721619160398919189249698624098993659603922380774548735558404435506647644537451370045421281182733582664889457253754258802181984433866523754964553738113687610350795675661146991400027759831990973371600299897
```

Le premier million de chiffres du nombre d'Euler (e)

```
3589373147451100422446496911296470748725176814600489812399904459258
7613164918061034183618059719313440571750725821033530595826418730957
4746046522037190259121766557434624576144349509832968867754391977388
3346191440157913577051683370399838609230250285479436093488091633430
9902406603299137591229079233084375446116947578906338341203843134660
5951928730703326620561069488360772855216477222930408465917469659380
2580628411514880947353490953697134548287899592300331433306806732000
6901401870389373991109121929757540245110973402620457903752162644890
1085321777862492453411417517856080783845330667051913472751642191277
9492423143606300899342383244372010440332440872716527437691319256740
1033434186079008386014434848871357024995598000262820571303201265970
7827212043974571306293435611181900774211143937418167637528999457490
6905276127497355111098031081314776602748331597426232776769584939960
3221996856149258696680622767839528785211520661570118637036543570790
6435349410661080210436836377509640649099707765930212269121873637460
6877795899640246914567923987878187250380245735623531863441631071700
9046345941527500034137393593179671082189920316932611586670831101420
8147797731881736602355119149268619968333587634406311911198410058330
0476618633628673093911650506589814458665976138210879025447642782310
1024942461830796378625173546628604488028367208150604280025141573290
6643640964652114057827993011369696507171369111307928022111812125690
7385278665875598075478609039431592271728625822425650007999896402570
7678445776879218280187144747504931856754439039305079672784609074
3717935687036721674890153679849258498848062954147548705137250587360
7318357002500772071956911428836672193996240273704793578058028026170
3462355205668443074769180229856894446415908706814994071312271792370
4175453026251614858078557819911616089451655947660793562563737731630
6929121136920479477131604769846425920811060400625099468070033722190
5433259487785523135422932314547209410740126792288069385849950796000
9771328199281923590393297341955201486361793529792866254762718448280
2808798424666311268745088392020700740120382675943750030434197112770
7095270281140318317783798286922920465983103322731857578202743745390
2231225466823877773061504227947863735083030968527692799083301581730
1371016737017249132769002519505484456632306952123688648225415443990
1761337397304696719687683762590574439137845715723491220296772505770
9978533834950231441164148924617273592076779468141907631795214339150
6418615792651629737608184824372053849123725483230347205971031150820
0275832705063977440305077754681662518353690152205229873660493100040
6922872062796856967404214978907052369423576266375759624455407054120
1420737122073588654622229172754651376696399078249444824144528600650
2809447620949276526249010473482877160063145864948674993916725550810
6956815663707163499126451873108591045738288921872170899175043837600
6180726370988773351826752095065286536843205608793703246682834882900
4184166984338709281446655823682829881269803513355477965397517225660
5492428258314015030599804059381824463877490788985752142059610895800
8205875907002456482232982346706773697841464290551589489492954386620
3993036000786258384968863209863868142953543999133265714475266614790
2333683829750592576742104399429310570967617734965106222269775702
7899407723684149136895900827746945360056927842656950345600024071510
0796253021921067641262880992687959453300005108326168670616243490890
0384598339574765043169076134698883409105436648769059751191054230360
5635941550552784091273605013535155234193937555013273793676823514012
3998752814365083438403628935713002782410985573565375178755667679780
2275161118621440622683712803285524068261052522980968486312994373900
0351271798379424485042117673541632130359389294377550181351970110355
6709766293572271304537718856332914853134484943397611358181487592274
8362224715070930641358105521111485253589626670957706791716663456010
7460206830842293495041220321735491721048025932859796391884242751100
```

```
2939091858565280447930658839838217040842173974295929058309750545878
5920981586238305578609740865071134477647740096287202914732845338128
0442234309049390086577241839521047786330781926575548233171143530920
6472860431102891719597292487045074509489451063308133845758711335966
3051895790224974282632993000469944539850171879887275563515655990788
6653395697940565563908719408469156127597840985669902806436349322200
2626952179557598576048867545118486926277402827667981785269325407199
7182804281082320145189609504389421899203889158997272608338292330939
3444047682516553179998234823180590783626167229883062137864210092399
6478627482226063354387285005586268941720540343808543826858008745977
6363395962020911684866129512194367072323976036435512167500628277308
7172895410929837536064234753369926006856675758336489987616970311708
4580665835238358992907068751518653092567707689662019885657712440268
1831839520295479069167231802334619838151681182251122589948355969899
3348339336902344237223364147462856597442874024055012720815891846566
5999206669519375329497819119331774590042107525534451640441997947668
7795943378585272307563974556653640605508690091728320771744647312977
6332711109593718042276446687572291184227629930275815888045087388077
3793823823227397875115816881734136947111278243774211681065326209622
1924789556107474191620724687603223167044644508717865572330152211177
7909884481657483206172012989686410297760726630586249814339018635448
1996464308052669833171379942519477893413759672805052553333895031855
1591174189137821048915092335676629521495796799540123082955017458599
1348952381916000897350392506013035201797745870041085692180479779499
1427165893742375934808495919842060319089983780395631934002622275944
3010154754342393971440977756782017325338300252700518593070871608177
6435272067223954390862287270138122474212266538796784389820125380399
9296800538117764660589858265232064962820726098487765801870653706799
5211075370052728039324658844818597033421773921910250629628699959677
5183407525629241191582072975084960252906534435742046252159180470838
9164907901273884263966669867552126468739855271989738765323671736180
7124762789579151944676627197014674830886085060376706739729245375200
0274270902979536135726224084691427022266167654324232058928860996399
2092475180808702478886507593839405676863883087537884201205054238688
2413485973505399352652866612341536646993443099143813333461949854500
9898057500068999482108971103833378125677091046443607977729164978899
5211483461177028952684610798484292765844985160298028219574808690966
3355451575577644146440551265831768508816375240149323918710860512809
1747679793839104217865028177159563868421204721789569697677840903944
0259716655477329798257775125966840549847196585932577640805983525599
4023041791737398900690728985781523789024451122653654705246689190522
4885831298743241296099638593030322477124701791655341093408159483
3929716953575098558657994736668032644592374954375184052168495736555
1621628685010695601222157599241935209961998130224476755103609930800
4308040219590889141709022668184007239990617650652969009059597089122
1820152304275132642883893590734633339552241117839267717668789426199
4876174409201873331119327176215591301299394130506788533708512585668
9345529377676287300615174991219680898292623414225125421230006432838
7462716972371982280038377665522049779284269747485043850547539791
3320085625024522942664249177130318041898132901684350762770015170744
7950088906119874802156373128347802243372923405367572264802259756777
6221521092298157526056979936424088620465475630502432232868070030644
2885624201298577816260607069396902691684408173747748166412758971199
9772094408284968657968155057624408038701786012291466024203994971500
2633569929959441821238254767318947530922451073461111053679271217777
6414084469153829789928762502541737788359765330807417551514953317455
2834211630634148723943744697398535881219659852186737298624321318999
4679376778891209677713577633245860705354198116851694033165708387266
```

222   Le premier million de chiffres du nombre d'Euler (e)

```
2193994450747815188993441183142991358538065027046696602203600456632678422279355239610998223739745038127402446316275790116711720062398425289623674293786174211296457794721604110012510693333982040077490097943790540243820182816781633463112549195152333560838848428002687102814422909310319733415295981728031313160026350585393273752460402077051034943637986882600993094075332708673761887938983057091925489055110144703104130706405910119793541080708216889320725638469223448654962942376317222804676576284037136195809805468778099276072101709742564827621375959013699438057472667285478336660856465148949448346965464815220475338693007801880334421656674577758986096540702063352017672552352430229752243901980272797121021076508188505955143715990831954433330456381165309917649786555348429819766517462217292687066271038604528250291198036138179321837152691547270697081246306889978015053990462859667589489404143458023562996953333336535975378674882301916461568191740846243943035082135089350589164014198543053983276703562339348484308690742520318590749465528225959938229178734982325999619429605351966739077305432770331731688580946121851514286175016495398292385190611521978917470620213922709732783353182839894315764425650956226336031492185559907091862021113953017881158985637104921641490650546941896135963141256579480633481827090303323250600519217219785999474366847525627729750812274469017548016820559948395913916961769178389823922729193604652749239068492221360610947446890807302820748545012179381012901910139037511821855420149426539591854172013869933164427291939530693648808539536412392936324053168065469193967580131884628755956428224849031332570041100533577614549044375080854001637112745963073522552963165097727486630930208345563658998326454498714648606171233183371795326745309876915471278176963942804869894192400727574119514430454122496971838813480727028488112026387032610267966738665828021031957282705144680879172059680343581372667724586039929250350984899325236311998383595652410977876499413333470218240396809499122669500715567777494406268749271491779042195381884362138696494819888952163700783277652137946600893037963417290111588859841532705105463336861239689747857059043559050306737546147807150578305398309450237918603061431422926937046827077307596871209108323129366874695276556169184828198998776878124137686331952734575856303092203945514795739032227507531454296230367769171409352593316103613619296722493618631450661752251517508388813754819933160705776785324350479261292019435187699102262393455879982699710052654080147840401364002211991409923539148135532398424678885784005357718170788054568159115671518154728583465407198807071365936677365111825393170674713083745790558895029118121315184078122259276138685787772805734899519370969927642103808755888281299201690358083876931845760982888183250071382179782661496375487146796939494053720408672849102099173584922303693192814358976326523214067516561681847446652749970609741665814287517092561123628024178726657176313461665690192503759872309447488754539849521623992594401895210429973074903590395070556666578744007950211487134112454913689141569375526018918883910676458211061128403656668221066803051095989843155982337469759567764808249328106036654482475776218839437341587310151426814646351693740496074350143594626549274138574318458700625691759532161759788155496265347755217459666973788005906690476409309692071207338541753823446683262066859289151914452164562221139290904774794065072005057958711092162076217204108444872908180164369973626292875510953537484939067594655377026194119641194396388075572390075088291192996063972131959290440091573763019791375042476449045732976434198155786686441869744225248106202630122592339149275139073694172535023597664822674466643619717069796078787680773953491840591158691169041784845674667310983223795051288549234449693837593668329731589695593266339346723655586281593798425477
```

Le premier million de chiffres du nombre d'Euler (e)   223

```
3220942087233540873091175773738442233402612668756244983373087309 33
4873548893589490556920900251371013811191891338005135521904803728 06
9198618114871013294616516609633596174901537783950934009297482985 96
7729772651235342430618666243003786390016571268322390188528444499 74
3370010500437467581824593812079198354330588463335349549382794116 71
5790313942545730412669004076785690514617543072328834184091510737 12
7111055193321486325840543778296921596951048907057368207307678682 43
7915579000002918263571608231865000427590256496620800368873506347 56
1174357839673701089245311742615075928604709410630682403770407522 24
3059815309465963239507664793803292885085166744271076015381392137 52
9545050204224318274610379905075544999821122458212364180179956018 73
1435659458769395539044272608283631379977081867272400722454610463 60
5587853727953746149915702135028862699309029659625778212581590845 78
3002692065778230648173718912153948151700164587907288165136523645 16
0050049259161522744943318274444136807142952201908066672124409672 14
8724542741724311942714125359006678964872385243804561786608388189 43
1003052286487517582115915094496217139912737440205412525315649155 85
9124050635720764744946225303844908065793287139515745096706045530 24
1913427508554232208894735843088330807841439049689222874648752926 90
2514648669786574219758799163454083644484946265311636255874141465 3
8086820150911331263703380400828189676345879003492586258227283899 46
0592662155898985057566871155734012865431654710326249174862050536 81
0146047466295982451165916076704149877770459031835885997172599413 78
8334641541966954085538413821835960696579722501605529877427899450 47
1426745973776691064550937477414697167738981951269528845893348630 0
2772226996691704133749786904754675724751464536554753376056521252 16
4580135634564248772265311683925772471022484674594907062702481684 22
6601479644242069347650175403734912340914215884987078604496876410 31
2519217842475038871824407590000092848668075453478422785794879630 96
3222145767226929545672092636422721951652281682574341603597039556 79
5836709326548290796227602253661681834852364438101805312231714560 10
3806299695765346084228427486570297627647152835043949842760888954 15
4270470649642399931234650193854974866908895053287181829576271738 66
3988972753991586543732011332240792745206475391405829021962874659 17
5112366694771459026469765912806094915332020961426528683742114540 99
7965721449709409391218872232770122520718945738581805731700664308 31
0379513607272829134991351520557598013909030776734670829626735428 45
5331370687764128890195195349260385506672429916287493784421171350 76
2627230465734759092997453319400562340286471264286793956464363418 641
9466752618690884534469606713355591987235498866363290079553600524 43
5481066493206058199091774796785588124760588960969607650768337172 480
5096285816771190441416134958815307156560593043309026602294119931 70
1062113304887778066333754490040057969048681122167440240379981231 43
9756065048795879089360121700093634605594214737864121311491649211 03
2604040364420563519203552147619879010833159929178814913979269368 44
6165284547731163708195414795795377726047113863879040838673411355 13
6193882016039161661684747624111213771324683776532872096296718298 83
9135142545659720343685255135197809427983619945865173266487002896 71
9422904096876792497491218111997551280264722826975458852855833727 64
8496672114305588294043320367399397618433955957388274198428293758 04
5783825702197825780414154593412940931101649512264231351267868104 92
5149377930474868547690642317222121642568721366609455886706854738 09
9542346617887404165150598130543234080025465831831091878478164291 98
7241583033071660084624635153478945835966774309561075434088524680 59
3806409539708543742240918328526819490391120576569194794589044550 36
3375478861280418261391349518648722617919372069395169502479884394 56
7644160798126059088398821753013523731724394038313020174283946211 56
3858446918423872312514581432233201516062528859703414881456623506 22
```

```
4441067889174267588421947945839527569484127927651999892738215417719
9005903233164251517326916562630253093897692495672480480186946056462
5974353604642927114841286336880336658468620790978588235829910320634
7758771844447751985283137270231414078336581841668334541461153443170
0230075897885873727900626374915202549788693056964213251463797620890
1091798526294834434868057584093206641877410395697709169292249662652
2241605928774619200463261555879243229546375666920313639896484506360
6446261539820488710863835930195119853290351908104672305863247270362
4771004805033645736898184655601756686698833398197043100195009361866
2872223010476299619864856698113856025279659687799834053258903434686
6713467697593914059104180127677735430790627338510134905275838107030
3334873852660076195114796105189398433771839186488205048126783875550
8302665323155452507011353413707178043822420448939276686204398806951
0561250664629241880531600039090579901436171848188831066440000605671
5982128139528359416160123935254511383221188662530694121455816541789
8885800734065781089269886902580100532446684798658073172159927296525
1897638837394924880176912315775826560967444896782309334143045877021
3818899088441309603691920575883864535029847562883840385313571274933
7309474724078433227991626925659615975666437149747907708144112402617
7307973962057130177139900526788933332113558545408099601152708239232
3855346358843992536436496615665255775136104300865978872234647095234
5068665266327553495702524039796322370155333634735217282957770225704
6726518504024741106843187861009859249396553978196154819033469045353
3544319051614213127619301702379476686495625006668562750639159749806
8317873465602546964479400784482751204038236176836209911322494020665
2237782988257047937107522466383440598646050385352010417384434244525
5573704766503023491098033766857054043885182401670340061286417136640
7781271027872147068635701264872338943771080608311194885194130117603
5961954250983656528665502027438579656592107282076846496077708366354
4436178916050619274264354690711229000621812736291624411045362823007
8118680590454050409790186811328974044500224959504942067410593872693
6890281934534941704057007549238429028928791505404418532693292873673
5957963833037589439595095500397139838745659115347277134329714629207
2356767599654103709680006490620614600263506871061911314124115945240
8978358396492401265625614704006011093746620784786655131782398074128
1068384133967541761866418759857983664186768616355526938798061525172
1497418279803293475969027216313459321696193179082277721163644094692
5680867571133517190826783662429099531760810946384888975273779000012
6849736544664891969146838151557132611223379226023629959776952522161
9352833580319535680942246014067953066007053637734117427843759925210
9151205151054970690809858206134376519122278403912228777018552952464
3931876292820777206794437259904209679915806011389491694067363846593
7635161855410498230792264369424687228875498180300899385037708894792
7341558752977944831902070097646678523127922653918209885335489293538
4420100135134371817316112833296458109134807103422298327473671554907
8971268291401158236541196650678822576647840827300780371414902116772
0309792381901937669717936897652456954793638385713928443664868402771
5234069107957833153803025311537000666480737395387032283298267602701
1306204050107978919607348034927892695596862394991676691941550001634
1742135898251652413055419717961772311335357174654756021289614168412
5276035905759199329551736730883371674114419948302946066608872720588
4901166967139424085802934677098009371903879242174610556386338276323
9249278273157622745654797276621888200286585048734854085655675064315
1452872153112037210647770269861326189532877059236485484555888657798
8414987221111484654645655109890998317608676358841943453888837938019
8225031890701570218288908628433391107264074537845958825159856463258
4690310463496568287474755666951856309643832786078765297914395990683
8568554145
```

Le premier million de chiffres du nombre d'Euler (e)

```
0883439396860607718516182507704977403716109501157436222796864547 61
5394566232966708126880377622020214817659783310218498238608438267 39
7711211190053109070688988436325792151767170263450642668691018560 31
6366400957620381205395812558016174036112131895356455843143930576 25
5168496730354105253981223599733680859728985270723916857127996164 08
6831241779409377760675829537639766586430229968046127173515913051 87
4095206118421217504315203952054676309548543312254197370085436319 32
6020912224903547991177494766371494141495281531362400426191583790 40
6167214137800428566708988032590204154686960590565729661075863223 53
0668843266167197776899298057258416462624013502314092439817460643 0
7780240039005446198573446240201502964790865025309344404135299257 52
6589670366512812878506546182088245479319754758314788901670642825 96
5436976324002504599360874129219660955078822467510819599769971182 70
7230688134131594733718589593695830878309599042992220479379246340 52
4177946304922230325888509431041867179690778193126914735347512596 58
7333040541123632131837064504681484453295326709442041191096062575 66
9929478187312053130502004522898032399328837730741639293952308377 44
0620758761766506707308951158645316498934656800717788155796974022 19
8106292133591777213223543815375707889073922301668983631425985380 84
3731351568506239895944267585696301496311109688146249111669411792 65
4465312913944210353818874738215744647567455255677583053139666132 39
6929461397753316186544713438433472015764495353090087198745479958 5
2848799613117759967293277346451695887064385261125091971047399406 93
0060690549601193329451952509559326783349208928737301086173293172 29
0704742668316243843802575483066303147391104031730255492766395264 23
1700153652388627358088458522328328704833868651049552513552920922 25
2111735534711799244335754946664822730708536543777820715438359946 07
5671177637801173479399296471285887943261391177604503790469658642 01
0564830048004116431047051074631978904792331632101839240523838231 12
6901356297980706233444318067197871846530305306559006754188728257 78
3684997040176681673529680329714520115076746814441410250982001453 07
4826494450025373906536508407668629116629291277016616471924487816 54
7504661362834572196408689028100733749085099417955771671306810714 08
1460343301421372670680077574205440322161250290812147951080489070 3
9484805246577557203631207809359465779678291461276242951171272845 44
1528798511970230308734973913746773086858568370793258154498569074 60
2752411678719472926193829657974219652633585037080883271927784135 71
8208618985247288695959901165942987280836434678969847979035498193 31
8520763412996742261154245278152714225769187025566616088358690113 567
5867854534276796652945056143738807578575392426636457692567468847 45
9754440587913751168611380446477768133305707488217526926061326210 0
2153790092233827087714084998629503941451969135591034410724834966 48
6694005211961032049528133186883255140558261862439037951812842112 38
3618962015323532927649796012234810695078306277669283712995020930 46
2689747400067410002123185223769847480780538810978907870635026627 903
1011397389862051757670923900141080613924762473260066999599706318 71
5971831568367659067498858739601348719409895186770743782257641452 59
2085528283730192191732315921726275601093857863379535363763865608 69
6730592706072081665487156892932319006733694357251019905170154399 4
9009806641233369326955765143025079625960592533557136175461512970 06
7429360942263134437945989134243541073667046657750183624839889220 58
7037062757333088268078393508070211418796113626373448551994652644 8
5496161392260651820968936061634442517776768719403674773811961960 21
8479142222602509529021703453705990428512893780652471726415887226 6
2201875698118609028075914035377915322115830462155493025249660378 0
9781597479899599904601380745314319732803977674753602837702878121 27
7340116195549240945814384534830476873372695822937525302113655911 71
8605295376389391934362162229162011195663982985075398684334502779 405
```

226   Le premier million de chiffres du nombre d'Euler (e)

```
4525234146334039702571643995263429332974710028666539001269429279087800062613215909267838288921428995547960227630265365564896611247271231825042583374630916232540146355665838852242839509852003499098542938821097966438949781704809323669119335584952343601402065172057458910480592182164626211635990423184268956579751586648350032498913171528265744632464756247878063597690784276950291257115060987744814440906785979212335549380459650343958627472343665590233236924598393935617861850051313850420108552570707613745401648260818588073707152448946868974652815508790194199673129680217428690310431621246806964438178445825835804728229759811627557306277179053355741504385845291222956041546703365450097422819757949075226706614118147160324227390143669287890431472465717376805676899636988871906455360997440833080242814004237133303655089903770569318413623293580579017015253811904331656314682626971995480067496016466028204206908722872221005560488783395587371561847680645687441980632135593664189900397282429328519491389436189426675159268724192973080196636883161336719422519690655727027919225168647194241861674600908090003761022179092405093414350131931532507809312710135512242272001319582737330803939261754438671696239453141997259184063639833407941019194793693176655413633063921293745688612553292595793932713831068416238641402899947842208105514196709174535448232493329036012713998788335378014288906298453064509475464269078497954115459198581607901515966248586764830434035240598661762386405954110978596109886337837142719666343129382058629388441851292610403406127594500690422407859314750694327563964099346258441446257973666507500617001706835955727607775447343087807756597568914440468560074322072536010411383616314234917147298340547269075703233000620722446483304305693729206218004695210560331527027222793407325150528980347374145862097531289431849978564652267615693237229534293618603603283077748895821650692587267840849535579735594417378809433676165039277595043500819279927141693693085508733115199239956660961943773653696045360593786128421831940340704039147717210949064154181873857737219168212107047197705629029036737618285498600655672124531981530234025914842068927426489307675412431949082037863667150242829556918131251151622554934006129411019910833596508626421503097887318354770003036467558830761952977052827413769931955037438702089461440377334941203267321727438352838842768113130371697240008458248396592385633144126811259680509373820274386838795244208952949556571305149617151492194478207945596073721257320986903720852502133844220112506860408564011006764671118653312804378534936143577534742057642987980703934043445202550502049171311994239187987514891996835533687008866641858847823112831744750853787526535249187539275098487898892523004773744104417854033397732670154126903845506075748251882684913656271400758759837033254319738693139541265759044306065179909628328813732478441132657202075089826962500564604473482418035951740577559454183744999787951397411585888021673413747471329163106776926407057467793549000925649856843337120448415769939346587693260434339172468508649592273558041159344031663805341262125457584603275793819316560952821707957783117561080345529191304522399810616320539789772325964934750222249063433362031536940333258698772171249586231618119954429500060670711546344931439506872075670234064434750922197506426823476138790640439100298313540442330803773228595026309272340910655855671574720805816316060676412032885113047619369797352057947120687279456406863125298509149418857059885564449709982821961621860583560012373626722294614082176039742850474798725154193138058256245875230385588803208100799608634954818793976381368236765970677747818457315110806691536250557169607269285554173408984539663989671302694862404063992383844593552600953529027490652877675818664573853711558728194888691801083745183120557911944625559677788917954073094175540286490693
```

Le premier million de chiffres du nombre d'Euler (e)

```
6784160108156287559829627262032704471790554646925991929361024217 09
6413967505903774858800065738964845477439851029724411461874019027 67
5384430464817433081956304893380109010296914358860367409090067197 5
2646339451587089979785464773383593126380465732599209882602986972 11
5722865557321732661411441098103841125111674891900495554231957147 90
0801849730575613178620013111112599529542303178932932023966237782 07
0532740130471804016844566107444821620550431082963362653352712238 87
4249650530319772245525621325072782724704885320384051420464594511 75
5689493676995220691944502355473383973154968021940788987613319366 36
0028154657670571828470724289182894617589386102265881119861459650 18
5728722888057955359536624043399424065958355020202318457654920461 41
1904774044716733005805929771608377660800921865483838352542427949 48
1071985061754048983068518831629368277165542374849865102675013089 51
5717719522153263155810716129377721623605558829391005842231193399 84
9142923388347459811519102232670613143865328992153958089927735992 87
7570198690408394270611237396673119810518465186661649409591417963 49
1273096886968658710498582914029387512061869080171600285784855056 29
8996598992032362816912952677044833592041896447705995357653827890 51
7176885693229609037143252204876663380093146740494339559880016943 6
5467060480223292276836456153826578182837446640522359826235157330 4
8917378998974661187980216354258912619770795799305409200858726625 37
4753354893631922275805626418644520845056414936301142643507779700 84
2907116483570185528054201347976519972920459770752204271559858745 81
4998741057897932845698276220576764598325757597801332095878173300 90
2566573439506278649322210251329957304565925241189168186364071770 3
9025289289111979385502906553692714294406652441177533868987494071 7
5973551228361566496352569836853600634436858992988775598428253999 24
3723630492271749456053114703791211657306787654539328484336376274 06
2797770462674697445954363920404153859484325384724727600910396473 99
5643712437834046715069251329355521659660721649895563958588045423 52
7603015175975930892833880699885440040879172099722680992125093331 94
8326308924884409938611550696268552262557369395347984988822491510 88
5576884112943778741827097279441790396464415074461154809507217298 98
7055665105036320835545830451632391486039097081040222868093017365 25
3570368549140951717490489293806326598341275178849895570179331492 70
0372048570671938039677438734183574451784074679694528330598964823 83
0453853859265540258447707540987595320644830908821432702343609785 33
1016832524850351050174964035696128094994423040931689908093564339 62
7127393117367457194882840571335564700008558189569532218304334917 20
1380248911061346400075993225549925478977679202745225760629728391 69
6580877559713118725555635834115842520266904419771365740799988402 10
6859793320284247445258191914057403886617664271879145762725275099 91
2294584181629314478601794527082871574500860023027001084060056896 1
5068965293122460728402727952731931792526579529941613298351867676 3
6240099570395097428269191704760818552780467056443850796072712165 5
4523405358613181672072650877755023737171821562229589652775513232 238
4197388256074778983062698474718744439818301453172911951856271573 28
3750047314190007727855946190939570126779300342157836464728696908 86
4436049741581661798767807439037887276105351525286546457403202315 39
7856706314203769524016183761449268781635954256331194806183392025 33
3762226850295951563462554645656233023587747456577222266628375262 45
8111189340290985466313338206777343038033028834473328460197337295 72
8586356567365297194638234083252065422361570066969675542511598616 04
6393499563248056189173614292103386577909954911153107982629571815 10
5283632375282589950821523932373502690950005098367118079745497522 0
0592748546988125288675431812382098700377850547803994694005204263 10
1553350691331356507252975938223352291624571733193662620693464154 61
5832617129771169949754887332548276271863571561167975422651361164 27
```

228   Le premier million de chiffres du nombre d'Euler (e)

```
7465459993685781535705073986196516522227982305755908503457926401733
5752199986020598696894792922367421287898397685416884714234825292447
7945459097802732010195756290345806782502513190720779538643845193413
0677474790508967349377079782107426450319761389116816026749063096097
9246596329668053955790516659635695124208565297316919330356009129205
2487390568872353079711734682085827441855991708259701211067927389446
6602354427153914714196061507678438565951544461429090505320074892379
7634768160379206793182494197684850231067752916784659481775237032601
2220410099899714979650195194765310329217212140773468083879255623375
3585549668147576105712732070984915868596467612295170725691280499436
7117551896152095712758177084189503297343179502654080711415389342551
6877721004542016252836482084198107257533029120010762182783896104171
0753199557480349393103162978828363E23992611038637717464665453920326
4428774773182931372734657550941441413347585811492680454900673166283
1349735880557140970128537691315941732138960114764507454236649597286
3877796221617620255329527076812829564388742299678075782246296741357
3519462820166795731124425569913664368399922072477582353726923332981
7679671678476372172831032005274600400587248567779876539083359683368
4568458636819648024153927093890003765617596545200294765719741762825
7104883820821734589279335371276500166277062694921306288442501664718
5470688093603308031529273883327260420255397125002356251134165987004
7272105261600030439615957000188630877047095594739886351175752630464
1024655336864728081751014294233780118466176396305501361377219702478
7924785904118318802640200569322139729594883634841565315007337819088
4269457681187794493269180540147076078695101640947102995040960899665
5522556663334635620807033670335690271540508037534481917546039499305
8333506046008830859645807382025769914869597752483604303245375080132
1311328345578855944774155141512079793099364382893789133900587146584
5129267783635427853644462654192351407234412987737040688200158260668
4538984950753057620213156924526864005685126992110303963218997809654
9097812889160160375271315087851081284748511432082585240249216251244
4397892397036034596790681666939076512023367928508455210891762861551
2387171109647301145925151864186635198888145375160912745928195081977
9176963383165345900287321243585356783520805016467705955437939908947
6148731318001491287773934691697035854473541755470481806981619925327
3751212057171599470666070905849364128494761900111627428813835031903
5565031401501335036568343974273245722843878804809316238047635008084
1044641298809191559944369485595681759665237562723278282115526098020
2602827541976396129716672045278568824438048019888692122138722337091
7132142176578079539135553657254018796789687927814698135216714873697
0929872168067179403741178053909875726020530481739153457512237444149
8880308044745492996134673568789314317921582748160352319127645025849
3109996765309896984112435917777233478521587931268872258132715910775
4943775123482484290345840914147684525985941312410575815245063936215
5220687843060089665103549690314187806568762232453052018840933980328
2296182870433285090083813341902725895154101206239138192930928782620
1134336235035150679112393626057127420912552823728783835487653002474
0810451228697557205179527271354462455557061411696884900371846091062
2156752191169072116714149069126536944353743442611221537739539908337
4996567372147275966237777109932903230339096165739598910869754667259
9778121663666040108051129803691507215273732228235255193559387750906
6465374304384303483816476716402182155659235482933933080183818089716
6281323894672302181809333022664455744665671161077068146823624577476
6472589572144059857881690730496894329787653952133604444653009851278
9799047984954375649919946466245079426720435413984611448553840451676
7854949551119307016022302846851237119908666592192039496275770813297
5030035882061794961125015156774659437838787509977170375030009167581
74808
```

Le premier million de chiffres du nombre d'Euler (e)

```
8231893359991642765810540660154683799497508037557285554548410039 25
8921006150959445842683628647830715412618788569252448250588444414 6
2160628257997634569588482165502831402172147056632933684453020119 73
7311962513755547731256660165978042632276636395396145745263738148 29
4498428513581185840613657638766764732383893884819994334126540579 61
2573261918020869764716428360109482574145677559985686154292465057 01
0737151636369083300480786394551458718014413067328736742675739678 55
8855336845329118325812459928964137126459108162838256553550203068 38
5576236833480238865738401152376910680704897300889287048842627737 08
9522775803951118079567580425797402618273592206599091909429612731 5
8701999148702050268274796685810448021210424257692966523940089994 06
6780772446081190927080669547584007583757730011863708156900359815 77
4020903620185775996766682521239206000839562699135750599268021238 306
9409984112938813923605302623597829938614104956916235292075642295 81
7460955928371039403983162341535968612036407737377291020332677617 59
0089756905284023748697970346667061800635977735878361640788463810 39
9926591533319093049769307395427574884134362582007091785629626442 68
4177756837110916045513925666925941279646540907718322595554534659 62
6317104664997067593706771599267559474500760858241572700544455482 40
4168332645103250580079406133120749166232283675083225524715207012 28
9011270276139440453485331245124696997769284500305946214429039479 85
6100638047120064740059767842947964377441486714293081332299928161 66
5176571105343469266578878196042007478581332713333643591820354088 85
4465434046538942383608899871703154981843469495702194411951918522 73
4945426702009564051354259285355093684025940151564953013227079519 99
7175046889134741600698107286610015523720385010064121704736278994 39
2191320105280194098135965383336748792281962735990806635721281658 40
7356606922613581048868792353047892779056321004130001411019904404 78
6161119634452299038716524967439695983300633041245461707556021472 37
2173860884772983397155463035885563548360168111321236379337419615 77
7684767167375729603937576729588216051399642136343854475044236128 52
5915847114387562014952294968797649766363257682590429256497240036 77
7957378557168398393948118717462600270313962136898981595313386338 35
4055048102056901216585716905584334026376561198879721783489463080 73
2831405335104247357181757657047164740974247745782946134755663451 75
7082188670720589545732323656830018647245923701234528164669931643 68
5232520825041025160712431693318891347124925981467925268551313444 00
6983752107887065458202632605644551212908193454790005249909708713 29
0607265885875087156959699912224156978760015848969875057988558694 82
0787196061378903634090566572175699736070879132576366162580284344 94
1197837891649980086542765098240598626939139983815743328784082729 90
7223915931458179617940523978332784295391418945662901808345738315 41
1311065311081944590999180678585186315243853853027077441311896033 06
5881028993815131793569698000813606681435581130429261080855418223 34
1000677257623034293881874018008185702269756159886368505012056310 11
7947882560280037018753256172869547635469734600338630287232769307 97
7319492254526591997713602645367676481872021058467051722954107224 66
8540497640726179258900555402829828862796760642522374981315118888 40
1059352332912202877346190184912640673855749797639947722746695300 10
6923374740103750871325058563256657349685732878174386116101850945 18
0126578798733958679188447837623797875325993655210400022676144927 42
3197392563015613476501195460195132108365606298155330497852168999 83
2083268820777079662521228945845458378644981598021307138206388269 86
1197074601360582711979282425095982964376341909204341568874486915 55
5282369085759758077646089665032999433129248453029373716365051595 0
8759525310135287917332314614053828296063770697480660469249673791 10
3421061319785612446467919570381502271420718746266224570367789515 2
2203347550426450737366296155909635042898757535410392829044356083 52
```

230   Le premier million de chiffres du nombre d'Euler (e)

```
9896323817926851084304314847501156429502912243953316430639692883934
5442083134338949931935600588844585171586656061556822383776774674
0128676004796098020265176083341662067541746217266111843675920522047
669889996944402101525899283723617476032724018245664985849087029707
2447623694617471122855115460251504521381035865640871884950370097735
9584724280982901176402551432961557809955623746211615406726247064661
9780940068852387963995683348811666905245830816017515846168165470444
51975018724685301328118907804022431247534602977233921994191914758
2388446965960388352276160398857733880540777173775702056628804570913
7749398921502991369075540184046157588747032516473994578825840367
5128550319365731378036711489373388926172315287143646210835152017508
3684397288028881605079186534260101338032226849510274057742943761606
46348450169266043555732334895304216873333358419010756251190780481
4225463739246011331477325476671586861663686104822334812784148352125
298401977637788950503596042640147339223815238663285376189825067096
65681891643992188647986846922928950257934327631257533947205744048
531068023057766616806525722558232887231908771715074842540445550909
495998989467804939982893426875775537743761951497483807873113249775
129951688473698679357793878424891680638963577258087454147344067266
3683646065584574348017686942339253988972086803238578661621566040530
0526766656267406148091461211917453662454899890440248991874796730467
639347533514957818559212674743232782573908932412954534468337743339
4229262798058253669943748364612906871640006265354333764101185716
4265193951478139213149034420676629733034896463087144599252455484169
6165732517097112697900245143075480803487725158209367928909793472938
5206921086267485892867793868835230572809807038405462074724446745
25424114848789039485433937430431832132891035659425925091141025753460
024080011805276648833196304272588405077278089514125973487139457558
70238140026944602971270387413684065221660371734455701657082316422
4592853407024311507737702590529336104921837805100784294311573193947
8421386620280473110497952913273741111581116985663997316181099558
546535055707891062712313002185664069015016596658285899401841050200
6224980417064127081241865800963613890181066584929122568104215584396
69510404529617028195509497641458612246607140156425446066590844444
27853229725160883265254969518547167716124505972507334083379923833706
132989260095719060118623928761173754300223104346323848874217782896
4863055865762179764099844435418886083675346008995892821916157764268
17576757094085070010578439858124453603986931986936724511905711058819885
337107006197513527779966352184807819733342505626738905959614393126
04488549563398997928582031987802654719219612035576503191419587813
512444895710895063410335491367239235833832641094824333714456935960468
076615081591256300741209891252432128256006998028963421630064286700
253885538632944039500221159850168509987088390470728064925985916551581
9221557364875680568470629725451655476321984251438227529648441930
450466729357770971035835342824187145143181981331963013799098736563
064013770431456850616911919081958078945846851450906938722391510270
5008719784883365901589349135528707678190449438434426164602824050610
8158043574470162114234348737970321293037455881892500549701821292267191350184
0233267280057461449021732130849307463346166004209604866543313618668
70902596923703123108431783892407797029489717184417460197280286918
68013788869202556903365947109614607929822019996736565711605292414
7559983990008495827674634063994780704446148751386470717747546929701
453026508169421321770012484460798496122180835913192817647187708083
30007208259969419884013751984548250576286616786036933664779844057
164933304061101002519232787059569281817005718657764353325790535937
15201223391172865190592776807157204632710758188234865541218937284266
48383983896854853225872690196375114473832865301820853356084975120554
657252751988782908959271858410336876188
```

```
1826377660417865833415626235499459668815073326861687032678368566645
9788051007551578725954746461915975387591197844562014856700023055665
6272145788936047543566164198505141240414467092775514672247637208333
5001001287921777694554526529041629925672631278713657967963785476677
2857533822609115672941243717619320594175780451632606406412259335666
8353232418157889843662413716524990284875273817365022425732528758114
6990659848787700214911913469575713037006455467239166233337924959011
5523428730493885560475779978014849655421130098452781948264204832388
9346212318559924415551870422726376619851292635216872896730068132566
4913591548549447445748828536296594648735542769433237370894518521110
6324056337380626123068276054131650985230712470230645646646397617444
6982446057644246558526404731546930112863651718746478265604755606022
8609952243485243100740027153304652983365633287720947463166992900988
6430525985265718163361251616048269879114087714489674874209263398255
4673440649415113301372205663506750160089010633053353107952417685122
4987135073881419880754609150446632711634748621659880641983614668355
2080155432242818454255630544820814418501850515118281140588645450199
3033560185975840974845301301361997409399404736203977836544815589588
4539054317765175696036563178339067619297769546429329144000748016622
8607244270040511583451099361199459041157718767398388635625967995499
2217698366741703529774861068416342889607650190384479287177233945255
6684402921332597447612692603806882912678682769184110091277725787733
6869484043409914449807880632727674243235875207077392227612777091333
8736590788606868070073029165138728069008897063980606421594946781377
3150517789861322194804405352831845067818866675581561086072076969
2033894498215182650704326560112304575225201936914470823078728895099
8774671722998948415046621116128826949550582889080779995646818272499
8986852917056431149858925445643521957119225283708440003941774612677
1309988940485821899833614806314160826189892360939421506116289007033
7207985191830240282527872934800077237743114511413155366144698791866
5912154635476962319317049717889807947557313145731145561560423452933
4039388305233521641817724360153973903837672111543738918610668165411
1053063215544996128386294988647881554449184387902692398704698824455
6077522497376639716130689820541426830595754248581585662925674599233
0601791181268519727851801350869840426158811452029178344162483127344
3984295594140485972087102719139488578677982793039502568293496541944
4874154312625064757256755395444622399240930196413695360804089123477
9492070882612172386110934885750954199776275178832632558052861291766
2487069219400317037693245753426015212224686573424003235018587513655
6470431070686928090270048117247387508866547754734492492060830151459
9961006921262949682214082425108485607412055051642168951261267122000
2928704865597161456514097370489642942663900091904881729209633501877
4109719275528061325091099941755268058258912474554801674137502019733
1235102941204432284132431373708590303932248377074762949816458344566
9065481543719318896278382402854796676226487427164804758982419112666
4645682029634398630119098547871705465706039367381780110934580182955
7324532173064788029964239245875543137208773461820945716290153891400
3745315087990511881559288630012602067592425102814214593581501503211
8135651335381730366850639733879883475556610196723943989221474340733
8324960050258441819841373648521096018163772681516148725654687116755
2212559581933695768774831966121050829947896293997841471138339552433
5431943862040522060019405202905586585468038940068750187462108220333
9938947210853222717208704606682410321666412047983152537188146836288
1482413843281940000426171744048362143961482729279804984806382382666
8498542476825673426303916546364888545722592419439051425882285053555
0378956406557141805985695085992977911707931763466822528513516097222
9731593065016247141746916795550594400945175061359209146158278176955
8697277817056991809158232468137385296645334711177150318474132702822
```

232 Le premier million de chiffres du nombre d'Euler (e)

```
8790137374106635318543021143007529615020096456350427465088200326666
7403535162096089675817970270624398587235154295705971252225935302186
8484794780499625815960094623861830632573326188797955484615044290222
2939012227072769578347286647159143081707457569364071656760838943166
4405325119975790725198188773585216975659409237065171486448978822555
8400915299230046938318941742423704948927874362457257773590817978921
3141106721456674212915050131582572935920148559880629986908321167033
8163153442057695869958765961352690950803676011584594799751685805866
6404842645035131418490152728532012247313050776556760138300007191383
0031350990474148899486351573494331830550866255223978011613942851855
5599973539467716102443806616639274235948437960917319092387672653177
2811781739987590850843054462467913964937033848330857148960170509877
7689040577903399140099748092666090218481872195595466670906844977695
3977373669859302726367724916199084661093161686892165998979608018233
9281819033500819234837919153686344185165673613276709515749338332466
4700339649148331954829720365098900007568346789086430251324616360133
9586216703557346728173712155222291231157133850231575672809466401788
5636641315740988463864717701707160752023013330673069765826236193411
4140969125773651554265300764335025271709354342334843338315450448055
8182569782930532116335449960993878347644865817853146204310863219277
3785459078852171315189218628599352608185579922850849173307465294611
9952121094618482749572192868704180337542716078492545382804433009666
4190584811939563747255034053860821441992543659479579925482614608122
2194737568284979821983092103026267066595924560602673221118528407733
2438675204983229548741315881591569658502654852270103856901006347077
0180706404977329962101746649627646608741841834628579147765608760907
7353878442103460476473355336456523505825070717178815740080567674777
8743824691560222661300401866079348118064366327498037558521590799411
6423539506870551266876177822077300042934995321547500255060327669444
8967080168847759332587113968374075874744633945643573639672284501400
6794942881346041203431496649632364795125052723067447956372536377255
1731193717566896815700767121361707442562901288320809648352627751311
7521207334516199628235678439143316495309219541687058318203064816866
4708919901160060927811454940053676447453267345980236358444090052999
5177403798709816181987979035321294622481273067513461221083187862055
6245050769568907483230164060219207672075950334684737738189393709888
1576843558892283686115991914342996337650798074102436766260012055255
4539466449200757776212335647608212140216391956656523059783964088888
9601620333069148175056014003940137794893211553739821327807709482099
4094046345283420750856457764606822336898831615733891281562296484666
0090367599249620805250538649508567295621644229751890214624710717588
2529582809177695574234117881503280767287295973651815375303835228455
0017261861504939769834643386233726234616975007137804867515882920033
3685119170457172066239149156580933468558590335622883580680294988655
0055739249763879752206989804810419879470107722916300366655468716770
5776063620323914653140602962699059976475479032499814617630633498755
1195485485237735012740334959111968491610016669798227723037738266777
4571579935116566702873961498779193119072590184112530937680961011666
3764710423444509921654276824561705480121033805602595856979410868777
9260224212737510597373554214244423842938068238248780996035254880744
0991061791187364732068205510722734085162816084937993162628178341966
4438338493217239769934019657823227055931925488358374613582652406644
4334721400892976352511270469501431520150184211273799449507324977466
3960430061728687848096229234963083424484474241387034037024642380499
4376048963882189145696084851866156215542834010170730866944262863499
8193757596219527458916115741523461974019283126254163954886504746477
2231770106464023908143215730940291126195201980864985341100034473911
4988108169497116634933273354575671137454330131802306582537176806688
```

Le premier million de chiffres du nombre d'Euler (e)

```
7685941442419283887004136008656740070022588358240448524414537725488
3251736058702430988823894342963856281733371586065570124403021254786503092904889470869602028117487869128326129795910526179383426877702717116596633434257776923649044586438665596517875363641893090463021762560895094299805373870964085611651296434169306381056765350419150228679239430127486173023392662672058587189072828722575148794490344362093718827961914487986296392466499316036747948404204709705563236265404509906581343720776810881928500290774890170977131180113582852796760515282934130548107600648131889918575347912227708308839719896207659839424492356725572156967659364859183771804932032643851303496269911156299043357922597793384765673410019706889769028490331637397764410846326880857978633829139379802192985326617881566910284875986153870956633191316430035706635787335255101168202150877941826328424595817464339249172526351404552938584958959905296673068388762740641260784029344888550584984250333338180428876148988634756013564194926932114818207037832350678439611770618137782615747347949013834244271958772620787022689745909515075886134355506226402178562201418891718571291779102326360225699433882200278056255699691441689141347574496445095315010532135483728268130809843979729229696712842924135741978391975383214998360968371672187679718191610503911999194106958477365484596255737902878058984926543035885975225264088174725798603750875632386201700206825618983936797369554968146730022191169185917945745535749811695801476809892811002927138850329423587114604113895024367237947892905029782358879352691001767194108085409754549956949239471231001512675907813051303502648855303605523951344388758632094383365366893599343794626225647469231893375277947737022220697988362436953491278021080912908324069974019029079445954048402626135880543822946656377548450534114231744385945800450357306091219372802319955823556318229576294498379499103749459103059843070859094164599178141206377409715583132194492202864143169117953796375245915706835417503994140708444810682785297336063706406060817810766841108404292937297121971155739343466724494391808372364392843846011362742815293599902858756351685350137167697318220844012959062489669180563932643584934110152309969298382868322578851927334557982309642063964268767891327770705359811116339134269883600825531590584003524440103980115571001830703603813665028322531628042977913373771668051123272735606322737688160934074625110236666380906481977173244710100332263690715219500755660241726049125568116964129334785946343460602989798538524619225223224088845646399637310149689568485748519155757122149965869635877480761466482143702242268674815609673888299117799818274466590353929591619768198297941676416818659576974655757976660917737301963248283476265450206812689974187948713445713015907239959462197365454039660881275214887001038816365266670576521907766524670386741732163987021494259922461603998367391443650159853437108720530747614138283974862989080859152864836087569795859451990902770034168051034097141064837814477272114061059746751940532166758885796246763695127375933964028389250865467507228328729652977460894536671159568197946237766692527819240889065432891699525665235422489860982960209564595231219242128551877090338365128921394835093014417770137310253823050846671787691411179669463583236194240307489046846638042203007974498497812920051039445371826451445638241629257329113746029323186975438184809439343871336803771794032200600910529832206982619011187562551317419341260455512898346623803030251009827399878377449645964800120624286728882658275489684521235519314581099186202130487926014712226720886339289299552179486261763094253860142466837588655790834284173785524650200154971325345109718590045438535747763863444017970073446085759345593602945401970293033427168156255200493514174019119209067207996182767479316114515657381132794414182856010041327047440441089229284988
```

234 Le premier million de chiffres du nombre d'Euler (e)

```
04048115108791768657251123282775822384334618142427977156591708391078439993568548477868231751042255466757328090372353090310980649333498991225466978177120800423909995244223541228990883956694011602579407114947416030046042406180276062155407590644103233062407438040205114350830631560485817906365026228319854722236495753751837092216547179611612378472071716863100418684974111039298013471529116748234755624320270429924649564606457847193241585055483972801873959242218476810938379580691573398563125684661074590289857986178043508174821731285796614753268857701236451621683593122739361790363404839580392427201429099356632739505921462378614798015574136580077021070373849114960849125032122256238133580124518605340261248308576006193338749477358889479131214706812161692547841791927819216919309412861549144820914053297743385231763196306326011327631251705589C054752914513012703836205811453489509799410455758790225660475475994473296503122302413515822863282082347630091544167608658778361399816750941121093054484857134566998492706311454371908795226464154868753291960885360864361677881070008593775838644872872283993852146196287468486559377330226312697297847567093860744889848069517618263953863985746611922321423088705378093162367576849219747057584318838389645166372656019018685950316229830773811601995727825410279688210051956974641088266543704055642211468324917389448982978100171163625706335573208127740691937800568120065501992778791693798292373948844353157571721147651242805570239334875825453253691303014801079015923048442855158511431050473945486442373650249426681588822534335034516425307656069985117857121591993260596764305040496108938024989389863558227152380752282650088996266219208245602153848305189440386095369956907034492982539203175396918301803239455658636920628304376175899525674776807934466829564549035910476330469622320344007858486751867501178731744333239628803368048060658874173221417535892654853196176431E51650324097130721929180901843845770487751975224974543058203894200278695658873188470369226464510480402738068807623623957399795218361229558978634307452322924823970530598152762229593978152172226196155713795508835101227429567711276655694853362971684356863857712885006119962436756548514247266383465829029721142044589388949915671746747278574984997761356485694724001631533606601851571193459252184264913059362529043607487849889576284580084051397639666749057987271185606595463638386750137479494674962144242738962511923533551583209479462386638900319601097823740629772620098075933287567619245655546525653186526489533931173751045331792788833161674999938629270104121695942890271545866957311462242202438304072029360189072988381937908074236895594594995341631100373057339572855338428335677893283059445702779398525924272928696909512234802958734297137794979231253020797302388870662672012283837847776138775503096762917542526392492137971746444C413176491638739518565708133404128557303243920936734486986128184867334977147113761761248900941151529886702241446054472476315486103137132080421633814468499989361811394694194070806546617882636981134189339653827703126613153287635635615952451683566067085238857646815797690679041388816868638488797141234143654037329914083431624240813398062287727069921993006982279662834430527654985862447678953795170707426457069104906185129969350070566570299300028796568156787203139920027438737776251562142808733681369046190063052622069125349977926883824280184521573654909144998626300918928189606442804604825394979584796653577885091538233191714465169453038043613755240030702052020491540697055042277533395871631223307592944967119340425369092438789552297349121769549958206421055092917873239383125283315363576017533059960745603361747441108199905365052867334904765878651879746173211916192387793417749410505844122257690840652672288136848356831315887759817143495123
```

Le premier million de chiffres du nombre d'Euler (e)

```
3269728475940799334243724818382123329875313306896209292238865362389487978481949812166401128982134889873161492476566982785117921291418591862416793095162516610911606320130184709735850715651829901163271270079047588457452758867083007315370512693663993976983092620899454951610574079703158234592138700445726633926090930127340271833922233677595471282057624920660005594401538905555848606872085036141362206092408584291784670920680124630427698962510845835797503016909802462929911651194043725755633429278451150534477515077612210325884806355963361724865759420540511537959620824543719400137376231287392289077781445858478585125133844719972684348533489800077772951541162821132021192982712815368738248266758200660189591636561998675895585961380575561990651349766535676287765312424378065323874142834609704366582014939893253542641912715257709076615086886121981754600255381725960767641337283821986860896554605948898514694333116612034830434788664371755358505474524333917879171388575755112006995041406954739295220842472132261717097177484949681607069729049874762055156266222030116937458405084968932393994149978900666068147859380566429340490971138506265386861255922981150058500456571793262108549187123212991808009586094835358118228211159301223508468134377011502218635400295193238686002780862574280958163595731183375197119515129382586389518634391782182319516605640251057448704704118802522015375767658814169422584439685461943555882029308149429375642420289251037031645487120431804047745124394894266243454421486835369964448149968098518586962832262788463638932233626684516841875524851697516411124867902907629015643913698618189930946692519114821632681641690403439221316602681970091503007328468368518106638506021763520946839538802324055556686891034818950103979347975887972040804963679277378123593433656602387237144540290161486774588910442595460953831573341820754628916073910204249695124142100899844074888345480600725745732951779078366485061849424534455415742428519306875384599477181268097527062854761976253391146155510748852437907927092164189748887330685381603103859401172819615154381645326762274892215312372377599103768543764138809272617313114380495183696943836124390827251892053332706914549629146741504631371408532906962920732700140891976859804004952737036280258392201108550450679706736188684065642675190621359721663810942441948019894213818696594411502048813530394224313990265037450305180770313784948326430429872949020572713751082594707377632691879057294454104220472557264436264499549626404315080405242481119683241847375772737853196943611962341670208315996747334729627149442360244161425260633246537649744522776602798866553294543827146341093742706917309022203470287347152006746167628631299553037650351968061839778308567603651355437476156353515672815195543064716874273536240927141207680958300438216972372503797393115827392623837231409257903810734555218136633139929338074753627109181585742228122633027710669333698146976943507917792860108954683185184045169088620708974082254341174741637568706798116601719876203721377391586783977937805165886704774568698649593557983082686702756109490461625352354716746200347492414682925744617020150726646674423637002853064503187545520286668574305406368885856218564575098257923943215954425841538771373949957486995727987249680606690590031575008364407701057656816208601498229677132503924819178778836920486859202811008469260451548445014368818317387483008785002286960579496649631045312972582205482035394023797305194683284367134298390515355721721822906331436076574002213353653894666595152390546586171315171006003415404229872938262107811964763877292276607559585747881880153460759205277796195846946165618493630038154498567529428710960157847838875751472161498699287532627615326714119412004968322628353133148847386774555133042483237692176009352837332434475254959167468929411710667266122423787459706281714398209097411119633272
```

Le premier million de chiffres du nombre d'Euler (e)

```
5548171675507739098313004226476602219941567986363173924511607774586
4494019439241703867715974125047723048823870061020591184329559037092
2923194821632441945665880497356344054987767752269801121011047785686
8832295153419807736348729534100760110700782258122140211575267218651
3469996067880269508079619708118793308986946115301354038240322037543
4564502725752088296048495916392890583668874445581701501171869835719
2351699789369738793012703053141704347064124140316267882058789026746
1443934640752151826904951552232880202776993632390204852176560979202
4475383667584372588303051811631776367074984315291679917508163511676
5609836158792441836973808925225034843195558717191898179107811199567
4105676886289695599982084015747830050115026562148714075260771836030
8638392095023227861195632075117285841142893309983701139743141170940
5340742590520405775381447017024744008406081674855422961146113659451
7927983932025668555080041171808956784750620135345905880641726411930
5592613927524823225529994879824085546392841340745576828871446927039
9706035314935203329303061147367951036632847588470032364950450136981
3332406476623561223848008241259914161913267644657274178591015686730
8800991145513627125475389966805489591108155320127578346540559612129
2164965927730802553308966586143214852056257332736204478174654675999
1496478095731040279011459411128658433493998841432447184389827199219
6588318101398746131235741863189824015542231640296288421041812504982
3922999806029807362490267551297481669425188045129629320378493104070
1249336752076349606398776462054943410121352451118390146507690718403
1369019034487617808494355272276745803981561550541012074063146203293
8379723493708263935919567360628049064532865495177184443738852761042
6626174113313374928490114146940037982486092417383002756911607332740
7539735392346923029165236038931442683176089268166251208351333299030
7303853134449758413567369056169956472244271734838991888148161992028
1605778739498648486376821991870307290522093952009057842093504831125
7939301156188371238700614229206666937311207904528023665638223820530
9904553875257672978737722796316585380176072868612882935422787626933
0621537691194431142618815808457676454366483304416065580576720812036
9985173044351383669101324441233030309063368081500737932885929437288
2847071818205251562687774999256309383263268454319492662276465312810
1456773637953866551540154574512611745677813004068121723816647258787
7156247319182394581040332903354542843233151663039171852992704089581
0576296491309762516282927593198955772994140048666974716114570683592
2651588488738522529543534982404602296447319139555757965519980682501
4730395295410563681455155325418647573880887085867617483386532226711
0814038117480668618999079125692794945371260944159699638319141571744
2959835501836111933298172007742093457565698462576238856788384555204
2125963630494657683952505598713807123609215962341413459483416527512
6354624569059480814251999492988089423039222399126410355234448651386
6663871909139325335030355762691334253165544575885640397853607338043
3532021307190440238311317487483088387127429248776030313111781802653
4663745696251353644260556236252454314557433190273441142242262224714
7373038585616687681270077829395011734302968117292791597669316273388
5198391611978596441573614502888745818640186789913516240989676916201
5589775515510466035054005043311355554697643401886468172209711364886
1008826568993505810113788372514953401698063082259300250788387877423
3480255911271729339588404910509472363999104890420194322649705515915
7897694568926999833542204081880961572788415112934157117161821235516
1573390181202110758650513038252445451382080556686213058564126307089
1836357242039311442174063460496547692475266380878754609006735546944
2537159635298181436659640513947331869578227769988201739609239317257
5422448938638482575483075389982839851420646489799013704819448312839
0775526760909265675915164086392565264571747545249933518001198682339
3873470
```

Le premier million de chiffres du nombre d'Euler (e)

```
4255155674802241301144432589700016359987646248933500615988011761499828204349029926237090049855047963059654013480651584119216853613436899506965320500776199613585763977389961473576668689324041642444605238504159197968643989390447417728761124838399524135076345959914652615176948612079040970601417358210047707153632611207149040307518842245590417480087798063150541912653178493011765074644547464601323238535147982545910411781861799092689504739624236861891248032206378648847287476474308740582922528598586095842030558038955293849202176792165840337620541013077131208888391141118476686526515362585682374539584369881484702523888786338223762034542419776029632485432605117196571759308544601406922811639539715224515230914503517038545732680700776746248007356045358516728775777136952062170667939013106363556729693816201569439169757803881698062917791333490853398469011782668440411715725808645852683021541467092576348547217307450784393372422721075461124791276755260042314608108454669012467318974266682883384107463949879408267879053224219320763969860803168469657203234664769681618389458900625018703903210863617271650291682491849394837971327708216269368432659158172194849624717208059920524730369343778405937217659683044284047112717069116796200157266733323055518271614145586933255642039085139623586466745500283772812939269313517507715122105624195645843817829960076123768115544568443099673190475206053851852508406734966681014677982861920944812477815929351961675879418881676134669554746921973834950776831961341174784369720483545758020723391488429506831936109121333109623452950165257417751968514957534252221477488801383179134075219219153546733274377321599585800680774376946693876374017490388139588495071578168356593665773409282873659292684059565773593969559564324840830141417643562156351713272969021941705501953854019863003124558029390683574483083665521868051298426799180124795348816147513050553795714622450161127719227178503375082693184202183682697135935866375248927660921702088783405095052340366963417593351431666419747583654185543770540360605014946931557976013330236125582800234686286810909447612710824377403189725085573521873532863713590032690315493223747341054169060510331773378080475225461756168775403325797133186048992819486692348560087171829450762982139517712460495233289519146547315336927237012778605111512791568977225414033256943749597423280708541819544436554098278464869863403612811661851525487896788335879586741185376295269092807967081599515745780064866314758096295288279391238423148262228862955057236247639254257738907713141015577327479716692309579857465022646596068402906340448253080574653373446226318340953028406341459534757871304229265005374762340595526536678608413622034194676794505551808017353913807247881426197534710516287495730648999342911189385767769458714219884570833402593287838442686244626148415498583789353305439850258961838301718939682204756718810284200276489507729125433893413858710151509522997889992147916825115199173032602561429417235990664745983705184633694934020251332508647137435108359045066673049620811786540277788454240789445421976627058717545627107894900377454143877021638182409141360803856740654712247731257907670172119262200719355309271046628176651919419667015710741611006388837924704911313757947110098388504441902845086610373895343146236582000800090951697814980871372516987172530559911021940218789065982580178957012932310058451513332847609948019429396839837138414501213541191495817333779590703118419702285867867287250111946109697171583186369288489733759423387680011184535385033325668875268110719922082100437068243639296651094916248763324862209000188227289792643821733365344260307543354083573716861202017301418749013643135870937094488238750191095898867162770022165210803966305583905315928400707161495489940286252144669983808965418826668699426126802960550669823670954364782553976105434692552287346251973791740717
```

238   Le premier million de chiffres du nombre d'Euler (e)

```
6257765732258951781824784035311524119495418173305024995968092356562044078627742864860775832249506737829317570217466595870816475300388349490932761397176522336183675446249007232072002472480821452496932436316026087931707348382878225746143089733119625673877718123470160223875341799508844951211868613148953970857161488195017075081429968861021965601742034423179051590697962375790825167849775471954236337345462292089244165590900982080678798697999604829396256436047135935726822481728728175647282103640977244008547033540185832464684775618191013990880562394588729061872540302052816698209601239814466307311286808930515373868479516817253033008910205548136519774881988930469780072526153797278937927895175470055491691510337562987525257089847451431799925656289862333390965575473223722638666123160089068175418501406317491696476144636162483644003643352216001020483460426193838434488977340353795082273505693850111489290948255519068245563867790484439614416831992072791798308846128031637855362872438730464692281394346610887290173067464522286103831637100545005162733739115352590325384754849676281180313064947743458991663338086126541059359806376791624641770040607335647995360237722567898275516087839857485036072394963952251914726868753398548758350769469435903220204255211844596547117527373962822316955119440391130615468501213636634377852882744589748439486895333568018691061492012683592890141465275345658279207935412374626998052389473564143394478310901383187986891016911844556984640991940236030609333460715610451268304688396729123870193677538459672862455944671834879800402754844669515073268114901463238174355551476981272386729319292521157256255081736983073806929684990573722045467294744019331669693242227839313033212974052234981822904776683259053326177979847005309383339640716766055592526666121945069055405589473117501187646359168416569127610180260582437050537711229069875498063016500195920209412446249122750878476631174172827632657104662486615419152725868365993956020719327019402383395022953547149886533676755275058529683040593900458235218598964168892599947016370344169019059097578175434145148233105258728984228171298296691459816206649823280817649470404716056470911000896742007928642620339114843569141189605739538762922181372700004271268907378334920746335048927999786255381469213157670360000350355867552100835584252616830787202909864439608371045718530227243034004061367605261099804480257219052043529014004313560471275566274455608166676590767902970968602684453976700819100727883223140147919454128795130305893492191090160514122061318567996703653929481480394275785689274083951443271800742088042892376008891558783212054149754828171176062298956200310075036666203326546472050324096792168099233673254569848750454713141426713099412206703712398216743903249345204287076368934937361387059856930762580629021087314883578668362514295106790894635867535864615637779002912199429377212564666420181079762981327731880425258317683992463701074838948816136987054201351224379578510267033019348374800102213226680058640865799662863908172797076170056551540108020659765037060765562124244576928117351664504675388810886981663430943732808905442521987184790567854820253076310804052724012928247779102700521613529534761216515683659221234690364540506162086735015756604878376119639008332228421592390032319844062346288794539325162165787245791173250578620795440449070290786987271179759644321240649000572679397585841394540287186008451611239625741202701850779523206210693577081381438367883465260031977420785663441580171924016391138691702037695125192366218832179200047799113493989591983889957325213707393708425999998900915371510869016382596422575850588901485709119865683774518805481206237319949994873057669900107494951106074231041457878010663018129522177764284282159566064997788059229292063551433536577249807736514066816
```

Le premier million de chiffres du nombre d'Euler (e)   239

```
8782040372792326470629597238057429359613383324798500333217680214800
7531409410720904709707648242870589157368915460548952772472741436790
7455831264470034812024294379639011919393296038172507786461053124190
9901768953156942961472015142542977794229299842523067500577669422340
8213785720602400198910705040633616868970785400096191819933210783870
3177845796708275971001418910149281967792608322503180738357111918440
5306308165184051431347688076743578590147970134592795272865605086300
8550477630222102744595872686257903204896955635305973161998308042870
6180622364525402124079727416190080804285856300773268273375434409780
4454044479412467876194376363102281612510115460412101119367898392600
9544224921516254233697970203333307115113359586597853082589882571610
9242360361578455869991835637476586831601182601686256372472271120770
3710002445971910704260563581941389630522810436787276215794820414460
0764396969170639355955119449687421158766527641058079374719511998500
9332847125290793081258799020053235548695251542871771802686813210970
6518703741080980918691606549520327855234398205502548275661290746500
9929087707635326491496363073096734632618111495688357029866073979260
9807964927474044118684110636424514433264299525370557338297806779630
9877555766630722625618715460102664243588375861374833049742382846580
5794989749995557005029895070697632374489605961177456677593294653180
1277874289986624847706113166259182984834922230364534337557768884930
7191027524512643470208250333454103048442995871389896118108936180750
9462278695793635381129909220184150156890551068209918466509507510830
4474167237688962529559993847669438573631445944689857273052719430710
1549298144380927151334931814369245616035876393814793852533048325070
6803784992830560737776470271119694036185032710367898021335960496970
4244092403153138238936172327528639209072493784319094817561644334120
5948365928730600921448438236652140367295907135006913915090965142290
8049514244550416256284617328707524692597054826638595267273908673510
4729737155312583793402818951623940739712130643589090892371191488860
2697849569851665257814936095866748486358115803516453930884833227450
4904242897157175528407338184400320412350273689115096815877871304670
5833419252692432609731364082081208035929936936590681393230865491620
1669415353074061594098323809567890589522514065453166756953963922900
6213412283835324384196666998005534631652739210989145668809010297950
8310292531382529016768135368727790739453420504686913626008276744420
6281090677917754965337599126380710330473446824867766793309349916460
1078555699646881723243125617289954890871804574115000930955804064930
2895599728336476134630178649059493736584576441677828534648766761280
0349752781125887435419906321773633160481950677678149724130542347720
3319730141149437631047902578093092370486432180864930081223499423050
3309549877208853261080677038170056479367580428223925918838669759880
6137231575454609295330824399821862853047502994925187880245257609500
9595630706209220635318875297964052101728431635124968531423103965740
5394752838488490291064856799853660079655511000008595070467672903880
4213896023258352978398050825290657222477821232198366082140209697520
1253502742872449639079628893487221893994621382297494630394948247370
2261150744344151010665788401431848628478522625546557999249784872400
5451132215156295580019267259981491347549102610265007594731346288230
4707416106637290676085067716137935472892582189758979481803498385370
3479105945058148536541362133976053839530365636777795988254863078062
2483734594472753001284426362474145654861047095792881760809909148250
2168017165005943306954890311822489357173610936476370605538657631820
4649042609585654848997777119726277628918109858604448983312828789820
3489666141400637318213332676074597810172980312230954376319356969500
1589745807383273468232086169320616728320004541106850381464938756340
5681127361501364567777396243244628005367414404728365017246186550380
8522076615880711317187896413137982304912371000144208449366046842770
```

```
6544072627424042157729187887807854766021697103976774232965847319808
1469819422719267727066376616046511729864448006906069884089046063170
6013923919905820431298638091682006889532798781712081552373182985
8311477252224164582158832517305220437099028847146939147200224571397
5724931706405455025564783150453169045534419000140912145461374886355
4971259634309910675189412795979953549149370964260944857195705082
6301127478937357819687754879568145554782622366331034547095173171323
5389493557651129249971426320307434428418787204357062252228641841405
4887855353034685693404420367738834411866085455121264942701671136883
0787124523996488405752803225350917942578835524639090844780509388
5128906172361078140413507718263485798452365212959818210278109706111
1192608487459031311447744190201202358029167301739932832397826515
2376601255545433729616300951833526746486024581857953686631550653530
1791557059345936042504580290200525514978558948929038283853703544
2234280484726280363392719753872414672387755736189379643308827320596
1346302503197270385608045785151164166616264315230303149899155742233
8784886094890649431046757389110772204940257477817038296663592135
2115920356453933002894470598091640361951284845287021913669580282296
2865478335724112123562064217037045196717837062233581835114303360663
5929251456754366119897568550797412102623383209676445976739133136519
4314510155500393559702415637818718572759699707932672509591374531
3665522119371121867956457176425347542564909958594155287986521087431
1573310500368731487065691275051394864754447247759845225274483970
4771017303589882117348691262772092539250613658062592137144466627787
3450262870379926878244476845762183068749354281305782627863418020
1898443012657053849947927596836802630246663720595465324342859547303
6888271846525608290679930395892405178245983460605687306378627505064
2399928054689069909576842064476343280065348098182835871480056828
4390698132589096181555323167956543857800975606224157730697775270622
7477526908348310162774375978048838096244470261597668821859506580885
3498996581048137209382513344726522560928310282171032185211311026
4499862709835373501056587270510831663539358661429309738866776978433
5070468857232602577099331740814549760527952876553443796674763799836
2857336956117109893620848039704942367526664695318147775447529585
4364282847780931975619401595170202791048391718828598607607742738910
5480032164686412007137129570229970149039322463928350185906430595414
7087585310955575657610071920321395894580331339658783274035561532
5286387850972338362874856982499705776764360559543366674444058691917
8400151403774691315954177295483453663364770247615172922242748250
4218398561581163394706444244534966395171929369911561842130458581398
4514052850283684461413886867494335126289688738732382709272785810117
9452172394756722477398254609147846253198009916415445328869277315
6550526641832069633265060202440804401338301524929379328531078755975
6637163810640930729031171650368711318950824503470643787724233829052
0134831065855609532228395726447209837614897359839683799683644887898
1101536295146132306406672888687489644391121686884472921741794224
3821798233026870261005156035537446028851916423606251964581819352603
7608201346428331625593286992883940396259965432634159253443080613
063408179496872329633862730206077798777401751953761499095423688137
7931426780819564558840084864611945626916981814852641152440846581574
8828341388519706133972037438132777979474694345202521087962246215054
7818240365371115869710978595888616196881491593842679227873280332
1256849465980966388737964299986300178112527988348834024637317594782
7051347181776836362291750131423992547233259855600364539418222226233
4079144647972175955091315660377451684154217559036967973541987970150
95947269915703026120291717049911609433548327964225431546319067134
985395038262691582407473030421922868551352922243881234337745146934
8916962166192716337936587803456472776725482764383516445581316388
```

Le premier million de chiffres du nombre d'Euler (e)

```
1985558951612847770823276531323638351846983641055964445327488555527
3611836124269946847321965266178288302150550019671160563717280858732
5486995219878989411370593162334458925604935685766569607905282762700
6122165289628786741341085496058981055691526897383112534333593773690
7092708292147072470483406785130741903501455549105553744093695730650
285644368060182994299481529172384528694708519857885205052277000360
587577045117999375191692712874842311070058353408193689986546158272
86398372357616087750835320799623079013940128080483121223848441186
86461380711026186335607258439897111024715067875807841888645079185
06114918061597483176668097150829446338941549662940327892312477583861
68143091012529621951555084202060103197456609630643922965941235599
450757922585832182944730749114558661720500096961938032570030803224
80750027281924654229130903451945239036529977901124865245081317540
79989786971484429411655385635177239597410195968794496802618690457
43179748490532503963090140321563625442741035089300823466357615987
51972482775979016072565810761083841386360119004852894270405146810
4521494201137069174175740347793185577333319246653351451080795955260
9341331403123193430575888763492775096941840462097926679204196103890
8000212694048961409791932289052546553473408268374408252399469563370
9838940670612014376837826680279802127049485827731640283884786558190
11804325079403446381275702911474596383345919350986231453399943867760
6524966896587204919280133795843846835296811089047473346084575486700
9008936275196775415439420384035160466177012083513113973039752034120
10233507718184701835500286194961310552498437060149110854411936867501
82072234437109563987987141616142240177619411594218560768607897135340
71645782102369515556972555776546345039417084291045891966732709256770
80099694816036699642589591692911603663050240531392222493172133542660
310810906157497483460877648285764832935785727263966261162354904470
8058448540289394804694044835757370134667577830934075677727423865330
41000267939964582024650090725330605062664954759613481126739859507070
385189300674574780666553276073247476275791634625707820522035284706
955590389153278641087324276465260736881063949281418678963832987567
45955411360219754518050674149226491551199163466866328515242570390090
19847523198834966018995567978461587440816933678189282079289280632390
593948202214438990967748475326438141636711503278578601913507918735
802154802326201485574714573895443695237932841553611031437275785713
1510170176045329473182311809132962345707892770337801735052700089250
62710838308878662057548845237357856719135621793839638641970166809580
667394249613389246894729462764549189316114469597503876177693314517
5333223677406931375087373913803951569876074011200439591240256927660
390119409096890855598418833831047965577859387129048690181854812954
49524991039586651633354283677583845573390871952445286205401386764080
8579427935667471818544179500163422434131457687456259495889506638890
01820019034245972730467331034810139634150492335240931567606898468990
857464501696069626639365961258992867266428576557799909474992700931
82164579045963647973677939317283816281898858556139580177950854279170
24048508034956980791143463972350355325107114563682932075525327628
86958949930273110232903042665170644410370953370805375250745224930040
854970056101282168873692014327149791031547288687111814473379194949
79580997871550367873738460419612770831319345956900304947563175923050
627920503716314064402410619810664710964751689792934314566334817463
1906627809876985015484201024637695207154868403390431519320893425090
234122656306849311383326678576439320087055713429172974643881359952
0716459459911834375247866447474449834746656473264371991032614302430
047343026717066108416502119685178366007809557576910915689070741460
8758901583803993067885071615746890075205404762636402638685567859590
09956152805613850698978488239603904163581650453406252114344440
7354365565948141105444161450657754418362456901990601766666037154388
```

242   Le premier million de chiffres du nombre d'Euler (e)

```
2642629900753339035438498849833367805682679420074094973972415473692
1727599741679162408275043699174736624865696527158477422958662142421
1669456317590665910696989125756633337129227835194091340170880998422
1195211777380542035106268147178695113639714110399137042669517634400
0598761039231443580209504440536971390830309657305602974992216645200
0169900577131036209512318909848813384536811567865769693751119439988
6201457181552940251409624999853373277567264685075794110593299355750
1209160840555129279610610436395318280254401756976910249428601757753
7359522063787746244645701700599054599630997312330372945978413544990
3833476935002856424676512241610911614136373224751809660237768441090
5938595247626491260549657960292967989943455542442649117927426782456
5676481785381962304694463353709380292468359183811844610697905728040
2681375696843312372047817775893914840788516165705126333641377206685
8592320135484500500850973643421859960580945078173796471325909330160
6169317786727721468770214029494809246031655260895126512548545651655
0875717081419426580249667784384622712638963020351824060085607830818
8550680752889003213407758724109433639158663829139507850922589069394
4110623477814327089633469086364574541160470744851770803087949314485
5142776934561661296336975561631831672826310707350604704236764524140
6294100887487765308886216741183553953133152623441257230325104353980
2280041656551535702504868968690717811600501871761240405330625986390
7863999919483827754993256937525042990238072298589275807458306408610
0655256253659272327488172609325922166219662955756024392564370518680
8732220707049268037655039374617914083196593526975759982810331953050
2395730762614037808327817073602015234575774838039893545874561117380
5194044996960016915973651133812585677873982011994541933220637749270
3207047575277960523620053287999148236627581418766370112804800256480
7755511845642679488139412567873382065952442411425186120325069765490
3317904505490092700443900902087762470115420768308710317851468191040
0093705599975816249924926393374446083445561346359717318258628783030
5591079367511316815319425382365356808524417051828373269285096646650
2141598810465101039665186281998579137657619497090732022201073640660
2930305819400676477475268205530098460840163061231757412687564380480
9354140198257427867414084995621688110230748363682690510205809625770
1649268410609254460447455560390272555311485612841759524982925179980
6352913944337796346375601607264497630771488603864589212866215510070
5558245998782932384156005895267197638641921109586987802844290389670
5242458933304067214511018354722047253410875350125267244630762561700
6508303139401269521885333618868455710079285699540657823333707025290
8987897045872723213832362995160744029075861588026137238226359673650
3013492572863660096436643859644877029635643133848320963441634391600
7474368851132084627103661151567352626034366880973529534934472093100
9934803010769345049690835672703640132257406492000813763329372316500
5774306823906455831349773851149738757936326528856619195433107355800
1695045758406286781580742477244627835282860466653244234831150322790
8210964953013827205074291039172371313904805036193261334859884997630
2541953937311114958584712573289465310656580265087903032148703679140
1033968457116762045274757640286950900898377703015580184309991713409
6391681989637594381810802601448318273485114961070835716868663309379
6056230928949890948312179829191882460782180542047002745384999630880
4625447314552174375996654568145579144388110303738886072526371044230
9553160301038525664154592732797187925758030058979456734754838868750
6868251677000825791293214293768721805318250764664779837941915155000
7178455794777974080606672663960942494960473628124243234953794832520
5297993318321841123587764081861512142085854584537347570147291167240
0329541839891724472385829665583168753723495853803649354081140857280
4695968947487191232633051334318102563966851674852557017426369264870
1323532812156176864621605952777387247592009711573935284481820996745
```

```
7883894579115240645751815333618621901046742215780020778685572628836
1281605354163052036013464899237780150289296802748264491032658241231
8156997268276856024556986138032639893643785341552819803530729526291
2595775800847067561302532938749700106279972199229972083246065320446
3181981296578802041434608836494766814061520865392094942540044931773
7068919829838947493136488163298188518886284395846154965368752143058
3942241609730205622996731300213220856777818694205835167525636602501
2013569300311456441239302042258334691037603511879807442017753726442
1177274120370995330028083408933817962058232714560347669414887461511
9009357149971532503313372257993938198507717374864805595575613743690
8447422470012996215237030318467525906994479289938263629419315233023
1683591334728834673551915641249441942275207681466763535256057095660
6315854618561754015570383267042088863612064652434015858101977696397
3648014571287288857172495571581917036207410093791540104663529691639
7671104491126523965507703230399579662155205750992849556660051744931
1510609562666757004469775301163859987935042904502926270366903078063
6015239542614022905558130781569000967576382067417784776902233075428
6558478737651314064941569173980345469960633147334489219810148735590
8912961491844279737467415132227624324435737585264118929103248575723
2977132676980926102642038153218477645745909916135955232011007380398
9422260529962944332085996817089453297590806481969867715187186805075
7075040927750944471110303989459557574891944581516332780448704250716
0760132950306251116145158114911606473782319071901000229837490003388
9187891972599393324666782110447300877221961875380509810978799494717
3142628372064846095286361918008620641848322188515534073511457879550
4722940525496095652959097714115538492976117339982359723258783241054
4378628578766422649872218746023556300329125959926723025474712291979
9752426822679387249387771097084157250414147312181943720531108559373
8724495716225169420775637954359831663306110809157080105050332033986
2295675465143950386899441235458418344126454141738246664865113582141
1133451473918901156022378842094485073603453963324935795359563971093
3448651228727429262648762881607957236284720216736081668232555977086
8350382381976477062050876495783526200317354660340411244054040786732
0272858821823815110170444317742194955459724271985421279660428304197
9936925384412684739599081001202696650430726299276785156263815161807
9124922483076651747146405682455300587549673064259579585938372638867
0936367456097909980206638634903466920751157247035510536852415536913
7669419706328262078397694832352950293305145780234989124644289491852
3600397210614224719220666950531844572041474182513270885408645774793
6853502174616788117012421754898546637643622459973461436119718076371
4293879471710997511644079431666401868766084370419963194959316714318
6367784716516776010931787497467427498094440655982312750663991155857
1014761160905871103748436656437118097217113742693765081104142459186
8342234656196132280757317273232866159826178783873307155603248939629
9063414613746970010321328857523319316430634912149429128691627780853
0836092890784158574291974722688990623243445504214774806603584968063
7313090405182076174760050218311618861388262428018539005589046562155
7745712050392274455638245296114947654464609068971478167760170801521
3130026893249157552902488337190198828768248199904076853448236186542
8155363865699668192973804450961255934963046272595688819733752978662
4839046880288089925276818329848205698111229476535571528756757103632
7848978857742885196733081253349458125289554203036884309733617742237
8698042304807850678443293093014962100634674848367063432268497580085
1010879742509371896084970320541619523242925715040203866470931234682
7685012895749118387771760504792924867317198514096414399966169331620
4549418553382365594952898631051244725135806359894044075190352060288
7321487843822425952085478724730243751270733879083554982740460736639
6971
```

244 Le premier million de chiffres du nombre d'Euler (e)

```
7198888759719529040423061508249544359491451958747703735135207104 79
7542042147100219034526230950997078960200524195924558863336940893 53
2161060013230815988790497119321830958590801208229121604146216459 6
6226361311518486560918714798421386174404089268372883100798490591 62
5746647847143894507640379535988667154762876427966731370856670428 93
4027917930024199645593125210491087687472200638195513557725223231 76
1565077106842107874604163362187100833994117890468106532198576813 90
3336681862131457253257924390845227853698294849852390008707992224 07
8344047507698469286301201761313883777701218957308123327229561039 7
2751211997639419340081953829703692316341046033685720511040591293 43
693373939105615874271659477693169386754587887236404826969997959 818
385589928935463053928076747508853175851990787924159026515950616 558
877804190791735973723839115122812725977711223544145965943690350 479
126089809837174474893743548267800837062225345712627677832017194 145
659591649157744784417167720137393553305913889499574401421164782 8440
9390417622526545418839348308527378557388375071072083488420893072 28
71973526718117756337009881550159944909307702077283963920581667 4458
15385796810347661904703675258166146424394893362007917068436609 5070
54907623768185978882525402822006865340789429919652722298463042 6769
3594834744107090300268900546437886452196370831678618748094708704 98
0336836455021461772832425504807730639564645251178514465116724694 01
4526012047361167229423552049156405567577812584191018843335203863 58
3769106718671141471562889137697260076457685773245961437430305526 05
8611036094328086506247065235855854239142657792041610865557104561 98
4531229777828725073920363004852390196207849774925358640102924454 80
6681178495338971693904344230318796649832410711103000792012767989 71
4454763050359556698418287465169292157008601675772079547366486779 8
7292708145160096586186905514515180177771850024819583224587910334 56
3665424367979826082934193311956335025141362936352967512831734527 0
0256893403087197326515623094182937175095963526363544683991180525 43
2704801464654546038672901278936080019687248187659023397405148023 12
1751088790711844546590105699277236811920889001342669007735725706 3
5748951034788221819388474071604833087873506581878431725132982112 27
1220510257074456471189209347626308493066039302854375557996078782 54
0567994132851241588640512130809439860461040245187235621226521176 90
8067324708043488826454779098677356717515546053105224020036085345 51
3609307048583809928376998254398968937690625747931267300834535339 50
1251223740307586383476004887455482892491682113594822187756781640 65
9695079369634473843496087367783774908049750358732010631405012977 64
6742145201698217315700305217363840845322508441173926041514247370 71
5647536276555955383939361916508961812191693061139457705640664924 80
6464774773043776123970947592997108276860209416109588901264119287 72
7339456112658211417672813945420301069057637087743826880005686709 95
4083901567242191247237124776474513332444172181392499265969222753 51
3669539598558911769696080221367913984959944360487227152594021052 06
4051982357332935542277659727669580240217673465304003670319224131 10
4491501898182984290836451531294868856617427652659067204225361947 85
9402083314610620120150011533593667022860921977811492368237786475 06
4435137858352724151522744676014148134429643119940551724080289591 24
1089543577460458464617771083578890853896783794061183069966371829 8
2455259226514471581446375897283322138634447138924612229662615435 16
7628622777602840315052098546373548206258607435523282883272439688 21
5811780466722161549338647996944094380232921648949607958235119186 56
9997434135891320209414563206887965950275083814537415596602549676 40
3265559131077053919778193501481147184271014615256023499750396294 53
6267039788707720612208528326688732411414449678069€346340789906699
9775818535611679431233425722391134745771239930898662078118458200 90
2569305583322511264226659159677266674793246965140321327366442011 77
```

```
2301952417915292286281389564052640867703998595549137273585774129 43
1585647118519893319996800837034098042004668118836663397463875663 07
6607512122090820340829204646883986492917796827440944120617444600 97
2367971515596247939081656572812424204261635390421715799619699665 83
6168770081929304108663865224900359154617056360583956497351965077 76
4976882262863692153484135047920604402080390651385640441410622953 70
9053677979000243169714166956875114098383426905777896042806877682 18
8966154431262113706360682990310466273745127019840648244164656486 68
8511439574379334309719032498948302414840507414526659491378865585 35
4597848728297925674531563100387332480352340038859327912971812345 3
2473918770199810128563514718366356093147014578485183124721197058 38
1669640001838059356938669157095336979366146394149131593815260563 08
2635088895680172154369121360856720293455707647577202955754998446 78
9742447907193867580450690318536201820331824006222323203533301182 14
3703925370554675473394932683250121295008243768218202329413268530 47
0969468649615863540123922683390237574132519802415612320479864573 56
9083116437729361652986105201125736322947737669994183947890642018 00
1372960525873274529256194286117817074349774483472100162264420112 47
0210879490721145842560179595158261716807162017179079442161130128 84
2463999366513645331873612009158537353847396545294160154674047240 82
3527612184326159568567517951342885956437602564931303460714390543 09
2742885005435875086058885885662451704239585813739117563954299346 50
9483385582938621407315528498435684488115368507694425225960650827 6
8819651046826042559261486402212130818887654040645230438611608921 16
4383217839521710416550254623053393172442594646226571444543862772 26
0567214962661856634387405362249179714560016755405394884228872009 691
5533391959491886440574603975538531338990858646616714439646980499 1
9994905896716774340132773739493863280267225987498589785918368346 17
3482744087585162399954750887154900403445192377547012466391286382 37
4820895070799855647875674999158054773945438148758879927714130720 74
5819093088596736498337027461173894698233160892719879101896041653 70
5629080631986119088311721903089763501772035120701994484267578499 13
8470405996298433043165335483865945252139257945634617381649740310 93
9548726559902343922591015445371770638076766436143349923469810598 71
4893411969481440150865786794094483462558852788398167495660442368 31
2051522226844576745944958743351005717538309421989804789089862256 73
1947377674358309608975932223439246608005369388388159522282240564 9
6943751711840587084814083785475232158885249431224546260378373793 07
3659985815517639002095063685586752295382454745211304174212971832 79
7567435082140695589408867000096610786590537161885192040483116513 40
2414678204354183334786424773944579440140253178450875096552001238 83
9612740086926976852200060108113601832376096491889533202596233720 9
7323430667508576815107043840144238947279382859847283714371406793 46
5227400118200521905575793256274032408524373600192621495772550563 21
8710899504480012983646179363027727373717231547886044862614896008 92
9625213062274638594015286666867331146172472515175261911223594716 655
1344645667304501089263168860029268403108786287751329588392731131 68
4575946608382011701419516411724277061732676947758919393339418432 73
9346517226849046995392419554130679262358041860091101421765732756 07
6899781815686330371582439449384693977438544202504640334480392894
5867676391911162424788503424055684104390381126519833305026953126 4
8037983619447809205710103187760634315367493057668743820887846474 67
7221356415711534297844761066510307790339050164052706563775290343 82
4584256857097844837065438943510064939884167615336779859809449582 73
3096859283572377253265564583713549393911994081728204429507127662 32
0770172288461639123961360245379837599604406446543849854445888245 74
1244465848005661760657667010421955357736529389492048772860225261 3
2110884840304779397779341126037995020242360497259932975312450064 91
```

246 Le premier million de chiffres du nombre d'Euler (e)

```
2102616046387808486318065804281842982970486965601223509937294001 15
3946764573007001847553296325654863390459965650158523985023067778 79
9492330783328525227172557151215806072904036978456929620167028094 91
9760534967689565217569798470465792695381863712858678694228447550 34
2994414860949767847917108794405578196226986592033691978715510745 36
4007541364039098279909544657169372712916561278038704207348590168 12
7110121484040362040928744847079434033278279432593545427902645315 42
1980316415122678235116375739135875271073542302276819107581989578 27
2523067230949878168624012517052969727983319940295336442947048298 10
2665555468642885369511202976072569433902826626894787850356103425 86
5182482123125127845929245188285267843734194875112349317647799673 06
7177068851318498290879944458356683683998565754213020523049205353 35
0620324818215879061519466852861237231150822155758688443983768281 30
0526814662178965726809466832451603203461228116794923261310149024 94
2043654278527967771298304828147827370471519004434093001291076603 2
0645629996762460862567845451772265196857588770628144427108893310 49
5622574305223900721397850967172302376173773171299725217279893168 69
3101952326117767493114864771510373303498965130847904832347290654 94
5017073492504012161932456200117484101911225100749888532965140288 36
6302416398744250250387955343672537376587779628463330957049594802 65
9640987258439697954380855056211092235415828614666103429789719905 06
5063328675587150950592896907699858840254876223192988561785348264 63
3867104501930909739374940648589620987039410888081650878649332476 29
3987699534464916507644914715371098286823422324399659159672435727 16
4562096576711524359136715430984958630371963371121224846555295094
8599321406758121450653754353673133910597531823667272442946502437 199
6823969416230696542768974974719970372385524703683628326760914877 73
5079979967954195531342447142998757072281709226802904815410599656 1
8542630441873005810768770948582640362580422191713467652604549434 37
2868747600756127335281682442087667325058592666689003032007805587 94
5574583411589081670335283954235038550919237554752735890262046681 88
7544558483443933404601394726710315320211851681216395022862863264 52
5118861012144131230338202515765278706894305898240676237340644985 7
5317146313325506393551284650187232714077089814236196477691071255 40
3842978507974486473034150256050290325155392079307443435165145920 53
0763676756143131658715877661765798409661695407055723692773159411 6
9645331386914059186153236887170671049135530522730210125936649781 18
8084085158774388699602191534558463105159613678207366183621771197 87
8048667071854418792537427548694402660550288200492447908659586090 45
8125359222260587685718574555896269951312203929547854125044404159 89
3680107722821176203625718909118865974076464847877877839499735100 26
2647431678933400199942751836564226233208865061775629127578622972 27
9224629625311404044657492989457418986665792320320928531163809397 37
6028626875154522206569411371812325628503901757578279885078812885 70
2429636311860841477040499032527417018666600118490018737947470283 90
0656354569733804652564168358526610768377002832789567594395074589 09
5893980793598598516299236649296640492840223418031324951248113676 93
0672486997981172353278659644409196746916652653260758421366023361 98
3946789281638248074666428166262322564526009755323598085820240237 0
0103362620212819507909750372987313396902360753512979139294525309 91
1908182093729148609792736807110198477761305423657750002311215695 66
1437385753191223459481047060515041124978309374164246485082052192 88
9936590109577910257985308496750442106162524467816297733116940042 82
0239840985898174506489145618031686740094192434725768866866409122 180
2604336534945769195261654864314026862080497837743E68847871257790 14
5269249327981327400917017976169920395127657436521241052086345054 22
1475039628874784058606116978020447357488124047361367767531185113 87
1444648935285016099283085674258135644722262927803C6073504190935040
```

```
3009080624950298749666750384826154870680255242438995683698053236598
4599010492744608716539940022006180942243940913623482031719433891081
5315580221073191257553059327267516281717967850760885137502404276
6739251893395902721441783628307689433772933694805109436738441699156
4788081574309383212823808801937377768957401439015093301376616796475
6718802126947195077967573455895280328089911648280741064942912314
7159380663551286496261495502779229009920014833551770130227518499011
3109895867262815641473200797978967681590723591847883645376860357
2734257713037353524739051432331525654789138598419542882044636831953
8074115512093522518132030158640500573758054644045642672612763622957
8733737917122647729038613508445384361717674324780492500873425280
4428007727628701071922316253326407193825879418217949582764345927855
7129842182811756762431195624776133716393116750825846482505800276
5585374584233146189611578467477933421649748976212049811284710661413
8948348756247470535410100970776057408861646344805177284037798547
3409714542699818569060813723346078414319905804688565319129675699307
9290305768970434157766086994670977780442705143879207912453879170
6873972952547337796469695851910856068888546440585904054341645699992
5368334859084368457327643790345686920111044970221337683866567963522
7807703113404262989065892216203727979909914596162990799255766344283
0797636738511424513418548969841783497261383395383585008832870025366
1253020239259360319200965254750541867841816910620335742836289635
9253851517758906237699482248505117342067549384411183003518748425445
3891265997615168975325498785578624925046336597471726904397996916080
7481350239835915482591638422684632345858922771352620509687177778
2528422569281526886718127201226274987022217276577103792343491846133
0104823200089786464829534088494885953560777462895271201318342869
5121982608528821208918696198387843964696179232512118226055952143275
7584424362347229095247963364499067652711833890223591850058772354215
5550473049182589982353445722749228350615305466600324369841813999288
6702226961684947570415325184694120748234152010502933106918179481
5983200207738087324162611037872870371710092770139154934007314959512
2284901113764372659615441123272611052136857068836432082402228294431
7034376096517997820762704691702928742519793238711577413188829121
6872822258211959944113475774978184997244162332702580681653578109808
0639687095586403570597632814734326901441136353802478328271413476533
9957100022756457748571894763464163027018789203113171223823874839586
5281900151141542093267425623384811440122404288239201801162440388
5262391288166147998277465656968321058830762178575214455647108155244
1076431528618088662806122236365124612801402228550805608884524586232
7879251402535030528753175494525401460235758662069874119319023361546
5544696831295006870489182446029385769678847203447829685592676717253
6469157209540209673933460380207307883843054630442060707228710003897
0213661792325882930155055209958109237343382435771149770390864537
0307426962266467862038207479865150809593397791006322399721868792729
3523992102771879155227543819829944684159903891702673734812129229
0034415294035260676066295568712718658163327138900600476490931486539
8853926844160281877831964007194982915533497266205832284852976364774
8886363858894636857382451904695792752765534795481338269764344217737
3767132391474877521118351407346768378839454253802722698509094542
8739147398834694648525335419627977531942109590795287186165484084378
5497106596227907609551571108241083264973224642051830825992322781
0797361595102647783936139022889357122518113736171592337342259080014
7635453961951215932461372758535679818226065853774611743501271592350
5834352299816686908537776965681513834911383414826723578779914073
5301200689187650907455442718630824210668960715083441316117265202673
0592450221222419754610471865569393920559507905243290556323029230
0638395373500248862170323178462025071685843874271742722706373176510
```

Le premier million de chiffres du nombre d'Euler (e)

```
5090010259182904216675897689335801788108896977380492527637465455
0378152932461419689697692059341135489856365118890893911541337597810
6071618526416484506014260450339121052964429700342831350079316004730
2642244909196888668094641979754908270136097747155421615552609577080
1743996949422529250919414912046643331091332295221969374948801251610
6764638875618833401655418061553912575462021375198880010729399801200
6509794826726810754439425633148783842000096420104072616015168772440
9623619900546298982543262258626363755526403000644513939199740955320
9923434251903774104504435412650819669596736865260879998881870092970
1859757683746949803643422949624803801291150601730835762242601724270
1874968100166968067378991903716299116682239567441196533641363816800
1705818632907691665632918820927209125392168092639670211386700482760
5452624253961424122662133834425149060159874670886736892964304782230
2176615847551235027818808526313255711071940296366912906631891939740
7164694008385759645827199159270224221541814221088708950662900331000
9166921848733617332556044833949573744436990468712539939003814112610
3928446120483869210920537490358667720582315764513805676344144329810
1170183894773180425847757466192563725601702174218727797284480264100
1096467038204257430531434768045355489225458067421490652318512104040
9237987880822294871017430841385457941421592902596555954085794357180
4382863426335731139858881502888500240320690319415578434808577337260
0028950171776464691000543147822838810178995662110543977028355075930
6912944622415084497959588115759858204270720803614222832953765433900
7594886676417560353944851310917655970428809345018916540978801334710
3120710194256525100459959271959898523869845022876006848016634180760
5179118832751774728826521426349137398811544223867857645797355827960
4217197685605248889576849274270986520071867339238392391573744338120
3715226700842734421825684820431127469143923092543471878488129766500
5366959895167127735271424615952558635342152917884088176375846236280
1828946020417856379827777423468124302947029695156819760933160083839
0204004534954053619512567362751697472859514592226853861463238391200
3714070673652575757051731451933305571210411434568382762412592972130
6587423730339386510944233808012046127062812288516465723430531230970
5853943623654299245611684045052612047013287406305270708842650460910
6822902380712044572393060453525846049516262969388834742386088864330
3953905600111750290438045761969351058223701058905356313653209712260
8858600845683093522571474176712366366539886286523594886972888191510
9593986479297936312615408822875588844463798603708691784784934071700
4265786088182692246296488057047314787227655745399737207077760774694
1076703701550990139285382992715104037591497723424991713811670876270
7142495989487983934892688260993741300348619870834170110187163815380
2678755571099002660936017971649266395810312512314450633941617271170
2021817454975362988167535795877741426086588728875468285419682346930
6290816041362199434024611612060255131661674081975287910709207231
4612830526230940040891068981750531451655379692090210509890984364070
4826743846918851802940541090773590436075957065304092294305393153210
4584353391969367230455006340408691465663381475591240968925144903600
1253130952692701152600591466937364457838966020573301212979501716240
5904484056410828528366248580178626331031826626855185266795117788530
9253303703719940763380248930909539488344767492375681975845728891310
4572843172816722992914895386449488315946000978242646180410402065560
9585544809390605953232132946230696763126657652129374045338641846860
9134379157510254259949909304623277197277460402657614482428124900610
5460983384885582689021205589158050338573561130734961273633109353000
4857724947067531658321798520390126130868626880953130119960952053689
1765700156161916600830180622393236295559004955793929545270014413600
8682565833156369671923303738607505041331718456706099245010295795640
9491099869128124652741185722900892819862661763419273986002480591950
```

```
7534988121378387828921329310158524853156682156813591961096781930888
7892008838620442470583546908103759241550783698583802026401065731993
9703426185047423434249269173670266412233128763412675412144991625811
5979680591621694783286743323490209216495225860458607124274223581929
1923454521113726720843256445187432157075143861440679103184776204917
9834554280808252015623489488739652773372755816077818929687823061978
1026569665240458594960596126330645787426015233983270572690175264923
3844861069279018922223450494173049748125524059385985736446237699685
3159385712321273814603024469636370864092845190638381718484666085566
8813247615725942222443126911990518895267795995982009695180997696019
0856632995053503721488047653454406603658020171432151204854814889554
2145381122619740736370629069118740998423444248379849877864201660398
1374119677069191263678246801959178852201033366285058002650824314680
5225708695414206592516729840662773575945586535109712054007321856227
3107392164463962346301360471098011666187512349984453484460358514866
8645656808928609637869124724638041067197779420031464080048385750199
3059400667195994923153472708177369820583318952504894074197789893122
0739688191739370282340579333611601514899135468377664539525637783927
5542302637734401075402950082754285490810316095748068188205009530715
7039500891837918683008010615772437195726104286590012653612754699631
7784471519507709798793033510039596819329779319784041140266465646078
2513898409866457220674378401941294642799334460275591179362021565787
4412286903482734325027856585160972537393986300543310880085128603280
6941513431676623525095131847271836727784185824657094962645430358604
4342443916245964247823694249411232913519453597004358998582581868645
6838949979894041023950139498472081371766868196607002768221543612780
1568314264369168683151938086537644449957838010280476596579342435889
3391102794854943217032227454010902108178587039632135841088970733917
9176185035146189049995150391291853798838257149799393898672593668766
8121434398872044373452835192451821718280846673058830412214108136437
8298015631264347445508913373210210935316978081861663128852486406165
5171436335716445431606808204043946485214765608508425382119956195464
1055812913886923610161286344325073626317772228934753413943518227954
0054131313046653772153583671034130919890122466143354219530838383899
2158437777369949948493630369799973295720570233216424323751794579530
7352379036839391805525870452634523298085718801135766467531726494545
8998229340970824781912809899568565796332807614658444203417652593940
3348116305847728896927998900336955879022043127954539421777818812454
0161223079984419343045941346667102483970481223632032644031717796743
3307940563490489941254625407206048410720653792743401873672383929653
9194824106804361246462445100950893761805196017213584782645677412134
1947865394925534046062629334911770553433058107951091072296466544679
2365340305563507136062015003800845308239094375637707134313977112008
0956310498862485323957447467376538994662280143050510681877597429743
2601018976289548271499004539529205104099383167428986540340146457709
0787320557779142564131948050295806426479426475281222930091008516319
5484448438749811284897561360455123688831130605480554317755359698661
8641067733321783446176398638871261306973408477584777205028799677746
2100012099060547973514698761024362786780091472356394863395854997429
4424343018432617624466641045659781962366962977712990091756535125618
4525678695280871725453665547276183297253067427104398063219771153848
1745290700589965164059145147421916569274737320280006802786415304377
7151188895645193623335054131848835201885270934534234424250375342502
3413798043868260885058564911800853512425863585445146931763212664129
5489988947901643573237512824224034067410785229873995184759645071062
8823829508695312275544363134649292256714760989189975740308342578301
3493978028121730712955818301979277738505975421470871044034270311461
8
```

```
5862506715241815804363693688024386477282842743129090571487388663148
3186821699081102050340871443241387606243992843282927202400299401139
8044619372880434112916394522236855309614935849497956408398367568
2506915002058006918197542493406005916556190170355577546230430253420
7955008611486162853828102220875976602602712505912939934947116540139
91556050658513600590679786832169587556614012093781469591952228091
0042922481480937952677185691178971288519272145488327278138859042
9006859826869223667913663507870790230272528375016204162687039972929
1063916950523939429431619634264960684504176574129720007516702065901
6256431019795837279320584976855891867122937159573742254348969723525
6609143873254682302427942872222844422120566498175164856207249690506
4229015069475632813457785906590097780753271946554527212267491746
8323316755688149088292431726530330842684529040093246754208614229
5312282323711918531417172095240354682179025132749595255961986315673
9076549830570185500494513011992782917696445966909030768232448360149
3241281814879796778905589933068361688232525994338302635871570045773
2656281869714615451085037404112622439731136713066903463741036195
4601796480387491166217656088878172626122053266201677323181521201927
1033426827939681621502489248999863302948199079900859938164975576713
8128280342223291365176139606088256917060866216992251848641407279669
1636038852702425110974397465076000009138025676860518862552857510751
8220711490647473241769779845619085929539126348440998596449066128500
2440069203220035340904533441962533533572286806973418614790749120891
4421782106043539453021174114047210130412174574598255268273466049257
6723885476165050283664977902339681186858597530904708504599853797875
9012961590065067262731356963545517543083036374944690467814349443791
7078358575138795486909344098503435983953258113905143138348268603493
9099944436170487734870878503967695516694511382317293345479635062113
3210729959099363566140626342835761709355003367619356039492482919749
4915645155708276988416408386053490835951091020766599244868091608590
8621417205569647104354764066562537631716154776274053145976892601184
0292712586867368029285171584055349777900656907286251721587318161797
7628589087909091363917941296357338863298465774350365897818501785271
6810309649154271956606529216410316751277240191138830262669840155535
1623802765631221706180467292904379124847690390914104594822764326660
0147585075512714995943950280221149237586350455321021277828227892277
5479068390747330851162388919014374822163927429196299696684379703889
1247432143979637953362390660975875616292073194621538667424406306733
3215469511582224069922713494103406117509322367368564573660877968945
0057907476700612163575429003758191293943476019262407591745821007326
7911038325072934626822949428915445448366299063258643317568802778020
6860393051383871849214859430215076805607069326981254559620360732303
2629437016867361881424553562419268241613124460072601417414830980955
9350608549897848635519668549083788490591716608107897225326574623685
3396229001485327604498387127211637510910002049719265230809257307905
2772157967882283149565919637282528504802494512424545759240031853842
0671357470562175268554311745791205214412582585994685519718276736235
3576445729623126584175827930690944494978521379119331004314304163976
4010067398403111379339419106715876738509271386539798883608812200088
5794825095870537836573311125411893870443179086406973179075302674641
1414639173377739545140811364317104404848366361998825468538350878618
6411228665890900512736676065431171847134076612507575947993472901219
6433501373868771520631645972500693942691326274487518414076129765562
7827191561417745092274381133527827771439252749246082636348022511975
7669441669249175659116520793945967814299424997666717931834519686378
0691634923812949953973218292960642045015501096913018545808596727411
8744369848168388467009224390430122494019303360371374291005115970411
00028328488814788581—7
```

Le premier million de chiffres du nombre d'Euler (e)   251

```
8009507828891352943057940289456060217012783705052835682969316817 22
1318148567798991390571064600312080423051600801282159813305512034 62
5631556581131856966448511863244493674206493219587891075334071805 6
8890282663236058936710706004190963228034850485738617533476401692 23
3067710611089866207882561128971076315506773172634529786577742528 55
7120590547547109174546885729930013290711203684813974015969550752 11
8437403659468705939867008729487505367406665574763671232773118080 90
8691339712115496329656487803383978070056497497106087898484095619 287
6971341058573675117456750877758719662977044363737997605045669861 65
4094604284734857568957534480884771180188065745734984112711047519 08
0682489363138001320440989305391167536018339181046100153579932751 53
5510905450236584013458394546703825633316240871193927884580075859 95
3383996757341232610651856818916206992921733880281807259833419301 01
2086246310461990461329148431511263714018479651736272361939248422 56
8103498106712860633439053288517997891114053361622402729690044177 9
8219502613180968952337077345519257332175903865828331539952652961 56
3932018074398514756817232413258063636538049983679584232451617422 05
0007267712431870848792274672244395681544430480462178718528716510 73
8195106213385873810245005839751440275214217162148388514510810272 36
0426473178383069094927207502040487456098756949016879784150057898 45
9516700284458215797987530046688111384033650479977833840343161269 25
2639862881999461281887290873181376611962246696596442286811629227 27
3450679449895149656450202314770426818525204764010014842437233613 40
1819265683875260653153529388029000933028021661361618324270696579 72
2239758294265736728738214317527098148777043766293025961358257875 5
5060824963614316414982974096699916688456998126359678121221167885 0
9381708453577114992558484777020932680954138977825650830098838132 27
8857211430324483762605514611339636507533664315404411035035069925 79
7716061061889895191973546619966225196608116644567942434874928148 53
4819401156856183600396942326500335842967262307425253440336429737 90
9982882095659097146402536687647248234439396626739142440208773310 64
1080940120610352945814726643569181125818729703253133603560493797 27
0275351125258999888764767859110150362347075604432710954021786237 009
4815734953651973137436774339356629555241810989400515852307228700 42
0765340000407770710587913236514976805296124838086218722830355971 71
6368100873553903197212355224619213500507452724814251164685932150 50
9848232423292910148118963337514863108108127109739734662630811389 807
8685316421670258766342200789943568657123486627442910195488863365 13
9012830844849503996929263846134110115411107529157091264005570239 38
1140342296111822233426277731865931137752337618347387609201557612 57
5036104857769698070107261564688184530398896928094431540865563096 56
5234435816183481746254099862748674805230912961618902223424722392 0021
6245930093689816743809595632121847329188713369523380706809882643 60
9991200502603195417809856162351627687523449374699407899024455496 89
3167031450056518553249902911012262906135006064530828363951078091 76
0799085853095416600649929381476245207049850182241161529004010370 79
4631242101261738017772159645655475036551783482558081810494021184 35
0599884369992741814764349534982455502331365853385651140776507415 9
8275049598764865355718137994341175517567715857014855288487704906 08
0027273259536361521815116384157483596614385676508283278069614893 06
4735374741536852463572337357891470052379993132861085996001939557 280
3343145193875596820893228019415587610112624671297540033062878752 4
2213772818271002614854625134143084360809240522645727828620735884 40
2922978788952234211625992400445065945835653116609306655057974300 40
8632463208046350743628410476516699359575700605586391527839777036 73
9881201889875573433339156128657541552636867594064152420287089339 10
8466006251658517175814660119686907518614282612879301011178825303 87
7958772995435205900571609333020219768230685107736258472638862527 76
```

252 Le premier million de chiffres du nombre d'Euler (e)

```
0681181753098271058312603586358045945655302823977740443135225666957736392231623022653032412679116154007706597180929210463009943354475540035578373506376418806052994080161406011642111735802262129341260073785450469238226204264589954590394105613694890441471006185327595418362675098241797141271108998815686111643644427186319918924651961840250308461189549028572583986684403122077050387008239223018363272742973271296278981438843294281700068468865459118715477616250115495870671381159737539503154178184998475845463414136378432333763949209325695472711355251682927072034198705345349329903898436640807618235402954465677681281685333757094036289129198876617928609232030599293463621343867180420702905446343493205441984062652136609672918919998179236298311938636215118628996231614554640837676147358907831822847676910808845943275334421355649694602962771066395826797656434449651735058104159170531540530749660451176166283376028667831603638455261131627024780409053125349481581277585787824134748463966691725224044135669713525174920236605967913436431268084597229255974634414896503854591057974747259197908659071555633422988568378482197650810509549162754940115661837684841293500893426974458260651463075456865244701352145336147263928309071736679425888191150038723862031189517669216696060055239087218707250792175814389217920812341882726949205329378733259150669103576185842734280711759275160484276367155019315111119283621717682412245821555710128723178294808109287504824093928907648463717738699400133028833123946725913849779606343013185711541001976586494614686455477035931958956326965954078494768142398809396111346181614748264378346870723919235785267256036205844517820312614115974167837421690084770041298205124881765490654367937463287182885201368207721949353555934484937132596405068136982977309699870596812278338823724186903320694728599265431991636137516292491431855734957573085914299612133678087525099899961289760429412586768570672878564080258081787035674471741020274468127648919449417554680710814495136543970722022545516686447425661106362933548755146048906745005202854833636265168003606098937158298317827651317959090809106897938186131241846553861727808937183981240932357239659066657654804793309674658913441855054819534992629963028050205269682335617947942923731802168284782249378345572695360742324439926459681504072443986714476183219391721022030750198237457166648737740490863211438901519085812470800900337172862515828738874044136550853430130255681931960695729302464062106961345864919620920145326762336311607721998206095965998178976612213697071467501083857823303179638419263687352651807467971261145799561820392475598341441726188279770197279460185614434450633591362623934113178793944162595620707158922729065606206945054955894440918024714607802910286437547552151401137644785715372273506885993583332926974630406432294763447263246257648301099808870201978201233245882593665403035816579508415858767280447948265666538653262260501694561524819823297195596998256305638287687410631302364567518413537157576530232614163102498334578314763676230495982401719166373388757286689297535571992347379576195743677583413369871382471656483002878975105919348939158685633412384915758236568469812834946485313512947498249858712930291225916534283487876394484739014700575029628541529799474179442410187710234642691634953786834676149899971712367447215260180187122971126772781977706658441908181659656339924090147851680515208367685671141324138788869279975082817327948999769405025225460118740800400404198200651900066788507412147607992506211916848256012360469231004008059680463108437796838042239520548869221598421494798930826664416143095248722248429100114667503051650623533685978112087525046913218455661829337526794186074502420014003867732370873150011080500554484273049664897134028875932427490782570913845274834974021648825587703438522598523939315758463956137207142565019213310154895048
```

Le premier million de chiffres du nombre d'Euler (e)

```
8878155086667015049856284273989349230217453453776905108060826079 86
9470970958693491408193781114003951875088440397484834929095574358 55
8373280087247345628637302388177594019807324244282030580359934326 04
0334310393755780124588166845313793835232196703901103070612314728 25
5946156070120858949598636049236004882996806642917687587707867510 43
0084147478241672792792508032411199071086276370546868339007133163 49
4426495033479260726151255559279940339684329500070022688709332478 17
1160267178311523491853066884707777085218570423276531481231196349 32
4045566319829827795521038476986338727621130944570861465006438983 6
9669170424304883173523459693116128559833035325674992011292159706 96
7998537993287219067465678163467534075001371412874568006215060901 66
3863624779217827285903167488539233175088951807128406569248357487 90
0725088360045058994941190224163396254927744522345723782249811221 56
9211836933437423618125783219506515225150816611616066932901099911 23
4856811347730225478237015348124190393465345140330309937228116772 37
1682577575371749896477988939069779125998511177957938900138112421 82
2814286702291928330773411176254693217814987545902192819389656077 2
4567123484521478812601332198299682270947139467383374769545658720 58
0259859562074910852791860515274823191785770759650912076355255641 00
7682708262459579990243385069446527968428580690796291462024492884 58
7086191854312619636341637738548476510731529900242360732443389716 52
1026764805433804609913983082180702475769324302491023962139818469 15
3240910163640475586361746405520350632003293526399282535456356783 49
7720921629679792613672653255763472975450547277472545324969238873 68
5341997060333194137813293488410937481619556757217168800361176687 287
5571559412400261041967429735773975994422421937970519937503560963 36
8297629211135554455342403871455828324343472137466200611472476887 32
2986075655135741469631440427198892370194388351142282283106026801 11
3981642148111349151119584351296304985267059626462590789841934397 310
6886112600617047761166104400452401277468113001120387999165242554 87
6929227961442328457709395509224672452898583117927577371250424276 75
1794639258753717935065644087232723235464851608684963969477894903 01
0446574563265285876998110364445442492697409885962618863924568411 4
5194118102069739270568759242965603384360835141367605937565298094 76
3234774769818611382686827249947451094916810117254693774014952259 67
7333729811358407088333758335007356078053339727701225340895561201 8
3999033932793921697014624092747156691980432834282076511639646085 09
4221947881394115249907341384727427169115015975279190835261951224 79
8295424385204111230821311309957086890902058549039520747130770323 45
5304949802786044093193597739383567695887110007493944298509104184 05
0906171786749984871884180728074710639656505839480789527506649712 0
2801465011696629555195973960556550397933127412793094449326554386 29
2782708561921242942378470432772243505124603737923416204519837614 77
0909323725413149711469201455696074424058164832055755352953228281 21
9623929075021228702684900685252999310601779125532978741364544149 81
5303957321055225154533054541404549981029846008304417196762665501 3
7200093123454908331447605952404636934500249858047054445732078608 66
3133858439484985402055081847895005235470412916156229420407599197 09
3093662550948773343605909821451673412498316096528175831149223661 90
7618330812330739480025402082268489565729687967245623416499097670 7
7077634318798885753064190243313236219691248248305201034058553999 99
6579418508519392218799422995394246071197283159539981801240367935 48
2448017519622381603942819868934944960018324524811225341775421038 20
1612259760805056878052740654413415382256284273556937567965656369 765
2038507292066730158202457428541703785811296758254182279007629333 37
3507681922942793889756721372159212639835161853683589938466773545 83
1346752390485502109720985741700106260621148666829083258292745840 86
2420714965528605248158791012361952953493897812455273002076416875 32
```

```
1449351621497125127028935868435512710989851174933462624191653710418
2124599681131843062849980725559783711797557399602491368382138949054
3815119529200552757644826900090797069192901461911375538782059707867
1813028102554396736487483561276630438154499577883297917284862763925
4480068431052770223874915809290805690914271863342667626549885562437
9439344944829237937532526530856820324761549503158658201803762682939
9056860383963273329252112638651465193737656342566346907717498095550
2190711203711428705026976711068104850686256287829016522171474034815
5226029646493389105045680675586176685153025692708018744887511653734
8366895580562526824452887275891653704243450972832419559677647195336
2296710417356884045960144513339456287627405772937391059571290759360
7715350320889863006819844751473496792118632101976113864744509109155
0616833300559364451654865356770870019561898344359408850984913095687
6105398795951335354093176332081025352447601042940068477314087589650
5306560782409704800755257714897028343206789377927390899027863815875
7352528452765963199945966350001360987363835759905613028704336017833
3112819958113995368748904523441710996226481051656298927734737096049
9659008462061698640940259027085933103719889018874350585887075983557
7128026847778650548174483023568328199037209734906399991433655974516
5690297370684407348005905902082121505096764691438640685521344558082
1850018747509609358749342851939374959623680354609554002950611309901
5561418403429998530652363183817697495664726438503078755839518857228
0346574763026815783737355282702033168995019392541995872676532910007
9867998271708791087920997473416564644835873664788452051707046580144
9807839760382055431072912780229587564763183089353918177406204083063
0630868010090882123060615982579679656895614539080622508054025541626
2769767539655211058911483864360365683928542500493332143270332349850
0653316158366282059239233556713942738370061260253471087051482217404
9287224457514685105163611541754152139922546099654002601852602725458
2988271134104827647190641126614935563267890656482946920785659861030
7586640363315486459185163204628506518886237641939083020522538601840
4445912185913105312301780687843578043872197353369541265260615161231
9895887663829769882130909891247118557474311106741193619823390913570
5136904152274441621385320031378720971056079832696683457361489194770
5155816597341375429126754839706379045809767418143697494830518306811
7632374201813311042351560154280805307543557093370953771196410473624
6223869930053722410511366417531212746695722247337447930198057194767
9375521840674167765396805448781307561617917565203214091249526489538
0066403735091561051479310012181784239266616987648145012519547634104
7636112839564228567638449694292232257188756548429671817311541442260
3256941901213195755153263453581907183736392012602468738434376261388
7786751802064497521340808377999009269453982199192778561669220595328
9440905501768682220986114315441672861483337564378492812885575526475
9472752916229978827913345894229851278619375939489983910987184220027
4550619190667123121203418329496085939193289731905879261362403915376
6243143172315152166466165099841553323407492298460272905229984739070
8323629532027408714428942239093535909264040875825371963916825108031
7935650050877685222375153443286039017335645417525292019247979434374
1177126013018303470760484295085472230357868175356885249009521696393
5156191704624219193051007040439783273016883132036391871989519876993
0761193021085120563351322769341391549234396182072052992508435874767
4571881701006953179590482826381022821716870715630163487738577345766
8831388306608231057622291078325791379227669674364083014141024935503
4626179690561136792934625586521546498885599005396683094883959335667
8878620057514649424168924878958045797639077819092917862578213197774
2442396631169444781621287823542178792291668050491044796784700912631
5323058121488506816600990954166667611385046438826712459275162705765
1171510337538747658514882429339340
```

Le premier million de chiffres du nombre d'Euler (e)

```
4926052069997603187434614269727395855889416335315867436873899504 44
4380164372840390458202370694316096130799749190446078234788392878587
0699436272742814501615369142520685731792760875983074154508481031695
537558402638293372670095415924131102735735021249735808984588636741
4269959992194283856649047423437857692166395862715703351576670665848
0853667133639235332885283803138498707606677828043598480335334825768
9755169805472075935690604300974095300029945102705911358453752136553
4827210709883866696242672790587446543283765533246061061803778981158
04443601567639371108982491065671759620444411733211278162464742683 9
3571098153163639094437756555246936773685509306855294100468384465 41
56457774738007026352561502544749965328753207936100627361104260618 5
82840816401400251405474801506374236610095211143915045805866713466
21571830406047165982587088760286655341247112048322352816749493640 1
3790031021903594062771961563248797814382492464707688590502672640 17
43769211041976502562989739349039033961731602170861948555165372285 6
4998834447531027568176651752221320093709257055700150639721337412 93
98723577728607015563197517567706473236206578929470781686938799330 9
0244824011476697645020149420988737033241674025415646240321418009 58
6660312586948691462684912009467688111224093912259077124390558597 64
31970283562837050339074776981050168799774799064101468918431436536 9
5228000262421299545930337228969082639095809852259065222344207110 5
0329349194361050333626515997933554849586019149984984859084564939 86
8687429527973410920035574784929282053506676156620040262151241548 25
9540616524637560942409698031995508378631362407381283910348683491 47
4936212574019016933081403039077587324278813064955959476256430496 01
8888382060671096493301395237238668469948291300992795894461157979 47
7385166295516926881294612220522269399891748194556278304408561650040
8119379810092699420640479012253618339582096242975862238427656632 33
9634527124438232725749644042961407542421475653302931739894875691 69
1609250625614431186436240729558449971466649298668591431191861323 57
6571906213576718759719492245758077773809751267389981675317007722 40
9424682930266790010020871501492200273573561550340800018534921729 29
5240764835477415391062925301561388721615371945293085079924146909 13
79030950102880348096215680143419691201948167051137328590860239661 6
29772709785046933962805766560773319313066543831592768421432062298 6
369098154529614763516664178607814367447825659220188389873248774674
9289762690445901845960592400122547856451581745832560250692636725 87
37470222101499582545503208304612089216294694357919955524110438210 5
4662843323806353060055227046583100273165312183568256588566410513 2
78755616250713950219934217178552918971598712302650761013929001953
7154027481812661614308011692364347528239644198444805446282899530 42
68265971086912784012735839745673054824068818823947142996942570820 6
7957091602114378343536472038070851538302061396525430652731141263 73
268501884188542777031788759312775102675539205630753516925347640 0
4206238304365068308892425562216149302258514892829692359778135078 41
237375531719540359422227095309712414551932147706503226904100402 720
48074132464182476287807564018022219416033753150406378846288655640 2
3441391817301659637066826215706542887000345591270496003046962603 0
2253507200983968358782783684698613220638572777446827762413223946 84
8711627949284744796534852008763343695893844647760736766328542993 80
0372642527332398163963801500580132608237054136904116836894189468 01
23606467215649383923790059478064452414267076267236979817898275428 6
0923521410106114724367842549953695600185342748467800225131875954 46
818918348048413323796577981148483999596151750924548179781111339367 6
9448137004961544008177146567085863503186212289852428860631167296 37
22662528116076579118525407792508447192455591696011696603198972392 2
5112537443564584970166438643384963486426770017395136603626697958 12
15742789565493749208179832610582203541476863228318359674460883615 8
```

256   Le premier million de chiffres du nombre d'Euler (e)

7059923066996294350421508974147064054464167467782134782651229646525089088059691215247508242669041286549404086191884194730838084649666896764215049740622721897396973837623290093378691165194823456635517817886277997170774783842613935321507895894155337627905518935272165884259163198887549192575292699218857958730574530378909112739157243561919335080271841224253831055753190799836500950074694670062155974660497160933895875134843053152223310029605209389448208480451118230917824789687442374918999221007591168759226407372005482058203251990791446785025151595762387835141358959931536847444919071623880069660713470258913129924105105009569584471860979473474316832472983056732245011708339591331594891876946129949104509411910259847540913967981064956660393145680662996086259390290334217426044022236573745984117164438151091461168182329778852592405671096351446151556840779923196253079925142137913147625726628175747002928397736558568686572899873927541442930806576034897164241108844101055347328402242304246375545492405288632398671835460726127304747529102332712496393506979325716749211550364147938563818787581835459304130828859954103688446122679829201133150387951960042670692601136723794457282703755477731437836033734385523336650623677547101193013464667194826713193221897453646151125119273621872512016328736215134667657588767576760361908733498063597076097985038711929363751649422153426458790157595620434652570580058654774662767331355148451776869078772210830677319578133127215652237002980617906179101070795094866867191326442415986757452930334297507066728011715591927742646515456481168178822028994706897445590412535608297193104827498372011010236327837422603454400180524553857050582714952905274953002548280173996702662187367408864229375086683633235511694673378695714777491366519577251240154460513752575911860693419499733881582242994745457631038882157830586695131435714167995587665300216625978345401037050870690792359820474782371140246905492167714026782171254846922789639994993415456215675115478560020349227680797782220159658150463816947830661580727414452382158348663725055346807466614382201349972848962321739955343701034449616172069567621644943686125209079927168950019461822820363114722340477598138548985933895271887759517724139001247453799615789722750679959083445308850515856194633509671735131690786368994931419588964866452559016508236046187131729108810855762687694605782712388371883430300948317770180783563169829542220894345448502967127577956639767725541860331630759166669948630826074782577603593669912078137993713906416030818337457422345264446426239650065465243818169745539826378149747801316058242932887210592267593063691481544273009287439800397792993881068304105070363508310460102396855341682615622657617875438108017666154715714586854385992910619338789827302904163299931142131957810143432780878421194634903965286328932723675428880190277199018808948760772918176869580683285725885617687067378381696770327839723803604981520707853325438444435868547992539056654760738958477290095276783135598031628387036902640468897619092196732085074276626877449926336421846251295980597426139727827137818992673012907654769836664349344479259397519078788722343658602383947192546724885045901033063363515283704369157267971690571694742347170629681671468328207632241002174911166753908559089117703463262174179640441103108098025364293548230316471852701244493819760213099430931966201348830272720837825685532427544031737883715071298018863353008221305051932937202634776518936417550077708467495054398146866153589631643293227329093865115024632877971415094051713635728270785473753136830443803808510385819810480304859877443566410312158158598665531813708788015531557321083188019078072854892096763414461144402888275418385289055722420649074852956742518803173837785153874988768550758863188259524416744121581421751619826227522283558141765778755096573980514190286247624454000839179

```
4210950371097365488976787080163948754310874140146026828619699399377
9289862002769296586797083843951077474184067045932692480622881176375240503354177561172595298326031954352346907579464931969772411359735160721556637819160809120503296850846821516144902233186992013525500684431971095394079121830862032439220646844978664483104026583245264174726152443812867086068416197882110424047774121166900459816378114439295901648771302774545922110171119892740450628794025184404414186749310685316791384572991762748750229935642694357611075111932503956417317695607891749559368280443124634328398419667067544575313622047023492162073068019009020269574676151929829008537874004749392069569721422062081247127538935149542963239885997256710942197228390742247802165270703777131838563490914443469109966386113415433070877530418943727013451492520994260010992004745655950143316319738239387726964515002249553534503935710076664236070936397481188946202223533358561491491232023297435782210528592866410187816818235798407679238501771532371028033280173221050179455231931409074221407825211689518132037901804426995791012578989537398477243228559131975296955847617903857700891014329893646724038567992852129583445684572447815079388093422308922387883226233820086293740208702232143008865205946979079024407634654332449543728792783888723710467793127147697461887342548878729493940179912558099232701900163880135853063426490278749474158031226136668172267872716085083257864235972688230911168680937865379878991311410524817982690885876869684746675683560066504518954645981473453725013428116577654530860886818553506902748227858276362079820493102175181467012336841872088766958508799071478044618197680563649856200857851881756751501445042976031398009675967902825618067000889750137868832387855332038694180082227614957989189015669162711716580810788720430146669530886914927950158378241105907410381873632989858230174560028463497053735704332611564042247165692920141520722331086325242743560397391352952736391797404144945024000301286411203116982417834572641896719158270096427060529567292524127852795965415966715160366040741866683490174578655018195972008088103100760784822770078393096699096891692250127515381773972871619952566484349779759535022250775694887584763447888925827206416386201473586178401978727338551425798045143281016131975826473022996347695757251114001599699795872026820962424068860225081769643141636676268843015449841894374999267300662376231104432529354020833922674967543434766870258030430293507010707287337888843241827344861953347938591948253272984392348667910624454162632446199927606457909075947412919087664644049061052152029659554341550958296018073433322058579630809569613117743938834333741943827511972344210670235966049155076064991822130892008117231475537679039927575111627428933535595097441549478851962475645829402123189957816129527408319567211010022501273516691544255448535501763368097828284479391426048239330308520987428895073109437841707079192313759356164231294299869451544672109454615522095674674267895558421633149143323593343644047016889097186548049127670535229682773124141231742295500598018386460894658479012925263199032986168020180713026640381071766677520675968000839702949916160329442401197146564700994516942722852912966263816599296597222352324027410396543803141577487540659559992943730973562184477499738930502461450020718407760854388085189768554571494883704240373071145853173964659008062399660080221137561228928441665494196478550586857063307995393459814431052894780956823836774605735508823311808244802388752017261401913658005342804311971908934089620395455430412127005698686362183534336268222707592939331658931130281278903085956266718863285491223013941690738013659669514963950651908228452666368816001849713750787790686739764555316521288475733378338436224216088892674472943561118765176701515225628827588893012645588941052291915178612025517573175460896168339491137684989
```

258   Le premier million de chiffres du nombre d'Euler (e)

```
3420595300625831768944964652167258429838656692623095862645973988511
4248913552507093259100119277397274445437031034134240539498419618012
9370425524913188344684178457194154934496460764112278764954138082716
5280725390699716826392759120385841317689047734346632557514097522421
4706374486218433909658467780991355725306723997036509898001082119716
4510822374839896571327741596555760254355464203695353762027006266819
3039184245673435661003061573638683614277481513621624406849980409017
9253613823505359200225566061035648431219293404389874126577785773713
3064205225056334476066235181994108211643821716627839270600962031810
2542860951869666852287887526710318326256447473115909008380351792512
8236977989518295224334718033102159109905025612999591099938322699811
3497972896610207312899042816354608756028981491092809284475984977812
2529778616762961484186314250595931748494214379216596322096078880612
6954045677723551816893010228169279855302652684413549251417729682912
7559411871009238730125385455720845817934478981590739230091238687711
1056782102709282631092738910038835953497035789946246600313939486411
2652579247317963453250946329030236632600545402359075784611002814231
1173054211249152876993656413356398853307445098704367672877588150212
8861000824639917853392494655157209265046351001774555337939735702312
8332724956199985828878942447568454707298640146852125048321165379111
7030107907401072448962733960544184912586022235184306645923076966681
8838973249427124390488956248285662080348389755975732456215419451491
9171031391830461550238416903211517706950131359013356167939151315312
9348131248849303080247881636972818746694828915212871163835100628012
8474293776811264820386031483575726991167524671481658114867710481111
1785767050516152425654992687524056760240093377750836855842714701411
9045333285930780899195798003656123435063255467206253258211148987012
9298694891968304943138665493441201793593881855894809394347994708911
6583393353295829718132203737500822014382319271996318075561173921712
6672390430731621260437825359584555131681566228332448567403755001731
4379386628055760997352122852558130503068648572804800253617078763115
7223261649475760703257222766571705735238210418430377819582656897311
3593806859763261993101026780444697487799253447615635915772710407012
9940945231929633036991330274811906831023953653640098419032132836111
4050115528899033969124755736431550431212481404257793566689392963510
5295941888911620102204739367853584201936534593045307361172151788511
3258362652949945887264529695650421272867474212132736523177174088011
3699088229246811222517488044418070799318427317439338559829959942601
3708013601811078445481978986818168743270394789349134334535433355511
3119169852493671784934093583284987480744543674613332026301448992611
4160560804764946282578395518337413362127824369573927235535301964111
7792857638544077374475448791649694400098109525309405807216492173511
2365868830090566604750231525385165759673004180182314295624021620211
1721694617383562447439213609496575522352870140449020538327267590211
3996581666226965319146885470403717221402855401944213784105421133711
7282680612661415254581011880059604124448707037979162972322031745911
1450314182508153781644556796736791135329936931867629741296206806511
6198033250759806124494063762871581975539952857500699556616913415511
4013029747385261844950523265382877122992492388113586472294976533811
6933641007974133612868724822050342922853608416021397569217279681811
7983617597299633203279732786216371548577306400461234761279508754511
1455083201816325955682139864683798499638499230064437367247056059211
9791428338801495509663380016085071262057250046205784036303701457411
6995388154657177959118571513050305801909191750696475527332191047412
0994955666196406014598682381026325156399454982926321328010537160211
4688421451774569943877638038260312520340115632872677503744286308211
1906346823708648592291641211713107348353558432957079329867510605911
8367889999139433262667983651456311641271764009392777116892774411
```

```
6026447313986470790210619878786765350077322254170662086843375722574127080607248618406819211743505624283097240498228293210529293267812301392212253255055392511441832384179984329912184554875931598601750279477553443420601929445481338735446275205750385552482164581718933275084209429660738142360561564848512016637211489094514671668093088868187159377672416509796583758351398238935811222123900510896625402328325006900180395409239217094851407080125870753706775394379883775893562965085679037430296983266109437743958321414554994164278640931105327468672613468606582930590603670031852634496235256199757871531419873204067388112910649581264776397633602751030311485326140455550599458468541475647160386822187326784225506048964057802090742627609528941466544157503707900628411024371544080379874772282169862583225492265858750637830926039766456846526882801649309931925092734667351480957787227970839176284909787634200281373869324109615332117828245377510851042874528681724754105932862838693874028342379319042042598563328640404090010481408246351653454420802499340415757410411126588617968636990193870114191363523822176864688121725906092894445670917146121138167058788614316062637820791065067439703121429137990408115769674667737766632902334076889038427962114039493581972865872612148026295680070969413311106686484947941943343029050272555127920681023454967557378926266020992700036999058287587401563282660813707475381690493863933182655991418567252742416620707590177634572789143057699013774801756573986907624547171200250813936017883339624637759558314634127875448611314906738033236321684245071418824589675989697408466176841581683173178278739739221098791398664319969950767508032182891327569108474561900650115313067732925835614926142132377163768232092139301002461679439746378862958714521865387041823558591551081819930584317584219300666212405501215434153357286407832692719955369687331721358849671222013785346679492467885005036722016756237461180877814941629722333651273653790405498255729813808450561765449599501047808722965558689860531840091855573154006012972102138479836810365710630850744377925709388765278763936240744864307572535539154635222205356468885366175980337714302800584464851470889465915059007669095689037315581991026473662218406888020049383081137752540020664346829795743775521428357051630519368900228390974959040781776305925814791072267040943215377470020289183968470288848118629772023972108987914635057828165054581612519450659317723599413922376881760522668645065450264181320606913799801310218416859343271498002082248806406289363626527280921168161480660859277760567391511230662954831868656429508329419648435464219626545849850923645907704897350992248718631764126437837333278907301138952139793006200807003536923354249146783807256624783092958038289997339212314856890038903012985840913956714187489426533564447108026838549986133235112166001440274744331890618923298653389076745997429636269503798080842610054988533853157425721179948175596745590654507485249653468971151959224124847047308202898828591540790862579640739223575958236879523159940390814931933482886189286285806744760501450132755068099800761308011918772912410055913897024018776708326815757220794442400324231157469521306639871633854570016777768268531802186016563122205254307132022846907470501638094899314614309271982035665518557570018736796742993591617359370954375600384432177298161986344273200156027450018949384770385300481378817000375904787364114765031230289737997251745418644112126753613817346965475635620520487129222522369766046476044807249626668819778911069166720586425992380559870602295080039223483186612442587091049360264534858135137313675320472408571583208399849783396296253985004877965013855646712792849513993434741677508749791293577245086734752426751122334091390356793080481511858406440688269547236847462483427788598245341146494225991776206995968211494602578337433548625639018141 7
```

260   Le premier million de chiffres du nombre d'Euler (e)

```
9756959119671025042414697480073209868979663083891528162909700558228148845600937883163872849039355353274186197967980384570552613748755989867954100617038732849496019179938603435495880528346817036857627169014443727938565498979872533042704132103691555825601849464683730268549763959202161499878489385935511282345418984788482384224550182280707182422153938153655330299439546761001390184157763315399637686784688652303641631719088778569756555103393056548172497204095784313218269251392418779946007798972870051951889281156740499911388975628537202033321144819022849199254512062907872358215359075513596687682735210298875696493664158103151356804265742537111417036352433612607795498316834862185780721010576129051445103704799655055448546340782749695617884343915987096587645939604208800757899298584369314239428320464820718829676211323679401107481337021956936774030274725362950224975205445500967124010035883251225690865041927599802586414330692517817354330393599650470443169388530684951180354302196526406800209307293640543087785031732780353806963266176657759011956110188622595644789700260469802434188046746307826416229320574544636492747815262419466293136196824808067122628878593068519454679634886507667052712383929793448442617641336693907775860261769176846975809188187733645999146193052613045866708653979213551704766266497961033318949486329238893331851825247381483630949869477793217847765102001749230332970900351644804933898578395941895634226037954830370089077270739501891592829357548408102255630912302586180737225825874652462523921536075560094573320169043414748162345427223347557365640648907231142446073457786681961331932610439993257323316118620236839971393667055820513140490688448249757860699445002829145709941438053020834041102095923171908362272538234821543252927160700324771729828949818008542721698662126493138570632431715778728340348481630159318062904325867564939657252541028552799280395137467628864821731104273173681329504392561051151052398050156298479761980828762543907749940077536601096891816497497696993640266059173945150637254854321110565118335561604258025619688349032163436148495241191373988791769496026262659477424769090246855145097037615526158559414760805051214388501112399139581007676552193708311779718482188425663601527121682612890991712772504896828706465233879618790186145644623548995428348898081124740483936169586292530989183662940686385740457633365829492568908176673662394037543888844703893798218612517044097687000760671291394441842905912255935043974791043395309993524929768285213397819259481279742576719426424789589156107026234582477061407956707656493862971199439264794599693718228974989644736538885657739453651843239613419356348024427924423505479299332313029174644268352068571951€22136579629567271813862900575662536283560706270821953267516108684C1347096723846970098523054691375111011025306785199055485739942794989764496692438779046710623692904390684543601328949463090058523425957152074321454110714703667426852649089835375486143478476108578757769410761396493684892442010871068528266375715605437903276450942577756828904358757287229079803906107388056793217691388014465098953009080822862990294958084195309693880725203312560895428573158150291154088506260747261553288316604686489544902709753506162930123816157508029136318170884390141426682462869159222152559118768206241955024255621051866292558336795997389398733721585128074626913035640312684283015559461976393119630042866790075634350855627390786904291489860008276578347117506851802209559951527622186149481192870503334445947703537317411377526214868642183955003533643533250692471795622619404469937991181341825000769113799845113776998388637928920509166130556151936982529753875832670638835647428154711953699576039306002232386610212044851051485894071834317295107864543085265435213957354160607465637971372399694999662046152254990271537779804330519194504919976552880629557089248198
```

Le premier million de chiffres du nombre d'Euler (e)

```
1139062128868119952611278404860974798337445307436094627322024569487
2461122026131788761048386742788455428337921059242768305027745085812
5241934639056538351489805664144648499972266963828363263202526200639
5602896162872843621708166149890228086313865701098441216001522180041
7101308199213454607515245031786260061115569918076236607700130141853
4585994398151114789928746512450441946610394995417785452363641163454
53085320104896852925230363034146835157866507252365966679502964326252
9251012533656807309605222049650583423724826340707472772921218775102
8541322940741519939027760840197253580809324157556342752244893729425
33530883293454116135948273406088131506767294597041390115855079892461
52479761135464222694326588896538624717978743878771089094027459419001
921484780490666172741611239382601118605469111781966164010656852278301
12471207924248298698773233519715903334213434217391692458630504688552
482168379379843597624087634110904519730475898402659587282746725626627
555132425076564734757860631541786140231901174774301074337482402847737
753140637829689691865652757955142997201528228205128385984531749908376
52447556559384153418464723488217690200336141046501781364463482566804
266219491614732363457570952374870420537052663399069834608819181778019
854747033556595960989305430119923580631493378652862200137981764476942
2818883747115156239682713
```

www.ingramcontent.com/pod-product-compliance
Lightning Source LLC
Chambersburg PA
CBHW070052080526
44586CB00013B/1021